*Julio Escoto (Honduras):*

*Memoria e imaginación en su obra literaria*

Helen Umaña, editora

Serie Escritores Esenciales de la América Central, 2

*Julio Escoto (Honduras): Memoria e imaginación en su obra literaria*
Helen Umaña, editora.
Primera edición © 2023

Serie Escritores Esenciales de la América Central, 2
Editora general, María Roof
Diseño de portada: Knny Reyes
Diagramación y cuidado editorial: Óscar Estrada
522 páginas, 6" x 9"
ISBN-13: 978-1-942369-99-8
ISBN-10: 1-942369-99-9
Impreso en Estados Unidos.
Brimfield, Massachusetts.

Agradecemos al Fondo de Cultura Económica de México la generosa autorización para incluir el ensayo de Seymour Menton, «*Rey del albor. Madrugada* de Julio Escoto: la última novela nacional y la primera novela cibernética»:

Texto tomado de *Caminata por la narrativa latinoamericana*, de Seymour Menton, pp. 273–294
D. R. © 2002, Fondo de Cultura Económica
Carretera Picacho Ajusco 227, 14738 Ciudad de México
Esta edición consta de 300 ejemplares impresos más electrónicos
https://elfondoenlinea.com/Detalle.aspx?ctit=011268R

Consejo Editorial de la Serie
«Escritores Esenciales de la América Central»
de Casasola Editores

Jorge CHEN SHAM
Linda J. CRAFT
Oscar ESTRADA
Graciela MAGLIA
Consuelo MEZA MÁRQUEZ
Amelia MONDRAGÓN
Roberto Carlos PÉREZ
María ROOF
Helen UMAÑA
Nicasio URBINA

La serie «Escritores Esenciales de la América Central» reúne en un solo tomo crítica, reseñas, entrevistas, biografía, discursos, fotografías, bibliografía y otros materiales relacionados con los autores contemporáneos más destacados de la región. Su objetivo es promocionar a los escritores cuya obra no ha recibido hasta ahora su merecida atención crítica.

Para proponer un nuevo tomo, ver requisitos en la página de Casasola Editores (https://casasolaeditores.com) o dirigirse a Óscar Estrada: oscarestradahn@gmail.com.

Publicados:

#1. *Rosario Aguilar (Nicaragua): acercamientos críticos.*
María Roof, editora. Casasola Editores, 2017.

#2. *Julio Escoto (Honduras): Memoria e imaginación en su obra literaria.*
Helen Umaña, editora. Casasola Editores, 2023.

De próxima aparición:

*Gloria Guardia (Panamá): acercamientos críticos.*
Nilsa Lasso-von Lang, editora.

*Ana María Rodas (Guatemala). Corazón y cerebro: poesía completa, 1973-2015, y acercamientos críticos.*
Frances Jaeger, editora.

*Quince Duncan (Costa Rica): acercamientos críticos.*
Dellita Martin-Ogunsola, editora.

# *Julio Escoto (Honduras):*

*Memoria e imaginación en su obra literaria*

## Helen Umaña

*casasola*

A mis hijos:

Francisco y Susy Morales de Aguilar

Amílcar y Mercedes Polo de Aguilar

David Lohan y Cecilia Aguilar de Lohan

Ricardo Rivera e Isabel Aguilar Umaña

Un libro no se escribe de una vez por todas. Cuando es verdaderamente un buen libro, la historia de los hombres viene a añadirle su propia pasión.

–Louis Aragon

Leer bien es participar en una reciprocidad responsable con el libro que se lee, es embarcarse en un intercambio total.

–George Steiner

El arte de leer es, en gran parte, el arte de volver a encontrar la vida en los libros y, gracias a ellos, comprenderla mejor.

–André Maurois

# CONTENIDO

| | |
|---|---|
| **Dedicatoria** | 7 |
| **Epígrafes** | 9 |
| **Introducción** | 25 |
| | |
| **Capítulo 1. Contexto cultural** | 31 |
| | |
| **Capítulo 2. Semblanza de Julio Escoto** | 35 |
| Tras las huellas de una vocación | 35 |
| Obras publicadas | 46 |
| Premios y reconocimientos | 46 |
| | |
| **Capítulo 3. Reseña de las obras de Julio Escoto** | 49 |
| Novela | 49 |
| *Los guerreros de Hibueras* (1967) | 49 |
| *El árbol de los pañuelos* (1972) | 50 |
| *Días de ventisca y noches de huracán* (1980) | 51 |
| *Bajo el almendro... junto al volcán* (1988) | 53 |
| *El General Morazán marcha a batallar desde la muerte* (1992) | 54 |
| *Rey del albor. Madrugada* (1993) | 56 |
| *El Génesis en Santa Cariba* (2007) | 59 |
| *Magos Mayas Monjes Copán* (2009) | 63 |
| *Downtown Paraíso* (2018) | 64 |
| | |
| Cuentos | 67 |
| *Los guerreros de Hibueras* (1967) | 67 |
| *La balada del herido pájaro y otros cuentos* (1969) | 68 |
| *La balada del herido pájaro y otros relatos* (1985) | 69 |

 *Todos los cuentos* (1999)   71

 *Historias de Los Operantes* (2000)   72

Literatura infantil   73
 *Descubrimiento y conquista para niños* (1979)   73
 *Los mayas* (1979)   74
 *El Morazanito. Francisco Morazán para niños* (1993)   74
 *Ecología para jóvenes de 10 a 90 años* (1996)   74

Ensayos   75
El ensayo en Honduras   75

Ensayos publicados en formato de libro   75
 *Casa del agua (Artículos-ensayos)* (1974)   75
 «Sobre las partes del todo». Introducción de *Antología*
  *de la poesía amorosa en Honduras* (1975) de Julio Escoto   79
 *Juan Ramón Molina. Poeta del modernismo*
  *centroamericano* (1982)   79
 *José Cecilio del Valle, una ética contemporánea* (1990)   79
 *El ojo santo. La ideología en las religiones y la televisión* (1990)   80
 *Imágenes de San Pedro Sula* (2002)   80
 *Del tiempo y el trópico* (2002)   81
 «Pérdidas y búsquedas en un siglo colmado de generales».
  En: *Sucesos del siglo XX*, t. 1   81
 *Imágenes de Tegucigalpa* (2004)   82
 *Lectura postraumática del año de la guerra (1969)* (2009)   82
 *Ética mínima para estudiantes universitarios* (2011)   83
 *Hombres a caballo. Política, próceres y villanos del siglo XIX* (2016)   83

Ensayos en antologías y libros de otros autores    84
    «Simetrías y vivencia democrática en Honduras» (2009)    84
    «Texturas humanas e intercambios históricos en Centroamérica
        y el Caribe. Inventario inconcluso» (2012)    84
    «Transitando Balcanes y volcanes» (2013)    85

Ensayos en revistas    86
    «Elogio de Don Miguel» (2002)    86
    «La memoria de Ernesto Sábato» (2003)    87
    «Riesgos de escribir la novela histórica» (2006)    87
    «Libro y lenguaje: 40 000 000 de centroamericanos
        en busca de editor» (2006)    88
    «Cerro de plata» (2008)    89

Ensayos en la revista *Nocturnal* (2001–2011)    89
    «Memoria de salvadoreños»    90
    «Tiempo de héroes»    91
    «Campanas en el corazón»    92
    «Antañona Comayagua»    93
    «La negritud nacional»    93
    «18 caballos sumergidos»    94
    «Opoa Antigua»    94
    «Heroínas de cultura, locas unas, otras no»    95
    «La ciudad y la memoria musical»    96
    «Prensas chica y grande»    98
    «Jampedro era recinto de sorpresas»    99
    «Mi infancia y el mundo que nace»    100
    «Mi infancia y los animales políticos»    101

| | |
|---|---|
| «Modelos humanos: Óscar Acosta» | 102 |
| «Tegucigalpa y Juan Ramón Molina» | 103 |
| «Tiempo de nacer» | 103 |
| «Se es nada antes de ser escritor» | 104 |
| «Trujillo y el Oriente» | 106 |
| «Valle de verde cruzado» | 107 |
| «Una ciudad lejana como el mar...» | 107 |
| «Ruinas del futuro» | 108 |
| «Una urbe que superó a la imaginación» | 108 |
| | |
| Ensayos inéditos remitidos por el autor | 109 |
| «Tierra del oro y del talento cuna» | 109 |
| «Del cuento y vuelos imposibles» | 110 |
| «Copán: Pilar de la identidad maya» | 111 |
| «Leticia: una manera de ser» | 112 |
| | |
| Discursos, conferencias y otros textos | 114 |
| «Divagaciones en torno a la palabra» (2000) | 114 |
| «El amor y el poder» (2000) | 115 |
| «Presentación de *Catalina y Catalina* de Sergio Ramírez Mercado» (2002) | 116 |
| «Peso del Caribe en la literatura centroamericana actual» (2002) | 117 |
| «La literatura como Palabra de Dios» (2004) | 118 |
| «Las artes de seducción» (2004) | 119 |
| «Palabras de Julio Escoto al recibir el premio "José Trinidad Reyes" de la Universidad Nacional Autónoma de Honduras» (2005) | 119 |
| «Beatles» (2008) | 120 |
| «Presentación del libro *Ciguanaba con migrañas* de Juan Ramón Saravia» (2008) | 121 |

«El golpe de oro negro. Alguien consiguió
    petróleo tras caer Zelaya» (2009) ................... 122
Mecanismos distractorios en la política
    centroamericana del siglo XIX» (2009) ............. 123
«Una ética permanente» (2014) ........................... 124
«Derechos humanos y literatura en Centroamérica» (2014) ... 125
«Hacia la transformación educativa
    y rescate de los derechos magisteriales» (2014) ... 126
«Humano mal endémico» (2016) ........................... 127
«Santos y cristos negros, espejos del otro. Aplicaciones culturales e
    ideológicas de la santidad» (2017) ................ 128
«500 años de resistencia popular» (2018) ................ 129
«Discurso de aceptación del Premio
    "Ramón Amaya Amador" 2019» ........................ 131

Artículos periodísticos (sinopsis de una selección, 1991–2020) ... 132
    «Entre Burbujas de Amor y la Traviata» (4.4.1991) ... 133
    «Ver morir un río» (16.1.1992) ........................ 134
    «Adiós, Juan» (2005) .................................. 134
    «Rizo en el agua» ..................................... 135
    «El gol» (4.11.2008) .................................. 136
    «Elogio de la desidia» (7.7.2014) ..................... 136
    «Otro país» (21.7.14) ................................. 137
    «Pesadillas americanas» (4.8.2014) .................... 137
    «Así te estafan» (18.8.2014) .......................... 138
    «Escabroso año» (5.1.2015) ............................ 138
    «Lectura de Valle, el infidente» (12.1.2015) .......... 139
    «Triángulo violento» (19.1.2015) ...................... 139

«De policías políticas» (26.1.2015) — 139

«Cuestión de honor» (2.2.2015) — 139

«Ruta de colisión» (9.2.2015) — 140

«El bosque» (16.2.2015) — 140

«El Reino de Poyais» (23.2.2015) — 140

«Fascismo y cultura» (2.3.2015) — 141

«País marcado y marca país» (9.3.2015) — 141

«Fallidos modelos» (16.3.2015) — 141

«La ignorancia es viral» (23.3.2015) — 141

«Dudosa alianza» (30.3.2015) — 142

«Entendiendo qué es oligarquía» (6.4.2015) — 142

«Doctrinas de cinismo» (13.4.2015) — 142

«Los neocon» (20.4.2015) — 143

«Metáfora de la misión» (27.4.2015) — 143

«Lectura política de hoy día» (4.5.2015) — 143

«Oficio de medianoche» (11.5.2015) — 144

«Obra teatral contemporánea» (18.5.2015) — 144

«La corrupción es incolora» (25.5.2015) — 144

«Estado parásito» (1.6.2015) — 145

«Los 400» (8.6.2015) — 145

«Al revocatorio» (15.6.2015) — 145

«Adelantémonos...» (22.6.2015) — 146

«Parque Nacional Toncontín» (29.6.2015) — 146

«Futuro oscurito de Juancito» (6.7.2015) — 146

«El IHSSGATE» (13.7.2015) — 147

«Luna sin miel» (20.7.2015) — 147

«El nuevo texto» (7.9.2015) — 147

«País del error» (14.9.2015) — 148

| | |
|---|---|
| «Cultura y poder» (21.9.2015) | 148 |
| «Medianoche y oficio» (28.9.2015) | 148 |
| «Los jóvenes» (5.10.2015) | 148 |
| «Diosito lindo» (12.10.2015) | 149 |
| «Las cosas como son y como deben ser» (19.10.2015) | 149 |
| «La hipocresía blanca» (26.10.2015) | 149 |
| «¡Asómbrensen!» ( 2.11.2015) | 149 |
| «No funciona» (9.11.2015) | 150 |
| «La madre de las explicaciones» (16.11.2015) | 150 |
| «Errados rumbos» (23.11.2015) | 150 |
| «Modos, métodos y tiranos» (30.11.2015) | 150 |
| «Trampas» (7.12.2015) | 151 |
| «Conociendo al enemigo» (14.12.2015) | 151 |
| «Tres a la cama» (21.12.2015) | 151 |
| «Dos años de aire» (28.12.2015) | 152 |
| «Algo personal» (4.1.2016) | 152 |
| «Cosificación del hombre» (11.1.2016) | 152 |
| «La mentira oficial» (18.1.2016) | 152 |
| «Cosas de mujer» (25.1.2016) | 153 |
| «Catracho caos» (8.2.2016) | 153 |
| «Tallador de historias» (15.2.2016) | 153 |
| «Suicide is painless» (22.2.2016) | 153 |
| «Coyote no come coyote» (29.2.2016) | 154 |
| «Un monumento» (7.3.2016) | 154 |
| «De magnicidios» (14.3.2016) | 154 |
| «No es una muerte, es un proceso de muertes» (2016) | 154 |
| «El guayacán y la utopía» (21.3.2016) | 155 |
| «Otro diluvio» (28.3.2016) | 155 |

«¿Smart city? Ja, ja» (4.4.2016) — 156
«Del idioma» (11.4.2016) — 156
«El punto "E"» (18.4.2016) — 156
«Congreso de la Lengua» (25.4.2016) — 156
«Maravilla del español» (9.5.2016) — 156
«El componente moral» (16.5.2016) — 157
«Modo de educar pueblos» (23.5.2016) — 157
«Educación política: Alianzas» (30.5.2016) — 157
«Sueños de munícipe» (6.6.2016) — 157
«Política de no tener política» (13.6.2016) — 158
«Signos de corruptos» (20.6.2016) — 158
«Resignación, hermano...» (27.6.2016) — 158
«Una matanza» (4.7.2016) — 159
«Oficio de medianoche» (11.7.2016) — 159
«Corazón de la tiniebla» (18.7.2016) — 159
«¿Nueva ola social?» (25.7.2016) — 159
«Curiosas cosas» (1.8.2016) — 160
«El hombre de pasado mañana» (8.8.2016) — 160
«Inmarcesible Molina» (15.8.2016) — 160
«De caballos» (22.8.2016) — 160
«Retorno a mañana» (2020) — 161
«Mi amigo el miedo» (2020) — 161
«Ocho millones de deseos» (2020) — 162
«Memorias» (2020) — 162
«La tortilla» (2020) — 163
«La corrupción es vicio que se expande» (2020) — 163
«El mundo retorna día por día» (2020) — 163

| | |
|---|---|
| «Educadores infames» (2020) | 164 |
| «Hacia otras fuerzas armadas» (10.8.20) | 164 |
| «Gentes inmorales» (agosto, 2020) | 165 |
| «Peste del cólera y cólera de hoy» (agosto, 2020) | 165 |
| «Una tesis» (agosto, 2020) | 166 |
| «Héroes y traidores garínagu» (14.9.2020) | 166 |

**Capítulo 4. Crítica literaria al trabajo de Julio Escoto**     169

«*El árbol de los pañuelos*: viaje en busca de la identidad»
    Amanda Castro-Mitchell     170

«Identidad e historia en Julio Escoto»
    Mario Gallardo     177

«Situaciones límite en un texto de Julio Escoto:
    *El General Morazán marcha a batallar desde la muerte*»
    Helen Umaña     181

«La nueva novela histórica en Guatemala y Honduras:
    *Jaguar en llamas* y *Rey del albor. Madrugada*»
    Ramón Luis Acevedo     189

«Globalización o nacionalismo. El dilema de
    *Rey del albor. Madrugada*, novela de Julio Escoto»
    Linda J. Craft     202

«Utopía postcolonial en
    *Rey del albor. Madrugada* de Julio Escoto»
    Héctor M. Leyva     213

«*Rey del albor. Madrugada* de Julio Escoto: la última novela nacional
    y la primera novela cibernética»
    Seymour Menton     235

«Lo foráneo y lo autóctono en *Rey del albor. Madrugada* de Julio Escoto»
    William Clary                                       257
«Un Réquiem en la Madrugada por la "historia oficial" de América Latina:
    Dos novelas centroamericanas de los años 90»
    Emma Matute del Cid                                 269
«Verdad tropical, verdad kitsch en
    *El Génesis en Santa Cariba* de Julio Escoto»
    Héctor M. Leyva                                     283
«Veladas, veredas y verdades tropicales en *El Génesis en Santa Cariba*
    de Julio Escoto o el paradigma del Caribe desde Centroamérica»
    Werner Mackenbach                                   296
«El peso del Caribe en la última novela de Julio Escoto»
    Sara Rolla                                          320
«*Downtown Paraíso* de Julio Escoto»
    William Clary                                       327
«"Idea de Europa" desde el trópico centroamericano»
    Víctor Valembois                                    331
«De Honduras y "Países Bajos"»
    Víctor Valembois                                    343
«Un acercamiento a distintos trabajos de Julio Escoto»
    Helen Umaña                                         360

**Capítulo 5. Entrevistas a Julio Escoto**              401
1. Entrevista realizada por Osmán Perdomo y Helen Umaña (1985) 403
2. Entrevista realizada por Juan Ramón Saravia y Helen Umaña (1991) 413
3. Entrevista realizada por Rosario Buezo (2005)        417
4. Entrevista realizada por Jéssica Cruz (2011)         434
5. «Estudio y disciplina: los secretos de un escritor auténtico».
    Entrevista realizada por el Lic. Rubén Darío Paz (2014)  446

6. Entrevista realizada por Rosario Buezo (2015)     450
7. «Nueva entrevista a Julio Escoto desde Alicante (España)».
       Realizada por Rosario Buezo Velásquez (2016)     461
8. Entrevista realizada por Ondina Zea (2018)     468
9. Entrevista realizada por Elsy Samai (2018)     471
10. Entrevista realizada por Patricia Silva (2020)     480
11. Entrevista realizada por Dunia Orellana (2020)     487

**Capítulo 6. Memoria e imaginación. Reflexiones finales**     493

**Anexos**     499

Anexo I. Conferencias y lecturas internacionales de Julio Escoto     501
Anexo II. Conferencias, discursos, ensayos y artículos
       de Julio Escoto publicados en periódicos y revistas     502
Anexo III. Inclusión de textos de Julio Escoto
       en antologías y traducciones de sus obras     503
       Inclusión en antologías     503
       Traducciones de sus obras     503
Anexo IV. Bibliografía complementaria selecta
       sobre el trabajo de Julio Escoto     505
Anexo V. Carta de Juan Rulfo     507
Sobre la editora, Helen Umaña     509

**Sección iconográfica**     511

# *Julio Escoto (Honduras):*
*Memoria e imaginación en su obra literaria*

## Helen Umaña

# Introducción

El propósito de este libro es ofrecer una visión integral de la vida y el trabajo de Julio Escoto, uno de los escritores más importantes que ha tenido Honduras a lo largo de su historia, juicio que se respalda con la profundidad conceptual, la diversidad de sus escritos y la persistencia de su actividad literaria.

Desde su primer libro publicado en la década del sesenta, Julio Escoto se enfrascó en la búsqueda de planteamientos que respondiesen satisfactoriamente a las demandas estéticas, pero que también fuesen una dinámica interpretación de los diferentes aspectos que le han dado a la nación hondureña un perfil específico. Doble anhelo que hizo de él un escritor multifacético que se mueve con soltura en los distintos predios de la literatura. Cuento y microrrelato en condensación semántica. Novelas tejidas con gran despliegue imaginativo. Textos de crítica literaria en donde evita el elogio y subraya los aspectos técnico-formales que validan las obras comentadas. Ensayos en los que, amalgamando ideas y depurando el filtro idiomático, ventila distintas facetas del tema en cuestión, haciéndolo pasar por la rejilla de lo histórico, lo político, y lo social. Sin olvidar —claro está— su aplicabilidad o proyección al contexto nacional: siempre pensando —soñando sería mejor decir— en una patria próspera y feliz, meta de una utopía de posible realización, razón por la cual, desde los años setenta, también hizo del periodismo un vehículo capaz de suscitar la reflexión y provocar una respuesta positiva en los lectores.

Este libro, además de describir aspectos de la labor enunciada en los párrafos anteriores —apuntalada con importantes valoraciones realizadas por prestigiados críticos nacionales e internacionales—, ofrece una faceta que probablemente sea una sorpresa para muchos. Julio Escoto es un gran lector de poesía, fascinación que lo ha llevado a un trabajo casi subterráneo: el de la expresión del sentimiento mediante un verso exento de sentimentalismos pero dotado de fuerza vivencial. Sin lugar a dudas, merece que a su hoja de vida se agregue el bien merecido nombre de 'poeta', denominación que él mismo —por el gran respeto que le tiene a la poesía— no se atreve a otorgarse.

Sin excepción, se trate de un texto narrativo, conferencia, artículo periodístico o entrevista, Escoto —postura que para él no es prescindible— mantiene la perspectiva ética de quien nunca olvida que manejar la palabra a nivel público implica una responsabilidad que no puede pasar por alto las causas reales de las profundas carencias provocadas por la gran fractura social que divide a la sociedad hondureña. En su trabajo —sin descuidar el manejo del idioma que el tema tratado demande— se percibe un irrenunciable sustrato ético basado en un sentido de la dignidad humana que trasciende cualquier ideología o diferencia.

Tampoco se puede obviar el traer a colación su constante activar como promotor cultural que, a través de la organización de foros, conferencias, presentación de espectáculos artísticos y actividades culturales, atiende las disciplinas más variadas que se manifiestan en el país: poesía, música, danza, pintura, efemérides cívicas, etc. Sin olvidar su comparecencia en programas radiales o televisivos con el propósito de analizar la situación política o cultural del país. Igualmente, en las entrevistas dadas a diferentes investigadores o estudiosos —tal como se comprueba en la sección respectiva—, al responder interrogantes, lo analítico y reflexivo, tanto de sí mismo como de la realidad ambiente, es parte consustancial de la respuesta. Una especie de ejercicio docente siempre atento a la clarificación y explicación de los hechos.

Julio Escoto se graduó de profesor de letras en la Escuela Superior del Profesorado "Francisco Morazán" (hoy, Universidad Pedagógica Nacional "Francisco Morazán") (1964), obtuvo el bachillerato universitario en la Universidad de Florida y el título de Maestría de Literatura Hispanoamericana en el Sistema de Estudios de Postgrado de la Universidad de Costa Rica. En los tres casos, becado por oposición. Impartió cátedras de su especialidad en la primera institución y también en la Universidad Nacional Autónoma de Honduras.

Fue director cultural del Consejo Superior Universitario Centroamericano (CSUCA, 1976-1978) y de la Editorial Universitaria Centroamericana (EDUCA, 1979-1982). En San Pedro Sula fue fundador y director de Centro Editorial S.R.L. y de la revista *Imaginación*. Principal impulsor del proyecto que dio origen al Centro Cultural Infantil de San Pedro Sula, institución que alberga la primera biblioteca infantil de la ciudad que, con toda justicia, lleva el nombre de quien fuera su esposa, Gypsy Silverthorne

Turcios.* Actualmente es encargado de los asuntos culturales y director de la Biblioteca de la Universidad Nacional Autónoma de Honduras, Valle de Sula.

Dada la variedad y calidad de sus publicaciones y su constante participación en eventos culturales, a Julio Escoto lo ubico en una línea de trabajo que, por lo abundante y variado, se puede parangonar con la actividad desplegada por escritores que a lo largo del siglo XX, han marcado una diferencia y se han proyectado al ámbito social con una obra perdurable, como Rómulo E. Durón, Froylán Turcios, Rafael Heliodoro Valle, Clementina Suárez, Medardo Mejía y Rafael Murillo Selva.

Julio Escoto no ha sido de los escritores encapsulados en la famosa torre de marfil. El estudio de la realidad social y política del país y también del contexto internacional, para él, ha sido tarea cotidiana. Formando una torre casi a punto de derrumbarse, las innovaciones literarias y los libros de historia y de temas sociales procedentes de diversos lugares del mundo descansan sobre una pequeña mesa en una sala de su casa. El destilado conceptual de las indudables jornadas nocturnas de obligada lectura ha ido a parar, con el correspondiente vuelco creativo o interpretativo, al entramado de las ficciones que ha ideado a lo largo de su vida y a los escritos de diversa índole que, como muestra, se reseñan o comentan en este libro.

Además, nunca baja la guardia en el cuido formal. Manejo pulcro del idioma especialmente cuando sus textos se divulgan en los medios de comunicación masiva, indicio del respeto que guarda para sus lectores. Con las excepciones dictadas por el prejuicio y el desconocimiento de lo que representa su obra en una trayectoria de más de cincuenta años de labor ininterrumpida, el nombre de Julio Escoto es respetado en los más diversos círculos sociales, culturales y políticos del país.

Las valoraciones anteriores explican por qué los organizadores del proyecto «Escritores Esenciales de la América Central» tuvieron a bien aceptar que, por Honduras, Julio Escoto fuese el autor seleccionado para formar parte del proyecto mencionado, ya que también lo consideran un escritor representativo del nivel al que ha llegado la literatura del país.

---

* Lo anterior no por concesión gratuita. Ella fue la gestora de la idea mucho antes de radicarse en San Pedro Sula en 1986. En sus frecuentes viajes, en las librerías que visitaba, ella y J. Escoto adquirían libros infantiles como fondo inicial para una biblioteca dedicada a los niños y niñas de Honduras.

Por las razones expuestas, cuando la Dra. María Roof me invitó a participar en el proyecto, lo acepté con entusiasmo. Lo hice, no por razones de amistad con el autor (que los años han acrisolado), sino porque desde que tomé la decisión profundamente racional de contribuir a un mejor conocimiento de la literatura hondureña, mi propósito no ha variado ni un ápice y Julio Escoto es de los primeros en la lista de un conjunto de escritores a los que, tal vez por carecer de una plataforma político-cultural que los impulse, o quizás porque él evade la autopromoción, cubre un espeso silencio, especialmente en el ámbito internacional, injusto con el excelente trabajo que ha desplegado.

«Escritores Esenciales de la América Central» es una iniciativa que honra a sus organizadores ya que permite un mayor conocimiento y divulgación de la región central de América a la que, generalmente, solo se la conoce por informaciones negativas que obstaculizan el acercamiento a un conjunto de manifestaciones que están a la altura de las más altas exigencias que, en materia de arte y literatura, dignifican a la especie humana.

Al respecto, es necesario recordar que Honduras ha sido el país más postergado del istmo centroamericano. La discriminación contra sus ciudadanos y ciudadanas, especialmente en los años finales de la segunda década del siglo XXI, ha llegado a niveles nunca experimentados. Una prueba palpable la ofrecen las dolorosas escenas de rechazo a los migrantes de la región centroamericana que, en determinado momento, recibió un insulto escatológico procedente de las más altas esferas de la política internacional.

Contrarrestar esa deformada imagen —la única que destacan los órganos de prensa nacionales e internacionales— explica por qué es tan importante el proyecto «Escritores Esenciales de la América Central». Unido a otros esfuerzos, ellos le dirán al mundo que en el istmo central del continente americano hay un despliegue de creatividad que va a la par de lo que se realiza en otras latitudes.

En el caso de Honduras es urgente que se sepa que, bajo su cielo, desde la etapa colonial, nacieron o vivieron hombres y mujeres que hicieron de las artes, las letras y las ciencias, su manera de afrontar la vida y, a la vez, aportaron elementos en la dilucidación, interpretación y construcción del rostro de la patria, rostro aún desfigurado o parcialmente enterrado como, para Latinoamérica, hace varios años, diagnosticó Carlos Fuentes.

***

Para mejor lograr los propósitos anteriormente expuestos, he seguido el siguiente plan de trabajo:

1. Contexto cultural: ofrece los antecedentes literarios que ubican la labor de ruptura con lo tradicional que llevó a cabo Julio Escoto en la práctica narrativa del país.

2. Semblanza de Julio Escoto: desarrolla aspectos biográficos relacionándolos con su trabajo literario. Nómina de las obras que ha publicado, traducciones, antologías en las que se han incluido algunos de sus trabajos y premios y distinciones recibidas.

3. Reseña de los diferentes trabajos literarios publicados por Julio Escoto.

4. Selección de trabajos interpretativos de la obra literaria de Julio Escoto realizados por críticos nacionales e internacionales.

5. Selección de entrevistas realizadas a Julio Escoto.

6. Memoria e imaginación: reflexiones finales.

7. Anexos: Conferencias y lecturas internacionales de Julio Escoto; Información sobre otros escritos de Julio Escoto; Bibliografía complementaria de críticas o comentarios a la obra del autor.

8. Sección iconográfica.

Es importante anotar que este trabajo pudo llevarse a cabo gracias a la colaboración que me proporcionaron tanto el escritor Julio Escoto como los críticos nacionales e internacionales a quienes agradezco haber permitido la publicación de sus escritos. Ello incluye a directivos del Fondo de Cultura de México. Igual agradecimiento a los investigadores que realizaron las entrevistas incluidas en el texto. Un reconocimiento especial a la Dra. María Roof por el apoyo brindado.

Helen Umaña
Guatemala, 25 de julio de 2020

## Capítulo 1. Contexto cultural

Durante las primeras seis décadas del siglo XX, la novelística hondureña recorrió el camino de un romanticismo tardío que frecuentemente se amalgamó con los esplendores de una prosa modernista. Un cruce de tendencias que en algunos escritores —llamándose 'criollismo' o 'regionalismo'— no desdeñó planteamientos realistas adscritos a la conocida antinomia civilización-barbarie que desde el *Facundo* de Domingo Faustino Sarmiento dejó amplia secuela en Hispanoamérica. Un panorama literario en el cual las innovaciones formales de la novela contemporánea aún no habían tocado a las puertas de la narrativa del país.

En mayor o menor medida, rasgos de los señalamientos implícitos en esa apreciación general —con el sello que cada autor o autora le imprimió— se observan en los mejores exponentes de ese período. Lucila Gamero de Medina, fundadora de la novelística hondureña con trabajos que se remontan a los años finales del siglo XIX, y quien esgrimió por primera vez el tema del feminismo y se atrevió a denunciar —desafiando a una sociedad ultraconservadora— los extremos a los que puede llegar un sacerdote católico al acosar sexualmente a una huérfana. Froylán Turcios y su exploración de los sugestivos territorios de la literatura fantástica. Marcos Carías Reyes, sin quitar su mirada del esplendor del paisaje, invocando la antinomia sarmientina. Con el mismo patrón conceptual, aunque con fallas técnicas y formales, Carlos Izaguirre difumina los límites entre la novela y el ensayo para ofrecer vívidas páginas de amplitud social y antropológica. Arturo Mejía Nieto, aunque calla el punto clave de la intromisión foránea (especialmente de las compañías bananeras) y parte de un determinismo geográfico y de señalamientos sobre grandes carencias educativas y morales, logra páginas que no se pueden desestimar cuando interpreta cincuenta años de las guerras civiles que asolaron al país. Ramón Amaya Amador, con planteamientos tomados del realismo social, denuncia situaciones de explotación extrema bajo el imperio de las transnacionales del banano. Argentina Díaz Lozano —abarcando una problemática honduro-guatemalteca— realiza puntuales enfoques de tipo político y social enmarcados en historias teñidas de fuerte romanticismo sentimental. Paca Navas, pese a notas de desembozado racismo, dirige su atención a la dinámica de las contradicciones sociales entre una Honduras aún inmersa en una economía rural y el vertiginoso ascenso capitalista que surgió con el empuje de las compañías fruteras en la Costa Norte del país. Todos con algo vital que decir, pero sin romper con la tradición narrativa lineal, racional y mimética.

En el período señalado, hay tres autores que en el terreno del cuento realizaron algo diferente. En la década del veinte, Arturo Martínez Galindo publicó varios cuentos explorando temas relacionados con la sexualidad humana que, en revistas de la época, pudieron sorprender a una sociedad bastante timorata. Este factor, más su muerte prematura y violenta, y el hecho de no haber compilado sus textos en formato de libro, contribuyeron a que muchos escritores —especialmente los más jóvenes— pasaran por alto la apertura mental presente en relatos exentos de sentimentalismo que insinuaban o abordaban el lesbianismo, la pedofilia y el aspecto avasallador de la pulsión sexual. Otra ruptura con lo tradicional llegó con Óscar Acosta, quien en *El arca* (1956) ofrece una serie de microrrelatos en los que, con concisión extrema, evita todo comentario y se ubica en el terreno de la sugerencia. No obstante, quizá porque ese libro se editó en Sudamérica, careció de repercusión inmediata en Honduras. Un indicio de esto último es que, en el país, la primera edición de *El arca* es de 1991. Tampoco hubo estudios críticos que revelasen su aporte específico a la historia literaria del país. Casi sin excepción, a lo más que se llegó fue al elogio procedente de algún tipo de amistad con el escritor. Ese gran vacío —tal como, en distintos momentos, también se le aplicó a Rafael Heliodoro Valle y en etapas más recientes a Julio Escoto— tuvo que ver, desde los mismos círculos académicos e intelectuales, con animadversiones de tipo político, ideológico o simplemente personal. Ignorado fue, también, el trabajo de Mimí Díaz Lozano quien, en su libro *Sombras* (1959), realizó un ejercicio introspectivo ajeno al ropaje romántico-sentimental con el cual su madre, Argentina Díaz Lozano, en buena medida, aligeraba la problemática social abordada en sus novelas, muy celebradas en Honduras y Guatemala.

De cara a lo que ocurría en Honduras, en donde existía bastante letargo en cuanto a innovaciones formales, en la narrativa y la poesía de países cercanos (Miguel Ángel Asturias, Rafael Arévalo Martínez, Luis Cardoza y Aragón, Yolanda Oreamuno, José Coronel Urtecho, Pablo Antonio Cuadra...), desde tempranas décadas, poco a poco, dejaban atrás tendencias o movimientos que habían tenido aceptación unánime como el naturalismo, el indigenismo y el realismo criollista. Se caminaba hacia nuevos rumbos. Con frecuente incomprensión y rechazo, inclusive procedente de otros escritores, pequeños grupos reacios a seguir caminos trillados experimentaban con el surrealismo, lo real maravilloso y el realismo mágico. Se rompía la linealidad cronológica del relato y se insertaba un perspectivismo múltiple que rompía con el absolutismo del pequeño dios omnisapiente. Con asimiladas lecturas de Sigmund Freud, perentorio fue llegar a las simas de la complejidad humana incorporando técnicas como el monólogo interior que daban gran relevancia a los procesos mentales, especialmente a ese querer atisbar o atrapar la oscuridad o semipenumbra del inconsciente. Sin olvidar la estela que en Latinoamérica dejaron las distintas corrientes del existencialismo que derribaron muchos idealismos y miradas superficiales de la realidad. Importante fue, también, la decisiva presencia del *boom* latinoamericano.

En conjunto, fue un hervidero de ideas y propuestas que traducidas al lenguaje literario dieron como resultado el monólogo interior, la corriente de la conciencia y el *flashback*. En buena medida, cambiaron el modo de leer al exigir la participación activa del lector en la descodificación del texto. Asimismo, con el ascenso vertiginoso de la industria cinematográfica, las técnicas que desplegaba la cámara filmadora se fueron adaptando e incorporando a la narrativa literaria. Con esos elementos en juego, el realismo a ultranza y la verosimilitud mimética se reemplazaron por la riqueza imaginativa y dejaron incólume una credibilidad que descansaba en la coherencia interna instituida por el idiolecto de cada autor o autora.

En la narrativa hondureña esos cambios tardaron en llegar. Varios factores incidieron en ese retraso. La insularidad del país, afectado por la falta de una red de carreteras que permitiese el fácil trasiego de libros de otras latitudes. Las guerras civiles que por espacio de cincuenta años asolaron al país y finalizaron hasta 1930. La inestabilidad política originada en dictaduras y gobiernos militares. La falta de estudios académicos específicamente literarios orientados hacia la investigación y la crítica literaria, situación que se superó hasta muy entrado el siglo XX.

Al respecto, la Escuela Superior del Profesorado "Francisco Morazán" se fundó en 1956 y en 1989 se transformó en Universidad Pedagógica "Francisco Morazán" y, en sus planes de estudio, contaba con una carrera que atendía lo literario aunque con orientación dirigida al campo educativo. Con relación a la Universidad Nacional Autónoma de Honduras, los estudios específicos de letras, a nivel de bachillerato, se iniciaron en 1977 con opción a continuar con la licenciatura en 1981. En San Pedro Sula, como carrera corta, el profesorado especializado en educación secundaria empezó a impartirse en 1977 y, al año siguiente, se cambió a bachillerato universitario, siempre con fuerte carga de disciplinas pedagógicas, situación que se superó en 1991 cuando se inauguró la licenciatura con dos carreras: literatura y lingüística con enfoques dirigidos a la investigación y a la crítica literaria.

Tampoco hubo editoriales que se arriesgasen a la publicación de textos poéticos o narrativos ya que estos no redituaban ganancias efectivas. En ausencia de un Ministerio de Cultura, con frecuencia mermando su escaso presupuesto, el autor sufragaba los gastos de publicación de sus escritos en imprentas dedicadas a otro tipo de negocios. Asimismo, la opción de buscar el auspicio de alguna dependencia oficial implicaba (e implica todavía) no el mérito literario, sino el favor derivado de nexos políticos y sociales.

Frente a un panorama cultural tan árido quizá lo que en verdad merece encomio es que muchos hombres y mujeres, superando todo tipo de obstáculos, dedicasen buena parte de su tiempo a canalizar sus inquietudes mediante obras que, casi siempre, exigen el despliegue permanente de todas las energías del espíritu.

En ese sentido, trece y veintinueve años después de la publicación de *El arca* (1956) y de *Sombra*, que se recopiló en forma tardía (1940), tres escritores hondureños, de manera casi simultánea, principiaron a trabajar aplicando modalidades renovadoras. Eduardo Bähr (Tela, 1940) con *Fotografía del peñasco* (1969) y *El cuento de la guerra* (1973); Julio Escoto (San Pedro Sula, 1944) con *La balada del herido pájaro y otros cuentos* (1969) y la novela *El árbol de los pañuelos* (1972) y Marcos Carías Zapata (Tegucigalpa, 1938-2018) con el libro de cuentos *La ternura que esperaba* (1970). Aunque méritos suficientes tienen Bähr y Carías Zapata, en esta oportunidad, nos ocuparemos del trabajo de Julio Escoto.

# Capítulo 2. Semblanza de Julio Escoto

## Tras las huellas de una vocación

En la ciudad de San Pedro Sula, el 28 de febrero de 1944, nació Julio Escoto, hijo del matrimonio conformado por don Pedro Escoto López y doña Concepción Borjas de Escoto. Ambos, originarios del departamento de Santa Bárbara. El padre de la cabecera departamental y la madre de San Marcos (valles de Quimistán). Una región cuyos habitantes, en alto porcentaje, se enorgullecen de llevar en sus venas una cierta dosis de sangre indígena. Julio Escoto es uno de ellos: la abuela paterna de su padre era «lenca pura».[1] Se llamaba Hermegilda.

De la familia Escoto Borjas quedó amplio testimonio en una rica colección de fotografías captadas por el ojo atento de don Pedro, gran aficionado a la fotografía. Indicio claro de su interés por fijar y resguardar esos momentos de especial significación que un padre o una madre atesoran como memoria de la historia familiar.

En el álbum personal de Julio —que en gesto de amistad puso en mis manos— hay una fotografía que registra un hecho que debió ser muy importante para él. Julio tendría siete u ocho años de edad y viste traje formal. Luce de frente y la sonrisa que ilumina su rostro es la estampa de un niño que trasuda satisfacción. Con aplomo, su pie derecho descansa sobre el borde de la acera. Una pose de hombre mayor muy seguro de su prestancia. Que mira de frente, consciente del buen traje que viste. El lenguaje corporal y la expresión facial anticipan rasgos de la personalidad del futuro escritor. Sin lugar a dudas, por parte de sus padres, vestirlo así, fue una inyección de bienhechora autoestima: «Tuve una infancia feliz» ha reiterado en varias entrevistas. Esa y otras imágenes en donde aparece con sus hermanos indican que —aunque a veces cuestione circunstancias que lo lastimaron—[2] gozó de una familia en donde la prioridad fue el cuido y bienestar de los hijos. Asimismo, el apodo familiar a los seis años (Dr. Matachinches, porque siempre daba consejos y hablaba de cualquier tema)

---

1. Detalle que no deja de tener relación con dos de las grandes temáticas a las cuales él es afecto: la reflexión sobre los aspectos esenciales que conforman la identidad nacional y la insistente valoración de las culturas originarias.

2. V. gr., el castigo físico aplicado a los hijos como correctivo, una práctica usual en la época.

anuncia al futuro intelectual con vocación social: dar su punto de vista con el propósito de orientar hacia la posible solución de los problemas.

En el álbum familiar, hay otra fotografía en la que un Julio de seis años luce sentado, a la par de otro más pequeño. Es su hermano Pedro Arturo ("Peyín", para la familia). Murió a los cuatro años arrollado por un automóvil. Era el hermano-compañero de juegos. Aunque sus padres le evitaron las escenas de dolor, su ausencia gravitaba mediante una fotografía ubicada en la sala familiar:[3] ocasional velita encendida era un signo de comunicación con ese sitio de luz en donde su alma seguramente se encontraba. Las palabras con las cuales se le recordaba hablaban de «un niño muy bello y despierto, así como juguetón. [...] Mi mamá tuvo medio año después una premonición, y es que debía dejar de llorarlo (siempre fue una presencia viva en casa) pues él mismo no soportaba que lo lloraran. Esto lo soñó y desde entonces modificó mucho su actitud hacia la muerte y la vida. Era una mujer sin letras pero cautamente brillante. Desde entonces habré concebido a la muerte más como ausencia que como dolor. De repente ya no está lo que se ama, deja un vacío que no podemos localizar ni tampoco llenar, y lo poco que se sabe del pasado de él [...] se llena con imaginaciones de futuro: hubiera sido buen alumno, buen hijo, [...] en fin, lo que el deseo construye desde el interior de nuestra mente [...] otra realidad imposible de construir».[4] Vivencia que se sedimentó profundamente en el ánima del escritor y que, unida a otro duro golpe muchos años después (deceso de su esposa Gypsy Silverthorne Turcios), se transformó en reflexiones generales saturadas de resignada nostalgia que se transparentan en *El General Morazán marcha a batallar desde la muerte* (1992).[5]

---

3. En el estudio de trabajo de Julio en San Pedro Sula, hay una réplica ampliada de esa fotografía en donde están los dos hermanos: signo de la importancia que el autor da al entrañable recuerdo familiar.

4. Comunicación personal de Escoto respondiendo a una pregunta que yo le formulé (julio, 2020).

5. En varias entrevistas ha expresado que la muerte de su esposa Gypsy Silverthorne le causó una depresión tan profunda que pudo convertirse en dipsómano. Vacío del que salió al aislarse para escribir la novela *El General Morazán marcha a batallar desde la muerte* en donde las referencias a este paso existencial están teñidas de melancolía pero también de esperanza. Radiografía de un proceso de aceptación de lo irreversible y, a la vez, de aferramiento a la vida y, sobre todo, a la idea de no desaparecer del todo. Véase: Umaña, «Situaciones límite en un texto de Julio Escoto», "Cronopios", *Tiempo*, San Pedro Sula (19 de marzo de 1992). Se incluye en la sección de críticas de este libro, capítulo 4.

Diez años de edad tenía Julio cuando percibió en forma nítida que algo fallaba en la sociedad. Ocurrió en 1954 cuando fue todo oídos para captar y comprender el por qué de las acaloradas discusiones en pro o en contra de los huelguistas bananeros que estremecían a toda la región. Por esa incipiente necesidad de ir a la causa de cualquier hecho que lo impactara, sus secretas simpatías se inclinaron por los luchadores sociales. Supo —dice— de qué lado estaba la justicia. Lejano sustrato que explica la ubicación ética que se transpira en cada texto rubricado con su nombre.

Muy cerca del actual centro de San Pedro Sula, en amplia y cómoda casa, estaba el hogar de los Escoto Borjas. Allí, Julio y sus hermanos jugaban en el gran patio trasero en donde las flores que doña Conchita[6] aquerenciaba crecían a la sombra de corpulentos árboles frutales que —en años todavía ajenos a la contaminación ambiental— abundaban en los patios de las viviendas y convertían a San Pedro Sula, especialmente en las madrugadas y en el crepúsculo vespertino, en auténtica jaula de pájaros, origen del bien ganado apelativo de «Ciudad de los zorzales» dado a la ciudad industrial.

De los árboles, Julio prefería los de mangos 'confite' y, al llegar del colegio —lo imaginamos sentado en alta rama—, disfrutaba del delicioso fruto, pequeño pero de dulzor concentrado. Gratificante refrigerio que no aminoraba su entusiasmo al sentarse a la mesa en donde doña Conchita había preparado una sustanciosa comida cuyos ingredientes había adquirido en el mercado municipal, una visita frecuente en la que no era raro que, algunas veces, su acompañante fuese el pequeño Julio que, al concluir el estimulante recorrido, abundante en cestas de frutas y verduras, atemperaba el implacable calor sampedrano con un «refresco de ensalada». Antes de saborearlo, había observado los juegos de luz en los grandes recipientes de vidrio que contenían el tentador refresco elaborado con chan (chía), trocitos de frutas y una que otra verdura. Evidente: la experiencia gustativa era precedida por un estímulo de tipo estético. Visto en retrospectiva, claro indicio de una sensibilidad inclinada hacia la esfera de la belleza.

También don Pedro se hacía acompañar del inquieto chico. Al acercarse la Navidad, después que su vástago le había mostrado la libreta de calificaciones, visitaban un almacén cuyas vitrinas estaban repletas de delicadezas gastronómicas propias de sibarita. Adquirir deliciosos bocadillos era una forma de premiar el buen desempeño escolar de Julio, quien recuerda que

---

6. Cariñoso diminutivo con el cual las personas se referían a la madre del autor.

sentía un especial placer en contemplar los atractivos colores o diseños del empaque que protegía a los tentadores pistachos, turrones o chocolates. Experiencia que cincuenta años después originaría una página en donde casi sentimos la fragancia de los productos descritos.

Pero consentir solo al paladar no le bastaba a su padre. Igualmente necesario era alimentar la imaginación. Así, lo mejor del premio era la segunda parte: adquiriría para él un buen número de los inolvidables "paquines" que, hacia la mitad del siglo XX, hicieron las delicias de miles y miles de niños centroamericanos: *Supermán, Tarzán de los monos, Vidas Ilustres, El Llanero Solitario…* Revistas con efecto multiplicador por una extendida práctica: el intercambio de números todavía no leídos con los amigos. En ellos, Julio —aún lejos de teorizar sobre los efectos de la experiencia, pero sí absorbiendo la enriquecedora vivencia— descubrió la magia de las letras y también lo revelador que puede ser un buen dibujo. Varias de las obras que ha preparado y editado ostentan ejemplar riqueza verbo-icónica en donde los dos niveles son igualmente dicentes.

En la etapa adolescente agregó las novelas de vaqueros y las de amor. Seguramente no le fueron extraños los nombres de Manuel Lafuente Estefanía o la clásica serie «Coyote» de José Mallorquí. ¿Las de amor eran de las que se ilustraban con dibujos o las tipo Corín Tellado? ¿O se refiere a la amplia provisión de las novelas amorosas o picarescas en las lecturas subrepticias de la biblioteca de su padre, también lector empedernido? Pero ello, en realidad, es irrelevante. Lo importante es que Julio, al recordar esos textos —como era usual en teóricos que solían calificarlas de «subliteratura»— no las demerita. Literalmente las devoró. Y también, como es costumbre en él, empezó a leer el mensaje que está tras la apariencia: no solo se entretuvo con la anécdota. Con espíritu observador advirtió los aspectos de la realidad que se habían filtrado en sus páginas. Escoto indica que le abrieron senderos para conocer o presentir algunos aspectos de la naturaleza humana que siempre está en un «constante pendular entre el bien y el mal», como solía decir esa inolvidable mujer que fue Leticia de Oyuela.

Gracias a las historietas gráficas y a novelas que no figuran en ningún canon literario de prestigio, la semilla del hábito de leer se había sembrado en forma muy honda en su conciencia. Emocionalmente ellas lo dejaron a las puertas de la gran literatura.

Tal vez en esas desbocadas lecturas empezó a intuir cuál es el secreto que hace que un lector tome una novela y no la abandone hasta saber cómo se soluciona el conflicto. Un conocimiento —aún difuso— que profundizaría con el acelerado aprendizaje obtenido en lecturas y estudios realizados en los años por venir.

Pero volviendo a la infancia y primera juventud, hay otros datos que probablemente contribuyeron a forjar su personalidad. Recordando a su padre, agrega: «poseía una inteligencia superior y leía mucho, de todo, revistas, folletos, libros, nuestra casa estaba siempre desbordada de papeles [...]. Fue él quien leyó primero a Ernesto Cardenal y me lo mostró, a pesar de ser yo ya entonces estudiante de Letras de la Escuela Superior. [...] Se había leído a los poetas románticos y modernistas, que recitaba de vez en cuando, así como le encantaba la música y cantaba, en casa, bastante bien. Poseía discos [...] de declamación, particularmente del mexicano Manuel Bernal, maestro en su oficio. Bailaba hermosamente el danzón [...]. Él no practicaba deportes, yo tampoco, excepto que hoy a mis 62 años estoy aprendiendo a bailar tap de Nueva Orleans. Él era malo para los negocios, yo también [...]. Él sabía que la vida es sólo un tránsito de aprendizaje, yo lo imito. Me enseñó mucho más de lo que se propuso y me hace falta dialogar con él».[7]

Desde niño, Julio se dio cuenta que su padre escribía. Redactaba notas para los periódicos tegucigalpenses y para *El Alfiler*, semanario del cual fue fundador y director y el cual estaba orientado a la crítica político-humorística.[8] Similarmente, la perspectiva política y las salidas inesperadas que provocan una risa saludable son ingredientes localizables en el trabajo del autor. ¿De la raíz paterna —aunque de signo ideológico opuesto—[9] procede la veta cuestionadora y la que despierta la risa cómplice del lector cuando, en el momento menos pensado, en cualquier página de sus textos, surge un apunte o una nota que evade la seriedad y que, en cierta forma, muestra el lado amable de la vida? Probablemente, la respuesta sea afirmativa.

---

7. En entrevista realizada hacia 2008. Remitida por J. Escoto.

8. Se inició en 1959 y se clausuró con su muerte en 1985.

9. Don Pedro perteneció a un partido político ultraconservador que Julio aprendió a cuestionar desde que empezó a reflexionar sobre la realidad hondureña y a profundizar en el estudio de disciplinas humanísticas indispensables para un enfoque coherente de la sociedad.

En la década del sesenta, cuando el joven adolescente ingresó a la educación secundaria, los ecos de la gran sacudida cultural de tipo general gestada en los centros hegemónicos del hemisferio occidental, también se sintieron en Honduras. Su gusto por la música se intensificó. Asistir a los espectáculos musicales «en vivo», que auspiciaban las radioemisoras en su propia sala de transmisión, alimentó ese interés. Paul Anka, Neil Sedaka, los Beatles, Tom Jones... han de haberle inyectado energía y no es difícil imaginarlo acompañando sus ritmos con bien acompasados pasos de baile. Amigos cercanos pueden dar fe de sus destrezas en el arte de Terpsícore. Sin embargo, ya desde esa época, no permitió que la música anglosajona avasallara su capacidad de percibir y gozar con la variedad de ritmos de la expresión musical latinoamericana. Recuerda con afecto a Ñico, olvidado cantante cubano que deleitaba al público desde los escenarios de HRQ, una radio sampedrana.

La pasión por la música se fortaleció cuando Julio hacía percutir el tambor de la banda del colegio. Inclusive se desempeñó como su director e ideó un toque de contrapunto que todavía se hace sentir cuando ocurren eventos cívicos escolares en las calles de la dinámica ciudad industrial hondureña. Además, el gusto de Julio no se quedó anclado en la época estudiantil. Con interés ha seguido la vertiginosa evolución que la música experimentó a lo largo del siglo XX hasta llegar a nuestros días. Cuando Damario Reyes dirigió una versión teatral de su novela *Bajo el almendro, junto al volcán*,[10] Julio compuso la letra de cuatro rap; Alfonso Flores ('Fonchín'), director de «Los gatos bravos», musicalizó dos y Reyes incluyó uno en la adaptación teatral mencionada.[11] Es tan arraigada la devoción por el arte musical que, en las extensas jornadas nocturnas de tipo creativo, cuando está ideando todo lo concerniente a la novela que trabaja y casi lo sorprende la madrugada, siempre se hace acompañar con las clásicas melodías del rock. Inclusive, en alguna jornada compartida con amigos, se le ha escuchado entonar, con bien timbrada voz, la famosa aria «Nessum dorma» de la ópera *Durandot*. Innegable: de nuevo se percibe la importante huella paterna.

---

10. Los capítulos de la novela, inclusive, llevan como título movimientos o tempos de sinfonías: Allegro con spirito, Adagio y Allegro gentile.

11. Con ello se comprueba que Escoto valora las expresiones de la llamada "cultura popular", demeritada con frecuencia por una visión elitista de la cultura.

Volviendo atrás en el hilo de nuestro recuento biográfico, la elaboración de *El Alfiler* lo puso en temprano contacto con las diferentes tareas que requería la impresión de un escrito. El adolescente Julio, inclusive, revisaba artículos cuando su padre no podía hacerlo: la riqueza léxica, la corrección idiomática y su interés lingüístico de carácter teórico, que sale a flote en múltiples ensayos, quizá se incubaron en esa obligada tarea. Un entrenamiento que lo familiarizó con un trabajo que se presentaría varias décadas después, cuando dirigió en Costa Rica la importante Editorial Universitaria Centroamericana y también su propia editorial en los años ochenta al establecerse definitivamente en su ciudad natal. Hablamos, pues, de un conjunto de experiencias infantiles y juveniles que, tal vez, moldearon o condicionaron su futuro. «Infancia es destino» escribió Ernesto Sábato en más de alguno de sus textos. ¡Cuánta razón en las palabras del autor argentino!

En *Del tiempo y el trópico* (2002), Julio Escoto ofrece una serie de estampas que —a su juicio— dicen de la gente y de la región norte del país. Una de las primeras es una breve pero amorosa semblanza de su padre. Estimo que la incluyó por el afecto, pero también porque —como se lo demostró con su tesón y esfuerzo— era la perfecta imagen de los recios hombres de la zona que, acicateados por la necesidad, labran su porvenir ejerciendo los trabajos que las circunstancias les imponen. Aunque don Pedro no completó estudios secundarios y de niño anduvo descalzo, gracias a su empeño autodidacta, llegó a ser experto telegrafista, redactaba noticias para periódicos capitalinos y por más de dos décadas dirigió *El Alfiler*, hebdomadario político-humorístico que había fundado y en el que, con alguna tarea, todos los hermanos participaban. Manejando su bicicleta, los sábados, Julio repartía periódicos a los suscriptores. Desde muy joven supo, pues, la importancia del trabajo colectivo.[12] Una actividad que, además, en determinados momentos, se relacionaba con la lectura y corrección de textos. Sin olvidar las vetas política y humorística frecuentes en los textos que leía. Quizá, esa doble perspectiva, a la que ya aludimos, también ancló en algún resquicio mental del adolescente y que —años más tarde— enriquecería tanto sus diversos escritos.

---

12. Un aprendizaje que nunca olvidó. Desde que Julio Escoto regresó de Costa Rica (1986) y se estableció en San Pedro Sula se involucró de lleno en el trabajo cultural de la región. Creo que no hubo actividad o proyecto de importancia en los que no participase. Siempre ha tratado de interesar o involucrar a personas o entidades que podrían contribuir al éxito de la empresa.

En el transcurso de una vida —especialmente si hablamos de infancia y adolescencia— todas las experiencias cuentan. La labor periodística de don Pedro probablemente determinó que el director del colegio, en cierta oportunidad, le pidiese a Julio que elaborara un escrito para incluirlo en la revista del colegio. Basándose en un incidente personal (una noche creyó que había atropellado a una persona, sensación que le produjo un «miedo ético»[13]) escribió su primer cuento. Al publicarse, le ganó respeto entre profesores y compañeros de estudios. Dado ese temprano hábito de racionalizar lo que experimentaba y observaba, Julio dedujo que sus destrezas lingüísticas generaban estima y le daban crédito social. Constituían habilidades que no dependían del dinero. Con ellas podía abrirse campo en el minado terreno de una sociedad en donde priman la desigualdad y la minusvaloración de los sectores económicamente deprimidos. En cierta forma, a temprana hora de la vida, Julio descubrió su piedra filosofal.

Fue un descubrimiento que ocurrió en un momento crucial de su existencia: su familia —por equivocada decisión político-económica de su padre— acababa de perder el patrimonio ganado a lo largo de los años. Como signo visible de su cambio de estatus se vieron obligados a vivir alquilando una modesta casa. Ello representó una baja en la estima de una sociedad que visualiza el dinero como máximo cartabón para calificar a las personas. El termómetro estaba representado en los religiosos del colegio: las mejores notas iban a parar a manos de estudiantes mediocres, hijos de las 'mejores' familias de la región. Julio comprendió entonces que, para ganarse un puesto de respeto y consideración en el seno de una sociedad que suele aniquilar a los sectores desprovistos de bienes de fortuna, el único camino digno que se le abría era el de la superación personal mediante la disciplina y el estudio.

En la familia, fueron años de obligada contracción económica agravados por el estado depresivo que, por algún tiempo, atormentó a don Pedro, quien se sentía culpable del desastre familiar. Fue entonces cuando doña Conchita no se cruzó de brazos y tomó una decisión salvadora. Aprovechando su talento culinario, empezó a elaborar tamales para comercializarlos. Fue tan exitosa que, con el producto de su trabajo, sacó avante a todos sus hijos que, en esa forma, culminaron exitosamente sus estudios

---

13. Miedo no a las consecuencias jurídicas del hecho sino pavor por haber causado un problema grave al supuesto atropellado. Al yo antepuso, pues, el daño a otro.

básicos. Sin lugar a dudas, su ejemplo no cayó en el vacío: para sus hijos fue una lección práctica de no rendirse ante las circunstancias adversas y tener el valor de reconstruir los parámetros de la propia vida. Evidentemente ello contribuyó a fraguar el temple del cual Julio ha dado repetidas muestras a lo largo de su existencia. Dice Julio:

> De mi madre aprendí el tesón, la perseverancia, la resistencia a doblegarse, la rebeldía, el giro hacia lo opuesto a la mediocridad. Apenas si cumplió la primaria, pero su carácter, temple y personalidad son inauditos, ahora a los casi 90 años sigue siendo el centro emocional de la familia. [...] Nació para ser eje, columna y poste vertical. Se le doblan los hombros, pero no deja de protestar. Se resiste a usar anteojos por pura vanidad o porque no soporta intermediarios artificiales. Expresa lo que cree y es su convicción, aunque esté equivocada, pero sabe escuchar, virtud que emulo. [...] Es un ejemplo privado, un modelo discreto, pero, ¿no es que son así casi todas las madres —y abuelas— de Honduras? Heroínas en silencio, mártires en rezongo, santas sin despreciar la felicidad carnal.[14]

Cuando Julio concluyó el bachillerato, para proseguir estudios, aplicó y ganó una beca. Aunque las opciones no eran abundantes, con certero discernimiento, escogió seguir la carrera de Letras que se ofrecía en la Escuela Superior del Profesorado "Francisco Morazán" en Tegucigalpa. Allí el panorama literario se le abrió de manera sorprendente y su programa de lecturas se enriqueció con el estudio sistematizado que ofrecía el pénsum oficial. Leía para cumplir requisitos promocionales, pero también puso empeño en estudiar y profundizar en las técnicas de escribir de los grandes maestros de la literatura universal: gozar de la historia contada, pero también captar y asimilar los aspectos formales que determinaban su calidad.[15]

Ya graduado, impartió clases en la Escuela Superior del Profesorado "Francisco Morazán" y también en la Universidad Nacional Autónoma de Honduras. Ello, sin dejar de lado, el ejercicio diario de leer y escribir (especialmente cuentos y textos de crítica literaria).[16] En distintas entrevistas,

---

14. Entrevista realizada por Luis Núñez hacia 2008. Remitida por J. Escoto.

15. Los estudios críticos que realizó sobre *Blanca Olmedo*, *Pedro Páramo* y *Cien años de soledad* señalan minuciosamente rubros técnicos esenciales.

16. El poeta Óscar Acosta, en diario *El Día*, en el cual era jefe de redacción, empezó a publicar los escritos de Escoto.

el autor recuerda el nombre de autores que fueron clave en su formación como escritor, tanto en esa época inicial como de los años siguientes: Longo (nacido en Lesbos ¿siglo II? ), Alejandro Dumas, Miguel de Cervantes, Ernest Hemingway, John Steinbeck, James Michener, Alejo Carpentier, Juan Rulfo, Gabriel García Márquez, Carlos Fuentes (el de *Aura*) y Álvaro Mutis. Lecturas por placer, pero también realizadas con el propósito de escudriñar los artificios que hicieron de sus obras textos ejemplares. Un arsenal de técnicas que Julio ha aplicado con acierto.

Retrocediendo a la etapa estudiantil, en la Escuela Superior del Profesorado "Francisco Morazán", por una feliz circunstancia —Sábato reitera que no hay casualidades sino destinos—, hubo un factor quizá más estimulante que las mismas clases teóricas del programa oficial de estudios: la benéfica influencia de un excelente profesor de literatura, quien supo detectar los indicios que decían de un prometedor futuro para el alumno que había llegado de San Pedro Sula, ciudad que, por muchos años, los capitalinos consideraron poco menos que un desierto cultural. Hablamos del dramaturgo español Andrés Morris, quien le ofreció sugerencias y estimuló las capacidades que en él observaba.

El haber obtenido el primer lugar en un concurso de cuento organizado por dicha institución —única que en esos años atendía la especialidad literaria— fue un indicio inequívoco de que la apasionada dedicación a lo literario podía ser un camino de realización personal, factible de convertirse, a la vez, en una manera de contribuir a la difusión de ideas y a la formación de actitudes capaces de contribuir a la transformación social, demanda urgente y siempre postergada en Honduras.

Al respecto, en varios ensayos el autor ha planteado que, mientras en la mayoría de ciudadanos no exista una actitud mental dispuesta a luchar por un cambio integral en todas las instancias de la vida nacional, la situación de inequidad seguirá incólume en el país. Hacer claridad sobre aspectos cruciales de la sociedad hondureña ha sido un objetivo que subyace tanto en su narrativa como en su rico legado ensayístico, rubro que, hasta este momento, no ha sido suficientemente estudiado.

La visión que él tiene de la realidad no ha sido gratuita. Es producto de un estudio y análisis cotidiano y constante. Ello le ha servido para afinar y consolidar una posición ideológica como un intelectual con un pensamiento de izquierda que no vacila en definirse como «revolucionario». No en un sentido dogmático o partidista sino como un hombre que cuestiona lo que considera negativo pero que, a la vez, propone horizontes posibles de realización teniendo presente que la raíz más profunda de la desigualdad social descansa en el sistema económico voraz e insaciable manejado por un sector minoritario pero poderoso del país.

Al respecto, el siglo XX fue fecundo en una producción intelectual que abordó una problemática relacionada con la responsabilidad del escritor frente al desolador panorama social y económico que ofrecían los pueblos latinoamericanos. Sartre y la malentendida tesis del "compromiso" social del escritor fueron temas cotidianos de lecturas y discusiones, especialmente en los ambientes universitarios. Algunos escritores se desviaron hacia la literatura-pancarta; pero, en sus mejores nombres, se asumió como un trabajo que, sin dejar de ser eminentemente político, tenía, como condición *sine qua non* la máxima exigencia estética.

Ese es el caso de Escoto, quien nunca perdió de vista que la literatura —sin olvidar que la índole de esta última básicamente es estética— también podía clarificar situaciones de la realidad y mostrar la potencialidad del ser humano para construir un mundo donde es factible acceder a una vida digna. La gran novelística de Latinoamérica, tanto la que se dio con el auge del *boom*, como la que lo precedió, muestran esa fructífera amalgama.

En ese sentido, en Julio Escoto, desde *Los guerreros de Hibueras* (1967) hay una preocupación técnica y formal que ha mantenido en cada obra narrativa. Así, aunque incida en determinadas líneas temáticas (¿obsesiones que echaron raíces en su infancia?), siempre procura un nuevo enfoque y un tratamiento con elementos aún no ventilados.

Un sostenido oficio de más de cincuenta años que, además del renglón narrativo, ha hecho del ensayo —especialmente el de índole periodística— una de sus principales trincheras de lucha. Sabia combinación de dos géneros literarios que tuvieron un crecimiento explosivo en el siglo XX y que lo han convertido, en la actualidad, en uno de los escritores más connotados de Centroamérica.

Los distintos premios y galardones nacionales e internacionales consignados en su hoja de vida así lo confirman. Con creces, el tiempo ha comprobado que el maestro español tuvo buen ojo en la percepción de las capacidades del alumno.

### Obras publicadas

**Novela:** *Los guerreros de Hibueras* (1967); *El árbol de los pañuelos* (1972); *Días de ventisca y noches de huracán* (1980); *Bajo el almendro… junto al volcán* (1988); *El General marcha a batallar desde la muerte* (1992); *Rey del albor. Madrugada* (1993); *El Génesis en Santa Cariba* (2007); *Magos Mayas Monjes Copán* (2009) y *Downtown Paraíso* (2018).

**Cuento:** *La balada del herido pájaro y otros cuentos* (1969); *La balada del herido pájaro y otros relatos* (1985); *Todos los cuentos* (1999) e *Historias de Los Operantes* (2000).

**Ensayo:** *Casa del agua* (1975); *El ojo santo. La ideología en las religiones y la televisión* (1990); *José Cecilio del Valle, una ética contemporánea* (1990). *Imágenes de San Pedro Sula* (2002); *Del tiempo y el trópico* (2002); *Honduras. Sucesos del siglo XX*, t. I (2003); *Imágenes de Tegucigalpa* (2004); *Lectura postraumática del año de la guerra 1969* (2009) y «Hombres a caballo. Política, próceres y villanos del siglo XIX» (2016).[17]

**Antologías:** *Antología de la poesía amorosa en Honduras* (1975).

**Literatura infantil:** *El Morazanito. Francisco Morazán para niños* (1993) y *Ecología para jóvenes de 10 a 90 años* (1996). En coautoría con Gypsy Silverthorne Turcios: *Los mayas* (1979) y *Descubrimiento y conquista para niños* (1979).

### Premios y reconocimientos

- Premio "Froylán Turcios" de Literatura, Tegucigalpa, Honduras, 1967.

- Nominado en "Lista de Honor" del Rector de la Universidad de Florida (EUA), 1970.

- Premio Nacional de Literatura "Ramón Rosa" del Estado de Honduras, 1974.

- Escritor invitado al International Writing Program de la Universidad de Iowa, Iowa City, Iowa, EUA, 1974–1975.

---

17. Nómina de los ensayos publicados en formato de libro. La mayoría se ha divulgado en revistas y periódicos, tal como se comprobará en las reseñas incluidas en la sección respectiva del capítulo 3.

• Jurado y, o, conferencista en certámenes literarios de Honduras, Costa Rica, Nicaragua, Panamá, República Dominicana, Bolivia, otros, 1973 a 2004.

• Premio "Gabriel Miró" de Literatura (Cuento), Alicante, España, 1983.

• Diploma por desempeño editorial extraordinario, otorgado por el Departamento de Agricultura (Office of International Cooperation and Development), de Estados Unidos de América, Washington, DC, EUA, 1985.

• Premio "José Cecilio del Valle" (Ensayo), Tegucigalpa, 1990.

• Medalla "Recital de Otoño" por Aporte Cultural al País, San Pedro Sula, octubre 1994.

• Medalla "José Miguel Gomes", por Desempeño Cultural, Fundación del Museo de Hombre, Tegucigalpa, diciembre 1994.

• Hoja de Laurel en Oro y Pergamino de Honor, por aporte a la cultura. Ministerio de Cultura, Artes y Deportes, Tegucigalpa, agosto 2000.

• Premio "José Trinidad Reyes" de la Universidad Nacional Autónoma de Honduras (UNAH), por aporte a la cultura. Tegucigalpa, octubre 2005.

• Premio "Ramón Amaya Amador" de la Academia Hondureña de la Lengua, 2019.

# Capítulo 3. Reseña de las obras de Julio Escoto

## Novelas

*Los guerreros de Hibueras* (1967)

En un pueblo de la provincia, Ignacio preña a una joven, la abandona y ella, desesperada, se suicida. Tres años después, una facción rebelde intenta derrocar al ejército nacional. Entre los insurgentes está su hermano, el teniente Ramiro Zúñiga, quien mantiene una relación cordial con un soldado raso cuya pequeña estatura le ha valido el apodo de Posdata, quien, antes de unirse al grupo revolucionario, fue sacristán en Meámbar en donde el militar Ignacio Ramírez actuó groseramente. Al escucharlo, Ramiro sospecha que él fue el causante de la muerte de su hermana (e indirectamente la de sus padres). Por esta razón lo busca desde hace tres años con el propósito de vengarse. La escena final los enfrenta. Ramiro, aunque herido de muerte, lo persigue. Quizá mueran los dos.[1]

La obra aborda una problemática que han ventilado varios narradores: las circunstancias y los hechos ocurridos durante las guerras civiles que, por espacio de cincuenta años, asolaron al país. Los grupos alzados en armas calificaban sus luchas como 'revoluciones', pero el pueblo las llamó 'montoneras' porque las integraban un montón de indios. Generalmente, los contendientes procedían de sectores indígenas, carne de cañón manipulada y explotada por caudillos y políticos inescrupulosos ansiosos de acceder al poder del Estado. Este es el trasfondo histórico de la novela. De ahí las escenas bélicas de lucha frontal o de retroceso; avanzadillas en busca de información sobre el ejército contrario; entradas a pueblos en donde el contrincante se refugiaba; la búsqueda de comida; el ocasional encuentro con una mujer complaciente; los momentos de relax en donde los soldados se gastan bromas entre sí; los actos de solidaridad con el compañero que está en peligro o que ha sido lesionado; el remate de los heridos en el campo de batalla, el robo de sus pertenencias y la incineración de los cadáveres, etc. El predominio de la oración breve está a gran distancia respecto de la versatilidad y riqueza que en ese rubro se observa en obras posteriores.

---

1. Para varios comentaristas este relato es un cuento. Por sus ramificaciones temáticas lo considero una novela breve. Se acompaña de dos cuentos cuyo personaje central es Posdata y parecen ser extrapolaciones del texto que da nombre al libro.

## *El árbol de los pañuelos* (1972)

Para una mejor comprensión de *El árbol de los pañuelos* (1972) es útil (aunque no indispensable) traer a colación *Los brujos de Ilamatepeque*, novela de Ramón Amaya Amador. Después que Francisco Morazán es asesinado, Cipriano y Doroteo Cano, exsoldados de su ejército, regresan a Ilamatepeque (Ilama), su pueblo natal. Dada la experiencia adquirida durante sus correrías por tierras centroamericanas, pronto ejercen un liderazgo progresista que irrita a sectores del poder político y religioso. Acusados de brujos se les fusila en un acto ilegal en el que casi todo el pueblo participa.[2]

La trama de *El árbol de los pañuelos* principia veintitrés años después de la muerte de los hermanos Cano, cuando Balam, hijo póstumo de Cipriano y de Eulalia, regresa a Ilama con el propósito de vengarse contra los asesinos de su padre y de su tío. Durante el retorno, un soldado lo agrede en forma tan violenta que ello permite dudar si los golpes le provocaron alguna alteración mental y lo que de sí reveló en realidad ocurrió o son la expresión de algún disturbio psíquico. Sugiriendo el papel clave de la escena, al final de la obra, se alude al acto violento del mílite. Aspectos cruciales de lo narrado también podrían ser una distorsión de Eulogio —amigo de Cipriano—, cuya mente, por un buen tiempo, experimentó un profundo extravío al extremo de considerársele el loco del pueblo. Ya anciano, fue la fuente de información del narrador supuesto de la historia. ¿O es Eulogio —autor de una nota aclaratoria al principio del relato— ese narrador?

Durante su infancia, Balam mantuvo una conflictiva relación con sus abuelos que no le perdonaron ser hijo de Cipriano, a quien consideraron un brujo que sedujo a Eulalia. Sostiene amistad con Eulogio, a quien traiciona al seducir a su novia. Goza de escarceos amorosos, con Cora, la hija

---

2. La historia de los hermanos Cano, además de Ramón Amaya Amador (Olanchito, Yoro, 1916-1966), la han narrado José María Tobías Rosa (Ilama, Santa Bárbara, 1874-1933; Jesús Aguilar Paz (Gualala, Santa Bárbara, 1895-1974) y Carlos Izaguirre (Yuscarán, 1895-1956). Para saber si ellos habían existido me comuniqué con el Dr. Darío Euraque y con el profesor e historiador santabarbarense Axel Darío Rivera. Ambos me remitieron a las investigaciones del historiador Raúl Alvarado quien, recientemente, en el Centro de Documentaciones Históricas de Honduras (CDIHH), en los padrones correspondientes, encontró los nombres de Gerbasio Lásaro [sic], los de Doroteo Cano (n. 1797) y Sipriano [sic] Cano (n. 1811). Hay información sobre sus esposas e hijos y datos de sus viviendas.

de la bruja Decuerámede, quien anhela una condición de brujo en el hijo que ellos podrían engendrar. Como los brujos no pueden morir, obsesión de Balam es identificar bajo qué apariencia animal su padre podría encontrarse con él, según le indicó su madre. Su gran obsesión es tener la certeza de cuál es su auténtica naturaleza: si es más brujo que humano o a la inversa. Si predomina la sangre de Cipriano o la de Eulalia. Para sus enemigos y los habitantes de Ilama no hay duda: es brujo. Por ello lo persiguen e incendian la casa en donde él se refugia y mantiene insepulto el cadáver de su madre que él, con anterioridad, había desenterrado. Cuando la casa está en llamas, un pájaro atraviesa el lugar y Balam lo identifica con su padre. Si él es brujo —aspecto sugerido al haber provocado la visión del mar en un anciano— el fuego no podrá nada contra él.

Tanto por la índole de los acontecimientos (alusión a brujerías, venganzas, agresión a animales creyendo que pueden ser Balam Cano, etc.) como por la forma en que los hechos se narran (reticencias, ausencia de explicaciones, preguntas que no obtienen respuesta, etc.), en Ilama se percibe una atmósfera en donde el orden 'normal' parece alterado. Más que un pueblo dibujado en forma mimética, Escoto diseñó uno de calidad fantasmagórica en donde lo que ocurre parece diluirse en el mundo de la conjetura. Espacio en claroscuro en consonancia con la índole de los personajes, captados desde el recuerdo o desde la visión posiblemente alterada de Eulogio o del mismo Balam, quien, en cierto momento —haciendo que el lector evoque a Comala— afirma que Ilama está muerta. En los ambivalentes diálogos, las dudas, más que resolverse, se multiplican. No hay certezas o hechos concretos. Escoto nos enfrenta a espejos múltiples que, más que atrapar hechos concretos, reflejan esfuminados anímicos.[3] Un mundo ambiguo en donde ninguna interrogante obtiene una respuesta indubitable.

### *Días de ventisca y noches de huracán* (1980)

El trasfondo histórico de *Días de ventisca y noches de huracán* (1980) es el conflicto bélico entre El Salvador y Honduras en 1969, la llamada «Guerra del fútbol», tema que recibe un amplio tratamiento en la novela: escenas en la frontera; reacciones de sorpresa y miedo cuando ocurren los bom-

---

3. Quizá, por esa razón, el narrador supuesto pensaba titular la historia que le contó Eulogio (es decir, la novela) como «La fuente de los espejos» (10).

bardeos sobre Tegucigalpa; las obligadas patrullas nocturnas de vigilancia por parte de ciudadanos armados con palos y hondas; los saqueos de negocios; la improvisación de un ejército con 'soldados' que nunca habían manejado un arma; la manipulación de los hechos por parte de los medios informativos, etc.[4] Datos respaldados por crónicas de la época que el autor entreteje a una trama ficcional que también ventila aspectos humanos de tipo general.

Del ejército hondureño formaron parte El Príncipe y el Pelón, convertidos después en guardaespaldas y chofer de Ilí, corrupto ministro de Estado a quien investiga el periodista Homero, víctima inocente del dictador (probable referencia al general Tiburcio Carías Andino) que le arrebató a su padre cuando tenía 12 años. Como periodista, desea desenmascarar a Ilí. Por la fotografía de una mujer que, supuestamente, murió años atrás, dado el parecido, busca a Beatriz Cuevas, mujer frustrada y mayor que él. Pese a ello, se hacen amantes. Ella le cuenta que siendo muy joven Ilí la ultrajó sexualmente; su padre fingió su muerte, la envió lejos del pueblo y ella se cambió de nombre. Homero, en cierta forma, traicionando su confianza, anuncia que pronto develará un escándalo. Previendo lo que puede ocurrir, Ilí logra que a Beatriz la deporten a Guatemala. Para conseguir información sobre la violación, Homero entrevista a Farol, un mecánico que guarda silencio: Ilí ha sabido comprarlo mediante jugosa mesada. Homero también se relaciona con la Tierna, trabajadora sexual con la cual se ha obsesionado el Pelón, quien penetra en la habitación en donde ambos están con la intención de matarlo. Aunque hay un derramamiento de sangre, la frase última dice que «baja la escalera y huye».

El narrador testigo, con base en lo que le cuentan, reconstruye escenas de la guerra que dejan al descubierto la corrupción y las debilidades institucionales de las fuerzas armadas: falta de profesionalismo en los militares, deficiente entrenamiento en los combatientes, carencia de armamento y manejo doloso de estadísticas militares por parte de los jefes con el propósito de obtener ganancias económicas. Se evidencia el manipuleo político

---

4. Dice Claire Pailler: «El aparente desorden de la narración reproduce el de la situación histórica y, sobre un fondo de impericia y corrupción, va surgiendo el carácter odioso y absurdo de aquella guerra». «Literatura e identidad nacional: La guerra en Honduras (1969-1989)», *Exégesis* (Humanao, Puerto Rico), año 7, núm. 19 (1994).

obediente a intereses foráneos y el soborno a periódicos y periodistas por parte de Ili y de empresarios corruptos.

Contrariamente, Homero realiza un trabajo periodístico intolerable para el aparato económico y político que le ha incoado un juicio por subversión. En una especie de jugarreta del autor, su nombre evoca el del antiguo cantor de los héroes griegos, antítesis de los antihéroes que él consigna en sus escritos. Sin embargo, pese a que desnuda a los corruptos, su vida está marcada por una permanente insatisfacción. Arrastra una angustia existencial cuyo origen hay que buscarlo en una niñez a la que le hizo falta la sombra del padre. Lleva en sí la inquietud intelectual y la sensibilidad a flor de piel, pero es un hombre desubicado, portador de enormes lastres que le impiden el gozo pleno. Sugestivas reflexiones sobre la relación hombre-mujer, especialmente en la vertiente erótica del amor, cruzan por su mente. La mujer, en el binomio esposa y amante (Helena y Beatriz), en su estultez, terminan por fastidiarlo. Sus nombres connotan un cierto simbolismo: ni la belleza ni la pacatería o excesiva pudibundez conquistan la voluntad del varón. La Tierna recibe una mirada más benévola. Su sobrenombre y satisfacer la necesidad afectiva de Homero sin exigir pago previo revelan una mayor autenticidad en ella que en Helena y Beatriz.[5]

Escoto introduce la narración enmarcada: un relato dentro del otro. Son las falsas versiones que Farol les cuenta a sus embelesados escuchas sobre el origen de una lesión en la rodilla, adquirida después de la agresión sexual a Beatriz. Conviertiéndolo en narrador protagonista y con cierto matiz de aventura, esos relatos son dinámicos y preanuncian un recurso que, con variantes, aparecerá en *Rey del albor. Madrugada*.

## *Bajo el almendro... junto al volcán* (1988)

En *Bajo el almendro... junto al volcán* (1988), en un pequeño pueblo de Santa Bárbara, cuando estalla la guerra entre Honduras y El Salvador en 1969, el alcalde Nicanor Mejía adopta como nombre de guerra el de Capitán Centella y, para defender al país, organiza con sus vecinos un contingente

---

5. Hablando de los personajes, Pailler agrega: «La guerra los reúne y determina su destino vago, inacabado, a imagen y semejanza de su país caótico, todavía en confusa formación». «Literatura e identidad nacional». Véase nota anterior.

bélico más insuflado de buena voluntad y fervor patrio que de efectividad. El improvisado ejército pasa una noche de jolgorio con los estrambóticos miembros de un circo ambulante y, al día siguiente, al contemplar los estragos alcohólicos, al Capitán Centella se le revela el abandono en que está la población. Después de la llegada de un destacamento militar hondureño, al observar los destrozos que causa en el pueblo y advertir la falta de ética del Mayor Narciso Gavilán, quien le pide que firme un documento con alteración en el número de soldados, en diálogo con él y subrayando la corrupción del ejército nacional, proclama su adscripción a la honradez.

Amplia es la gama de las situaciones que Centella cuestiona. Especialmente alude a las diferentes modalidades que asume la penetración cultural, una especie de veneno infiltrado por los nuevos conquistadores del mundo. En su amargo análisis, expresa que los hilos que propiciaron la fragmentación de Centroamérica los manejaron hábiles manos extrafronteras que debilitaron la fuerza que había en el conjunto ya que, a la postre, se formaron cinco repúblicas débiles y manipulables. También aflora una reflexión sobre el poder especialmente en su vertiente militarista. Una historia en la que se entrecruzan el humorismo y la ternura en escenas de la vida cotidiana. La inclusión del circo puede aludir al tinglado político, hábil en el engaño y la burla. Incisiva es la secuencia última entre el Mayor Narciso Gavilán y el Capitán Centella. Diálogo vibrante en las respuestas ágiles y certeras de este último, quien no permite la humillación por parte del militar.[6]

## *El General Morazán marcha a batallar desde la muerte* (1992)

Esta novela muestra un doble tratamiento de la figura prócer de Francisco Morazán. Por un lado, especialmente en los capítulos 1 y 4, hay un acercamiento intuitivo y emocional que, con predominio del lenguaje connotativo, permite imaginar a un Morazán introspectivo y analizador de sí mismo. Por el otro, en los capítulos 2 y 3, ajustándose a los hechos históricos, se observa a un Morazán de mirada proyectada hacia su accionar político y

---

[6]. En abril de 2009, en San Pedro Sula, esta novela fue objeto de un espectáculo teatral dirigido por Damario Reyes en el que también participó el Centro Contemporáneo de Danza (CCDANZA), que dirige Flor Alvergue, esposa del autor.

militar. La clave del planteamiento radica en el traslape, en el trenzado del tiempo cronológico y el tiempo interior o sicológico. El primero dura tres minutos y fracción.[7] Sin embargo, el tiempo interior no tiene límites. En una especie de condensación-expansión temporal, Morazán, en los escasos minutos que le quedan de vida, frente al pelotón de fusilamiento, realiza el balance completo de lo que su existencia significó.

Ese manejo del tiempo representa el mecanismo base en la construcción del universo novelístico. Del presente (tiempo cronológico: pocos minutos antes y después del disparo fatal) se parte hacia el pasado (tiempo de dimensión psíquica: recuerdo íntegro de su vida) y también se realiza una proyección hacia el futuro (hechos que no habían ocurrido en 1842 y que el héroe visualiza). Triple óptica que le permitió al autor moverse por los terrenos de la historia y, a la vez, desarrollar planteamientos metafísicos relacionados con una problemática común al ser humano. En esta forma convirtió a Morazán en un personaje profundamente sensitivo.

Escoger como punto de partida el momento final de la vida fue un acierto: ese es —se supone— un instante de balance, de recuento, de enfrentamiento sin disfraces, con lo que verdaderamente se es o se vivió. Un hombre de cara a la muerte, no miente. La introspección resulta, pues, insuflada de sinceridad. Así, el acercamiento sicológico a un Morazán metido ya en la muerte —situación que nunca se le olvida al lector— es muy intenso y las reflexiones sobre el amor, la muerte, la libertad, el comportamiento humano, la lucha revolucionaria o el destino de Centroamérica, son convincentes. Además campea un sentimiento de nostalgia por la vida que proviene del hecho irremisible de que esta se observa al filo del último segundo de existencia.

En la obra hay fidelidad al hilo histórico en los años cruciales y traumáticos que vieron el fin de la República Federal de Centroamérica. Escoto no inventa las acciones fundamentales de la vida política y militar de Morazán. En esos segmentos el lenguaje es básicamente denotativo. Tras un hecho se pasa a otro sin darle desarrollo ficcional. Lenguaje directo para recordar los hechos que hicieron de él un luchador revolucionario adelantado a su tiempo y empeñado en darle a Centroamérica —su patria— un giro de noventa

---

7. El tiempo cronológico se corresponde con el número de capítulos. El último, inclusive, es más breve como indicando una fracción de minuto.

grados en los distintos órdenes que hacen la vida de una nación. La opción formal, en ese nivel, prioriza la función referencial del lenguaje. Así, en buen número de páginas, lo literario cede el paso al interés histórico. Por el contrario, en los instantes introspectivos, lo histórico no constriñe al narrador y en ellos encontramos una gran riqueza formal y conceptual: reflexiones sumamente sentidas sobre el amor acrisolado por los años, la muerte y, después de esta, la posibilidad de algún género de existencia.[8]

### *Rey del albor. Madrugada* (1993)

En *Rey del albor. Madrugada* (1993) casi no existe acontecimiento relevante de la historia de Honduras que no se registre en cualquiera de sus 805 páginas. Para cumplir con el ambicioso proyecto, a manera de eje vertebrador, Escoto formuló una historia central con tratamiento similar a los relatos de espionaje y la cual se interrumpe mediante la inclusión de microrrelatos técnicamente independientes pero que aluden a momentos clave que marcaron o incidieron en la historia hondureña. En el eje o relato central se aborda el tema de la guerrilla hondureña a la que se percibe con marcada indefinición en cuanto al camino a tomar.

El gobernante hondureño —por intermedio de la embajada— contrata al historiador norteamericano Quentin Jones para que redacte una versión suavizada o maquillada de la historia en la que se omita lo negativo y se resalte lo bueno y constructivo realizado en el país. El propósito es que, al llegar a los estudiantes, no les despierte inconformidad o rebeldía. Se debe inculcar admiración por los valores anglosajones en detrimento de la cultura española. El Dr. Jones —negro, viudo y atractivo— trabajando en la sede de la misión diplomática, al manipular la computadora, abre un expediente cifrado con el nombre de «Madrugada», último rey de Copán. Conoce así un proyecto perverso de Estados Unidos que, priorizando el control de las fuentes de petróleo, traza un plan completo de penetración financiera, política, militar

---

[8]. La novela fue un incentivo para montar *Ese mortal llamado Morazán*, espectáculo de danza, música y teatro presentado en 1992 por Colectivartes (con Guillermo Anderson de La Ceiba) y Son Cinco (dirección de Flor y Andrea Alvergue, del Centro Contemporáneo de Danza de San Pedro Sula). Los textos de las canciones —con excepción de uno— fueron inspirados o constituyen adaptaciones de pensamientos expresados en la novela.

y cultural para Centroamérica. Miembros de la guerrilla urbana lo contactan para explicarle las razones de su lucha y hacerle entrega posteriormente de importantes documentos. Para desorientar a los organismos de seguridad y a la misma embajada, a manera de pantalla, la guerrilla le inventa una novia en la persona de Sheela, mulata que, además de hermosa, es una profesional altamente calificada. Quizá sin ser correspondido, Jones se siente muy atraído por ella, aunque mantiene una relación con Ericka, una mestiza, bastante 'americanizada'. Después de entrevistarse con los altos mandos de la guerrilla, sufre una emboscada por parte de la 'contra' nicaragüense, lo rescata un comando israelita y, para evitar el escándalo, el F.B.I. lo obliga a salir del país. En el avión, encuentra a Sheela quien, en Jamaica, le dará la información prometida por el grupo rebelde. A ese hilo conductor Escoto entrevera los relatos breves que, desde una perspectiva cuestionadora, abordan momentos cruciales de la historia hondureña.

En las historias intercaladas, la riqueza informativa de tipo histórico se amalga con elementos de ficción. Ellas son: «Los mismos (septiembre 21, 1821)», «Diario de la guerra. El sitio de Tegucigalpa (1924)», «Un silencio blanco (1963)», «Amanecer en Olancho (1974)», «Como en los tiempos de guerra (1542)», «Reunión en Omoa (1633)», «Aurelina (1785-1786)», «Mateu Casanga (1621)», «Los mismos (Septiembre 21, 1821)» y «La memoria de nosotros (1495)». Estableciendo tácitas relaciones, algunas veces, temas abordados que se trataron en una historia afloran en el relato central o en otros segmentos. Persistente el señalamiento de los distintos imperios que han extendido sus tentáculos en América.

En «Aurelina (1785-1786)», partiendo de un hecho real ocurrido en Nicaragua, el autor elabora una historia ficticia para exponer ideas relacionadas con los miskitos, grupo asentado en La Mosquitia, en la costa atlántica de Honduras y Nicaragua. Para acabar con la pobreza y marginación de su pueblo, Don Robinson, jefe misquito, le ofrece matrimonio a Aurelina, joven mestiza raptada durante el asalto a Granada. No hay aceptación verbal pero sus manos terminan enlazadas.

El imperio inglés pronto puso los ojos en América y, hasta el siglo XIX, ejerció un gran control en La Mosquitia. Inclusive propició la coronación de un rey mosco. Esa etapa se ventila en «Reunión en Omoa (1633)». A este puerto, en «misión de espías», llega un bajel pirata cuyo capitán se entrevista con un inglés homosexual, quien le da claves para lograr una mejor explotación de la riqueza de la región.

En «Mateu Casanga (1621)», un negro arrancado de África cuenta en qué forma él y sus compañeros vinieron en barcos infernales y llegaron al Real de Minas de San Miguel de Heredia de Taguisgalpa. Relata el calvario sufrido y la breve estancia en un palenque en donde experimentó la libertad. Después de luchar, él y sus compañeros fueron recapturados y conducidos a la capital. Mateu nombra a los esclavos que compartieron esa situación y a los que murieron en la refriega. Sus nombres y apellidos apuntan hacia diferentes grupos étnicos y también a reconocidos héroes de América (Agustín Sandinos, Pedro Chajal, Ernesto Guevara, Necum Necun Tecalan, Leví Cienfuegos, Abualé Martí, Espósito Laviana y Farabundo Lima). América Latina convocada en el simbolismo de tales nombres. Muy logrado, el manejo lingüístico de Casanga en el cual se percibe un eco del idioma portugués.

«Como en los tiempos de guerra (1542)» ventila aspectos de la encomienda y el repartimiento de indios: la asignación de tierras e indígenas al servicio de amos españoles. Se alude al trabajo de fray Bartolomé de las Casas y al gran rechazo a las Leyes Nuevas por parte de los encomenderos.

«El Diario de guerra. El sitio de Tegucigalpa (1924)» es una versión sintetizada de la crónica escrita por el periodista Mario Ribas de Cantruy, quien registró cronológicamente la invasión de marines a Tegucigalpa.

El forcejeo de las fuerzas sociales antagónicas se torna nítido en «Los mismos (Septiembre 21, 1821)». En el occidente de Honduras, los terratenientes celebran que el Acta de Independencia de Centroamérica se redactó a la medida de sus deseos. No altera nada de los beneficios de los cuales habían gozado durante el período colonial. Inclusive conjeturan que, al no depender de España, les irá mejor en sus negocios.

«La memoria de nosotros (1495)», como si fuese testimonio, narra acontecimientos ocurridos desde que Cristóbal Colón arriba al continente americano hasta la derrota militar indígena, momento para el cual Escoto adapta hechos y datos procedentes de diferentes países latinoamericanos hasta conformar una historia unitaria que trasciende localismos.

*Rey del albor. Madrugada* evidencia un propósito bien definido: demostrar la existencia de una línea histórica de permanente colonización en donde ha prevalecido el derecho del más fuerte, tanto al interior del país como el que, desde el exterior y a través de sus agentes, han ejercido los distintos imperios tanto en Honduras como en otros pueblos de América. Pero también está la otra cara de la medalla: frente a esa situación, los sectores dominados siempre han presentado oposición y resistencia. En el mundo de la ficción: Don Robinson y Sambulá, el guerrillero misquito. Lemquiaco y los otros caciques rebeldes. Mateu Casanga y Juan Decidor. Juana India y Juana de Angola, tan hermanadas en el nombre como en la esclavitud de América y de África. Los guerrilleros con una aspiración justa pero sin realizar un trabajo sólido y Quentin Jones un tanto desconcertado por el panorama que se le ha revelado. En la realidad real, entre otros, el cacique Lempira, fray Bartolomé de las Casas, y el padre Mc Kenzie.[9] Personajes de ficción y personas de carne y hueso convocados con credibilidad literaria.

### *El Génesis en Santa Cariba* (2007)

*El Génesis en Santa Cariba* (2007) puede leerse como una gran parábola que, en clave carnavalesca, tiene como trasfondo aspectos relevantes de Latinoamérica en general y en forma específica de la región caribeña de Centroamérica. Con derroche lingüístico y metafórico, sus desbordantes peripecias, en donde lo absurdo puede saltar en cualquier página, evidencian un cambio expositivo total por parte del autor. Con múltiples omisiones, a continuación, sigo el hilo de sus momentos más relevantes.

Cariba es una isla que vive en estado edénico. Carece del concepto del tiempo; desconoce el calendario y no ha inventado el reloj. Construirlo es precupación del narrador supuesto y de Recamier, su secretario. Los ingleses invaden la isla e instauran un gobierno. Su capital es Liberty Town (o Lytown) y con ellos se inicia el período de la colonia. Su gobernador es británico. Arriba gente de distintas razas, la región se puebla de mestizos y se inicia un período de degradación moral. Cansados de la opresión, en Cariba se anhela un mesías. Con éxito, la atractiva Crista Meléndez convo-

---

[9]. La muerte del sacerdote se recreó en el capítulo «Amanecer en Olancho (1974)», pp. 16 y ss.

ca a la rebelión. Traicionada por Iscario, la capturan los ingleses y muere en la horca. En la montaña, los rebeldes que huyen buscan al Praphit, cacique y shamán indígena. Han rescatado el cadáver de Crista y lo depositan en una cueva; se rumora que ha resucitado.

El coronel Diógenes Arellano del G-3 instaura una dictadura. Los insurrectos reciben un mensaje: es de Selva Madura, seductora del cura Casto Medellín cuyo complejo de culpa lo condujo a un brutal autocastigo del pene. Los británicos rechazan el gobierno del coronel Arellano y nombran a monseñor de Vita, quien dicta estrictas y absurdas leyes moralizantes. La isla toma el nombre de Cariba Santa. Selva Madura y un joven judío se involucran en una relación amorosa. Para lograr la tranquilidad social, a los artistas e intelectuales se les expulsa a Arttown. Nuevamente ellos y otros rebeldes acuden al Praphit en busca de una solución. Se preparan para una nueva etapa de lucha. El Praphit envía al narrador y a Recamier, su secretario, en calidad de espías y agitadores a Lytown. En la ciudad, es obligatoria la flagelación matutina y a las mujeres se las conmina al silencio y a evitar argucias de tipo sexual ya que se pretende sacralizar a la isla. Los recién estrenados espías se entrevistan con los conspiradores Salvador Lejano y Salvador Rolando de Vita; disfrazan su actividad en el Diana's Parlor, salón de belleza en donde obtienen útil información.

En esa época irrumpe la pintora Alfonsina Mucha, quien se dedica al muralismo público. La Familia, organización inquisitiva, advierte su ninfomanía y las monjas le preparan drásticos remedios para aplacar sus ardores. Alfonsina pinta un mural que retrata el esplendor de Cariba. Cuando pasa Salvador Lejano, después de una plática con él, ella lo pinta por toda la isla: una manera de poseer "metafóricamente" al único hombre que no respondió a sus insinuaciones y que, junto a otros rebeldes, ha sido arrestado. Al descubrir el rostro de Salvador, el pueblo vislumbra un mensaje político. Alfonsina entra en la clandestinidad y la buscan los sicarios de monseñor y los delatores de La Familia. Ella lanza un reto público: o la visita Salvador o se suicida. En la fecha estipulada este no aparece, pero como podía estar entre la multitud, la orden oficial era capturarlo o acabar con todos. Se produce una masacre. Salvador había llegado, hizo una seña, pero Alfonsina quizá no la vio. Ella se adentra en el mar y muere. A Salvador y a Rolando de Vita los apresan y torturan para que digan dónde está el Praphit. Se pone fuera de la ley a media población y se legisla contra las costumbres de las mujeres, lo cual despierta su rebeldía. La comandanta Lyta dirige la lucha en Liberty Town. Concluye con la victoria casi total, excepto por una torre de gavieros desde la cual se alerta a monseñor de Vita sobre los movimientos rebeldes. Lyta diseña una estrategia que, al excavar un túnel, acaba en un gran incendio de la torre. Cariba se libera y organiza un gobierno autónomo.

El primer presidente de la República es Salvador Lejano. Este y el Praphit tienen concepciones opuestas sobre la revolución. Para el primero debía darse desde arriba; para el segundo, implicaba la concienciación previa del pueblo. Pide al narrador y a Recamier que aceleren la construccion del reloj, lo cual equivale a entrar en un proceso de desarrollo científico. Al Praphit lo agasajan cuando llega a la ciudad y antes de entrevistarse con Lejano, llama a Lyta y se descubre que ella es Selva Madura, mujer decidida a luchar por la verdadera revolución siguiendo el proyecto del Praphit. En medio de la celebración, ella y Salvador Lejano entran en un entendimiento amoroso.

El embajador inglés trabaja para lograr la inversión extranjera, anular los títulos de propiedad de los garífunas, eliminar impuestos y privatizar los servicios públicos. Los bancos extranjeros prometen financiar grandes proyectos. Lejano rechaza las ofertas. Después de una sesión amatoria intensa con él, Selva Madura-Lyta, juzgando que en su relación falta el amor, lo abandona y anuncia que entrará a la oposición. Después que ella toma esa decisión, Salvador se sumerge en una crisis alcohólica y escribe poemas, pero también redacta decretos de beneficio colectivo que, como exigen sacrificios, no son bien recibidos. Se sugiere que la decadencia de Salvador obedeció a un plan preparado por sus enemigos. Está a punto de ceder a las demandas expansionistas de los británicos cuando recibe dos balazos propinados por Casto Medellín, quien inventa una serie de mentiras para justificarse: lo habían sobornado los pastores de la Church & Lloyd.

Para el Praphit, la revolución humanista exigía sacrificios o moría. Defiende a Lejano y desautoriza a Selva Madura-Lyta. Las fuerzas contra Lejano se suman: rechazan la «"argucia socialista"» y estalla la contrarrevolución. La lucha para contenerla es heroica. Los militares y la iglesia (el Opus: La Obra), retoman el poder. Lejano, en emotivo discurso, ratifica que no abandonará la lucha. Los vencedores ingresan a Pound House, lo hieren y provocan su muerte. El Praphit convoca a planear otra revolución. Se avanza en la construcción del reloj. Selva Madura-Lyta llega donde el Praphit, quien la urge a que confiese sus pecados. En Newtown llueve copiosamente, por varios días no sale el sol y se produce un movimiento terrestre que arrastra el lugar en donde están Selva Madura, su antiguo amante judío y la cueva en donde reposan los restos de Crista Meléndez. Es el cataclismo o diluvio que se había anunciado. En ese momento el reloj empieza a funcionar: el Praphit, que lo esperaba, enciende el fuego ceremonial. La calma se recupera y con el grito de "¡Tierra… tierra!" empieza una nueva era.

El título de la novela apunta hacia uno de sus aspectos centrales: mostrar los orígenes y la conformación de un universo bien delimitado: Santa Cariba, isla que gesta las claves de su existencia con el propósito de ingresar —civilización mediante— a un estatus privilegiado que, en última instancia, colinda con la utopía. De la exuberancia de ese mundo deriva el uso lingüístico que privilegia el autor: un barroquismo exacerbado en donde predomina la imagen cargada de estímulos sensoriales, vehículo formal capaz de traducir la opulencia de la naturaleza y la multiforme vitalidad humana que prima en el Caribe. En otros términos, la búsqueda de una fórmula para expresar una realidad tan compleja condujo a Escoto a las ricas posibilidades del relato carnavalizado. *El Génesis en Santa Cariba* es un muestrario de sus recursos: el humorismo, la parodia, la iconoclasia, la irreverencia, la intertextualidad, el tono ligero, la amalgama de diversos niveles y registros lingüísticos y la desacralización de íconos e ideas que se han mitificado.

El tono lúdico, el humorismo y el lenguaje desenfadado carecen de intención escapista. De allí que temas esenciales de la problemática humana de tipo general (el amor, la muerte, el tiempo…) o específicamente latinoamericana (el mestizaje, la omnipresencia del imperialismo, el saqueo de la riqueza por parte de las compañías extranjeras, las tiranías, las luchas insurgentes, etc.) se traslucen en las anécdotas más disparatadas.

Importante es el cuestionamiento a las revoluciones que no han surgido con una base social amplia. Tal vez, con el Praphit, quien se mantiene incólume y proyecta una manera diferente de emprender la lucha revolucionaria, la situación cambie. El hecho de que él sea un cacique indígena sugiere una esperanza de cambio gestada con la participación de los pueblos originarios. También se destaca la visión que ofrece de la mujer: desde la validación de sus impulsos amorosos a su capacidad organizativa: tres mujeres dirigen o incentivan la lucha revolucionaria.

El tratamiento del lenguaje es deslumbrante y Escoto realiza un auténtico derroche en la costrucción de imágenes. Rotas las trabas miméticas, el autor dejó que la imaginación careciese de lastres para elaborar una novela que, en clave festiva y dejando de lado la verosimilitud, al trasluz de los acontecimientos y en una especie de destilado final, permitiese inferir la indudable presencia —como bloque indiviso— de una Latinoamérica que aún no ha encontrado su camino.

### *Magos Mayas Monjes Copán* (2009)

A Yax Pasah (Madrugada), gobernante de Copán, por disposición de los grandes sacerdotes, quienes afirman haber interpretado signos funestos que predicen su muerte, se le confina a una habitación palaciega. Escapa y, al deambular por el edificio, encuentra a Ignoto Amanecer, una de las vírgenes del templo, quien le revela la existencia de una conspiración fraguada por poderosos comerciantes cuyo objetivo es imponer, como nuevo soberano, al hijo de una de las mujeres de Yax Pasah que participa en el complot por animadversión al legítimo heredero U Cit Tok', hijo de la esposa oficial. Con el ropaje de un sirviente muerto, Yax Pasah recorre las calles de la ciudad. Gracias a sus pláticas con el guardasellos del horóscopo, un anciano ciego, conoce que, más que a su muerte, los vaticinios apuntan hacia el fin de la dinastía. Intenta entrevistarse con las tropas de Tikal que, utilizando su nombre, fueron convocadas por sus enemigos. Antes de lograrlo, lo capturan y lo encierran en la Casa de los Murciélagos, temida prisión. Cuando está a punto de morir, alertados por Ignoto Amanecer, lo rescatan los Caballeros Águila y los Caballeros Jaguar.

Aunque con un trasfondo histórico concerniente a la cultura maya que floreció en Copán, la trama de *Magos Mayas Monjes Copán* es ficticia y los hechos imaginados plantean y buscan despejar incógnitas alrededor de un tema vital: la concentración del poder político en pocas manos y su interrelación con sectores que desean acceder a él o ampliar su radio de influencia. Escoto le asigna un poder de primer rango a la Palabra. Quien la maneja, posee un arma poderosa: gracias a ella, oculta realidades, instaura nuevos conceptos y retiene o accede a posiciones de poder.

Yax Pasah piensa que está a pocas horas de su muerte y enfrenta una situación sicológica propicia a la meditación. Así salen a relucir tópicos sobre la condición humana; la muerte y su relación con la vida; la ascensión del espíritu a planos distintos después del deceso; la unidad ser humano-naturaleza; las peculiaridades anímicas de la mujer subrayando su perspicacia y poderío intuitivo; el fracaso de situaciones en las que se imponen normas de conducta contrarias al instinto genésico; la complementación amorosa en la relación de pareja cuando se atenúa o elimina el egoísmo y la necesidad de romper con tradiciones obsoletas para instaurar sociedades amantes de la paz.

El respeto a la palabra se extiende a su sucedáneo: el texto escrito. Por esa razón valora al libro y al escriba que lo elabora. Esto, sin dejar de lado la postura crítica. Palabra contra palabra: la propia, frente a la de los otros. Su liberación comienza cuando duda de esta última y cuestiona el vaticinio de muerte dado por los sacerdotes. También hay un señalamiento a los mecanismos comunicativos que disfrazan o manipulan la información, especialmente cuando se relaciona con cuestiones atinentes al ejercicio del poder político. Diversas connotaciones permiten colegir que la novela, sin perder generalidad, señala situaciones que permiten establecer analogías con el golpe de Estado de 2009 en Honduras.

### *Downtown Paraíso* (2018)

En Tegucigalpa, el Ministro de Defensa convoca a su grupo de confianza para analizar la situación del narcotráfico. A la vez, desde Europa, un consultor español, Atanasio Serrano, en reunión en donde está presente un miembro de la DEA (US Drug Enforcement Agency), aconseja realizar una campaña de desinformación para provocar enfrentamientos entre facciones narcas. La misma consiste en difundir la noticia que, desde Colombia, se envió a un restaurador («Comendador» o «destripador») de raza negra para terminar con los caudillos locales y forjar un imperio nuevo, controlado desde el exterior. Las autoridades contratan a Julio Escoto como director de un equipo informático para que contacte con una célula criminal, divulgue esa información y alerte a los delincuentes que, en esa forma, dejarán pistas que permitan localizarlos y acabar con ellos. Al cundir la alarma, varias personas negras son asesinadas cuando ingresan a Honduras.

Casi en forma paralela, una universidad alemana contrata al Dr. Quentin Jones para que elabore un informe sobre Honduras. Al querer ingresar al país lo secuestran en El Salvador. Sin ninguna razón aparente, lo dejan libre y arriba a San Pedro Sula. Interesado en conocer sobre el grupo árabe-palestino residente en el país, tres amigos sampedranos, además de informarle sobre la trayectoria de varias familias árabes radicadas en el país a principios del siglo XX, le facilitan el camino para que contacte a Vladimir Rachid Ilich Hándal Canahuati o don Vladi ("V"), el hombre más rico del país, quien, con el subterfugio de darle hospedaje lo instala en una de sus residencias. A los pocos días, desde Europa, llega Dasha, la novia de Jones, convertida también en obligada huésped del empresario.

Estando en Omoa, Vladi y Quentin sufren un atentado que casi les cuesta la vida. Procede de la narca que ha infiltrado a uno de sus miembros en el personal al servicio de Vladi, quien posee una estación de escucha para conocer sus operaciones. Quentin sospecha que maneja la información a su conveniencia. Vladi le proporciona la clave de su computadora en la que encuentra un informe de la situación del narcotráfico en Honduras y Centroamérica. Dasha localiza otro documento sobre los tentáculos de la mafia a nivel mundial (lavado de activos, involucramiento de la banca, paraísos fiscales, papel primordial de las fuerzas armadas como cerebro del tinglado criminal, etc.) del cual envía copia electrónica a Europa. Quentin descubre su alta formación en criminología, detalle que lo desconcierta. Él se siente prisionero de Vladi y, cuando visitan un mercado, la pareja escapa. Llegan a La Ceiba y se dirigen a La Mosquitia en donde sicarios narcos los plagian y recluyen en un lugar en donde está el Dr. Malson, botánico negro, secuestrado cuando investigaba en La Mosquitia. Provocando un incendio, los tres escapan. En la selva se refugian en un helicóptero suspendido entre los árboles. Quentin enferma gravemente y Malson sale en busca de hierbas medicinales. Después de superar un incidente con un grupo de misquitos y gracias a que llega un teniente y su gente, rescatan a Dasha y a Quentin, quien está en estado de coma; lo atienden en un hospital de New Orleans, a donde llega Moses, su hermano gemelo. Dasha le confiesa a Malson que, aunque ama a Quentin, su encuentro y seducción no fueron casuales. A ella la contrataron para que lo vigilara. Era sospechoso de ideas socialistas por los contactos que tuvo con la guerrilla en su anterior viaje a Honduras.[10] Comenta que, opuesto a los grupos violentos de la mafia, está NSV (Negocios sin Violencia) cuyos planificadores son los hijos de Vladi, un «cártel de negocios [...] mezcla de militares e industriales» en alianza con la narca. Esperando que Quentin pueda recuperarse y asegurándose la futura ayuda de Malson, traza un plan maquiavélico para organizar «el cártel de la paz y las finanzas». Exponiendo sus principales líneas de trabajo —que no auguran nada bueno en un cercano futuro— concluye la historia.

*Downtown Paraíso* es una obra extensa. En su trama se entrelazan diversos acontecimientos que revelan aspectos de la vida y el trabajo de los misquitos. Hay alusiones a hechos históricos. Funcionarios estatales y empresarios que mueven los hilos de la vida económica y social permeados por el narcotráfico del cual es gran aliado un importante sector del ejército nacional. La trayectoria que se presenta de los árabes (o palestinos), aunque con aspectos encomiables relacionados con el esfuerzo y el trabajo enaltecedor, está saturada de engaño y sangre. Igual con migrantes italianos que, como empresarios, siguieron similar conducta. Hay un cuestionamiento a la soberanía nacional, en tanto decisiones que afectan al país se diseñan en el exterior. Para las autoridades y los técnicos en computación, el fin justifica los medios. Escoger negros como señuelos implica una buena dosis de racismo que también se manifiesta en el lenguaje. El capítulo 29 desnuda la corrupción, el ansia de riqueza y el desprecio por lo humano, ya que es una disección completa del oscuro negocio de los paraísos fiscales que hacen del narcotráfico el verdadero agente del poder económico a nivel mundial. En conjunto, el panorama evidencia que se vive en una sociedad totalmente carcomida y muy lejos del ansiado paraíso. Frente al escenario que despliega la novela, quizá el nombre de la mítica región anunciada en el título de la novela solo sea aplicable a nivel de la naturaleza, especialmente por la espléndida Mosquitia.

---

10. Alusión a *Rey del albor. Madrugada*, en donde Q. Jones es uno de los personajes principales.

## Cuentos

La producción cuentística de Julio Escoto consta de los siguientes títulos: *Los guerreros de Hibueras* (1967), *La balada del herido pájaro y otros cuentos* (1969); *La balada del herido pájaro y otros relatos* (1985); *Todos los cuentos* (1999) e *Historias de Los Operantes* (2000).

### *Los guerreros de Hibueras* (1967)

En *Los guerreros de Hibueras* (1967) hay dos cuentos. En «La espera prolongada», aparece un personaje ya conocido por el relato primero que da nombre al libro.[11] Es Posdata, quien, con otros alzados, está a la espera de una columna gobiernista.[12] Mientras aguarda, recuerda hechos de su vida como sacristán y de su primera experiencia en la guerra civil cuando, al rematar a los heridos, un hombre que simulaba estar muerto, salió corriendo y él, por el susto, también lo hizo pero en sentido contrario.

En «Amalita», en su día de descanso, el combatiente Posdata se acicala para visitar a Amalita y declararle su amor. En un callejón pisa excremento; se limpia el zapato pero el mal olor persiste y para evitar que se perciba, se propone no cruzar la pierna y mantener el zapato pegado al piso; pero, ante la posibilidad de encontrarse con la iracunda madre de la joven, desiste de su propósito. Con un trasfondo indicador de violencia social, en ambos textos predomina la veta humorística.

---

11. Aunque la clasificación genérica no determina su valor literario, con relación al relato que da nombre al libro, estimo que no es cuento extenso sino novela breve. Cubre 68 páginas de las 78 totales que tiene el libro. Su trama y desarrollo se adecuan más a los requerimientos de la novela. Se divide en cinco partes (correspondientes a las vocales) y está lleno de peripecias, con amplio tratamiento de los personajes a los cuales, inclusive, observamos en acciones no esenciales que apuntan no al cuento, en donde urge llegar al meollo del problema, sino de la novela, en la que el detallismo contribuye a forjar un ambiente o una atmósfera especial. El libro ganó un concurso de cuento. Conjeturo que, por esta razón, a los textos de la obra, en conjunto, se les califica como pertenecientes al género del cuento.

12. A las rebeliones armadas se las denominaba 'revoluciones' o 'montoneras': esto último porque los indígenas y campesinos —en montón— eran la carne de cañón en los dos bandos.

## *La balada del herido pájaro y otros cuentos* (1969)

En el cuento «La balada del herido pájaro», por no denunciar a sus compañeros de la resistencia, a un hombre se le captura y condena a muerte. Con explosivos que consigue, fabrica una bomba que guarda dentro de su chaqueta. Planea que, al impacto de las balas, el artefacto explote y mate a sus enemigos. Se sugiere que alcanzó este objetivo. En «Los perros de la sed», un conspirador resiste las torturas y no delata a sus compañeros. Para escapar, incendia el barracón y, al ser recapturado, lo conducen a un río y, atándole las manos, lo arrojan a sus aguas; su experiencia es de pesadilla y sugiere su muerte. Un caldo social violento —represión y resistencia— está en la base de ambos textos.

En «La banda de las mujeres pérfidas», sus integrantes —todas mujeres— asaltan y someten a los hombres a una intensa actividad sexual. Mueren extenuados, pero gozosos. Su extraño deceso inquieta a la policía que prepara una celada con el sargento Oliveiro como señuelo. Aunque lo vigilan, lo pierden de vista y desaparece por tres días. Al encontrarlo, sumergido en un estado de paroxismo, repite versos de amor: ha perdido la cordura. Rodas, otro investigador, repite la operación, pero se esfuma. Años después, un anciano cuenta de un pueblo en donde solo viven un hombre, muchos niños y un grupo de mujeres. En «Cuestión de honor en la perversa banda de los monjes orates», fray Sebastián, el nuevo prior, quiebra con los hábitos ascéticos tradicionales y enseña una manera sana y alegre de encarar la vida. La capilla, llena de falso oropel, se sostiene en el aire y después se desmorona para dar lugar a una de manaca. Breve incursión en lo maravilloso y una festiva aunque severa crítica a las disposiciones antinaturales de la Iglesia católica. En «El gozo en el pozo»,[13] una anciana cae en un pozo; para rescatarla, envían a un loco —su heredero y protegido— quien le enrolla un lazo en el cuello. Tal vez el loco no lo sea tanto, es el pensamiento del suspicaz lector. «Diálogo en la casa de las siete suelas» evidencia la riqueza

---

13. A propósito de este cuento, Sara Rolla, después de recordar el famoso decálogo del cuentista escrito por Horacio Quiroga, apuntó aspectos destacados de «El gozo en el pozo» al que tituló «Un cuento ejemplar de Julio Escoto» en el cual anota: «es el cuento perfecto, que Quiroga, quien también cultivó con maestría esta difícil especie, sin duda hubiera aplaudido con entusiasmo. Seguramente lo hace desde el más allá...». Ella envió su breve comentario a J. Escoto para manifestarle cuánto apreciaba el libro. No lo realizó con ánimo de publicación. Cuando yo preparaba este trabajo me recordé de él y se lo solicité. Generosamente me lo envió y aceptó que, pese a no estar publicado, lo utilizara.

del habla popular hondureña. Varios hombres de extracción lumpenesca discurren y discuten sobre sus vidas y fechorías. El tono ligero de estos cuentos, con frecuente disyunción hacia lo humorístico, comporta un gozo y una perspectiva optimista de la vida.

En «Preparatoria para un examen de lógica», un padre de familia se empeña en aprender complejos silogismos; lo interrumpe su pequeño hijo a quien cuenta una historia de desbordada fantasía sobre el momento en que sus padres se conocieron; la espontánea conclusión del niño es muy aguda: «¿El abuelo como que era loco, papi?». El padre asiente y concluye que la inteligencia o la capacidad de llegar al meollo de la cuestión, y no dinero, heredarán de él. La lógica, más que en una complicada teoría científica descansa en una correcta manera de pensar, parece ser la idea base del texto. En «Noción del alquimista llamado Dios y sus 300 jarrones», se incursiona en el relato simbólico. Tras el espejo, 300 jarrones, tornándose azules, lo van iluminando todo; hay un elefante disecado y desde la tierra se le considera Satán; al esqueleto del alquimista se le piensa Dios y se le adora. Alegoría de la cotidiana necesidad humana de inventarse tanto a un dios como a su oponente: el demonio. Para Roberto Castillo, «una fantástica metáfora del cosmos».

Generalmente Escoto evita lo explicativo y deja librada la interpretación a la perspicacia del lector. Incursiona en la secuencia narrativa alineal y explora las posibilidades del monólogo interior. Con relación al libro anterior hay evidente superación técnica y formal.

### *La balada del herido pájaro y otros relatos* (1985)

En *La balada del herido pájaro y otros relato*s, Julio Escoto introduce varios cambios, de ahí la modificación en el título. Excluye «Diálogo en la casa de las siete suelas» e incorpora «Relato primero del fotógrafo loco» (publicado en 1973); «Aurelina no existe ni está triste» (1976); «Abril antes del mediodía» (ganador del premio Gabriel Miró de España 1983) y «Nidia al atardecer» (escrito en 1984, inédito).

En «Relato primero del fotógrafo loco», a Ferdinand Duré le apasiona la fotografía. Por ignorar el manejo de la lámpara de magnesio, durante una boda, quema los bigotes del suegro y el ramo de la novia y desintegra el primer sueldo de un joven que deseaba dejar constancia del simbólico emolumento. En dos oportunidades, cuando parece que su vida sexual está a punto de culminar, inesperados acontecimientos lo frustran. El último lo ocasiona un amigo y, por no interrumpir su faena amorosa, sale a orinar a un oscuro callejón y su miembro viril roza un alambre mordisqueado por las ratas. Por un indicio anterior (intuye que al morir verá una especie de luz), suponemos su muerte.

En «Aurelina no existe ni está triste», el Jefe de Seguridad del gobierno, esbirro que ejerce todo su poder con los rebeldes, se obsesiona con Aurelina, adolescente que controlando su desagrado, y pese a sufrir el escarnio de compañeros y vecinos, mantiene una sospechosa relación con él. Su padre evita, así, el cateo de su casa y se le facilita el trasiego de material clandestino. Ella pacta una cita con el acosador sexual, pero desaparece del lugar. Encolerizado, ordena su captura, aunque no lo consigue, y también detienen a otras mujeres a las que somete a infames violaciones. En espectacular atentado termina sus días frente a la casa de Aurelina.

En «Abril antes del mediodía», además de su lucha contra rebeldes guerrilleros, el general Fernández, teósofo y dictador por 16 años, mantiene una soterrada rivalidad con el coronel Sanabria, su compadre y hombre de confianza, tan ansioso de poder como él. Exacerbado por una nueva revuelta y ante la insistencia del coronel para que acepte las nuevas ideas que propugnan los «educados y los cultos», ordena el fusilamiento de todos los que usan zapatos y también del coronel.

En «Nidia al atardecer», Luis Armando, después de 38 años, regresa con su mujer y su hijo a quienes, a causa de un exilio político, abandonó. Ella le reprocha su olvido y abandono y le miente diciéndole que ahogó al hijo que tuvieron. Le recuerda los compartidos días de lucha cuando trató de persuadir al grupo de lo precipitado de un sabotaje, ya que no se había realizado ninguna acción de concienciación entre la población. La policía se enteró de esos planes, pero el grupo logró escapar. Cuando Nidia rechaza sus excusas, su hijo Luis sale de la casa para ir a jugar damero; ella le pide que lo invite: «Es un maestro [...] pero viene a aprender humildemente [...] las reglas que le enseñemos», dice (p. 150). El diálogo previo entre

Nidia y Luis Armando es una reflexión sobre el amor, la responsabilidad paterna y el sufrimiento causado por una sociedad que la castigó por su antigua participación política. Tanto como los dos cuentos anteriores traducen los extremos de violencia vividos en Latinoamérica.

### *Todos los cuentos* (1999)

Este libro, como su nombre anuncia, reúne la producción cuentística de Julio Escoto. Además de los que ya reseñamos, incluye: «Resistir. No resistir. La resistencia» (publicado en la *Antología del cuento hondureño* que editaron Óscar Acosta y Roberto Sosa en 1968). Publicados por primera vez están «Amor en tu desmayo vespertino» y «El castillo», escritos en la década del noventa.

En «Resistir. No resistir. La resistencia», publicado cuando Escoto iniciaba su trayectoria literaria, muestra un depurado erotismo al describir el rito lustral de una mujer en la tina de baño. Ella espera a su amante. Alguien penetra en el apartamento pero no sigue la rutina acostumbrada. Pese a su extrañeza, saca la mano de la cortina y, sin mediar palabra, la hieren en la muñeca. Mientras la sangre tiñe el agua, conocemos sus pensamientos y sensaciones. Imagina los titulares de prensa que hablarán de un doble suicidio. Probablemente su esposo —quien le ha expresado su rechazo— también hará lo mismo con el amante cuando este llegue. Con fatalismo, ella opta por no resistir.

En «Amor en tu desmayo vespertino», una joven vende las más exclusivas marcas de estilográficas. El protagonista pregunta por una de ellas, pero sus ojos reparan en la vendedora. Principia una especie de coqueteo que culmina una tarde cuando ella y él se citan en un apartamento. Previo a la consumación de la deseada unión, hay un escarceo mediante gestos y movimientos que le permiten al protagonista una sofisticada interpretación de las premisas existentes en la relación erótica. Escoto desglosa casi una teoría sobre el amor, tema que ha contemplado en varios ensayos. Como nota de refinado gusto, las referencias a las distintas plumas son exquisitas.

En «El castillo», el poco agraciado rey de España anhela construir, en las nuevas posesiones de América, un castillo tan monumental que, sin duda, suscitará la envidia de otras naciones. El proyecto se retrasa y el rey, con los años, comprende que esa construcción tenía una significación que estaba más allá de lo material y cede a los demás sus inmensas riquezas. Al morir, su catafalco se coloca en una nave que, llevada por un huracán, se estrella en arrecifes caribeños y se hunde en el mar. El inacabado castillo se derrumba.

### *Historias de Los Operantes* (2000)

Dentro de una atmósfera de juego, en *Historias de Los Operantes* (2000), Julio Escoto deja de lado cualquier inhibición para entregar quince deliciosos relatos en los que Los Operantes, sui géneris habitantes de La Mosquitia, viven en armonía consigo mismos y también con su entorno natural.

«De la farmacopea de Los Operantes» explica cómo deshacerse de las moscas y de las amebas: ingerir un puñado de arena y un trago de cususa: borrachas, se matarán a pedradas. «Costumbres íntimas de Los Operantes» describe los métodos para potenciar la sexualidad desde la infancia. En «El miércoles a la caída de la tarde», frente a la austeridad del Abate Jesús de la Espada, quien cuestiona los desahogos hormonales de los jóvenes, está la liberalidad y sano enfoque de lo sexual-amoroso por los viejos Operantes que rechazan toda forma de autoritarismo e imperialismo.

«De la mitología de Los Operantes» relata la lucha del Suquia [chamán, sacerdote] Tara contra el Suquia Ronald (Suquia Ron, «"amo de la maldad"»). Dada la descomunal batalla, el primero desfallece y principia «la era del imperio», etapa de desastres que culmina tres mil años después. Los Operantes se refugian en una caverna, lo cual les permite formular una filosofía de la solidaridad.

En «La mancha negra», a la región llega el germano Otto Barbote, quien discute con el Abate a propósito del petróleo recién encontrado. Para Los Operantes, el petróleo debería ser bendición, no fuente de sufrimiento. En «El libro de Los Operantes», «el joven viejo» de Los Operantes encuentra un libro cuyas páginas, excepto por una frase, estaban en blanco y él decide escribir sobre sus ilusiones; finalmente concluye que estas son errores. En «Los contras y Los Operantes», al «más viejo de los viejos» lo encuentran los contras y, después de torturarlo, le preguntan cómo llegar a Tegucigalpa. Pese a dar el dato correcto, los invasores no le creen y toman un rumbo que los llevará a pantanos insalvables. «El vendedor y Los Operantes» cuestiona el consumismo febril.

Recurso básico para crear la atmósfera de juego es la construcción de frases de aparente enjundia pero que, generalmente, entrañan una perogrullada. Sin faltar, los apuntamientos éticos como el del ángel que les indica que el único pecado imperdonable es la intolerancia y explotación humana.

## Literatura infantil

### *Descubrimiento y conquista para niños* (1979)

Tal como Julio Escoto lo ha confesado en diferentes charlas, su preocupación por la historia siempre lo ha acompañado, interés que compartió con la que fue su esposa, Gypsy Silverthorne Turcios (Tegucigalpa, 1938 – Miami, 1990), coautora de *Descubrimiento y conquista para niños* (1979). El texto forma parte de una colección realizada por autores centroamericanos publicada por la Editorial Centroamericana (EDUCA) con motivo de celebrar el Año Internacional del Niño decretado por la ONU.

El texto incluye fragmentos de los cronistas de Indias. Cada escrito tiene atractivo título: «Pronósticos indios de su destrucción» y «Descubrimiento de la mar del sur», pertenecientes a *Historia general de las Indias* (1552) de Francisco López de Gómara. «La ciudad de San Salvador» procede de la relación hecha por el Licenciado Palacio al Rey Don Felipe II (1576). «De la magia india y muerte de Tecun Uman» y «El indio herrado como bestia», tomados de *Recordación Florida* de Francisco Antonio de Fuentes y Guzmán (siglo XVIII). «Los cuatrocientos muchachos», fragmento del *Popol Vuh,* documento precolombino probablemente transcrito de un antiguo libro a mediados del siglo XVI y rescatado en el XVII por fray Francisco Ximénez. Las bien logradas ilustraciones, generalmente tienen detalles hilarantes que pueden despertar la imaginación del infante. Fragmentos cuidadosamente seleccionados y transcritos al español actual.

### Los mayas (1979)

En el mismo año de 1979, como parte de la misma inquietud anterior, Julio y Gypsy de Escoto también prepararon el texto *Los mayas* dirigido a los infantes de la región centroamericana. Imitando a los antiguos códices mesoamericanos, el formato adopta la forma de un biombo. Contiene dos hojas que —como novedad que seguramente interesará a las y los niños lectores— al desplegarse, conforman dieciséis páginas en donde se ilustra el gran aporte de los mayas en distintos aspectos de su cultura desde el siglo IV a. C. al XVI.

### El Morazanito. Francisco Morazán para niños (1993)

*El Morazanito. Francisco Morazán para niños* (1993) recoge ideas y hechos trascendentales de la vida del héroe. Una lectura que responde a lo que el título propone: ofrecer un relato fácil, ameno y sencillo. Complementando la información están las bien diseñadas ilustraciones realizadas por Martha Sofía Valenzuela de Calderón. Se sugiere que el niño o niña las coloree y, al final, incluye una página en blanco para que ellos redacten la impresión que les dejó lo leído. En cada página se aconseja la búsqueda en el diccionario de ciertos términos que podrían ser desconocidos para los infantes.

### Ecología para jóvenes de 10 a 90 años (1996)

En su casi totalidad, *Ecología para jóvenes de 10 a 90 años* (1996) evita el texto informativo extenso. Opta por colocar en algunas páginas viñetas de diferente forma y dimensión en las que se escribe una palabra clave que inmediatamente se explica. Por ejemplo: Bosques = …, Jardín botánico=…, Guerras y ambiente=… En otras páginas se plantea una pregunta como «¿Sabes qué es el ecosistema?» y, a la par, hay una ilustración que lo muestra en forma gráfica. Otras interrogantes: «¿Conservaban la naturaleza los pueblos antiguos?»; «¿Sabes qué es la lluvia ácida?» y así con otros temas que provocan reflexión y, probablemente, una toma de conciencia sobre el problema. El bien diseñado proyecto culmina con varias recomendaciones prácticas para mejorar el equilibrio del planeta e invita a que cada infante se torne en sujeto activo para promover el cuido de la naturaleza. Inclusive incluye un carnet de «Vigilante ecológico» que puede llevar en su bolsón del colegio.

# Ensayos

## El ensayo en Honduras

En Honduras, el ensayo se practicó desde el inicio de nuestra literatura. Entre otros, citamos a José C. del Valle, José Trinidad Reyes, Ramón Rosa, Carlos Gutiérrez, Froylán Turcios, Rafael H. Valle, Visitación Padilla, Medardo Mejía, Alfonso Guillén Zelaya, Marcos Carías Reyes, Ramón Oquelí, Marcos Carías Zapata, Roberto Castillo, Graciela Bográn... A esta ilustre nómina, cuando estaba empezando el último cuarto del siglo XX, con textos de crítica literaria, empieza a conocerse el nombre de Julio Escoto, joven recién graduado en la Escuela Superior del Profesorado "Francisco Morazán". A partir de esa época no ha cesado de producir ensayos y textos de diversa índole en prosa no narrativa. Un estudio completo requeriría escudriñar en innumerables revistas y periódicos nacionales y extranjeros, lo cual solo podría realizarlo un equipo de trabajo. La lectura mínima que hemos realizado ofrece suficientes indicios para pensar que, por su variedad temática, calidad, y número, Julio Escoto ha seguido una línea de trabajo cuyo antecedente más cercano, por lo polifacético de su labor, es Rafael H. Valle, a quien con frecuencia se aplica el nombre de 'polígrafo', designación que, con toda justicia, también la merece Julio Escoto.

## Ensayos publicados en formato de libro

### *Casa del agua (Artículos-ensayos)* (1974)

En los dieciséis textos que ofrece *Casa del agua (Artículos-Ensayos)* (1974), Julio Escoto ofrece una primicia de su agudeza y acuciosidad en el campo de la teoría y la crítica literaria. Sin excepción —tal como actualmente lo ha seguido realizando— apuntala sus señalamientos con argumentos y datos históricos relevantes.

En «Los detalles de la creación literaria»[14] aborda distintos aspectos relacionados con el trabajo creativo. Entre otros: la literatura no se supedita a una normativa inviolable y es un intento de ordenar el caos y satisfacer el deseo de perpetuarse; el creador asume una actitud factible de paran-

---

14. Conferencia dictada en abril de 1972 en la Escuela Superior del Profesorado "Francisco Morazán" y publicada en la revista *Extra* en noviembre 1972.

gonarse con la niñez (dice lo que tiene que decir); con la senilidad (vivir al unísono pasado, presente y futuro); y con la locura (vivir en sombras, captar el lado invisible de la realidad). Aprovecha todas las experiencias y puede tener nexos con la mítica de un pueblo.

En «Desafío 72. Descripción de un territorio bajo sospecha», después de dos párrafos en donde se anota la dimensión geográfica de Honduras y se alude a grandes contrastes entre anarquía y organización comunal, en el tercero, último y extenso párrafo, a partir de la revolución liberal de 1876, sin seguir un orden cronológico, Escoto anota o contrasta nombres y hechos históricos y culturales relevantes. Con oraciones yuxtapuestas ofrece una síntesis del perfil básico del país.

En «*Angelina* y *Blanca Olmedo*: Las dos caras de la moneda», con herramientas propias de la crítica literaria, el autor analiza dos de las primeras novelas que se escribieron en el país y que fueron escritas, respectivamente, por Carlos Gutiérrez y Lucila Gamero. Alude al impacto social que tuvo *Blanca Olmedo* (1908) por la severa crítica al cura acosador sexual de Blanca, aspecto que la jerarquía católica reprobó sin considerar que *Olmedo* también ofrece el retrato de un sacerdote digno. *Angelina* (1898) expresa rasgos de la idiosincrasia hondureña y su autor aplicó ciertos atisbos técnicos: utilización del tiempo sicológico, manejo de contrastes, cambios en el punto de vista y un embrión de lo que, años más tarde, se denominó 'fluir de la consciencia'. En ambas novelas surge un elemento constante en la narrativa posterior del país: la violencia y el erotismo.

«Las novelas inéditas de Honduras» es un recuento de las novelas que, aunque se anunciaron, nunca se publicaron. Lo encabeza *Annabel Lee* de Froylán Turcios, obra de la cual Juan Ramón Molina escribió el prólogo.

«Latinoamérica: a la unidad por la cultura», ensayo histórico-político en el cual se alude al filósofo y geógrafo holandés Cornelius de Pauw, quien sostuvo que América, como tierra de salvajes, nunca franquearía las puertas de la civilización, opinión que no prosperó gracias a los conceptos vertidos por investigadores y pensadores como Humboldt y José C. del Valle. Escoto concluye que América solo encontrará su camino a través de la unidad cuando la cultura de sus pueblos sea más fuerte «que los fantasmas del odio, la división y la violencia» (38).

Esa conclusión se infiere de acontecimientos históricos y culturales ocurridos desde los siglos XV y XVI: expansión imperialista, enfrentamientos de ideas políticas antagónicas, el neocolonialismo y los caudillismos. Propone caminos para cambiar esa realidad: gestar una revolución social independiente, darle importancia al trabajo intelectual, implementar programas de educación popular y necesidad de forjar una democracia en donde el pueblo imponga sus demandas, para lo cual existe una condición: la creación de una cultura propia que pase por el prisma de «todas las sub-culturas americanas […] y de los aportes mundiales […] lanzando […], al cesto de la eternidad, lo negativo» (50).

«Tierras de pan llevar» es una aproximación al libro del mismo nombre de Rafael H. Valle. Puntualiza la visión idealizada que se ofrece del país. Ello no es óbice para demeritar la obra, objeto estéticamente logrado en cuyas páginas desfilan personajes cotidianos y uno que otro nombre representativo enfocados con «luz blanca, esto es moralmente sana» y refleja al mundo con optimismo.

«Algunas notas sobre "Los conspiradores"» es una severa crítica a *Los conspiradores*, drama de Luis A. Zúñiga en la que privilegió asuntos de menor importancia (problemas de pareja) y descuidó el abordaje de la actividad conspirativa de Morazán, cuya personalidad aparece desteñida: un retroceso en el conjunto de toda su obra.

«Agregados al vocabulario de *Prisión verde*» es un ejercicio lingüístico en el cual Julio Escoto, además de referirse a los hondureñismos que Ramón Amaya Amador incorpora en su novela, hace acopio de muchos más de uso frecuente en Honduras.

«En la búsqueda de Annabel Lee» recopila informaciones relacionadas con *Annabel Lee*, novela que Froylán Turcios anunció como terminada pero que se extravió.

En «Dos novelas y un punto de vista», después de abordar aspectos teóricos de la crítica literaria, Escoto analiza la estructura de *Pedro Páramo* y *La muerte de Artemio Cruz*, novelas de Juan Rulfo y de Carlos Fuentes. En la primera analiza el punto de vista y en la segunda el fluir de la consciencia. En un apéndice anota puntos en común.

En «Ciento cincuenta años mutuos», Escoto principia con un artilugio de novelista: el niño Ramón Rosa pregunta a su maestra Escolástica quién es Antonio de Nebrija. Preámbulo para exponer los avances obtenidos gracias a la influencia política de Rosa. Se trae a colación el nombre de hondureños (J. C. del Valle, el Padre Reyes y otros más) que, tal como Rosa, bebieron sus saberes del legado español, que impregnó formas de vida que fueron borrando (nunca del todo) el recuerdo de la cuota de sangre que implicó la conquista. Aduce que la confluencia de elementos opuestos generó una dualidad anímica, especie de amor-odio hacia España. Con el correr de los años, se pasó a una actitud «familiar» y de mayor entendimiento.

En «Dos artificios de realismo en *Cien años de soledad*», confesando su admiración por esa obra, Escoto demuestra la agudeza del autor colombiano al saber dosificar la técnica de la anticipación y el manejo del detalle.

Sin caer en el lugar común o en el tópico sentimental, en el ensayo «La Navidad es un barroco juguete de ilusiones», hay una visión fresca y novedosa de la celebración decembrina. Exhorta al escritor para que no ceje en su afán creativo. Ratifica la importancia de la solidaridad humana.

En «Honduras campesina. Son los de la muerte verdaderos caminos sin bifurcaciones», con título barroco, alude a costumbres populares que suelen acompañar el deceso de un pariente o amigo. Reflexiona sobre la inexorabilidad de la muerte, idea que, aunque esté presente en la conciencia de los jóvenes, no logra frenar su entusiasmo por la vida que «guarda misterios, enigmas, arcanos, más intrigantes que el secreto de la muerte».

«Una opinión sobre el amor», estilísticamente, se acerca mucho al poema en prosa. Efusión subjetiva que expresa la complejidad de un sentimiento que asalta sin previo aviso.

«Quiero saber quién eres tú: descúbrete» es una refinada interpretación de «Elegía: antes de acostarse» de John Donne (1572-1631). Escoto la transcribe en forma completa y —con elucubraciones de gran calado humano— profundiza en la poderosa fuerza erótica que emana del poema.

*«Sobre las partes del todo».* **Introducción de** *Antología de la poesía amorosa en Honduras* **(1975) de Julio Escoto**

En *Antología de la poesía amorosa en Honduras* (1975), Julio Escoto ofrece una muestra de cómo los poetas del siglo XIX y XX trabajaron el tema del amor; pero, como introducción, incluyó «Sobre las partes del todo», ensayo en el cual expone su interpretación del amor, el erotismo y la sexualidad, en la vida real y en la poesía.

*Juan Ramón Molina. Poeta del modernismo centroamericano* **(1982)**

Este ensayo es la introducción de la obra *Juan Ramón Molina. Tierras, mares y cielos. Selección, introducción y notas de Julio Escoto* (1982). Subraya el destacado papel que Molina jugó en el establecimiento y triunfo del modernismo. Deplora el árido ambiente cultural en el que vivió, indica su vasto conocimiento del acervo literario mundial y destaca cuáles fueron sus lecturas filosóficas preferidas. Valora su poesía y advierte la acritud con la cual Molina, generalmente, asumió el trabajo periodístico. Recordando aspectos de su personalidad, sugiere la existencia de fallas o problemas personales que Molina no pudo superar y que, prácticamente, lo llevaron a un auténtico suicidio a los 33 años de edad. Incluye la cronología vital del poeta y dos bibliografías: una sobre la literatura hondureña en general y la otra de la producción literaria de Molina. Se publicó como texto independiente en 2016.

*José Cecilio del Valle, una ética contemporánea* **(1990)**

José Cecilio del Valle, una ética contemporánea (1990), Julio Escoto lo dedicó a sus tres hijos[15] —y en ellos, a todos los jóvenes de Honduras— para que «aprendan a conjugar los verbos de la nacionalidad» inscritos en cinco nombres emblemáticos: Lempira, Francisco Morazán, José Cecilio del Valle, Trinidad Cabañas y José Trinidad Reyes. Idea central es demostrar que el pensamiento de Valle se sustenta en principios éticos de permanente validez. Texto básico de su pensamiento es «Soñaba el Abad de San Pedro y yo también sé soñar» que plantea la necesidad de una unión de carácter económico para garantizar el bienestar colectivo. Escoto divide su exposición en dos secciones: «Un cierto sentido de ética» y «Una ética de la

---

15. Ellos son: Julio Guillermo, Carlos Adolfo y Jorge Enrique.

transformación». El autor ubica a Valle como cabeza del sector que aboga por un cambio social lento mediante un proceso educativo fundamentado en la ciencia y en el conocimiento del medio. Para lograrlo reflexiona sobre varios puntos cuyos títulos son bastante dicentes: «El ser y la existencia», «La riqueza de las naciones y la pobreza de los hombres», «La educación, llave de la libertad» y «La unión de las Américas».

### *El ojo santo. La ideología en las religiones y la televisión* (1990)

En la primera parte, *El ojo santo. La ideología en las religiones y la televisión* analiza distintos conceptos del término 'ideología' acudiendo a la teoría del conocimiento, a las enseñanzas del materialismo y a los hallazgos de la semiótica. En la segunda sección, aplica aspectos pertinentes de esa exposición teórica, especialmente de la semiótica, para analizar e interpretar el patrón básico de los discursos que, con variantes no sustantivas, formulan las religiones predominantes (cristianismo, hinduismo, judaísmo...). Devela, así, usuales mecanismos en la «creación, sostenimiento y difusión de valores ideológicos [...] con el acuñamiento de lenguajes, simbologías, ritos, edificaciones, corpus de fe, dogmas y estructuras físicas y humanas» (151). Dirige atención especial a los mensajes de la televisión que suelen ser caldo de cultivo de hábitos disfuncionales. Libro polémico que desmonta creencias muy arraigadas en la población.

### *Imágenes de San Pedro Sula* (2002)

La nota de presentación de *Imágenes de San Pedro Sula* (2002) afirma que la historia de la ciudad revelará que, por casi cinco siglos, la ciudad industrial ha sido un ejemplo de supervivencia al superar grandes retos. Las ilustraciones, las fotografías (algunas muy antiguas) y los pies de foto, agregan amena información. Son 43 textos independientes entre sí con títulos sugestivos: «Orígenes de San Pedro Sula», «Piratas, sangre, violaciones y terror...», «La fiesta del ferrocarril», «Flagelos que azotaron la ciudad», «Los bailes de inicios del siglo XX», «La invasión de langosta», «El Ku-Klux-Klan en la ciudad» y «Viejos teatros de la ciudad», etc. Cada escrito informativo-descriptivo ofrece una faceta de la dinámica ciudad.

*Del tiempo y el trópico* (2002)

En Del tiempo y el trópico (2002), Julio Escoto es autor de la sección escrita. También participaron el cantautor hondureño Guillermo Anderson y el fotógrafo europeo Hannes Wallrafen. El primero incluye la letra de algunas de sus canciones y un CD en donde las interpreta. El segundo aportó coloridas y dicentes imágenes de la costa norte de Honduras con las cuales, en mayor o menor medida, se relacionan los escritos de Escoto, quien, sin abandonar lo informativo y descriptivo, permite que emerja un mensaje en donde, en veintiún textos, hay una sensitiva captación del entorno. Atractivos son los títulos. He aquí, algunos: «Largo viaje al mar», «Voces del trópico», «Música en el aire», «La cortina de banano», «El Caribe, ambición de imperios» y «La casa del amor».[16]

**«Pérdidas y búsquedas en un siglo colmado de generales». En: *Sucesos del siglo XX*, t. 1 (2003). Editor: Julio Escoto**

*Honduras. Sucesos del siglo XX*, t. I (2003) contiene textos de tipo histórico realizados por Leticia de Oyuela, Ramón Oquelí, Darío Euraque, Mario R. Argueta y Julio Escoto, quien, en su calidad de antólogo y editor, incorporó abundante material fotográfico con aspectos variados de la cultura hondureña. Además de lo dicente de la imagen, los pies de foto incluyen valiosa información adicional. Un libro cuyos trabajos ostentan profundidad en el análisis y, a la vez, por lo atractivo de la edición —en gran formato—, invita a ser leído. «Es innecesario recalcar el intento de rescate identitario que anida en estas páginas», anota Escoto, quien, de su propia autoría, incluyó «Pérdidas y búsquedas en un siglo colmado de generales».

En ese ensayo, alejándose de la rigurosidad académica del profesional de la historia, pero con sólido conocimiento de esta última, se refiere a hitos que, a su juicio, forjaron la idiosincrasia hondureña cuando, en el siglo XX, hubo profundos cambios en la vida cotidiana: se dejó atrás la ruralidad y

---

16. A propósito de ese libro, Leticia de Oyuela reflexiona sobre la decisión de J. Escoto de residir en San Pedro Sula después de vivir varios años en Costa Rica: «poco a poco, Julio fue haciendo de ese sector de la franja atlántica su principal descubrimiento, contrario sensu a lo que se había hecho durante siglos, que es dejar en abandono una zona que fue olvidada por muchos años... encontrando en ella su identidad, que se apoya en la fuerza del trabajo y de la exuberancia de la naturaleza». «Del tiempo y el trópico», *Revista de la Academia Hondureña de la Lengua*, no. 8 (enero–junio 2003), p. 138.

la población se modernizó gracias a los avances de la tecnología, aspecto que, a pesar de concesiones onerosas, incluye la acción de las compañías bananeras. A ello se suman factores que, finalizando el siglo (globalización, neoliberalismo y control financiero a gran escala), frustraron esperanzas de cambios positivos para la mayoría de la población que —superando desalientos— nunca ha dejado de luchar por una sociedad equitativa. Se alude a la cultura (música, bailes, comidas, vocablos, etc.) que llegó del exterior y que el pueblo asimiló y acomodó a sus costumbres. Un siglo en el cual «las búsquedas por afianzar la civilidad [...] fueron usualmente angustiosas, tintas en sangre» (81).

### *Imágenes de Tegucigalpa* (2004)

*Imágenes de Tegucigalpa* (2004), texto informativo de tipo histórico que ofrece un recuento de momentos relevantes ocurridos en la ciudad desde 1578 al año 2000. Los hechos se cuentan en forma amena con el propósito de que los lectores, especialmente los jóvenes, «conozcan la biografía básica de la ciudad». Hay fechas, acciones singulares, nombres protagónicos, edificaciones simbólicas, etc. Los títulos de sus 37 segmentos dan una idea del contenido que se complementa con numerosas fotografías antiguas y modernas: «Raíces de Tegucigalpa», «Ciudad con pianos», «Tiempos de miedo y cultura», «Los obreros toman la palabra», «La larga dictadura», «La invasión salvadoreña» y «Mitch: la tragedia», etc.

### *Lectura postraumática del año de la guerra (1969)* (2009)

Aunque sin omitir aspectos generales de lo que fue la mal llamada «Guerra del fútbol», *Lectura postraumática del año de la guerra* (1969)[17] expone —desde vivencias personales— cuál fue la reacción de la población ante la agresión salvadoreña. El método utilizado fue inquirir en qué forma personas pertenecientes a diversos estratos sociales y lugares vivieron esos momentos. Las respuestas revelan sentimientos que van de la sorpresa a

---

17. Conferencia pronunciada en el Segundo Congreso Centroamericano de Estudios Culturales, San José, Costa Rica, 22-24 julio 2009. En *Actas del Segundo Congreso Centroamericano de Estudios Culturales* (julio, 2009), Universidad de Costa Rica. Ed. Héctor M. Leyva. Tegucigalpa: [Plural, Organización para la Cultura], 2010.

la angustia y el miedo. Lo inesperado de los ataques. Las noticias falsas y alarmantes difundidas por la radio que se acrecentaban mediante «Radio Bemba».[18] El terror e incertidumbre por el destino de gran cantidad de ciudadanos con padres y parientes salvadoreños viviendo en Honduras (u hondureños radicados en El Salvador) ya que, en nombre de un falso patriotismo, se estimularon flagrantes injusticias a los dos lados de la frontera. Un cuadro en el que, al poco tiempo, en ambos países, la corrupción militar y el manejo del conflicto al servicio de intereses espurios quedó al descubierto. Como auténtica microhistoria, en las notas de pie de página, hay fragmentos de los testimonios que el autor recabó.

### *Ética mínima para estudiantes universitarios* (2011)

Con intención didáctica, *Ética mínima para estudiantes universitarios* contiene —en comentarios y fragmentos cuidadosamente seleccionados— el pensamiento de filósofos y pensadores que expresaron un conjunto de ideas relacionadas con la conducta humana. Incluye breves notas que ubican espacial y temporalmente a los autores citados.

### *Hombres a caballo. Política, próceres y villanos del siglo XIX* (2016)

Dos ensayos conforman *Hombres a caballo. Política, próceres y villanos del siglo XIX* (2016): «Mecanismos distractores en la política centroamericana del siglo XIX» (2009)[19] y «Permanencia viva de Francisco Morazán» (2010). El primero alude a artilugios utilizados desde el período de la independencia diseñados para «confundir y engañar [...], artificios que a través de fórmulas retóricas, y particularmente ideológicas buscan o bien validar una verdad o distorsionarla» (12). Lo ejemplifican las acciones ocurridas durante el período independentista con propósitos espurios: sacerdotes que manipularon los supuestos mensajes divinos recibidos por la monja Teresa de Aycinena en Guatemala y las prédicas atribuyendo a Morazán el envenenamiento de los ríos.

---

18. Expresión popular hondureña para referirse a las distintas versiones de los acontecimientos transmitidos de boca en boca y que, por lo mismo, sufren frecuentes alteraciones.

19. Versión escrita de dos conferencias dictadas en Caracas (Venezuela). La primera en el Foro Internacional del Bicentenario (7–13 de octubre de 2009) y la segunda en el Foro Internacional Los Hombres a Caballo (5–6 de enero, 2010).

Como para rebatir ese dicterio, el autor puntualiza el accionar de Morazán entre 1826 y 1829: «Hasta ese instante la biografía política de Centroamérica es similar a la de otros tantos pueblos del ancho mundo. Excepto por una figura que ilumina la noche y rauda cruza el firmamento del istmo centroamericano, Francisco Morazán, quien por una década va a protagonizar la historia inmediata y a elevarse tras su muerte a sitio imborrable de la posteridad» (33).

«Permanencia viva de Francisco Morazán» alude a los sectores que se alzaron contra Morazán, especialmente la oligarquía y la Iglesia Católica. Él no fue ateo ni demoledor de la propiedad privada. De ideas democráticas, rechazó la dictadura ofrecida en Guatemala. Anhelaba una patria equitativa, pero su ejemplo ético ha caído en el olvido.

## Ensayos en antologías y libros de otros autores

### «Simetrías y vivencia democrática en Honduras» (2009)

Se incluye en *Las ideas políticas en Honduras. Tránsito del Siglo XX al XXI* (2009) cuyo compilador fue Óscar Acosta. Después de exponer momentos históricos relevantes, Escoto concluye que la persistencia de las y los literatos hondureños en ofrecer una visión pesimista del país se debe a un lento acondicionamiento que hace ver la realidad en tonos oscuros, actitud cuyo origen hay que buscarlo en la «vulnerabilidad de la esperanza», sentimiento provocado por sectores de poder. Caldo de cultivo ha sido la burla constante de lo que se ofrece: promesas fallidas y volver a lo mismo. Pero «los pueblos nunca se suicidan». Siempre han anhelado y buscado; «lo feliz, lo equilibrado y hermoso, lo recto, correcto y perfecto». Lo testimonian el arte y la literatura, en donde está la huella de la historia, disciplina que no puede soslayar las manifestaciones estéticas: «Sin arte no hay historia. La historia de la Historia debería estar supeditada a la historia de la Cultura, no al revés» (102–103).

### «Texturas humanas e intercambios históricos en Centroamérica y el Caribe. Inventario inconcluso» (2012)

Para Escoto, los movimientos sociales y políticos en esas regiones «obedecen [...] más a acciones personales e individuales que a obra de conjuntos de masas teórica e ideológicamente educadas». Deplora que se hayan dado «procesos de gran velocidad que [...] han permitido [...] apropiarse [...] de principios libertarios sin prácticamente la necesidad de "nacionalizar" sus formas, modos y prácticas de transformación e incluso de revolución, es decir sin recrearlas o reinventarlas a la luz de realidades propias».[20]

## «Transitando *Balcanes y volcanes*» (2013)

*Balcanes y volcanes* es un ensayo de Sergio Ramírez que, en su primera versión (1975), lo publicó Siglo XXI en una antología de autores centroamericanos. Ramírez lo reformó y se publicó en 1983, versión definitiva que Editorial Universitaria dio a conocer en 2013 con un prólogo de Julio Escoto,[21] quien recuerda la trascendencia del libro, ya que abordó aspectos del intenso debate que se dio en la década del setenta sobre el papel de la literatura y de los intelectuales en las sociedades latinoamericanas, especialmente en las que, como las centroamericanas, predomina el analfabetismo y con precarias formas de vida que explican su persistente rebeldía, situación que se tradujo en movimientos armados de gran vitalidad en Guatemala, El Salvador y Nicaragua, este último, el único que salió avante y que provocó tantas respuestas de solidaridad, pero también injerencias extranjeras de apoyo al dictador Anastasio Somoza.

Recuerda que, en los años anteriores a 1979, para fortalecer al movimiento sandinista, «había que ... ilustrar, educar, revelar, ... denunciar documentadamente el momento, parir análisis, iluminar la coyuntura [...] donde se ocupaba con urgencia la elaboración de honestos intelectuales, testimonios precisos, relatos lúcidamente históricos, teoría, análisis, sistematización política y relato ... del minuto que vivían Nicaragua y, en globalidad, Centroamérica».

Ramírez planteó que los intelectuales y artistas no podían marginarse de la realidad que el pueblo vivía dado que lo cultural es «motor sustancial

---

20. En *El Caribe como paradigma: Convivencia y coincidencias históricas, culturales y estéticas. Un simposio transareal*, editado por Ottmar Ette, Anne Kraume, Werner Mackenbach y Gesine Müller, 153–187. Potsdamer inter-und Transkulturelle Texte (POINTE), Band 2. Berlin, Verlag Walter Frey, Universität Potsdam, 2012.

21. Escoto, Julio. «Prólogo», en: Sergio Ramírez, *Balcanes y volcane*s, Tegucigalpa: Editorial Universitaria, 2013.

de los procesos centroamericanos de cambio». Trató aspectos de «las relaciones entre literatura y realidad, entre arte y situación política, estética y revolución», línea que siempre ha estado presente en la mejor literatura de toda Latinoamérica.

El enfoque de Ramírez trasciende lo local al visualizar el campo de la cultura en Centroamérica con un sentido de unidad, razón por la cual afirma que un conjunto de libros y autores emblemáticos (*Popol Vuh*, Bernal Díaz, Landívar, Darío, García Monge, Salarrué...) pertenecen a toda la región mesoamericana. Ellos y otros igualmente significativos en el arte y la literatura, son los fundadores de la cultura ístmica.

## Ensayos en revistas

### «Elogio de Don Miguel» (2002)

Este ensayo cumple con el título a carta cabal.[22] Transcribo el párrafo inicial porque proporciona una muestra de la agudeza de Escoto al interpretar la índole de la dualidad Alonso Quijano-Don Quijote de la Mancha:

> Creo que lo más fértil que produjo su imaginación fue un maravilloso acto de magia; dejó de lado las historias ficticias de sus héroes para investirse en ellos y relatarnos las aventuras que les ocurrían en el corazón. Don Miguel fue capaz, así, de hacernos coparticipar (por vez inicial en la novela moderna) de dos preciosas vías narrativas al mismo tiempo: de los extravíos, en La Mancha, de aquel venido a menos hidalgo Alonso Quijano derrotado por el tiempo, por las hazañas caballerescas obsoletas y por su propia inarmonía mental y a la vez, del interior extraño de gran protagonista que tenía su *alter ego*, don Quijote, en el mundo de la imaginación. Quijano emprende así el camino a la locura; don Quijote hacia la lucidez. El primero regresará inevitablemente por la ruta de su propia destrucción, rumbo al silencio y al encierro final; el segundo asciende más bien en marcha progresiva a la historia, para nunca más desaparecer.

---

22. En: *Revista de la Academia Hondureña de la Lengua*, núm. 7, julio–diciembre 2002, pp. 23–25.

Un poco semejante a los tránsitos obligados de la vitalidad: el cuerpo va deteriorándose y muriendo; el espíritu y la mente crecen.

### «La memoria de Ernesto Sábato» (2003)

Recordando al escritor argentino, Escoto reflexiona sobre la desengañada visión del mundo que, presintiendo la cercanía de la muerte, Sábato expresa en *Antes del fin*, «dramática despedida literaria y testimonial».[23] No obstante, no podía darse por vencido:[24] «Algo queda de rebeldía en el maestro [...] para proclamar la indestructibilidad de la utopía, cualquiera de ellas». Por ello escribió: «les propongo entonces, con la gravedad de las palabras finales de la vida, que nos abracemos en un compromiso: salgamos a los espacios abiertos, arriesguémonos por el otro, esperemos, con quien extienda sus brazos, que una nueva ola de la historia nos levante».

### «Riesgos de escribir la novela histórica» (2006)

Escoto alude a una saturación informativa que limita el factor sorpresa en el novelista actual a quien solo le queda «la exploración espacial», «la oceánica profunda», «la siempre abundante de la mente del hombre», «o, dato curioso, [el] viaje de redescubrimiento al pasado, a la historia».[25]

En la novela histórica tradicional, los datos que ofrece son verificables. Con el realismo mágico, la anécdota es «más simbólica», mientras que la nueva novela histórica demanda modos inéditos de componer, lo cual no significa desconocimiento de lo esencial histórico ya que «no se puede escribir novela histórica desde la absoluta ficción [...]. Hay dos formas básicas: la «"historia novelada"» y la «"novela histórica" o historicista o historiada». En la primera tiene más peso el hecho real verificable y lo provee la ciencia histórica. En el segundo, partiendo de hechos reales, «crear otros

---

23. «La memoria de Sábato», en *Revista de la Academia Hondureña de la Lengua*, núm. 9, julio-diciembre 2003, pp. 145–149.

24. De haberlo hecho, habría traicionado el final de *Sobre héroes y tumbas* cuando vemos al vacilante Martín caminar esperanzado hacia el vasto horizonte de la Patagonia. No lo aniquilaron los trágicos hechos que se cruzaron en su camino.

25. Conferencia en el Congreso de Escritores y Escritoras de Centroamérica, Panamá, Panamá, octubre de 2005. Se publicó en Revista *Maga*, Panamá, núm. 59, enero–junio 2006, pp. 14–17.

mundos paralelos, [...] donde el autor da rienda suelta a su fabularia». Pero, en cualquier caso, la novela, como novela, «nunca podrá ser equitativamente histórica, destruiría al serlo su intrínseca instancia de verbalidad, de irrealidad». Este es «el desafío» para quien la emprenda (16).

### «Libro y lenguaje: 40 000 000 de centroamericanos en busca de editor» (2006)

Escoto aborda cuestiones lingüísticas.[26] Reflexiona en qué medida pensamiento y sentimiento están en íntima relación con la palabra, elemento de un código dinámico que siempre se adapta a las circunstancias: «vasto universo cultural que construimos y deconstruimos a diario». Todos somos responsables de su «edificación [...] , sea para adornarla o deteriorarla».

Frente a ella, la responsabilidad de los escritores es extrema: «la exploramos permanentemente, procurando encontrar siempre su máxima significación [...], evangelizadores que buscamos motivar a otros [...], hermanar a otros en su gozo y predilección». Su función es doble: «capturar los mundos culturales de la realidad [...] para fijarlos en el libro, [...] y a la vez aportar a ese universo cultural una nueva mirada, su fresca interpretación».

En Centroamérica hay un fenómeno de «gestación, imposición o liberación de lenguajes». Una lengua con un sustrato autóctono que se enfrenta a léxicos diferentes y «direccionados», usual en los medios de comunicación («cargados de valores extraños») versus lenguajes de resistencia. Ambos con perspectivas opuestas y múltiples actores: 40 millones de personas, «comunidad intensamente cambiante y viva».

Para conocer su realidad, se necesitan miles de testigos o «registradores»: artistas, literatos, científicos sociales... «capaces de mirar al futuro, de apresar —y ojalá quizás también de encausar[27]— sus procesos culturales».Para ello se necesitaría «una lluvia de libros sobre Centroamérica» que «causaría de seguro una revolución, [...] pues elevaría la calidad de vida intelectual [...], ayudaría a disipar ciertos [...] nimbos que no dejan ver los

---

26. Conferencia publicada en *Boletín* del FCE (México, 2006).
27. «Encausar», en el habla popular hondureña: poner algo en su "cauce", en el sendero correcto.

panoramas y nos liberarían de algunos modos con fetideces imperiales que se van imponiendo y que ahogan la expresión propia nacional».

El libro, pues, es indispensable. Aunque existan otros medios de comunicación, «ninguno puede sustituir la profunda mecánica reflexiva de aquel, la confrontación de ideas, los desarrollos y los ejercicios de la lógica y la dialéctica, la emoción, la duda, la certeza y la incertidumbre», razones para celebrar que la editorial mexicana, el FCE, tenga presencia en Honduras, región injustamente demeritada.

### «Cerro de plata» (2008)

Se trae a colación el significado que, basándose en etimologías indígenas, diversos estudiosos le han dado al término 'Tegucigalpa': «Cerro de plata»; «lugar donde está la casa de la aurora», «en los palacios reales», «región de los cerros de los venerables ancianos», «en los palacios reales», «en casas de piedras puntiagudas», y «casas de nobles, amos o señores».[28] Ofrece una muestra de los versos que le han dedicado poetas del país y recuerda a destacados autores que la honraron con su trabajo. Deplora que la ciudad «olvida efemérides, hace años no alza estatuas. . . . Ojalá que en la pretensión de desarrollarla no la avasalle el modernismo frío y calculador».

### Ensayos en la revista *Nocturnal* (2001–2011)

«El artista y su ciudad» es el nombre del espacio que Julio Escoto mantuvo en *Nocturnal*, revista editada en San Pedro Sula con el propósito de divulgar aspectos de la cultura general del país, razón por la cual seleccionó como temas centrales situaciones vinculadas a diferentes regiones o ciudades hondureñas.[29]

Tal vez por ese enfoque predominantemente local —signo de confianza o de acercamiento afectivo al compatriota, al paisano— Escoto, con frecuencia, desliza datos biográficos. Especie de 'confesión' o anticipo de 'me-

---

28. En *Revista de la Academia Hondureña de la Lengua*, núm. 18, enero–junio de 2008, pp. 9–12.

29. El primer número de *Nocturnal* apareció en 2000 y el último en diciembre de 2019. La primera colaboración de J. Escoto fue en 2001.

morias' que agrega valor vivencial a los ensayos, aspecto que, inclusive, se advierte en el nombre del espacio y el cual sugiere una relación entrañable entre el artista y su ciudad. Indicio de una empatía con aquello de lo que se habla. Su ciudad deviene cualquier rincón de la geografía hondureña del cual reseñe alguna particularidad.

## «Memoria de salvadoreños»

Julio Escoto recuerda que hacia 1960 los jóvenes sampedranos solían llevar en la suela de los zapatos placas de metal para impedir su rápido desgaste. El «rítmico tac tac de los *chicles*», como se las llamaba, provocaba un efecto psicológico de seguridad: «enseñar que por allí marchaba un hombre».

Etapa en la que, aunque atraían las chicas, se fingía ignorarlas e, incluso, contra ellas se desplegaba la burla, signo de hombría. Machismo que «se blandecía con sospechas de júbilo de amor». Las muchachas parecían «forzada realidad ya que sin ellas los primitivos placeres continuaban siendo eternamente solitarios. La parvada de muchachas [...] lucía [...] autosuficiente, [...] ignorante de afanes de varón, [...] cosa que gustaba pero que detestábamos reconocer como necesaria».

Otro recuerdo es el de los gritos que llegaban desde la calle: «ascendían por el barrio unas cantadas ofertas —[...] voceadas con singular curva melódica— que unían a la comunidad en interés y atención ya que nadie las ignoraba: "zapaaatos de compooneer...", "ollas, frideras, sartenes que soldaaar...", o bien "¡sombrillas y paraguas!... ¡paraguas y sombrillas!" [...] Con prisa doméstica las madres juntaban los utensilios para trasladarlos al corredor o zaguán» en donde el hojalatero o zapatero arreglaba ollas desportilladas o dejaba como nuevos a los viejos zapatos.
Eran «salvadoreños radicados en Honduras tras escapar de la bestialidad de sus regímenes militares y políticos». A Julio niño le llamaba la atención su peculiar manera de hablar («'cuilios'», «'choleros'», «'hágame capulín'»...). «Se parecían tanto a nosotros que concluimos tomándolos como nuestros y fue cuando se explicitó el mito de que sólo había dos pueblos semejantes en Centroamérica y que eran los de ambas naciones».[30]

---
30. Señalamiento que permite inferir el desgarramiento emocional que provocó la guerra de 1969, tema al cual Escoto le ha dedicado dos novelas.

La oligarquía salvadoreña temía que trescientos mil obreros regresaran al país. Para ellos no había trabajo, ni tierras y aumentarían la explosividad social. La solución, en connivencia con la casta militar, dejó su caudal de muerte en 1969 con la llamada «Guerra del fútbol».

## «Tiempo de héroes»

El autor reconoce la importancia que, en Honduras, tuvo la huelga bananera de 1954, con antecedentes en el auge del movimiento mutualista (1920-1930) y en la Tercera Internacional (1919) que exhortó a los partidos nacionales a que abriesen escuelas de formación a los obreros para que integrasen sindicatos que estableciesen alianzas con los partidos comunistas y propiciar la revolución social. Juan P. Wainwright, Juan Cálix Herrera y Graciela García realizaron intensa labor en fábricas y centros de producción bananera. Época de férreas dictaduras latinoamericanas contrarias a cambios favorables para los trabajadores, golpeados ya por el *crack* económico de 1929, hecho que no modificó las políticas salariales de las bananeras acostumbradas a concertar alianzas políticas que permitían su injerencia en asuntos políticos buscando el beneficio de sus empresas. Una situación que condujo al estallido de la huelga bananera que paralizó al centro productivo del país.

«Así, ... cuando se lanza el primer grito hondureño de ¡huelga!, en Mayo de 1954, no es un solitario obrero quien lo exhala, es la tradición. Tras esa voz se amalgaman millares de cuerdas vocales de trabajadores explotados por UFCO, Cuyamel, Standard y Tela, y asesinados por Batista, Trujillo, Martínez, Carías, Papa Doc, Ubico, Rojas Pinilla, Somoza, Castillo Armas, Pérez Jiménez, y a futuro CIA [sic], Videla, Pinochet, Reagan, Micheletti... [Una voz] que exige democracia, justicia y libertad por siempre». Es decir, la huelga bananera como símbolo del constante batallar latinoamericano en búsqueda de soluciones para construir una sociedad equitativa, razón del título del ensayo: «Tiempo de héroes».

### «Campanas en el corazón»

Escoto recuerda hechos que, en su infancia, le brindaron felicidad y seguridad emocional. Cercanos a la Navidad eran los días cuando, después de mostrar la tarjeta de calificaciones a su padre, este lo llevaba a «La Favorita», almacén que vendía delicadezas que halagaban el paladar. Manera de premiarlo por las notas obtenidas. El feliz regreso —con deliciosa carga entre las manos— se acompañaba de estimulante plática: signos de la entrañable relación padre-hijo. Veamos el interior del almacén:

> el español José García exhibía y vendía pistachos y turrones de Alicante, aceitunas de variados tamaños —mínimas cual arvejas, negras como ojo de paquidermo africano, rellenas con un brote de ombligo rojo que sugería picante y picardía, o macizas cual munición para nuestras hondas juveniles— , aceites de oliva y balsámico vignola, champanes, vinos y sidras, mientras que en los estantes brillaban con suave promesa azucarada las barras de chocolate y los garrapiñados, tersos bombones que producían agua en la boca, almendras, nueces y cacahuates, un paraíso para el niño que era yo [...]. Sólo décadas más tarde comprendí el raro orgullo que embargaba a mi padre: él no había conocido a su progenitor, en ocasiones salía a la escuela descalzo y sin desayunar, tal la pobreza, pocas veces tuvo quien lo congratulara con emoción. Proveer a sus hijos lo que él no había tenido le facilitaba cierto encanto de compensación familiar, de mejora de la raza y ascenso. Por azar de la fortuna, y del trabajo, corregía en otros, sus sucesores, lo que con él se había errado; reparaba alguna ignorada escala de injusticia pues era obvio que ningún infante del mundo debía estar ausente de los panes de trigo y del saber, menos del afecto y del premio; su meta era llevarnos hasta la altura que él había logrado, sobrepasarlo nos correspondería a nosotros.

El premio se completaba con treinta cómics adquiridos en la Librería Paragón. Y, gracias al trueque, se multiplicaba la agradable lectura: «"tengo el último" (el más reciente paquín) era la frase de maravilla». En la adolescencia hubo cambio de lecturas: fue el turno de las novelas de vaqueros y de amor, leídas con voracidad.

Fueron sus iniciales experiencias como lector. Beneficios: despertar pasión por la lectura; comprender la importancia de la «actualización» o «saber de lo último»; adquirir capacidad para entender una historia; incrementar el bagaje lingüístico, y empezar a escudriñar la naturaleza humana y sopesar lo que es correcto o incorrecto.

**«Antañona Comayagua»**

Después de pertinente información histórica, Escoto reflexiona cómo, por varios siglos, hasta llegar al XIX, aunque ya en otras regiones soplaban los vientos de la Ilustración, Comayagua vivía «sumida en profundo sopor ideológico». Formación escolástica. Fe ciega en supersticiones y mitos. Marcada diferencia de clases con infamantes clasificaciones en castas derivadas de las mezclas raciales: mestizo, atravesado, roto, saltatrás, mulato, pardo, cholo, cuarterón, zambo, cambujo, chino, jíbaro, etc. De la casta dependía el oficio y a los indígenas correspondía servir.

Una estructura impuesta por el «imaginario imperial» ya que a los imperios solo les «interesa el expolio del recurso natural y humano de cualquier localidad donde llega, es decir que conquista». Pero «Comayagua superó hace mucho lo que la dormecía. Es hoy cautivante urbe integrada al progreso nacional y con sus propios valores arqueológicos, antropológicos y culturales».

**«La negritud nacional»**

Responde a dos preguntas. Qué factores contribuyeron a la sobrevivencia de los garífunas en un ambiente inhóspito «como es el de la sociedad machista y discriminadora hondureña» y cuáles son sus aportes a la identidad colectiva.

El autor anota varias facetas que los favorecieron. La capacidad de superar la deportación en masa que revela fortaleza física y espiritual. Una resistencia forjada en la esclavitud vivida por sus ancestros en la región antillana y la visión arawaka del mundo. La cercanía al mar propició apertura a lo que venía del exterior: personas, ideas y costumbres. Ello devino en «mayor liberalidad social, económica y sexual». Hay solidez en el núcleo familiar con disposición al diálogo y poca incidencia en hechos violentos. Una visión de la realidad que se manifiesta en su vigor artístico, expresado en melodías, ritmos y danzas de factura singular. Así, la punta posee tal originalidad que «es imposible confundirla». Hay vitalidad en el pueblo garífuna.

### «18 caballos sumergidos»

En 1526, Hernán Cortés lanzó 18 caballos al mar. Al lugar lo denominó «Puerto de los Caballos», obviando el nombre de Villa de la Natividad de Nuestra Señora dado en 1524 por Gil González Dávila. En 1536, Pedro de Alvarado asentó allí el repartimiento de Camoa, ruta de entrada de todo tipo de viajeros. En 1555, el rey de España ordenó a don Juan García de Hermosilla realizar un estudio sobre las capacidades portuarias de Honduras con el propósito de abrir una ruta entre los océanos Atlántico y Pacífico. Hermosilla propuso una ruta entre los puertos de Caballos y la Bahía de Fonseca. En 1586, el ingeniero italiano Baptista Antonelli ratificó tal conclusión. En Omoa empezaron inquietudes que terminaron en el Canal de Panamá.

Por varios siglos el puerto sufrió el asalto de corsarios y en 1759 Fernando VI autorizó se levantase la fortaleza de San Fernando, concluida en 1776. Mientras se edificó, la localidad se transformó en espacio multinacional y pluricultural ya que, en su construcción, trabajaron españoles, centroamericanos, cubanos y negros esclavos arrancados de África. Durante la Colonia fue el puerto más importante en el Atlántico centroamericano. Para Escoto merece que, en el futuro, alguna autoridad instale un monumento acuático con 18 caballos sumergidos «para que simbolicen, además, la pujanza de los departamentos de Honduras, para los que Puerto Cortés y Omoa son su puerta histórica y principal».

### «Opoa Antigua»

Escoto recuerda que, en la ciudad de Gracias (Lempira), ocurrió un acontecimiento de proyección universal: una de las primeras confrontaciones verbales entre fray Bartolomé de las Casas y los violentos defensores de mantener a los indígenas en estado de explotación y vasallaje. Ello, a propósito de las Leyes Nuevas dictadas en 1542 que prohibían explotar y esclavizar a los indígenas, considerados hombres libres bajo la protección de la Corona.

En Octubre de 1545, Las Casas viajó a esa ciudad para confirmar si la Audiencia de los Confines aplicaba las Leyes Nuevas. Su presidente, Alonso Maldonado, lo insultó públicamente. Los colonos determinaron acatar las leyes, pero no cumplirlas. «Raíz primigenia de la corrupción de hoy...», estima Escoto.

Por la trascendencia del tema, la confrontación entre el fraile dominico y el máximo tribunal centroamericano, trasciende lo local. La ciudad de Gracias es «parte de la geografía histórica —moral, jurídica, intelectiva— de la humanidad...». Escoto encomia la labor de Las Casas, quien «expuso y perfeccionó las más avanzadas tesis humanistas de la época, al grado de convertirlas en la inicial doctrina sobre derechos humanos hasta entonces estructurada y validada en el mundo».

A propósito de las iglesias construidas en Gracias, comenta: «A todas las apelmazó el gratuito sudor Lenca,[31] cosa que nadie recuerda. El indio prosigue habitando allí, tan mísero como cuando se produjo la invención del universo. [...] Gracias, con todo y su promocionado turismo, es el departamento nacional con más hondos índices de miseria. ¿Fracaso del gobierno o culpa de la sociedad? A muchos no gustará esta reflexión, pero la cultura enflaquece si hay pobreza y se necesitan pueblos alegres para edificarla, ya que la dignidad humana —en este caso indígena— demanda equidad; el fotógrafo que retrata solamente riquezas es cómplice, cómplice de impunidad».

### «Heroínas de cultura, locas unas, otras no»

¿Por qué nunca se recuerda el nombre de la esposa de José Cecilio del Valle?, se pregunta el autor y su propia respuesta es sintética: «la machista historia nacional» que soslaya actuaciones que debieran ocupar un lugar en la

---

31. En Honduras lo usual es escribir los gentilicios que corresponden a los pueblos originarios con mayúscula. En todos los casos respetamos la ortografía del original.

memoria colectiva. Gracias al sistema patriarcal, para la mujer solo existía lo relacionado con el ámbito del hogar. La tradición y la Iglesia Católica avalaban únicamente la educación masculina.

La primera heroína «financista de la cultura [política]» fue Josefa Lastiri de Morazán cuya fortuna se esfumó en las luchas realizadas por su esposo, Francisco Morazán. Escoto también recuerda a mujeres que realizaron aportes dignos de conocerse: Lucila Gamero de Medina, Visitación Padilla, Graciela García, Graciela Bográn, Argentina Díaz Lozano, Emma de Bonilla y Alejandrina de Villeda Morales. Estas últimas, esposas de dos expresidentes: Policarpo Bonilla y Ramón Villeda Morales.

El escritor amplía su comentario con Clementina Suárez y Juana Pavón, hermanas en la iconoclasia y la rebeldía. Aunque con disparidad económica, ambas lucharon contra duras circunstancias familiares y sociales para realizar su proyecto de vida. Clementina, «poeta desprejuiciada y de inconformidad trascendental [...] ejerció además de la poesía los oficios de gestora cultural, galerista de arte y promotora de talentos, tareas intelectuales en que sobresalía su ambicioso afán de educación popular y de estructuración de la democracia».

La actriz y poeta Juana Pavón pasó por etapas de dura crisis económica. Más conocida como 'Juana la Loca', asumió el despectivo nombre y lo revirtió llenándolo de contenido contestatario: esgrimiéndolo con orgullo «ha sido por décadas, [...] un familiar símbolo vivo de enojo, no contra la ciudad [Tegucigalpa] sino por ser sede de los más engañosos, reaccionarios y atrasados actores y enclaves políticos de la sociedad. [...] Ha sido miembro de grupos ideológicamente avanzados del movimiento progresista».

### «La ciudad y la memoria musical»

«Era extraordinariamente pequeña, [...] relativamente fácil recorrerla en bicicleta de extremo a extremo». Así principia la descripción de San Pedro Sula en los años previos a una época que varió paradigmas: «Caían a plomo los decisivos años sesenta, cuando todo cambió y llegaron para quedarse la minifalda y Fidel, los anticonceptivos y el Volkswagen, Paul Anka y Neil Sedaka, los Beatles, [...] la Alianza para el Progreso, Elvis Presley, la televisión en blanco y negro y luego a color, Tom Jones».

Escoto recuerda aspectos de la ciudad: los «barrios antiguos y sedentes pero también los bayuses[32] [...], prostíbulos con rockolas encendidas por veinticuatro horas, [...] no había sábado sin que en los buguis (por el agitado ritmo boogie-woogie) de barrio Medina se despedazaran a machete dos a cuatro indianos. [...] No existían semáforos, [...] ni ninguna sucursal bancaria, [...] y por las calles madrugaban despertando al vecindario los remendones salvadoreños a gritos de «"¡zapatos de componer!"», «"¡cuchillos para afilar!"».

Los trepidantes cambios de la década lo impactaron: «Mi memoria más profunda de aquella época —una que marcó al resto de mi vida— fue de temple musical». Entre otros datos anota cuáles eran, cómo trabajaban y qué música transmitían las radiodifusoras. En «la Q, el cantante cubano Ñico, [...] era espectáculo y maravilla [...]. Allí, en ese reducido anfiteatro el niño que yo era [...] aprendió excelsas cosas que tardaría en enumerar». Importante fue «el [...] universo de la música latinoamericana, que reforzó mi primigenia identidad y me separó drástico y para siempre de la alienación que imponían en forma simultánea en el ambiente» cantantes y grupos de la época. Sobre todo, desarrolló «la divina esperanza de la revolución». Como trasfondo, la vivificante experiencia que Cuba vivió a partir de 1959 y que permeó tanto al movimiento artístico de Latinoamérica:

> Ñico y su conjunto no podían dejar de solfear cada noche, ahítos de fe, "Guantanamera" [...]. No podía creer, no le cabía a mis inexpertas neuronas que unos jóvenes clase media como yo [...] pudieran [...] sacrificarse íntegros en el altar de una patria desintegrada a la que sin embargo pretendían reedificar, todavía no comprendía el concepto de mártires. Creo que fue allí, [...] cuando mamé, bebí para lo eterno mi sensibilidad social. Desde entonces jamás volvería a ser el mismo a pesar de mi hogar conservador, de los rumores sobre que Ñico inhalaba raras hierbas [...] y de la paradoja de que fuera en la emisora propiedad de un hombre duro y anticomunista donde precisamente aquellos deslucidos aunque auténticos artistas diseminaban las esporas siempre fecundas de la subversión. Para que se vea lo que suele producir el arte, el vehículo e instrumento más ágil para sembrar valores.

---

32. 'Bayuses': de 'bayou', vocablo venido de Mobile y Nueva Orleans, brazo pantanoso de un río. N. del autor.

### «Prensas chica y grande»

Con el subtítulo de «El entorno familiar», Julio Escoto ofrece el itinerario de la actividad semanal que él y sus hermanos realizaban para que *El Alfiler*, semanario fundado en 1959 y dirigido por su padre, don Pedro Escoto López, llegase puntual a sus lectores, trabajo que representa un esfuerzo de 26 años «de humor, denuncia y picardía en el valle de Sula». Se clausuró en 1985 con la muerte de don Pedro, periodista autodidacta que redactaba noticias para los diarios *La Época*, *El Cronista* y *Azul y Blanco*, y noticieros radiofónicos de la capital.

Cada número de *El Alfiler* demandaba trabajo múltiple en el cual colaboraba toda la familia: llevar a la tipografía los artículos originales escritos por don Pedro, recoger en la empresa de transporte los fotograbados en metal procedentes de Tegucigalpa, revisar pruebas en la imprenta, realizar cobros y repartir el semanario:

> Hasta 1962, en que marché a Tegucigalpa para emprender estudios superiores, oficié en ocasiones como conserje, mensajero, indeciso lector de pruebas durante las enfermedades de papá, gestor y cobrador, compaginador, etiquetador de paquetes, estampillador de envíos, portagrama veloz[33] [...] y, callejeramente, como canillita entregador [...]. El viernes por la tarde o sábado de mañana, los hijos mayores transitábamos la ciudad —que no era grande— para dejar en manos de divertidos lectores las burlas, ironías, sarcasmos, versos, estiletes y chascarrillos característicos de *El Alfiler*.

Esa dinámica familiar estaba en consonancia con el entorno social sampedrano que hacia 1961 «hervía en inquietud cultural y periodística». Julio Escoto informa de las bien surtidas librerías y de los almacenes que vendían refinados productos.

El contexto nacional también era estimulante. Había periódicos y revistas y asociaciones de periodistas en distintas zonas del país. Un hecho que revela el auge alcanzado fue el congreso de periodistas noroccidentales realizado en Olanchito (mayo, 1961) que fue «como canto de cisne para la prensa "chiquita"». Banqueros e inversionistas locales planeaban inver-

---

33. «Portagrama»: portador de telegramas. Neologismo, probablemente creado por J. Escoto.

tir en órganos de prensa de gran envergadura. Fue un anuncio de malos tiempos para el periodismo local ya que los anunciantes optarían por los medios de circulación a escala nacional. Como consecuencia desaparecieron revistas, semanarios, boletines, etc. «que eran voz humana, espejo de existencia, retrato del júbilo y desesperación del pueblo [...]. Sucumbieron sin que quedara memoria —que es lo ingrato— de su prolongado esfuerzo, casi cien años, por mostrarnos como fuimos en nuestros momentos de biografía comunal [...]. Sirvan estas líneas para honrar su memoria».

### «Jampedro era recinto de sorpresas»

Julio Escoto nació y vivió niñez y primera juventud en "Jampedro", San Pedro Sula.[34] Igual, el poeta Julio César Pineda. Cierto día recorrieron las calles de la ciudad y recordaron ubicaciones y nombres de barrios, espacios libres, edificios, almacenes, propietarios....

Como parte de la labor de reconstrucción del pasado, Escoto ofrece un extenso inventario de los juegos populares que entretenían a niños y niñas. Igual, al consignar los nombres y aplicaciones de medicinas populares cuando se refiere a farmacias, clínicas y médicos de barrio.

Trae a colación los métodos de enriquecimiento rápido de comerciantes palestinos. Alude al ingenio y agudeza popular que inventó un dicente sustantivo («"turco-circuito"») para burlarse y, a la vez, indicar que a nadie se engañaba al provocar un incendio, hacerlo pasar como fortuito y cobrar así un jugoso seguro: «allí se hizo inmune la "ética" de la corrupción en Honduras, si bien aquellos eran casos de poquiteros en comparación con las danzas millonarias de hoy», estima el autor.

Inolvidables las visitas al mercado central de la ciudad cuando —infante aún— acompañaba a su madre, doña Concepción Borjas Cabrera de Escoto, a adquirir insumos hogareños. Casi se activan las papilas gustativas cuando el escritor cuenta que, para desafiar al clásico calor «"jampedrano"», tomaba un paradisíaco refresco «"de ensalada"» que pasaba antes por sus ojos que por la garganta: entre los fragmentos de verduras «cienes de minúsculas esferas de color, doraditas por veces y que titilaban al sol,

---

34. "Jampedro" transcribe la fonética usual en personas de la región al referirse a San Pedro Sula.

etéreas, evanescentes en el líquido azucarado, y que eran el chan, semilla indígena».

«Trayendo eso a la memoria hasta hoy comprendo por qué rarísima vez he dejado que me infecten el pesimismo y la desesperación: sólo los niños felices dan nacimiento a hombres contentos con su vida y su trabajo», reflexiona el autor.

### «Mi infancia y el mundo que nace»

Acompañando a su madre, cuando Julio tenía once años, viajó por primera vez a San Marcos de Santa Bárbara, departamento del cual ella —nacida en Quimistán— era originaria. Fue un viaje «a lo desconocido», condición con creces superada: «Luego aprendí que gran parte de la nacionalidad nace en su territorio, ya que Petoa se hunde en la nebulosa de la historia indígena, de donde indudablemente provienen nuestros ancestros». Por el maestro Arturo Cruz supo que su tatarabuelo fue Justo Escoto, constructor que llegó de Guatemala hacia 1800 para edificar el templo católico de la ciudad cabecera y, radicado en esta, dio lugar a la familia paterna.

El padre de Julio Escoto fue don Pedro Escoto López cuya madre, Hermegilda, era de origen lenca, herencia que el autor enaltece. Dada su pobreza, don Pedro no pudo ser bachiller, pero, «ansiaba conocer todo y leía de todo». Su madre fue doña Concepción Borjas de Escoto y el matrimonio procreó trece hijos. Santa Bárbara «me bulle en la sangre», dice el escritor.

Después de manifestar la profundidad de las raíces que lo ligan a Santa Bárbara, Escoto ofrece datos históricos y culturales sobre el departamento. Inclusive anota el origen del apodo «pata de pluma» dado a sus habitantes. Ampliando el comentario, alude al sustrato lenca y, en menor grado mexica, presente en el español hablado en Honduras, aspecto evidente en los topónimos de Santa Bárbara. Oírlos es «aspirar de inmediato el profundo aroma indígena que emanan: Atima, Azacualpa, Ceguaca, Chinda, Gualala, Gualjoco, Macuelizo, Celilac, Ojuera, otros… O sus cerros: Quimistán, Tencoa; sus ríos: Pencaligüe, Ulúa, Chamelecón, Jaitique; sus sierras: Puca».

Escoto recuerda a escritores nacidos en Santa Bárbara. Con relación a «diputados, ministros y funcionarios públicos que han salido de allí a la capital mejor es olvidarse: con escasas excepciones su desempeño ha sido fanático, autoritario, conservadurista y de deshonor». Es «más grato [...] memorar a sus guitarristas, marimberos y caramberos, reales hijos del pueblo y que como tales cantan a la patria cierta. A su esperanza, su ilusión y su fulgor», remata el autor.

### «Mi infancia y los animales políticos»

A los diez años de edad, en 1954, Escoto vislumbró la profundidad de la gran fractura esistente en la sociedad hondureña. Ocurrió cuando la huelga bananera suscitó, a favor o en contra, acaloradas discusiones. Pese a su corta edad, calibró de qué lado estaba la justicia: «mi simpatía se inclinaba por aquellos millares de desarrapados, usualmente analfabetos, que se habían atrevido a alzar banderas insurrectas contra el *statu quo*», afirma.

Por esa época, a su casa llegó un comprador de armas y su padre le facilitó una que poseía; «se fueron al patio, yo detrás, para practicarla. Estallaba con soberbio escándalo, lo que provocó que cipotes vecinos, incluso las mamás, aparecieran sobre la tapia [...]. Era un agente de Carlos Castillo Armas, el militarote que emprendía una revolución financiada por la Agencia Central de Inteligencia contra el gobierno guatemalteco de Jacobo Árbenz Guzmán, tildado de comunista».

«Me gusta creer que vine a la vida genéticamente dispuesto contra la injusticia», dice el escritor. Se indignaba y «temblaba de ira» cuando sus padres castigaban físicamente a sus hermanos. Igual, cuando observaba similares casos en la vecindad. «Era el calibre del machismo que temprano aprendí —y detesté», anota. Ya con madurez plena «he venido a deducir que lo que más odio (lo único que odio) es la potencia de humillación que un ser humano posee sobre otro».

A los doce años seguía con «estremecida atención» las noticias radiales sobre «los enfrentamientos que escenificaban las fuerzas represivas de la tiranía de Julio Lozano Díaz con los movimientos estudiantiles» de Tegucigalpa. Se alegró cuando fue defenestrado: «aplaudí el ascenso de un nuevo actor al tablado de la política local: los salvadores militares». Pero el nuevo actor al mando «se salió de la épica en vez de dramatizar a Hércules o Héctor

[…], se transformó en sayón romano traidor, envilecido por la guerra fría del imperio».

«Mis iniciales aprendizajes sociales se tiñeron […] con ilusión y decepción, como en modo cruel vendrían a demostrar los años posteriores». El 3 de octubre de 1963, «el estamento castrense desencadenaría […] una matanza carente de explicación» al sacar de la presidencia a Ramón Villeda Morales. «El vicioso ciclo de confianza y deslealtad volvería a repetirse en 2009».[35]

Retrocediendo a 1960, cuando el adolescente Julio estudiaba en el colegio La Salle se organizó una velada[36] a la que asistiría lo más encumbrado de las familias sampedranas. Se preparó una farsa en la cual un estudiante disfrazado de paje, con un viejo revólver y balas de salva, ajusticiaría al rey bufo. El estallido fue espectacular y la función un éxito completo. El paje lo había representado el futuro escritor: «Todavía no sé qué implicó aquello pero presiento que marcó algún signo político en mi conciencia social…», dice.

### «Modelos humanos: Óscar Acosta»

En «Excelsior», escrito del poeta Juan R. Molina, hay un exhorto de sintética fuerza: «Sé generoso. Sé noble. Sé leal». Escoto desdobla el puntual crescendo: «Con ello sintetizaba su concepto del grado de perfección a que debe aspirar el ser humano: entregado a otros sin lastres de egoísmo; incapaz de provocar intencionalmente mal alguno, así como ajeno a traiciones y engaños, esto es, digno de lealtad superior, vale decir de sacrificio». Cada nivel calza con la personalidad de Óscar Acosta (Tegucigalpa, 1933–2014), pilar de la poesía y la narrativa hondureñas.

Escoto traza puntos de la línea amistosa que principió en la década del setenta cuando Acosta, en el *Diario El Día*, le publicó varios trabajos de crítica literaria. «Fue […] el arranque de una prolongada y sólida amistad que me llena de orgullo haber preservado y nutrido», afirma.

---

35. Golpe de Estado contra Manuel Zelaya.
36. «Velada»: nombre dado en Honduras a un acto cultural nocturno que los centros educativos realizaban en el cual cada grado participaba ofreciendo actividades artísticas (un poema, un canto, un juguete cómico, etc.) a un público amplio.

Además de destacar su labor como antólogo e impulsor de revistas literarias y políticas, Escoto consigna la relación respetuosa que Acosta mantuvo con personas dedicadas al oficio literario. Reconoce la calidad de su trabajo y alude a «las usuales dentelladas» que recibió, abundantes en los ambientes mezquinos. No obstante, supo «arrancarse a tiras las deformidades de [...] las conductas viscerales, y lo transformó en dulce caballero paciente, que equivale a seductor de mentes y almas».

## «Tegucigalpa y Juan Ramón Molina»

Julio Escoto destaca las altas dotes poéticas e intelectuales de Juan Ramón Molina (1875-1908), quien, pese a ello, sucumbió ante fuerzas sociales —y tal vez de personalidad— que lo llevaron a una muerte prematura. Su relación con Tegucigalpa fue «de contradictoria y a la vez cálida animosidad»:

> En ella cursó sus primeras y traumáticas letras, en ella trepó y descendió la pirámide social, desde su encumbramiento como viceministro de Estado y primer poeta de la nación a prisionero político forzado a labrar piedras para adoquinar calles, así como fue en sus lares que conoció al amor, respiró su aire, se zambulló en sus ríos y se inspiró para componer varias de las más brillantes composiciones poéticas de las literaturas hondureña y centroamericana.

La vida en Tegucigalpa no fue fácil para Molina. Factor adverso fue su humilde origen. Se podía apreciar su talento, pero nunca dejaría de ser «un indio de Comayagüela», como lo calificó el presidente Terencio Sierra. Otra circunstancia negativa fue la falta de estímulos culturales. Fragmentos de textos escritos por Molina, que Escoto incluye en su ensayo, revelan la amarga y dura visión que Molina tenía de Tegucigalpa.

## «Tiempo de nacer»

El autor reflexiona sobre dos conflictos que solían inquietar al adolescente sampedrano en 1960: la diferencia económica y social y el tema sexual («inspirado por sus nacientes y alocadas hormonas»). Los padres de familia habían delimitado hasta qué puntos de la ciudad les era permitido llegar. Fuera de ese círculo, estaban las zonas de acceso prohibido. «El mundo era pequeño, empezábamos a nacer», dice Escoto.

Los anhelados domingos amanecían con «promesas de oportunos encuentros» en las obligadas misas cuando no había separación entre chicas y chicos. Pero a un «obsesionado sotanudo se le ocurrió separarnos»: sección de varones; sección de niñas, ocasionando natural disgusto. Época en la cual prevalecía un tipo de idealización femenina a lo Dulcinea del Toboso: «todos sin vocación sexual —todavía— excepto mirarla [a la chica] y contemplarla, [...] oficio de varón que empezábamos a comprender...».

También estaban las «pimpollas» del colegio San Vicente de Paúl, «a quienes para opacarlas frente al interés masculino las habían vestido con un pavoroso uniforme de loras en guayabal». Asimismo, «saliendo del culto, [estaban] las prudentísimas, [...] del Instituto Evangélico, tan alienadas como nosotros pues no concebían hacer amistad con católicos. Nacíamos los citadinos, por ende, en el seno de la más tosca y medieval estupidez». Pero la realidad se imponía y los hechos rompían silencios:

> Rumores había, empero —y algo de eso validaríamos en la siguiente edad— de que en la circundancia de San Pedro Sula ciertas damas de pecaminoso vivir [...] se dedicaban a "instruir" a los calurosos adolescentes en las artes del "flirt" y la seducción, de la coquetería y el manipuleo, de las aproximaciones y la consecuencia sexual...[37]

## «Se es nada antes de ser escritor»

Con el propósito de exponer en qué medida las experiencias vividas en la infancia son determinantes en la vida del adulto, en noviembre de 2007 Julio Escoto comenta aspectos que, en una u otra forma, hicieron de él un escritor: «Mi aventura debe haber acontecido por los años de 1960, cuando [...] ingresaba a la cruel adolescencia» [...]. Frente al desconcierto de esa crucial etapa [...] alguna llamita íntima iluminará en el instante propicio y revelará la noble —o la mísera— misión [...] y de allí depende en cada cual si la escucha o la silencia. Yo sé que permití no hablar sino gritar estentóreamente a la mía».

---

37. Escoto recuerda que la más famosa era una mujer conocida como «"La Güisuta"». Alrededor de ella se tejió una mítica popular que también se expresó en la pintura. Edwin Perdomo, en 1991, exhibió un retrato titulado con el sobrenombre apuntado.

El año de 1958 fue crucial para la familia ya que la bonancible economía familiar de la cual gozaban se derrumbó. Del relativo bienestar, por la decisión paterna de hipotecar el patrimonio familiar en aras del probable triunfo de un partido político, los Escoto-Borjas se vieron en la ruina:

> Años previos mi padre había sido dueño de un cómodo patrimonio […]. Poseía hermosa residencia en barrio 'Palestina' […] y estrenaba 'carmelita' (automóvil) Chevrolet cada par de años. Alto, robusto y galán, el Coronel de cerro Pedro Escoto López vestía por entonces pulcros pantalones cachemira, camisa larga almidonada, zapatos Florsheim que pedía a Sears de Florida por catálogo […]. Una mañana de 1958, hundidos todos en amarga frustración y decepción no sólo bajamos de clase media alta a relativamente pobre sino que debimos empacar bártulos, mal vender lo que no se podía trasladar y acomodarnos en vivienda alquilada. Un nuevo ciclo empezó.

Frente a la demoledora crisis, la salvadora de la situación —como suele ocurrir en gran porcentaje de los hogares— fue doña Concepción Borjas de Escoto: «Viendo que el cónyuge se le caía espiritualmente, agobiado por su indeseado error […], doña Concha asumió —con las suaves y prudentes anonimidades de la mujer— el mando y dedicándose a lo que mejor sabía hacer, cocinar[...]. Jauja había sido clausurado y cada quien debía desempeñar un trabajo, tanto en los oficios domésticos como en la preparación de los tamales con los cuales doña Concha logró que la familia saliese adelante».

Ello ocurrió cuando la discriminación por razones económicas era muy rígida y ascender en la escala social era ardua tarea. En una etapa tan sensitiva como la de la adolescencia, el autor supo lo que era la marginación originada en el factor económico. En el colegio, los religiosos privilegiaban con las mejores notas a los hijos de contribuyentes poderosos: «allí comencé a ser rebelde, emprendí la inveterada costumbre ya irreversible de oponerme a toda discriminación».

Rebeldía que tuvo un aspecto positivo: lo impulsó a buscar caminos en los que pudiese competir: ser mejor alumno, ejecutar el tambor y llegar a director de la banda del colegio (ideó un toque de contrapunto): «pero era insuficiente para mi ambición, o sea para mis resentimientos». Pronto adquirió conciencia de su habilidad para escribir. Redactó un cuento que se publicó en la revista del colegio y le granjeó estima general:

> Allí estaba una posibilidad [...], debió calarme en la conciencia cierto prurito de [...] inconformidad, el ansia de imponer talento sobre dinero. No quiero ser el último, vale dios» me repetía [...]. Y tanto debí cocinarme en tan anhelada apetencia, en tan concentrado rigor del deseo, que en cuanto me gradué apliqué para una beca, y otra, y otra en los futuros, que me permitieron ser lo que ahora disfruto y sufro, ser escritor [...]. Quién me iba a decir tantos años atrás, casi cincuenta, que el desprecio me obligaría a tratar de ser una persona cada vez mejor. No soy religioso, si bien creo en dios, no aporto diezmos para los ricos predicadores, que aborrezco, pero aleluya, mucho se logró. Ser escritor es una de las deliciosas fábulas de mi historia personal.

### «Trujillo y el Oriente»

Este ensayo se dedica a la región este u oriente del país, con énfasis en la zona de La Mosquitia. El término 'oriente' también indica el punto cardinal del horizonte en donde sale el sol en los equinoccios. En disciplinas esotéricas equivale a «"nacimiento o principio místico de un ser"» y se llama 'oriente' al «"brillo especial de las perlas, a la juventud temprana del hombre, a la casa primera del avance celeste, según el horóscopo"». Escoto alude al significado que apunta hacia la región y también al uso trascendente del término. Con relación al primer punto evoca el viaje en el cual conoció La Mosquitia cuando comprobó la belleza de la región, tal como la había imaginado en sus novelas.

Apunta datos históricos relevantes que tuvieron tal escenario: la llegada de la nave de Cristóbal Colón en 1502; el arribo de Hernán Cortés; el asedio de piratas y corsarios, hasta culminar en la referencia a los primeros apellidos europeos que se establecieron en la región. Recuerda la obra del escritor estadounidense William Sydney Porter (O. Henry, 1862–1910), quien vivió siete años en Trujillo, en donde escribió cuentos cortos ocurridos en Coralío (Trujillo), en un supuesto país de América Central llamado Anchuria (Honduras), «que es donde surge por primera vez, según el historiador Héctor Pérez Brignoli, el infamante título *Banana Republic*, que dio vuelta al mundo y de cuyas características —corrupción, pobreza, políticos desalmados— el mejor ejemplo es Honduras. Es obvio que aún nos falta mucho para conquistar nuestro Oriente espiritual...», concluye el autor.

### «Valle de verde cruzado»

Encomia la belleza y feracidad del Valle de Sula, región espléndida, especialmente para los ojos europeos que la veían por primera vez. Tuvo un pasado heroico de resistencia y de activa defensa frente al invasor español, como es el caso, entre otros, de Cicumba.

Después de la referencia espacial e histórica de tipo general, se informa sobre el primer asentamiento español que, con los años, derivó en la pujante ciudad de San Pedro Sula. Transformación vertiginosa por «los intensos procesos de mixigenación poblacional y de migración que [...] contribuyeron a su fortalecimiento». Se informa de los grupos humanos que, en el siglo XX, emigraron con propósito de establecerse en el valle. Se anota procedencia, nombres y ocupaciones a las cuales se dedicaron hasta llegar al arraigo definitivo de sus descendientes en la ciudad: «mil apellidos más que son basamento, esplendoroso sustento patronímico de la inagotable nacionalidad».

### «Una ciudad lejana como el mar...»

Para Julio Escoto —niño de ocho años— la ciudad de El Progreso, era «orbe aparte» por lo que de ella se decía: «que el Ulúa crecía cual feroz pez que devoraba todo; que las locomotoras arrastraban miles de interminables vagones cargados con musáceas rumbo al océano, [...] que en el río habitaba el caimán más grande del mundo»; «el gran peligro de extraviarse, por la noche, en las prolongadas selvas de banano»; «que las serpientes de los campos fruteros paralizaban al incauto en promedio de segundos»; «que en los cerros de Mico Quemado se escuchaban cotidianos retumbos del más allá y que en sus bosques residenciaba el diablo»; «que la gente era azul por motivo del caldo bordelés —con que se embreaba las matas de banano».

Para casi todos El Progreso era lugar de paso y se ignoraba el «noble valor, con que habían protagonizado el más sonado suceso de rebelión gremial durante los días de "la huelga"». Pero, de 1960 a 1980, la ciudad creció e integró a su jurisdicción cultural poblaciones aledañas que la tienen como referencia: «como que las centra en un intenso radio de yoreña identidad». Como se observa en otros ensayos, Escoto consigna los usos lingüísticos de tipo popular de la región.

### «Ruinas del futuro»

Escoto imagina la impresión que pudo causar en 1840, al viajero norteamericano John Lloyd Stephens y a su compañero, el ilustrador Frederick Catherwood, el espectáculo de las ruinas que buscaban, tal como se relata en su obra *Incidentes de viaje en Centroamérica, Chiapas y Yucatán*.

Hacia 1940 se inició una especie de culto a lo maya y se consideró que el pasado precolombino de la nación respondía a esa extraordinaria cultura en la que se sustentaba la auténtica identidad. Para el historiador Darío Euraque, ello es una deformada percepción del pasado «que hizo que todo el esfuerzo gubernamental, literario, universitario y de organismos externos —lo que incluía componentes financieros— se volcó decidida y casi absolutamente a explorar Copán», olvidando la existencia de los otros pueblos originarios a los que se les brindaba «sólo migajas o márgenes de esa interrogación científica en marcha».

Otra consecuencia de la «mayanización de Honduras», según la llama Euraque, ha sido «dar prioridad a lo espectacular y exhibicionista cuando se trata de los Mayas, en vez de privilegiar el recuerdo de su visión de mundo y sus nociones de vida». «Los gobiernos y asociaciones ven unilateralmente hoy a Copán con signo de dólar». Concluye Escoto: «No importa cuánto hayamos desfigurado, desvirtuado y falsificado a los Mayas de Copán; está también escrito que un día, dentro de nosotros mismos, los encontraremos».

### «Una urbe que superó a la imaginación»

Escoto recuerda el momento en el cual, en 1536, el conquistador Pedro de Alvarado, en el valle de Usula, realizó la ceremonia de fundación de un nuevo poblado al que llamó San Pedro, por ser su santo patronímico y también por la cercanía del día que la Iglesia Católica le consagra: 27 de junio.

En los siguientes 475 años la pequeña población creció en forma impresionante, aunque tuvo momentos que amenazaron con desaparecerla como las incursiones piratas en 1573, 1660, 1700. El miedo a tales depredadores permaneció más allá de esas fechas. Pudo ser arrastrada por las aguas de Río de Piedras lo cual obligó a reubicarla valle arriba. El fuego la amenazó. Padeció hambruna por la escasa producción agrícola. Pero, sobre todo, hubo desinterés de las autoridades centrales por la ciudad a la que veían solo como población de paso.

Escoto, citando al historiador Rodolfo Pastor Fasquelle, en su libro *Biografía de San Pedro Sula*, considera que el sampedrano es psicológicamente distinto a los habitantes del resto del país: abierto a las ideas en circulación, no muy tradicionalista y sobre todo «atrevido» en la conquista de la escala social.

### Ensayos inéditos remitidos por el autor[38]

#### «Tierra del oro y del talento cuna»

Título que procede de un poema que el poeta cubano José Joaquín Palma dedicó a Honduras y que, en el ensayo de Escoto, traduce aspectos del proceso de construcción que le daría un perfil a la nación. Principia anotando los momentos relevantes de su historia: arribo de Cristóbal Colón a tierra firme y posterior etapa de la conquista española; avance hacia los años coloniales, influjo de la Ilustración, la independencia de Centroamérica, la formación de la República Federal y la oposición al filibustero William Walker. Hitos que forjaron «ejes matriciales que parecen vertebrar la historia de Honduras y que de varios modos reflejan lo que íbamos o vamos a ser». Cada uno, forjador de una manera de captar y responder a la realidad y el autor abunda en su explicación.

a) Celo por la defensa nacional. Momentos culminantes fueron: la lucha

---

38. En forma ocasional, el autor suele enviar sus escritos a las personas que se los solicitan o que él estima le pueden interesar. Carecen de fecha basándose en el supuesto de que pertenecen a la publicación de la semana que transcurre. Dada su validez conceptual los incluimos en este trabajo.

del pueblo lenca y de los caciques Entepica y Elempira; las acciones de Francisco Morazán; el rechazo y derrota del filibustero William Walker. El trabajo de José C. del Valle en México para lograr la independencia absoluta de Centroamérica. En foros internacionales, ha sido meritoria la labor de Policarpo Bonilla, Froylán Turcios y Jorge Fidel Durón.

b) Impulso hacia el progreso material. Centroamérica pronto intentó fomentar el desarrollo. Aunque nunca cristalizaron hubo dos proyectos visionarios: el canal interoceánico en Nicaragua y la construcción del ferrocarril interoceánico en Honduras.

c) La perspectiva democrática que expresaron intelectuales y políticos como José C. del Valle y Francisco Morazán, Marco A. Soto, Ramón Rosa, Policarpo Bonilla y Froylán Turcios.

d) La valoración del patrimonio heredado por la naturaleza.

e) La admiración por lo nuestro. Aspecto que se expresa en numerosas obras literarias realizadas por autores extranjeros como O. Henry, Porfirio Barba Jacob, Salarrué, Paul Theroux, Ephraim George Squier, Anthony Conforti, Kenneth Cutler, José Martí y Rafael Arévalo Martínez. De los autores hondureños, a manera de muestra, hay varios nombres significativos y Escoto seleccionó un fragmento de un ensayo de Rafael H. Valle en donde este incluye versos de otros poetas. Concluye: «El paisaje es personaje omnipresente en el arte del país y es difícil encontrar un autor que no le haya dedicado un verso, una pintura, una página, una canción».

### «Del cuento y vuelos imposibles»

Julio Escoto confiesa que, cuando escribe cuentos o novelas, su mayor preocupación es lograr «la tensión» y mantener la expectativa de lo que sucederá. Implica un conflicto entre dos actores y demanda una resolución: «una especie de obligatoriedad de acontecimiento [...]: el conflicto del ánima decidiendo entre bien y mal (no como categorías éticas sino vivenciales), la duda entre avanzar a un estrato superior (de cambio) o retroceder, [...] retratar al ser humano en el cuento es en verdad precisar sus debilidades».

Otro elemento a considerar es el de la pasión: «sin ella no hay literatura [...]. De nada sirve la tensión sin pasión por contrariarla [...]. El personaje [...] debe estar imbuido de tal pasión (que es decir energía) por variar la circunstancia de su situación, que no se pueda contener». Finalmente agrega: «el cuento es sólo una pequeña forma de extendernos en la verdad, de subvertir lo exuberante, de podar las raíces profundas de nuestra imaginación creativa. Cápsula consciente, el cuento es sólo una sucinta forma de mostrar la dialéctica de la realidad».

### «Copán: Pilar de la identidad maya»

Extenso ensayo en el cual Julio Escoto ofrece una visión panorámica de la historia y de los grandes logros realizados por los pueblos mayas. Ellos explican por qué Nikolai Grube, a su famosa obra *Los mayas* le añadió, como subtítulo, la expresión «Una civilización milenaria», sustantivo y calificativo que no son gratuitos. Los utilizó «con todas sus implicaciones de adelanto y avanzada de la humanidad».

Escoto estima que uno de los mejores textos analíticos sobre Copán es el que William Fash y Ricardo Agurcia editaron en 2001 con el título de *Visión del pasado maya* cuya virtud es ofrecer «lo más avanzado hasta entonces en cuanto a interpretación de los hallazgos arqueológicos localizados en las ruinas de esa antigua comuna», especialmente «sobre lo que debió ser en vida ese polo de civilización mesoamericana, [...] el más juicioso planteamiento de lo que debió ser y lo que pudo ser, sin extralimitaciones de la imaginación». Permite «concebir a la urbe en toda su agitación consuetudinaria [...], no es el Copán de papel, el de los legajos muertos de los historiadores sino el de la pujanza de vida y fuerza de huracán, de triunfos y derrotas, el de las humillaciones y las conspiraciones, de súbditos sumisos y súbditos rebelados, en fin el de la vivencia humana eterna y normal».

La visión consignada en esa obra suscitó en Escoto el deseo de vivificarla mediante el poderoso mecanismo de la ficción. Imaginar o sugerir situaciones cotidianas acordes con la etapa de crisis que pudo vivirse en la grandiosa urbe cuando, aunque aún no era visible, su colapso era inminente:

> En mi novela *Magos Mayas Monjes Copán* trato —ignoro si lo logro— de retratar la urdimbre de voces dispersas, vientos en enconada dirección, flechas tensas y espadas de piedra prestas a acometer, que caracterizó a aquel momento. Lo que los Mayas vivían entonces no era la guerra

gélida sino una permanente y diaria que buscaba asediar comunidades, secuestrar esclavos, capturar gentes destinadas al holocausto de los sedientos templos, arrancar tributos, dictar impuestos y sobre todo hacer manar abundantemente la sangre para contento de dioses.

La novela de Escoto se desarrolla en un período crucial de deterioro no solo «en el plano físico o material sino críticamente en el de autoridad. En el año 822 ascendió al trono U Kit Took y el gobierno colapsó y la gran ciudad vivió su etapa final».

El autor anota la sensación de «misterio [...] de la petrópolis sagrada» que, cuando floreció en todo su esplendor, pudo dejar constancia, para las generaciones futuras, de «la vibración intensa de alguna capacidad del hombre para sintonizarse al universo, a lo cierto y lo espiritual, juegos de la mente que son siempre idóneos para la búsqueda contemporánea de la verdad, en cuya aventura viajamos solidarios todos».

### «Leticia: una manera de ser»[39]

Este texto es una reflexión sobre la vida y la obra de Leticia Silva de Oyuela, historiadora, crítica de arte y literata.[40] Consta de varios segmentos. «La metáfora de la vida» expone que las distintas culturas ven a la muerte no como extinción total sino como tránsito hacia otra dimensión. Hay requisitos para que ese paso sea exitoso y lo sacralizan libros como el Corán o la Biblia, y otros.

«La metáfora de la muerte» aborda dos interpretaciones formuladas con relación a la muerte: tras ella no existe nada o «tras ella yace la gran verdad», posibilidad en la que abundan las creencias sobre lo que existe en el más allá. Inclusive hay mecanismos (médiums, chamanes, tarot, ouija, etc.) para comunicarse con seres que ya fallecieron.

«Metáfora de la misión» tiene carácter teleológico: ¿con qué propósito se nace si la muerte es el fin obligado de la vida?, interrogante perpetua con

---

39. Sabiendo de mi amistad con Leticia de Oyuela, Julio Escoto me remitió este texto al poco tiempo del deceso de la escritora. Aunque ignoro si lo publicó, su acercamiento a la personalidad de la escritora me parece tan acertado que realicé este comentario. Cuento con su autorización para aludir a él.

40. Leticia de Oyuela murió en enero de 2008, probable año en el cual esta semblanza se escribió.

respuestas múltiples. Escoto explaya la teoría de la metempsicosis. Ya en la muerte se inicia una serie de sucesivas encarnaciones, ascendentes o de retroceso, según la vida que se lleve en cada etapa renovada: «trashumancia por la eternidad [con el fin de] perfeccionarnos a nosotros mismos mediante las experiencias del júbilo y el dolor». Así, en cualquier persona, en su nueva vida, aunque todavía le falte corregir errores, ya es capaz de ayudar a otros motivado por el amor, aspecto que se amplía en «La metáfora del amor» cuando el ser reencarnado puede convertirse en guía, maestro, pastor de almas, escritor, líder campesino, etc. Aún no es perfecto: «Pues es sólo un ser humano: tiene altos y bajos, protagoniza una lucha permanente: vuela entre sublime y bajeza, [...] cae y se alza pero apunta siempre a lo superior, un día alcanzará lo superior».

En «La metáfora constituida en persona», el preámbulo anterior sirve para entender mejor lo que significó la vida de Oyuela. Recordatorio del proceso formativo que hizo de ella referente obligado de la vida cultural tegucigalpense. Misión que cumplió, sobre todo, por escritos que se originaron en «la doble lectura» que realizó de los papeles que, por años, estudió en los archivos hondureños. Un dato aparentemente inocente le daba la clave del drama humano escondido en el documento notarial. Ellos le revelaron el trasfondo lacerado de la naturaleza humana y motivaron un cambio en su percepción del mundo. Así, dejando atrás «los esquemas del racionalismo, de la lógica de Hegel e incluso del materialismo histórico», volvió a las enseñanzas de sus ancestros, especialmente de su abuela. Fue «el retorno a las raíces» que impregnó sus escritos de ideas religiosas.

Gracias a esa lectura se sumergió en una búsqueda de «las construcciones dinámicas que el ser humano hace con sus creencias y pensamientos, particularmente el hondureño. Le preocupó el tema de la identidad en cuanto representación, figuración unificada del imaginario colectivo, aspectos que, de una u otra manera, ventiló en sus diferentes obras en las que tras el hecho que ella anota puede darse un «asedio sociológico sobre Tegucigalpa». Así, al hablar del pintor José Miguel Gomes, lo retrata «no en el vacío, no en la nada sino en ese agar de contrapuestas energías, de negociaciones económicas y jugadas políticas que, quiéralo o no, le afectan y condicionan. La intención profunda del libro no es por tanto historia del arte sino indagación ideológica».

Su mayor interés fue «la historia de las mentalidades»: «desentrañar lo humano de la historia». Además, cuando asume un punto de vista predominantemente literario, se libra «de la ruda dependencia de la exactitud y se lanza a imaginar no el "qué" sino el "cómo" del momento histórico». Supo ver el valor de la microhistoria «como instrumento largamente válido para conformar la otra "cara" de una nación».

Oyuela destacó la vida de las mujeres. En *Las sin remedio. Mujeres del siglo XX* no hace historia «macro ni mínima sino angustia confesional, biografía de género. [...] En este como en otros libros suyos [analiza, retrata] cien almas coyunturales de la mujer, que son al cabo una misma». Escarbó en las entretelas de sí misma para captar el pensar y el sentir de sus congéneres.

«La persona constituida en metáfora» expone una síntesis del trabajo realizado por Oyuela. Desempeños públicos, maestra, editora, promotora cultural, investigadora, historiadora y autora —oficios casi simultáneos. Agréguense los familiares y personales, «sus años terrenales exhiben una como ininterrumpida línea feliz de trabajo con orientación comunal [...], volcó su inteligencia y saber hacia un fin definido: comprender la psicología e idiosincrasia del hondureño [...], sin haber obtenido respuesta final, como debía ser. Fue una valiente y lúcida dama, extraordinaria entidad».

## Discursos, conferencias y otros textos

### «Divagaciones en torno a la palabra» (2000)

El título sugiere la perspectiva asumida por el autor.[41] Percepción más del esteta que del lingüista. Entre las maravillas naturales, prioriza agua y palabra que «sobrepasan el límite de cualquier inventiva o audaz imaginación [...], permanentes compañeras: nos preceden en el tiempo, viajan con nosotros, transitan con nosotros, permanecen más allá de cuando partimos nosotros». Al agua, la Biblia le confiere un puesto de privilegio ubicando su presencia antes de la creación de todo ser. En esa preeminencia compite con la palabra. Unidas en el bautismo, conectan al neófito con la comunidad y con estratos divinos.

---

41. Conferencia en Jornadas de la Lengua Española. Embajada de España, Tegucigalpa, 28 de abril, 2000.

La palabra abre o cierra una era. El «sin embargo se mueve» de Galileo, el «proletarios del mundo uníos» de Marx, el grito de guerra «Dios es Alá y Mahoma su profeta» del Islam, han sido verbalizaciones con larga historia tras de sí. La palabra «tiene vida propia»; capacidad «para cambiar, modificar y transformar la conciencia humana».

«La palabra vive en el tiempo». Con incontables códigos, se adapta a las circunstancias. En la liturgia tiene fuerza en sí misma: implica poder espiritual. Vehículo místico. Escalera gnóstica que abre puertas hacia mundos arcanos. Permanece incólume aunque sus protagonistas hayan desaparecido. La bíblica torre de Babel, en la confusión de lenguas, frustró el intento de acceder a predios divinos. Gran metáfora de significación múltiple: castigo a la soberbia humana; un reto a la divinidad siempre fracasa; la sabiduría absoluta es inaccesible; el conocimiento no es ilímite, etc.

Se anota que el latinoamericano privilegia la combinación de palabra y melodía. «En menos de quinientos años hemos vibrado al son del mitote indígena o del danzón, la cueca, el tango, el merengue, el chachacha, la rumba, el bolero, la cumbia, la ranchera, el sique, la punta, la conga, la milonga, el bosanova, el mambo, el xuc, el vals peruano, el son chapín, el joropo venezolano, la samba y el malambó, la salsa, la parranda, el vallenato, la chacarera, el pasillo ecuatoriano, la lambada, el jazz y el rock propiamente latinos y los anglófonos calipso, soca y reggae».

Concluye con una secreta referencia a Shakespeare y un lúdico empleo de la palabra: «Pero bueno: palabras, palabras, palabras. Basta de palabras. Tenemos 25 minutos de estar jugando con la palabra. Ojalá que les hayan gustado estas palabras».

### «El amor y el poder» (2000)

Escoto confiesa que, como novelista, siempre le ha interesado inquirir «por el poder del poder».[42] Para él, un «descarrilado ego» es el que lleva al dominio de otros. Quien lo concentra, se olvida de dar, que es la esencia del amor. Al acceder al poder, ideario y promesas se esfuman y aparece un nuevo retrato: «con que el Hombre —ahora de H mayúscula— irá emer-

---

42. Conferencia dictada en Santa Fe de Bogotá, evento «El amor y la palabra», 22 de agosto, 2000.

giendo [...] con galas casi ultraterrenas». Ya en el poder se sacrifica lo que haya que sacrificar, empezando por el amor («la primera inmolada es la fidelidad») y, en el plano personal, puede empezar el desfogue sexual. En lo social, en América, desde la conquista, ha originado genocidios.

Con relación al amor, ofrece tres casos. El de la mujer —rodeada de signos de riqueza— que yacía en la tumba en donde se suponía estaba Yax K'uk' Mo', fundador de la dinastía copánida. El de un jefe misquito que en Granada, Nicaragua, secuestró a una joven con la cual se casó y ello derivó en momentánea paz entre España e Inglaterra. El de Josefa Lastiri de Morazán que invirtió su fortuna en las luchas de Francisco Morazán y murió en la más extrema pobreza. Se concluye que ni el amor ni el poder han de ser contemplados desde un solo ángulo: «Como pertenecen a la vibración íntima del ser humano, son inestables, atmosféricos e impredecibles».

### «Presentación de *Catalina y Catalina* de Sergio Ramírez Mercado» (2002)

Evocando la entrañable amistad con el autor nicaragüense, Escoto le agradece que, en 1975, al contratarlo para laborar en Costa Rica en la Confederación Universitaria Centroamericana, a él y a su esposa Gypsy Silverthorne los alejó de Tegucigalpa en donde sus vidas peligraban.[43] El traslado, por la índole del trabajo, propició, para el matrimonio Escoto, un intercambio constante con artistas e intelectuales visitantes de la ciudad josefina.

Escoto revisa aspectos generales de la trayectoria intelectual, literaria y política de Ramírez, especialmente de su papel como vicepresidente del primer gobierno sandinista, del cual abjuró cuando lo juzgó necesario. Indica cómo su azarosa vida contribuye a la riqueza de sus escritos. *Catalina y Catalina* refleja a su autor:

> A diferencia del poeta o del teatrista, un narrador, y en particular un gestor de novelas, asume terribles dificultades si no aplica a la escritura aquello que ha sido su experiencia personal. En el cuento o la novela la acción es tan importante como el motivo de la vida, la caracterización de los personajes y esa herida honda que le deja siempre a uno el escarbar, diseccionar y alegrarse o decepcionarse

---

43. Conferencia, Hotel Sula, San Pedro Sula, 14 de marzo, 2002.

por la sicología humana. Mientras que el historiador comprende a los sucesos, el novelista privilegia a las causas psíquicas de los sucesos. No interesa tanto lo que ocurre sino por qué, cuál es el motivo, el disparador interno genial que empuja a los personajes a actuar de esta y no de otra manera, las corrientes íntimas del alma, diáfanas o lodosas, los pálpitos muchas veces ignorados del corazón.

Después de esa reflexión general alude a detalles específicos de cada cuento «en donde ocurre siempre un anhelo de ascenso de libertad, una casta ingenuidad, el manoseo de la esperanza incluso dentro de lo más adverso».

## «Peso del Caribe en la literatura centroamericana actual» (2002)

Como introducción, Escoto narra los pormenores de un acto cultural realizado en La Ceiba, ciudad-puerto de Honduras.[44] Trenza hilos anecdóticos, históricos, míticos, literarios y multiétnicos[45] como una anticipación de la tesis propuesta: el Caribe es una «polenta humana [...] en permanente ebullición y cambio, un espacio en constante transición, tráfico de influjos e influencias».

La panorámica que ofrece es completa. Ubicación geográfica. Exuberancia del paisaje natural. Asentamiento final de migraciones procedentes de Mesoamérica y de América del Sur antes de la llegada de Colón. Desembarco del Almirante en tierras de lo que hoy es Honduras, región que despertó la ambición de Hernán Cortés y que originó intrigas y conflictos entre varios imperios dada su potencial riqueza. Ruta propicia al trasiego de ideologías y fusión de razas, origen de hibridaciones raciales y culturales.

---

44. Conferencia presentada en Eichstätt, en Katholische Universität Eichstätt Zentralinstitut Für Lateinamerica-Studien, 17 de abril, 2002. Recogida en *Literaturas centroamericanas hoy. Desde la dolorosa cintura de América*, editado por Karl Kohut y Werner Mackenbach, pp. 25–36. Madrid: Iberoamericana / Frankfurt: Vervuert, 2005.

45. En pocas líneas, Escoto incluye a los poetas Porfirio Barba Jacob y José Martí, a los patriotas cubanos Antonio Maceo, Flor Crombet y Máximo Gómez, a una pianista guatemalteca, a un tenor salvadoreño, a los hondureños: Julio Visquerra (pintor), Darío Euraque (historiador), Guillermo Ánderson (cantautor), Fernando Raudales (violinista), a un ballet integrado por mujeres de una comunidad de origen afro y un baile de garífunas de la tercera edad. Agrega bebidas y viandas de distintas culinarias, etc. y también la referencia —con nombre propio— a la diferente nacionalidad de personas presentes en el salón.

Espacio favorable a una particular idiosincrasia: tolerancia y visión de mundo sin rigideces y con aceptación de ideas novedosas; rechazo a cualquier forma de sujeción; religiosidad híbrida y sincrética e inclinación a privilegiar la sensualidad a la seriedad reflexiva. Con influjo de las compañías bananeras que dieron un «sesgo multinacional» al elemento humano originario o que arribó posteriormente. Territorio que experimentó la «entronización» de los gustos «del colonizador bananero» que lo «yankizaron». Pero, en la vastedad caribeña, nació un permanente movimiento de resistencia con grandes luchadores sociales como Toussaint Louverture, Marcus Garvey, Sandino y muchos más.

Elemento vital es su vigoroso caudal musical (boggie-woogie, reggae...), artístico y literario, aunque, para un buen número de sus escritores, no «ha llegado aún el tiempo del hedonismo de la palabra». Esto, por un imperativo ético frente a una realidad aún saturada de carencias: «Es la Centroamérica caribeña que cura sus heridas cantando».

## «La literatura como Palabra de Dios» (2004)

Plantea que ciertas creencias gnósticas consideran que, en la armonía universal, se combinan tanto la voluntad divina como la participación del ser humano.[46] Pretenden que se entienda la fuerza del propio albedrío «capaz de provocar la maravilla o de gestar el horror», idea que Escoto vincula con el efecto que la literatura provoca dado que en ella queda «para la historia el registro de lo que fue su momento particular, que es en el fondo un instante de su sociedad», razón por la cual cada escritor tiene «que anclar su historia en alguna dimensión de realidad, someterse a las leyes naturales del universo para romperlas, y para hacer actuar a sus personajes dentro de cierta coherencia». Instaura un mundo que «aún siendo inventado, obedece a estructuras y sistemas, a cánones y métodos, a arquitecturas legibles; [...] mundo que no puede existir sin su propia cohesión».

Escoto expuso esas y otras ideas cuando, en Panamá, se entregó el Premio Rogelio Sinán. Manifiesta la satisfacción que, como jurado, experimentó leyendo los libros que concursaron ya que revelan puntos de contacto entre

---

46. Conferencia en ciudad de Panamá, 23 de abril, 2004. Entrega como jurado del Premio Rogelio Sinán.

los distintos países del istmo centroamericano: se percibe «el temblor de nuestra fraternidad, la voz de la sociedad que es la palabra del pueblo y la palabra del pueblo —nunca lo olvidemos— es la voz de dios, de algún dios mítico o social en que creemos todos».

### «Las artes de seducción» (2004)

La intervención de Julio Escoto tiene cierto matiz humorístico.[47] Expone una especie de 'teoría' sobre los escritores que «aún carece de respaldos psiquiátricos». Conjetura «que el escritor es, por naturaleza, un inveterado seductor, cautivador de almas, gran Rafles consuetudinario, abductor de manos de seda y manipulista de lo más sagrado que posee el ser humano, su pensamiento». Los escritores «se dedican al más sacrílego de los oficios, a robarle el tiempo a la gente, [...] para colmarle la mente con fábulas y recreaciones [...] y con elaboraciones sicológicas de dudosa reputación». «Seres de insomnio estos que no duermen imaginando cómo debería ser el mundo si no lo hubiera inventado dios, que dejan de comer y beber (bueno, escasamente dejan de beber) idealizando arquitecturas». Pero hay que tomar en cuenta que satisface una necesidad ya que «el ser humano tiene una compulsión [...] aterradora por conocer la vida de los demás, no importa si esos demás son imaginados». Después de ese preámbulo, anota que uno de esos escudriñadores de vidas ajenas es el escritor panameño Enrique Jaramillo Levi, a quien encomia por el libro *Luminoso tiempo gris* y también por otros de su fecunda bibliografía.

### «Palabras de Julio Escoto al recibir el premio "José Trinidad Reyes" de la Universidad Nacional Autónoma de Honduras» (2005)

El autor indica que ha podido escribir varias novelas porque los lectores no 'reprimieron' sus vuelos imaginativos.[48] Ello, por el placer que todos sienten al escuchar un cuento, cualquiera que este sea, antiguo o inventado en el momento. Una necesidad, tanto de contar un cuento como de que se lo cuenten: «De pronto, como si pases de magia los extrajeran de la verdad,

---

47. Palabras de presentación del libro *Luminoso tiempo gris* del autor panameño Enrique Jaramillo Levi, FILCEN, Tegucigalpa, 12 de julio, 2004.
48. Discurso pronunciado en Tegucigalpa, 31 de octubre, 2005.

aceptan la palabra de otro y se encandilan con ella, se sujetan a ella y hacen desaparecer lo que reside en los contornos para concentrarse exclusivamente en el cuento». Todo desaparece «por encanto, [...] cuando alguno pronuncia las pulidas palabras mágicas: "había una vez" [...]. Entonces desciende sobre nosotros la sombrilla del hipnotismo, ya no tenemos más ojos para ver que lo que nos cuentan, oídos para oír que lo que nos relatan, e incluso los olores ácidos del mar donde navega Simbad, o de los pelos ariscos y sahumados del cadejo, nos golpean la nariz. Todo se llena de una saludable expectación».

Escoto deriva la reflexión hacia un significado popular que tiene el término cuando se emplea para referirse a las mentiras o embustes que se quieren hacer pasar como verdad.[49] Los 'cuentos' abundan, pues, en los medios de comunicación y en los discursos de los políticos. Refiriéndose a los dos partidos políticos tradicionales, dice: «Tienen cien años de administrar el poder, de usufructuarlo y aprovecharse de él, y nos siguen prometiendo que mañana será mejor. Un mañana que jamás llega, un mañana que es el cuento de la perdición, excepto cuando nosotros se lo arranquemos a fuerza y lo volvamos realidad».

## «Beatles» (2008)

Julio Escoto expresa el gran impacto que la innovación musical realizada por el famoso cuarteto de Liverpool le provocó.[50] Citando versos de varias melodías y destacando aspectos temáticos reconoce que muchas de sus canciones le enseñaron a percibir facetas muy humanas de las relaciones que las personas establecen entre sí. Vale la pena conocer parte del texto:

> En *Help!*, nació lo que podría ser reconocido como el lema de desespero de toda una multitud poblacional del orbe en ese momento: matanzas en Vietnam, la guerra fría, misiles atómicos listos para despegue, el botón rojo nuclear fácil de ser aplastado, los discursos incendiarios del Este chocando con los incendiarios discursos del

---

49. Por ejemplo, cuando se dice «Eso es puro cuento», lo cual equivale a mentira.
50. «En conmemoración de los Beatles» es el antetítulo de esta conferencia ofrecida en el Teatro José Francisco Saybe, 30 de abril, 2008 y Expocentro, 15 de octubre, 2016. Ambas charlas, en San Pedro Sula.

Oeste, Berlín y su muro al medio, todo eso era parte del horror diario, del miedo frente a una conflagración mundial».

«El mensaje de *Help!* fue el de toda la humanidad de ese instante: *Help me if you please, I'm feeling down* nos retrataba en cuerpo y alma, describía nuestra indefensión ciudadana.

## «Presentación del libro *Ciguanaba con migrañas* de Juan Ramón Saravia» (2008)

Para Julio Escoto, la novela de Saravia se construyó sobre tres ejes o cauces.[51] El primero es literario: obra bien redactada, con dominio lingüístico en la diversidad de registros verbales que tratan de cubrir todos los niveles posibles de comunicación humana. «Radiografía del verbalismo social y sus inclinaciones ideológicas (políticas, religiosas, culturales) representadas por formas binarias sencillas (me gusta/no me gusta, religiosidad/no-religiosidad, statu quo/cambio) con pretensión de interpretación política de las particularidades, virtudes y defectos de los y las hondureñas»: «múltiple tapiz con hilos interpretativos de la realidad».

El segundo eje es el mítico, lo cual no significa folclórico ya que, al unir lo supersticioso con lo subversivo, conduce al origen de nuestra literatura, cuando toda narración o anécdota eran instrumento de resistencia contra lo español. Explora el sustrato mítico que alienta en la naturaleza cultural colectiva hondureña. De allí, las referencias a personajes del folclore, al doble juego entre superstición y fe religiosa, así como al sincretismo original que se establece entre creencias prehispánicas, elaboraciones ladinas y angustias contemporáneas. Desfila por el texto prácticamente todo el fabulario y animalario conocido: la ciguanaba, el cadejo, los brujos de Choloma, el nahual, el duende, la virgen que llora sangre, la virgen de Suyapa, el cipitillo, el señor de las aguas, la lechuza chorca, etc.

Saravia convierte a varios de ellos en políticos. Solferinos Huete, el sumo conspirador, recurre a artificios de magia para disimularse, convertirse y disolverse, o sea que usa a las potencias de la naturaleza no para huir de ella sino

---

51. Conferencia que se presentó en San Pedro Sula, 9 de octubre, 2008.

para transformarla. «Con esta conjugación Saravia se sale del habitual marco conceptual sobre el mito y la magia para proponernos otra opción, aquella que sugiere la posibilidad mutante del hombre en beneficio de su realidad».

El tercer eje es el sociológico que implica trabajo de investigación: expresiones de miedo y dolor, creencias, noticias periodísticas, entrevistas, etc. Alusiones a personajes de la historia (presidentes, generales, luchadores sociales, sicarios). Cada capítulo se cierra con glosas que complementan lo que el autor contó mediante una nota periodística al final. «Los entramados de realidad y ficción jamás se separan absolutamente en esta obra».

Escoto cuestiona que en ciertos capítulos (10, 17) exista mucha verbalidad. «Prácticamente carecen de acción y se subsumen en análisis psico-sociológicos de los habitantes». Contrariamente el 29 «exhibe una limpia prosa, una intensa descripción humana y una maestría narrativa excepcionales». Anota cierta deshumanización de los personajes, especialmente porque el autor les adjudica un apodo que los marca, los encasilla. En esa forma, todos los personajes se ven a través de una óptica cómica. Para Escoto, se puede hacer eso con algunos, pero no con todos los personajes.

Más que un texto narrativo es «un referente global de toda una historia y una idiosincrasia que nos pertenecen y a las que se debe sistematizar complementariamente tanto desde los ángulos de la ciencia como de la imaginación, a fin de que comprendamos lo que somos. O por lo menos presintamos lo que somos, que es la gran tarea de la clarificación de la identidad nacional y a cuyo propósito esta obra pluricultural y multiétnica contribuye».

### «El golpe de oro negro. Alguien consiguió petróleo tras caer Zelaya» (2009)

Los dos términos del título del ensayo devienen en incisivo señalamiento de la causa fundamentalmente económica que provocó el golpe de Estado del 28 de junio de 2009 en contra del gobierno de Manuel Zelaya Rosales.[52] Ambos indican que la existencia de petróleo en zonas que pertenecen a la jurisdicción hondureña fue el móvil principal que operó desde oficinas

---

52. Publicado el 10 de agosto, 2009 en https://www.surysur.net/el-golpe-de-oro-negro-alguien-consiguio-petroleo-tras-caer-zelaya/.

extrafronteras. «La cuarta urna»,[53] que se decía llevaba la secreta intención de favorecer una reelección de Zelaya Rosales, fue el pretexto que se esgrimió desde el Congreso de la República y de un conjunto de voces para justificar la ruptura del orden constitucional. Escoto realiza un acopio de información que no deja resquicio para ninguna duda sobre la motivación que originó la ruptura del orden constitucional, actuando contra los intereses nacionales.

Texto en donde cada dato es un aporte nuevo, imprescindible para entender los oscuros intereses trasnacionales y la profundidad de la perversidad cometida contra la nación hondureña, ya que todo hace suponer en una ingente riqueza que —explotada por ávidas manos extranjeras— solo dejará migajas para la colectividad.

Julio Escoto lo concluyó el 4 de agosto de 2009. Todavía el golpe de Estado del 28 de junio estaba en una situación de *impasse*. Por esta razón, con celeridad —cuando todavía se podía conjurar— emitió su voz de alerta respecto de lo que, en ese momento, estaba sucediendo en Honduras.

## «Mecanismos distractorios en la política centroamericana del siglo XIX» (2009)

En esta conferencia se indica que, en política, los dobles lenguajes han sido la norma, razón por la cual reflexiona sobre los mecanismos ideológicos o «modelos de operación» que se emplean con propósitos de engaño y dominación.[54] Uno de ellos fue la actuación, en Guatemala, de Dolores y Pedro Molina que, con algarabía, música y cohetes, hicieron suponer que una multitud exigía y celebraba la independencia en las afueras del edificio en donde el Cabildo y los representantes de sectores de poder analizaban la situación política. La estratagema dio resultado y se declaró la Indepen-

---

53. "Cuarta urna" se llamó a la urna que se colocaría en forma adicional durante las elecciones de 2009 para realizar un plebiscito relacionado con la conformación de una asamblea que redactaría una nueva Constitución de la República.

54. "Distractorio": palabra «para identificar a aquello que va más allá de simplemente distraer y se convierte en sistema, en mecanismo y aparato intencional de distraer»; «artilugios [...] expresamente construidos para engañar, confundir e incluso mentir». Neologismo creado por Escoto. Conferencia dictada en el Foro Internacional del Bicentenario, Caracas, 6–13 de octubre, 2009.

dencia de Centroamérica cuya acta —según el exhaustivo análisis de Escoto— es un muestrario de dichos mecanismos, pero en sentido negativo ya que solo se beneficiaba a sectores poderosos.

Durante la insurrección de 1811 en Santa Ana (El Salvador), en operación nocturna se sustrajeron las campanas del cabildo, ya que los inesperados repiques aglutinaban al pueblo en la plaza central. Su ausencia indicó que todo estaba tranquilo. Asimismo, durante el golpe de Estado de 2009 en Honduras se controló toda emisión radial y televisiva para que no divulgara lo sucedido.

Morazán empleó distintas estratagemas para engañar a sus enemigos. Planificó «falsos ataques» o amagos estratégicos contra los defensores de la ciudad de Guatemala. La Iglesia Católica engañó a la población, haciéndola creer que la Madre Teresa de Jesús Aycinena recibía mensajes contra Morazán. Otros hechos en donde los mecanismos distractorios salen a relucir: fenómenos naturales o enfermedades, presentadas como castigo divino y leyes objetadas como la del matrimonio civil y la del divorcio, que se denominó «la ley del perro»: se decía que el varón podía desprenderse de la esposa e hijos como si fueran animales, lo cual no tenía ninguna base.

**«Una ética permanente» (2014)**

Escoto recuerda que, al iniciarse el siglo XXI, muchos lo recibieron con esperanza.[55] Quince años después, los resultados son catastróficos. Hay gran conocimiento científico pero las estadísticas con relación a la satisfacción de las necesidades en el mundo son pavorosas. Mientras que el 1% de la población es archimillonaria, 2800 millones de individuos (40% de la población mundial) sobreviven en la línea de pobreza. Seres humanos desnutridos: 1020 millones. En Honduras, las familias indígenas subsisten con un dólar por semana, a veces, por mes, y enfermedades, en otros lugares ya superadas, siguen haciendo estragos.

Preguntas del autor. «¿Para que sirve la ciencia […]? ¿Para generar armas exóticas de guerra, sistemas de vigilancia civil, modos de dominación…?

---

55. Discurso durante la graduación de profesionales en Universidad Tecnológica de Honduras (UNITEC), septiembre 2014.

¿Para producir hombres pasivos?». El Instituto Internacional de Estocolmo para la Investigación de la Paz, reveló que en 2013 la inversión en armas en el mundo fue de 1756 billones de dólares... Suma que, por varios años, podría subsanar las necesidades básicas de mil millones de personas.

También muestra el sombrío panorama a nivel de la depredación mundial de los recursos naturales. Una cultura de irrespeto al entorno de consecuencias nefastas en el futuro. Pero quizá lo más grave, sea «la degeneración mental [...] que imagina que la riqueza material es todo y que compra la felicidad» y la hace radicar en la acumulación de objetos de «prestigio social».

De allí que el mayor reto del que ingresa al mercado laboral sea «romper su alienación», especialmente la cultural: visión del fútbol, creencia en mitos, esperar que los problemas los solventen poderes sobrenaturales: «Son el músculo del hombre, la decisión y la fe del hombre y la mujer los que mueven al universo». Pero no se trata de lamentarse «sino de forjar entre todos una nueva nación, construir la verdadera democracia, restituir los valores de la sociedad y expulsar a los mercaderes del templo de la república». La clave radica en el amor patrio traducido en actos.

## «Derechos humanos y literatura en Centroamérica» (2014)

Julio Escoto sintetiza hechos destacados ocurridos en Centroamérica que, aunque todavía no se había formulado la teoría de los derechos humanos, fueron una manera de practicarlos.[56] La conquista de América originó respuestas de resistencia dirigidas por caciques indígenas que defendieron el derecho a sus territorios, a la paz y a la convivencia. El cuestionamiento a la crueldad contra los indígenas en las obras de fray Bartolomé de las Casas. A principios del siglo XIX, la aceptación en América de las tesis revolucionarias (Montesquieu, Descartes, Rousseau, Diderot...). Pedro Molina y José C. del Valle plantearon la necesidad de la independencia sustentando dos concepciones diferentes. Molina abogó por la independencia absoluta y Valle consideró que, previamente, había que educar al pueblo para que administrase juiciosamente la libertad. Adelantándose a su tiempo planteó la necesidad de establecer escuelas políticas para enseñar a gobernar.

---

56. Conferencia en Trinity College, Hartford, Connecticut, EUA en 2014.

Refiriéndose al derecho a la libertad, Escoto apunta dos hitos que ocurrieron en Centroamérica: la abolición de la esclavitud (24 de abril de 1824) y la proclamación de la tolerancia de todas las religiones (2 de mayo de 1832). Francisco Morazán defendió los derechos ciudadanos. Ejemplar fue la derrota que los pueblos de Centroamérica infrigieron a William Walker y su intento de restablecer la esclavitud.

Escoto reseña los principales logros que, a nivel cultural, se obtuvieron con los gobiernos de la Reforma Liberal (1876–1890). Importante fue la labor de escritores (Ramón Rosa, José Antonio Domínguez, Juan Ramón Molina, Froylán Turcios y muchos más) que plantearon la necesidad de preservar o conquistar diferentes derechos. En forma similar, desde fines del siglo XIX y durante todo el siglo XX, intelectuales y literatos se convirtieron «en agentes motivadores del cambio político».

## «Hacia la transformación educativa y rescate de los derechos magisteriales» (2014)

El autor principia con un apuntamiento demoledor: «estamos enfangados hasta las heces en el más crudo deterioro social».[57] Un pasado abundante en hechos reprobables quizá lo explica. En 1824, primer fraude electoral cuando le roban la presidencia a J. C. del Valle; el inestable período de las guerras civiles entre 1840 y 1930; los múltiples golpes de Estado ocurridos entre 1960 y 2009. Una historia que podría haber generado desencanto hacia la democracia formal; pero no ha sido así. Se sigue teniendo fe en un sistema «pseudo democrático inoperante e incluso perverso».

¿Por qué el hondureño es así? ¿Por qué no se rebela y toma las armas como otros pueblos vecinos? Surgen expresiones que se repiten («es que aquí así es…», «el hondureño es diferente», «aquí nadie se prestigia ni se desprestigia», etc.). «Frases que reflejan una terrible confusión de valores».

Para desmentirla, recuerda la denodada lucha indígena contra los invasores españoles. La actuación sobresaliente de Francisco Morazán, Dionisio de Herrera y José Trinidad Cabañas. En el siglo XX los nombres ilustres abundan.[58] Todos son intensamente patriotas. El autor también alude a via-

---

57. Conferencia dictada en la 44a Asamblea del Colegio de Profesores de Educación Media en Honduras (COPEMH), 5 de diciembre, 2014.
58. Escoto ofrece el nombre y los aportes en diferentes áreas de la cultura.

jeros del siglo XIX que dejaron páginas enaltecedoras sobre la bondad de sus habitantes y del esplendor del paisaje natural. Anota cómo de 1890 a 1956 hubo una lucha constante para que la mujer obtuviera el sufragio, idea que encontró férrea oposición pero que al fin se conquistó.

Como antídoto contra los pensamientos derrotistas, está la labor educativa, encargada de «disolver mitos, develar falacias, romper prejuicios e iluminar la conciencia humana». La educación, a todo nivel, debe ser una lucha para desmontar ideas formadoras de conciencias atrofiadas: «respondemos a formaciones atávicas, ya integradas dentro de la personalidad colectiva y a las que se debe superar».

Urge formar nuevos y modernos sentidos de patria. Insistir que existen clanes políticos interesados en mentir para lucrar. Que los recursos naturales son patrimonio de la población. Que así como gozamos derechos estamos obligados a cumplir los deberes cívicos. Que los pecados de anti patria son la apatía, la indolencia, lo insolidario. Que hay que vivir en armonía, imaginación, poesía y paz. Lo único que se puede perdonar es el error, no la maldad. «Nunca se había generado en Honduras tanta riqueza como en las últimas décadas», afirmó el historiador Marcos Carías. Pero ¿para quién sirve si 60% de la población yace en pobreza?

Urge, pues, una revolución de principios éticos. Formar personas para quienes su eje vital sea el bien para sí mismos y para otros, con el coraje suficiente para pelear porque se logre. En síntesis, formar seres humanos y no máquinas; personas y no consumidores compulsivos, seres y no robots de la globalización. El autor convoca al magisterio para que haga la revolución del siglo XXI.

### «Humano mal endémico» (2016)

Expone que, en distintas épocas y lugares la corrupción ha sido cáncer casi incurable.[59] Escoto la analiza y se remonta a Tertuliano, quien describió prácticas corruptas frecuentes en el antiguo imperio romano. Recuerda el ejemplo ético dado por Shakespeare en *El Mercader de Venecia* y extrae una conclusión: «la verdad debe resaltar contra cualquier incidencia mortal o humana pues es el principio moral que constituye (estructura) a la sociedad».

---

59. Escrito para la revista virtual de Rudolf Lauff, *Catracha Global*. Con fecha del 12 de agosto, 2016: catrachaglobal.com/politica/humano-mal-endemico/.

Escoto informa de gobernantes que, robando cantidades astronómicas del erario y de recursos del conglomerado social, devastaron a sus países. Para llegar al «amontonamiento» de las fortunas ilícitamente adquiridas se conjugan varios factores: un largo compás de acumulación (factor temporal); colaboración de muchos cómplices (factor humano) y prolongado cinismo (factor ético). Por esto último, si al principio se maneja la secretividad, llega un momento que se miente descaradamente (caso del aeropuerto de Palmerola). Pero también hay fallas en la sociedad, como tolerar que no existan mecanismos de supervisión y control y no atender los signos públicos de súbita riqueza que identifican a los corruptos: exhibicionismo; alarde de lujos; chantajes a dueños de medios de comunicación, compra de escritores baratos, censura y cierre de diarios, etc. Daño que va más allá del robo. Sobre todo, está el daño moral. El corrupto —máxime si es la cabeza más alta en el engranaje del Estado— da validez a su conducta. Para suprimir la corrupción se necesitan «enfoques interdisciplinarios; propiciar mejores condiciones materiales de vida, re-educación integral, formar la idea de que la riqueza del Estado es de todos, análisis de las medidas coercitivas, privilegiar la prevención, democratización de las formas de gobierno, e instituir racionalmente las veedurías».[60]

### «Santos y cristos negros, espejos del otro. Aplicaciones culturales e ideológicas de la santidad» (2017)

Al principio, Escoto nos remite a *El ojo santo. La ideología en las religiones y la televisión* (1990), acuciosa investigación de su autoría en donde, analizando el propósito ideológico de las religiones, advierte de la importancia dada a los «objetos depositarios»: instrumentos concretos en los que [se] depositan intensos contenidos dedicados a "apelar" [...] a sus seguidores y fieles para estructurarles [...] conciencias deformadas».[61] Cruces, escapularios, amuletos, etc. que adquieren gran fuerza simbólica. Los mártires y los santos adquieren esa calidad, ya que se sacralizan como enlaces o puentes entre lo divino y lo humano.

---

60. Este último párrafo no aparece en la versión en Internet de catrachaglobal.com; mi comentario se basa en el texto remitido por el autor.

61. Conferencia presentada en el simposio «Del *Popol Vuh* a *Ixcanul*. Representaciones del otro en la literatura y el arte centroamericano contemporáneos». Managua, 22–27 de mayo, 2017.

En una historia de marginación, explotación y servidumbre que el hombre blanco impuso a los pueblos americanos y africanos para aplacar su rebeldía, surgió el recurso de «la canonización y exaltación de ciertos seres sujetos que perteneciendo a la escala más baja de aceptación social, […] pudieran servir como ejemplo de obediencia y a la vez como prueba de que el sistema teológico de premios y recompensas funciona sin importar los colores de piel». En esencia, un discurso «impositivo y colonialista» que fomenta el «pensamiento supersticioso», parte de un sistema globalizador de dominación que, además de la exacción económica, «invade […] el imaginario […] de las identidades de los pueblos dominados», trascendiendo, inclusive, las declaraciones de emancipación política.

Con detalles biográficos y de los lugares en donde se les rinde culto, se informa de numerosos santos negros. Su erección abundó entre 1500 y 1700. El culto a la virgen María de color moreno asume distintos nombres, según el lugar o país. En México fue decisiva la entronización de la virgen de Guadalupe. En general, producto «del sincretismo religioso cristiano-pagano», hay un entrecruce de María con deidades femeninas amerindias y africanas (Pachamama o Yemayá). Similar trascendencia tienen las imágenes oscuras de Cristo, de extendido culto en varios países latinoamericanos.

Durante la colonia, la exclusión del Otro no fue absoluta. La jerarquía validó su integración con los santos negros que también entraron al imaginario europeo. En Hispanoamérica se explota su «plusvalía racial» para reforzar el coloniaje: apertura democrática al reconocer la santidad negra, modelo a imitar como camino para salir de la exclusión social. Es posible que exista homologación de credos, pero, en el discurso, Jehová conserva la supremacía.[62]

## «500 años de resistencia popular» (2018)

Escoto presenta una plataforma de discusión sobre posibles mecanismos para promover cambios sociales.[63] Considera que el momento es propicio

---

62. La copia remitida por J. Escoto contiene numerosas imágenes de los principales santos negros que se mencionan en el texto.

63. Ponencia presentada en el Foro Mesoamericano de Movimientos Sociales,

ya que, en estratos minusvalorados, existe «una toma de conciencia» de las severas contradicciones sociales y de la necesidad de «construir» un socialismo que integre a todos los sectores. En el país, pese a los estereotipos que descalifican al hondureño como indolente, nunca se ha arriado el reclamo por la libertad.

Época que demanda la participación de los artistas en el estudio de doctrinas revolucionarias que podrían proporcionar métodos de análisis y reflexión para contrarrestar la alienación impuesta por el imperialismo. Esto permitiría acelerar los procesos que conduzcan a un cambio radical del sistema. Se habla, pues, de una transformación, sinónimo de revolución, que no es palabra subversiva, sino el intento de conseguir ahora lo que se promete para el «más allá»: «Revolución es acelerar la evolución humana».

El autor revisa lo que significó la revolución industrial (siglos XVIII y XIX) cuyos extremos de explotación provocaron el aparecimiento de las teorías de Marx que, con pensadores como Gramsci y Althusser, propusieron soluciones globales (democracia, ambiente, soberanía, auténtica independencia, etc.).

En el nuevo socialismo propuesto por Escoto, en legados doctrinarios como los enunciados se han superado dogmas como la dictadura del proletariado, la extinción del Estado y la desaparición de la idea de dios. Una experiencia inédita que vendría a ser una composición humanista con el aporte de otros sistemas y sociedades progresistas. Para esto se necesita la educación política de la sociedad y la desmitificación del capitalismo feroz: «desensamblar su imagen de potencia salvadora».

El autor revisa etapas cruciales de la historia. La Ilustración y el surgimiento del Estado como encargado de bregar por el bienestar social. El Estado modernizador o reformista, que propugnó la Alianza para el Progreso para Latinoamérica. El establecimiento en Cuba del primer gobierno de América que se proclamó socialista y aplicó reformas en educación, salud, vivienda, servicios básicos, etc. En Brasil, una izquierda que se corrompió y se traicionó a sí misma. El análisis de esas experiencias puede propiciar que Honduras encuentre su propio rumbo.

---

Unión de Escritores y Artistas de Honduras (UEAH), Asociación Nacional de Escritoras de Honduras (ANDEH), Coquimbo, Red de Intelectuales de Mesoamérica y Honduras, octubre, 2018.

En la actualidad, la «impetuosa ola neoliberal» presenta obstáculos ingentes. Grupos poderosos (Bilderberg) controlan las finanzas mundiales. Cualquier plan de desarrollo independiente «debe sopesar y calibrar cuidadosamente el enemigo con que se va a enfrentar […]. El destino de las naciones nunca depende de la improvisación: la programación y la preparación más anticipadas» son indispensables.

Con esos antecedentes, Escoto propone varios ejes estratégicos para llegar al poder y saber qué hacer una vez que este se hubiese conquistado y los presenta para propiciar la discusión. Entre otros: conocer y sustentarse en el legado de resistencia existente en Latinoamérica; evitar el dogmatismo ideológico; formular un plan de alfabetismo y elevar todos los niveles educativos; reconocer el potencial de la empresa privada y formular leyes que favorezcan proyectos que contemplen el beneficio social; iniciar la discusión sobre una asamblea constituyente; analizar conquistas sociales exitosas en otros países; ratificarse como movimiento político que tiene un plan a largo plazo para la construcción del Estado nacional. Visión soberana en cuanto a relación con el mundo, latinoamericanista en lo continental, y unionista en lo centroamericano; analizar la migración al exterior y atender la protección ambiental.

### «Discurso de aceptación del Premio "Ramón Amaya Amador" 2019»

Escoto destaca la importancia del trabajo internacionalista del escritor hondureño Ramón Amaya Amador en la ciudad de Praga en donde, por siete años, fue parte del equipo multilingüe de la revista de difusión mundial *Problemas de la Paz y el Socialismo* (41 idiomas, 141 países y medio millón de ejemplares en cada tiraje).[64] Asimismo, sobre *Los rebeldes de la villa de San Miguel* —novela póstuma recién publicada—, Escoto estima que, dada su cuidadosa elaboración, el autor debió experimentar el beneficioso influjo de la intelectualidad y del ambiente artístico de la ciudad europea. Probablemente afinó su visión de la realidad entendiendo que ningún socialismo «se construye con autoritarismo, dictaduras y represión». Le otorga a Ramón Amaya Amador la categoría de «prócer nacional» y subraya que la «literatura hondureña no es un autor sino una prolongada autoría».

---

64. Se pronunció en la sesión solemne de la Academia Hondureña de la Lengua (AHL) realizada en la Biblioteca Central de la UNAH-Valle de Sula, 18 octubre de 2019.

## Artículos periodísticos
## (sinopsis de una selección, 1991-2020)

Por su proyección social una de las facetas más importantes en el trabajo de Julio Escoto es su actividad periodística en la que, sin descuidar lo informativo, en los distintos temas abordados, hay una constante preocupación por aportar elementos formadores de consciencia. Prácticamente no existe aspecto político, social y cultural del país que no haya ventilado en incontables ensayos, la mayor parte publicados en diferentes órganos periodísticos.[65]

El Dr. Antonio López Hidalgo en «El ensayo periodístico» afirma: «existe el ensayo como una modalidad de los géneros periodísticos, como una posibilidad más de expresar opiniones propias en un medio de comunicación. Lo es ahora [...] y lo fue en los albores del periodismo moderno».[66] Apunta que el «ensayo periodístico es hoy objetivamente necesario para aprender y modificar una realidad confusa [...]. En ocasiones, propicia una reflexión sobre la vida y la sociedad». José Carlos Mainer aduce que el ensayo «donde se halla todos los días vivito y coleando es en los medios de comunicación [...]. El lugar del ensayo es la actualidad. Surge de la curiosidad inmediata; además, en los periódicos no se acaban las cosas, no se buscan conclusiones. [Los lectores] acuden al ensayo hoy por necesidad de información. Vivimos sumergidos en una sopa de información».[67]

Aunque señalando que carece de un registro exacto, Escoto nos indicó que su labor en el periodismo cultural se inició en 1968 cuando realizó trabajos para *El Heraldo*, publicación de la Sociedad Unionista La Juventud, OCA (Organización Cultural Americana, San Pedro Sula). Alrededor de seis ensayos aparecieron en 1974 en el diario *El Día* que dirigía el poeta Óscar Acosta. Hacia 1987, por espacio de cuatro años, retomó esa actividad

---

65. En total, esta sección comprende alrededor de 190 trabajos publicados en periódicos hondureños, especialmente en *El Heraldo*.
66. Antonio López Hidalgo, «El ensayo periodístico», *Estudios sobre el Mensaje Periodístico* núm. 8, 2002, pp. 293-306. https://webs.ucm.es/info/emp/Numer_08/Art/4-11-1.pdf.
67. Citado en López Hidalgo.

en *La Noticia* (dirigido por Amílcar Santamaría). En 1992, colaboró con el periódico *El Nuevo Día* (bajo la dirección del mismo periodista), hasta que este medio se clausuró. En *El Heraldo* ha tenido dos etapas: la primera, desde el año de 1999 al 2005 y la segunda de 2006 hasta el momento actual (2020). De 2002 a 2006, colaboró con *Constructor*. Publicó varios trabajos en *La Prensa Literaria* de Nicaragua (de 1976 a 1979, previo a la caída de Somoza) y en la revista *Conjunto*, Cuba, en 1982. Una trayectoria que pocos escritores del país pueden exhibir. Si hacemos números, su vocación periodística abarca más de cincuenta años, una posibilidad de investigación para un equipo de trabajo.

Con relación a su actividad actual en *El Heraldo*, su columna semanal se titula «Con otra óptica». Desde la lectura de alrededor de 102 textos, puedo afirmar que ninguno rompe con una responsable línea de pensamiento en donde prevalece la intención ética. Con adecuación a un tipo de lector poseedor de una cultura de tipo medio, siempre hay un concepto de interés general presentado en forma clara, sintética y amena. Dada la rigurosidad de los análisis y la constante referencia a la problemática nacional, su labor es equiparable a la que realizaron escritores como Froylán Turcios, Rafael Heliodoro Valle, Alfonso Guillén Zelaya y Ramón Oquelí a lo largo del siglo XX. A continuación, una muestra mínima de los temas abordados, tanto en *El Heraldo* como en otros periódicos. Su amplio espectro revela a un escritor empapado de la tradición cultural de tipo histórico que, además, está atento al acontecer cotidiano del mundo especialmente en su relación con Honduras, aspecto que casi nunca margina.

### «Entre Burbujas de Amor y la Traviata» (4.4.1991)[68]

Dedicado a los estudiantes de secundaria, este ensayo aborda cuestiones relacionadas con la cultura y sustenta la tesis de que, en cada pueblo, la misma alcanza el nivel que le permiten sus condiciones materiales: «no hay arte profesional donde no hay mercado de arte», razón por la cual es necesario difundirlo. De allí la importancia de conquistar espacios en los medios de comunicación. Inclusive vincularse con la empresa privada para «hacerle ver la responsabilidad social de expandir la cultura» como algo de beneficio colectivo.

---

68. En: "Cronopios", diario *Tiempo*, San Pedro Sula, 4 de abril, 1991, pp. 16–17.

Advierte del peligro de injertar culturas ajenas, aunque es válido tomar lo positivo, pero sin desvalorizar lo propio: ser conscientes de las raíces comunes para elegir un camino creativo y novedoso de construcción nacional y no descuidar la calidad: se trabaja para un futuro de trascendencia y todo es un proceso de ascenso continuo. Las acciones presentes tienen tras de sí la cadena de aportes que otros realizaron. Con el trabajo ajeno y con el nuestro «todos buscamos descubrir por fin cuál es la personalidad del pueblo hondureño como nación». Exenta de lo que se ha llamado «yoísmo», una posición inclusiva y, en gran medida, teleológica.

Escoto reflexiona sobre el «lenguaje regional que divide/une a la nación y que aún no hemos profundizado». Valora el uso de la metáfora y ejemplifica con el verso de una canción de tipo popular: «Quisiera ser un pez para tocar con mi nariz en tu pecera», metáfora sexual que juzga válida. Gustó porque «queremos oír lo que nos conmueve siempre que sea dicho con elevación, con poesía, que es decir con metáfora».

### «Ver morir un río» (16.1.1992)[69]

Escoto cuenta cuáles fueron sus impresiones cuando, a los diez años, su padre lo llevó a presenciar la ira desatada por el río Chamelecón que, en 1954, provocó gran inundación. En cercana visita a ese lugar, la otrora caudalosa corriente era un río moribundo. Con tristeza e indignación expresa: «Algo ha de estar ocurriendo en la conciencia de esta sociedad como para ver morir la belleza[...]. Solamente un malsano culto a la muerte [...] puede explicar la indiferencia criminal del capitalino por décadas viendo agonizar [a los ríos]. O la del Estado al pretender avalar un continuo asesinato en los bosques de La Mosquitia durante cuarenta años [...]. Algo se oxida, algo se pudre en la conciencia de esta sociedad».

### «Adiós, Juan» (2005)

Escoto, como si fuesen dos personas, realiza un deslinde entre Juan Pablo II, jerarca máximo de la Iglesia Católica y el sacerdote Karol Wojtyla. El primero con un estilo de gobernar vertical, autoritario, ceñido a la rigidez

---
69. En: "Cronopios", diario *Tiempo*, 16 de enero, 1992, p. 16.

y conservador. Con una concepción ascética del sexo, se opuso a los métodos de «inconcepción», al aborto y a la participación activa de mujeres en la iglesia. Se rodeó de figuras notables del Opus Dei, mantuvo incólume a la curia prepotente de Roma, incluyendo la rama bancaria. No obstante, «procuraba mejorar al mundo».

Con relación a Karol Wojtyla, le agradece que gracias a él reconoció «algo que me costó muchísimo entender; [...] vino a develar [...] la orquestada farsa, la estructurada falacia con que durante décadas vivimos los que una vez creímos ilusionadamente en el llamado socialismo real». Además, enarboló otras luchas: la no violencia, «la oposición a la guerra imperial moderna, la existencia de una sociedad consumista, insolidaria y egoísta, contra el deterioro del amor y la comprensión, contra el olvido de los mejores valores. Despido entonces al hombre con virtudes y defectos, que Karol regrese a la realidad reconocido como noble varón».

## «Rizo en el agua»[70]

El autor recuerda que, en 1986, al regresar de Costa Rica, organizó varias mesas redondas sobre la identidad colectiva en la que participaron diez intelectuales. Rafael Murillo Selva, uno de ellos, pronunció una frase «abominable»: «"¡es que no existe tal identidad hondureña!"». Al terminar su intervención, Escoto canceló el evento. El «flaco ronero»[71] negaba la tesis defendida: ser «una trenza comunal tejida con siete hilos originarios (pech, lenca, chortí, tawakas, misquitos, tolupanes, garínagus) y que caracteriza al imaginario profundo del alma catracha: lo que somos y lo que detestamos ser, la negación de nosotros mismos y a la vez el aglutinante del pensamiento orbital hondureño».

Escoto piensa que Murillo pudo tener razón. Con los años el autor ha llegado «a descubrir que en realidad el pálpito cordial de nuestra existencia es mestizo». Ha percibido que el mestizaje conlleva, algunas veces, «la pena de ser descendientes de indios o negros y que impulsa a calificarnos mejor como españolados pues el mestizo aprendió temprano a explotar a otros pueblos residentes...».

---
70. Publicado en *El Heraldo* en la columna «Con otra óptica».
71. Afectuosa referencia a R. Murillo Selva aludiendo a la supuesta afición del conocido dramaturgo a saborear la conocida bebida antillana.

Concluye que sus apuntes, sobre todo, son inquisitivos y nacen de un «reflexionar sobre lo que somos: si cuerdas ideológicas de pueblos antiguos, o bien acomodados mestizos que nos investimos con personalidades que no nos pertenecen y que ocultan el real trasfondo de nuestra huella digital histórica». Su gran pregunta: «los hondureños, ¿somos lo que los intelectuales y profesores imaginamos y teorizamos, sucesivos espejos del indigenismo, o maquillados y astutos ladinos?».

### «El gol» (4.11.2008)[72]

En «El gol», Escoto cuenta su primera experiencia con el popular deporte del fútbol. Estudiando en San Pedro Sula, como el equipo de su colegio se enfrentaría al rival de un instituto público, fue al estadio. Admirando una buena jugada aplaudió sin atender que el gol era del equipo contrario, equívoco por el cual sus compañeros lo abuchearon, aunque explicó el involuntario desliz. Luego se refiere a las emociones que el popular deporte genera y concluye que la explosividad pasional que desencadena es similar a las reacciones de afinidad o de odios profundos que se dan en el mundo de la política.

### «Elogio de la desidia» (7.7.2014)[73]

El autor recuerda que los estereotipos son conceptos prejuiciados de la realidad. Al difundirse, pasan por verdades incuestionables con las cuales se justifican propósitos deleznables. Las películas de vaqueros difundieron la idea de que el hombre blanco siempre triunfa y el destino del indio es supeditarse a él. Se menciona a los autores que, desde la colonia, se refirieron al hondureño como haragán, desidioso, incapaz de aprovechar la riqueza del territorio. Inclusive cita una historieta de Walt Disney en la que el Pato Donald y sus sobrinos llegan a Hondurica, cerca de Brutolandia, en donde los nativos solo se ríen y bailan sin apreciar los objetos valiosos que les regalan: necesitan, pues, la tutela 'benefactora' de los portadores de la civilización.

---

72. Todos los trabajos que resumimos a continuación se publicaron en *El Heraldo*, periódico que se edita en Tegucigalpa. Después del título incluimos la fecha de publicación. Una muestra mínima ya que la labor de Escoto, con un artículo semanal, se ha prolongado por más de veinte años.

73. La ausencia de trabajos entre 2009 y 2014 es arbitraria. Aunque podría haber continuado (el autor nunca faltó a la cita semanal), consideré que, para los propósitos de esta obra (mostrar que aborda los temas que el momento exige) no era necesario incluir un número mayor.

El estereotipo generalmente es una manera de desmoralizar «formulada por grupos de interés para conquistar y dominar». Lo que sí ha existido son políticos que, incapaces de buscar soluciones de beneficio colectivo, «inventan cosas espantosas y entreguistas como Coalianza y las ciudades modelo».[74]

**«Otro país» (21.7.2014)**

Plantea que hay una parte de Honduras que sufre las consecuencias de sus errores y de los gobernantes que ha elegido. Estos viven en medio de temores protegiéndose con guardaespaldas y otros mecanismos. El miedo los acorrala. Hay otra Honduras que se niega a dejarse aplastar por las circunstancias y educa a sus hijos en «valores sustitutivos de la violencia, principios solidarios, de confraternidad y hondureñidad». Los hijos de Jaime Montesinos, «extinto motor de la cultura» en San Pedro Sula, organizaron el festival cultural «Nocturnal», tal como su padre llamó a la revista que dirigió por varios años. Fue un homenaje a participantes hondureños en la OTI [Organización de Televisión Iberoamericana], evento musical latinoamericano: Tony Sierra, Moisés Canelas, Oneyda de América, Gloria Janeth y Jorge Gómez. Para Escoto, la cultura es una forma de enfrentar la brutalidad de las mentes que «conciben a la paz exclusivamente por medio del armamentismo y de la represión».

**«Pesadillas americanas» (4.8.2014)**

El autor recuerda a Calvino, quien predicó que el hombre estaba destinado al progreso mediante el trabajo. Si este le producía riqueza, era indicio de contar con el favor divino y le garantizaba ser de los predestinados a disfrutar del paraíso celestial. El fracaso era un castigo divino anticipado.

---

74. Coalianza (Comisión para la Promoción de la Alianza Público-Privada): opera principalmente en el sector petróleo, gas, infraestructura y energía eléctrica. Ciudades modelo: enclaves territoriales que se manejan bajo marcos normativos ajenos al Estado. Implican una pérdida de la soberanía nacional. En la costa atlántica hondureña, empresarios del turismo han iniciado el despojo de tierras de las comunidades garífunas con el propósito de convertirlas en dichas ciudades. Opositores al proyecto depredador han sido asesinados. En agosto de 2020 cinco de ellos fueron secuestrados en Triunfo de la Cruz y su paradero se desconoce. En ese mismo mes se anunció la creación de una ciudad modelo en la isla de Roatán.

Idea-motor del 'sueño americano' que, frente a la vida miserable que lleva, ha provocado la huida del país de miles de ciudadanos hondureños que han hecho suyo ese anhelo. Esto no sucedería si la riqueza no se hubiese evaporado en el bolsillo de los gobernantes. Con lo robado «se pudo asentar la base para la más eficiente prestación médica a la sociedad por sesenta años, pensiones, salario de galenos, instrumentos y materiales incluidos»,[75] entre otras necesidades igualmente emergentes. Pero la realidad ha sido otra y lo «que en los pasados cuarenta años no se hizo cobra hoy factura. Primero huyeron los mayores al norte, luego los jóvenes y actualmente los niños». El sueño se transformó en pesadilla.

### «Así te estafan» (18.8.2014)

Escoto realiza un listado de las distintas formas con las cuales instituciones y negocios estafan al ciudadano (impuestos selectivos, tazón de seguridad,[76] peajes, sistema telefónico, bancos, tarjetas de crédito, entrega del país a entes extranjeros, etc.). El colmo es cuando se restan fondos de salud y educación para utilizarlos en armamento y campañas políticas. «El sistema está construido, pues, para estafarte de por vida, para engañarte, robarte y expoliarte; ya entiendes por ende qué es lo que hay que cambiar. No a las gentes [...] sino al sistema que a todos integra y aglutina. Sólo cuando a ese sistema se le inyecte dosis catapúlticas de moral, la condición hondureña devendrá otra».

### «Escabroso año» (5.1.2015)

Se alude al 2014 como uno de los períodos más complejos del avatar democrático del país por la burla del bipartidismo al voto popular, lo cual augura la intensificación del descalabro social ya que la estrategia neoliberal castiga a los sectores populares. Para Escoto, las «ciudades modelo» carecen de atractivo para el inversionista por el riesgo y las trampas legales que implican. Urge sustituir al gobierno represivo por otro ético y democrático.

---

75. Denuncia visionaria escrita cuatro años antes de la primera migración masiva (2018) y seis años antes de que se produjese la pandemia del Covid-19 en 2020.

76. «Tazón de seguridad»: nombre dado al impuesto bancario en el cual, por cada transacción bancaria, se paga una cantidad determinada. También se aplica a las remesas enviadas por los hondureños en el extranjero. Nunca se da información sobre el monto de lo recaudado que se remite al Presidente de la República. Supuestamente se destina para gastos de seguridad y no se fiscaliza. De allí, el título del artículo.

### «Lectura de Valle, el infidente» (12.1.2015)

Analiza el trasfondo del Acta de Independencia de 1821 que, dictada a los amanuenses por José C. del Valle, deja al descubierto las maniobras de los sectores de poder para que continuase el mismo régimen de vida. Una manera que utilizó Valle para alertar a la sociedad de esa intención espuria ya que él sostenía que se procediera a la independencia, pero no la proclamada por el estamento elitista guatemalteco sino por un congreso popular.

### «Triángulo violento» (19.1.2015)

Alude a los tres países del Triángulo Norte (Guatemala, El Salvador y Honduras) que, por varios años, la ONU ha calificado como la región más violenta de las que no están en guerra en el planeta. Situación imputable a causas concretas: groseros índices de pobreza; debilitamiento de los núcleos familiares; sustitución del Estado de bienestar por el Estado empresario (tesis mercantilista neoliberal) y el abandono de programas sociales en 1990. Frente al deterioro moral, propone la lucha por introducir reformas orientadas hacia una ética humanística en el hogar, la escuela, etc.

### «De policías políticas» (26.1.2015)

Pasa revista a ejemplos oprobiosos de policías políticas que, por su función sesgada, favorecen a grupos o personas, y no a toda la sociedad (FBI, KGB, la Stasi alemana, SAVAK, policía personal del Sha, el SIM de R. L. Trujillo, los Tonton Macoutes de Duvalier, el DIN y el 3-16 en Honduras, etc.). Cuerpos especializados ocupados en aplastar al sector civil: «Hasta que los erradica el pueblo [...], se ensañan con él. ¿Cómo es que las Fuerzas Armadas consienten que la mafia política les siembre paralelas...?», concluye.

### «Cuestión de honor» (2.2.2015)

Describe el plan suicida de los pilotos kamikaze en Japón durante la II Guerra Mundial. Al finalizar esta, 2519 soldados y oficiales se habían sacrificado. Al rendirse Japón, el comandante de la Quinta Flota Aérea murió de la misma forma. El almirante Onishi, segundo jefe, se hizo el haraquiri y se negó a recibir el tiro de gracia. «¡Qué conciencia del honor, cuánta entrega patriótica, no importa que destinada a la guerra...! Y cómo pudiéramos hacer nosotros para importar unas cien toneladas de esa sustancia de dignidad y embadurnar con ella a las fuerzas armadas y a los políticos [...] para que se inmolen si los tienta el deshonor».

### «Ruta de colisión» (9.2.2015)

Enfrenta dos proyectos de gobierno. El que plantea la Constitución: conseguir el estado de bienestar para todos y el que trabaja para preservar el poder en manos de determinada persona o grupo. Este último es esencialmente financiero, se apoya en la banca, puede contemplar una agenda fascista represiva para imponerse, necesita el control de todas las estructuras oficiales y se maquilla de democrático. «Por fortuna el hondureño ya comprende que la naturaleza lo condena a pelear eternamente por la libertad».

### «El bosque» (16.2.2015)

Constituye un reconocimiento a coetáneos recién fallecidos (Ramón Oquelí, Matías Funes, Osmán Perdomo Bu, Carlos Alvarado Salinas y Enrique Rivera). Se reflexiona sobre la muerte y cómo esta altera valoraciones, especialmente en una prensa carente de solidez ideológica. Así, los usuales y anteriores denuestos periodísticos contra Funes tildándolo de socialista, de pronto se transformaron en hipócritas alabanzas. Pero ese vaivén no cuenta frente a la valoración que la sociedad termina rindiendo al talento: «al hombre [...] le es consentido morir para habitar la memoria de otros».

### «El Reino de Poyais» (23.2.2015)

Relata la estafa cometida en la segunda década del siglo XIX por Gregor MacGregor contra capitalistas británicos, a quienes vendió el inexistente Reino de Poyais (paya) en La Mosquitia. De los 240 colonos que arribaron murió la mitad, además de haber perdido sumas cuantiosas de dinero: «es quizá el más viejo antecedente de las atrocidades que se han hecho en Honduras [...]. Siempre han existido las ciudades modelo...», irónica y punzante alusión al proyecto de implementación de este sistema por parte del gobierno actual.

**«Fascismo y cultura» (2.3.2015)**

Expone en qué medida la derecha mundial y los grupos dominantes adversan el ejercicio intelectual, razón por la cual niegan su apoyo a las instituciones culturales: «No hay que alfabetizar […] ni educar demasiado a la población, hay que cerrarle los espacios reflexivos ya que el ser que piensa […] no se deja explotar ni dominar […]. Cualquier semejanza con lo que acontece en Honduras no es coincidencia».[77]

**«País marcado y marca país» (9.3.2015)**

Plantea que los planes del gobierno de promocionar la imagen de Honduras exaltando sus bondades mediante una campaña publicitaria es empresa inútil: «Pretender contrarrestar con artificios mediáticos la terrible sentencia histórica que pende sobre Honduras, […] es querer lavar la patria con photoshop, un ejercicio de falsedad ideológica que el mundo no tragará pues son obvias la miseria y la injusticia interior» afirma el autor.

**«Fallidos modelos» (16.3.2015)**

Alude a cómo el gobierno aplica prácticas que no han tenido éxito: la lucha contra el narcotráfico basándose en la fuerza militar; la entrega de la soberanía en la concesión de ríos y minas; los préstamos con el FMI que comprometen la identidad económica y la proliferación de exenciones al capital externo.

**«La ignorancia es viral» (23.3.2015)**

Aborda aspectos de los engaños realizados por distintas religiones. Citando textos de libros sacralizados, el autor expone algunos equívocos y aberraciones que sustentan. En contraste con ello, transcribe un escrito del zoroastrismo persa (538 a.C.) que dice: «todos los hombres y mujeres son

---

77. Una de las primeras medidas del gobierno postgolpe de Estado de 2009 fue quemar innumerables libros que estaban en las bodegas del Ministerio de Cultura. El gobierno inaugurado en 2014, en el mismo mes de la investidura presidencial, cerró ese ministerio.

iguales independientemente de sus credos, etnicidad, raza, nacionalidad, percepción religiosa y opiniones [...], lección de derechos humanos que el mundo supersticioso olvidó».

### «Dudosa alianza» (30.3.2015)

Refiere cómo en 2006, en Guatemala, El Salvador y Honduras se estableció el paso expedito entre fronteras portando solo la tarjeta de identidad, sistema desmantelado por exigencias del plan diseñado en Washington «Alianza para la prosperidad», copia íntegra del Plan Colombia. Propósito aducido: contener la circulación de la droga, atacar el crimen organizado y detener la migración ilegal. Dicha 'Alianza' fue un «vulgar y grosero soborno, de los que 600 millones se destinan a vigilancia, estrategia y seguridad [...]; con el engaño de contribuir al desarrollo se militariza la región».

### «Entendiendo qué es oligarquía» (6.4.2015)

Con base en un trabajo de Paul Dosal sobre Guatemala, Escoto aclara aspectos de este concepto: red de familias interconectadas y con gran poder político debido a su control de la economía. Puede delegar su poder a la iglesia y a los militares, pero siempre nada desde atrás. Se consolidan por alianzas (partidos políticos, bancos, etc.). Se adaptan a la marea social y diversifican sus expresiones ideológicas. Una red oligárquica inteligente que «resiste continuismos, militarismos crudos, violencias (escuadrones de la muerte), represión generalizada [...] se habla, obvio, de oligarquías cultas y no provincianas, disneylandieras y tortilleras como las de cierta república de más acá que de allá».

### «Doctrinas de cinismo» (13.4.2015)

Con indignación, refiriéndose a las máximas autoridades del país, escribe el autor: «Estos creen que gobiernan al mismo pueblo bruto de antes e insisten en repetir las habituales cachurecadas que por siglos contaminaron la conciencia colectiva [...]. Ahora resulta que criticar el pésimo desempeño del gobierno es desprestigiar a la patria y que reclamar que respeten los derechos humanos implica traición a la imagen nacional, habrase visto mayor cinismo».

### «Los neocon» (20.4.2015)

Término para referirse a los neoconservadores que aplican la doctrina neoliberal, se aprovechan de las instituciones del Estado para negocios particulares y reducen al individuo a la condición de sufragante del desarrollo y no a la de sujeto receptor de sus beneficios. Ensalzan al capital y privilegian la inversión extranjera. Se recuerda la explotación minera a fines del siglo XIX que duró más de un siglo con beneficios mínimos para el país. El gobierno de Porfirio Lobo (2010–2014) comprometió los depósitos de petróleo del país. Como contraste, política ejemplar fue la de Bolivia, gracias a las negociaciones realizadas por Evo Morales.

### «Metáfora de la misión» (27.4.2015)

«¿Para qué nacimos si la vida ofrece más angustias que alegrías?» es una pregunta que Escoto le dedicó a Leticia de Oyuela en un escrito en el cual expone la antigua creencia hindú de las reencarnaciones sucesivas para ascender cada vez más a un estado de no tener «deudas con el karma» cuando, motivado por el amor, se sirve a los demás mediante el trabajo cotidiano. Aludiendo a ese escrito, agrega: «No sé pero quizás presentí al escribirlo que igual se lo dedicaría alguna vez a Rigoberto [Paredes] y a Ramón Oquelí, a Roberto Castillo, a Arturo Alvarado, a Manuel Salinas, a [Óscar] Acosta y tantos más que hacen nacer ideas de estas calidades desde el corazón».

### «Lectura política de hoy día» (4.5.2015)

La crisis hondureña no es de un enfrentamiento derechas-izquierdas sino de un conflicto derivado de dos conceptos opuestos del empleo del Estado: uno, como «vehículo de aplicación del capital social para la transformación humana, responsable del bienestar colectivo; o la de instrumento de acumulación de capital privado, que espera que su sobrante apalanque el progreso».

Pero, en realidad, este asfixia: es una «voluntad normativa [...] vertical, tipiada del fascismo... "Que nadie proteste, si se obliga haremos lo que se tenga que hacer"», frase usual en las alocuciones del mandatario hondureño.

### «Oficio de medianoche» (11.5.2015)

Escoto pasa revista a las últimas publicaciones realizadas en Honduras: Samuel Trigueros y *Exhumaciones*; José González y la nueva edición de *Diccionario de mujeres hondureñas en la cultura*; Tomás Erazo Peña y el segundo tomo de *Escritos políticos y filosóficos de Alfonso Guillén Zelaya*; *Continuo tránsito* de José Adán Castelar; Ricardo Alonso Flores con *Historia incompleta de San Pedro Sula* y Roque Reyes Martell con *Breve historia política de San Pedro Sula. Segunda mitad del siglo XX*.

### «Obra teatral contemporánea» (18.5.2015)

Se refiere a las elecciones realizadas en el país: «fraude avalado por la más serpentina (no es elogio) como fofa y desagradable embajadora norteamericana, quien sin vergüenza alguna recorría los pasillos del TSE [Tribunal Supremo Electoral], incensada por los sirvientes que allí tenía». El tirano «le taja el cuello a quien lo delata, siembra por la calle a sus espadachines sicarios tras vacunarles impiedad, jamás pronunciará un monólogo de "ser o no ser corrupto" y nadie escapa de su venganza anticipada: pueblo que duerme es dominado».

### «La corrupción es incolora» (25.5.2015)

Se refiere a la denuncia del periodista David Romero por el saqueo de cantidades millonarias al Instituto Hondureño de Seguridad Social (IHSS) para financiar la propaganda electoral del Partido Nacional. Fraude que se tradujo en la falta de atención médica a los beneficiarios. Acción indigna frente a la cual ninguna institución cívica, religiosa, educativa o empresarial se ha pronunciado: «Ello revela el volumen de apatía y alienación que inficiona al hondureño, [...] si no fuera por los muchos héroes que con ruido o modestos tratan de levantarle la moral a un pueblo sumido en la idiotez, el fútbol, la telenovela, el alcohol y el abandono, Honduras se hunde».

### «Estado parásito» (1.6.2015)

Recuerda que después de regirse por las concepciones éticas y liberales del Estado como centro de conducción de la vida social, al implementarse el neoliberalismo, el Estado se convirtió en «agencia de colocación de inversiones, otorgador de privilegios y exenciones, nido para capitales internacionales alejado del interés histórico de la nación». Además, se regala la riqueza natural ya que el país «recibe solo 2.0% del ingreso anual por la explotación de su más grande riqueza telúrica». A ello se agrega la reducción de impuestos a los sectores económicos poderosos y, para todos, la cuota del tazón de seguridad en las transacciones bancarias. Clase política que roba «descaradamente, con absoluta mentira, total cinismo y [...] protección judicial».

### «Los 400» (8.6.2015)

Reconoce que, entre los miembros del Partido Nacional, muchos operan de buena fe. Pero la institución se dejó copar por «una pandilla de gánsteres [...] que no ha de ser mayor de cuatrocientos individuos». Si el pueblo cesa el reclamo «la República se hundirá para siempre, asfixiada, expoliada, prostituida por los más vulgares villanos que pariera el mundo, nacidos desgraciadamente en este país». La esperanza de un cambio reside en la juventud que sale «a incendiar la plaza» o caerá en un silencio que comprometerá su libertad.

### «Al revocatorio» (15.6.2015)

Plantea que la tensión pueblo-poder alcanzó ya tal tirantez que no se resuelve con diálogos, cuyo propósito es frenar el ímpetu juvenil. Un plebiscito revocatorio «es la más sana medida de práctica democrática» que también puede incluir la pregunta sobre la necesidad de instituir una asamblea constituyente: «Construimos la República o la perdemos, pero aquí nadie se rinda».

«Adelantémonos...» (22.6.2015)

Se refiere a la «marcha de las antorchas», manifestaciones multitudinarias en las que los participantes portaban una tea encendida. Escoto exhorta a que se las apoye y propone la formación de un Consejo Consultivo que formule un anteproyecto de Ley Electoral. Convoca a otras organizaciones a realizar programas futuros a nivel legislativo: «Lo glorioso no es tumbar a la cúpula de JOH [Juan Orlando Hernández, presidente][78] —aunque para ocultar su maldad esté dispuesto a derramar sangre— sino reconstruir al país, rescatar la República, soltarla del tentáculo del error y la corrupción».

«Parque Nacional Toncontín» (29.6.2015)

Ante la posibilidad de una nueva terminal aérea en Tegucigalpa, surgieron inquietudes sobre cuál sería el destino del terreno: área de utilidad militar, construcción de viviendas, terminal de taxis, etc. Todas plantean objetivos materiales. Escoto propone la creación de un gran parque: «Oasis en medio de edificaciones, aliento existencial, preponderancia del intelecto sobre lo físico, [...] verde sobre verde, búsqueda [...] contra la estrecha y mercantil mente, desear que las generaciones de mañana, hoy, ayer, construyan paradigmas felices [...]. ¿Qué superior medicina cósmica, [...] contra la anomia social sino la naturaleza?».

«Futuro oscurito de Juancito» (6.7.2015)

Sostiene que, frente a las multitudinarias marchas de los «indignados» el Presidente Juan O. Hernández elabora «artificios retóricos de distracción» como la acusación de maleantes a los manifestantes y proponer falsos diálogos («¿dialogas con tu asaltante?»); pero como la desesperación asoma «en su horizonte mental», ordena disolverlas con la violencia. De incrementarse la insatisfacción popular, «El futuro de Juancito luce pequeñito».

---

78. En el país, prácticamente, se consolidó el acrónimo JOH para referirse al presidente. Se encuentra escrito en paredes, piedras, etc.

### «El IHSSGATE» (13.7.2015)

Nombre dado al fraude en el Instituto Hondureño de Seguridad Social, en alusión al «bananagate», soborno ($2.5 millones) de Eli Black, presidente de United Brands a funcionarios del gobierno para conseguir rebaja en un nuevo impuesto. Escoto propone formar una comisión investigadora similar a la que se integró en ese momento para determinar el nombre de los funcionarios corruptos. Si JOH accediera, se libraría de sospechas y con ello podría rescatar «su extraviada paz espiritual».

### «Luna sin miel» (20.7.2015)

Recoge las palabras del embajador de Estados Unidos en Honduras al afirmar que las relaciones entre los dos países «pasan por su mejor momento», frase útil para EE.UU, pero que demuestra ceguera de lo que ocurre en el país, dado que el presidente JOH es sumamente impopular: «"Buenas relaciones" es sinónimo de insulto para mandatarios dignos». Palabras aplicables a Gálvez cuando accedió a la invasión a Guatemala en 1954 y cuando secuestraron a Matta, «con alcahuetería de Azcona», entre otros ejemplos. Los gobernantes corruptos olvidan que «Estados Unidos acostumbra dar soporte a sus cómplices mientras le sirvan, luego los tiran al canasto una vez pelados y exprimidos, como a Trujillo, Batista, Somoza, Reza Pavlevi, Noriega».

### «El nuevo texto» (7.9.2015)

Acudiendo a la lingüística y a la semiótica, Escoto explica el significado del término 'texto' y concluye que la sociedad puede leerse como un texto más. En el país hay dos discursos: el ideológico elaborado por sectores dominantes contra la voluntad del pueblo y el visionario, civilista e integrador que interpreta aspiraciones de beneficio colectivo. Hay tensión entre ambas posturas y un ente que podría encausar la escritura del nuevo texto de la nación es el sector académico.

### «País del error» (14.9.2015)

Frase que José C. del Valle acuñó para Centroamérica que bien puede definir a Honduras en donde el aparato político funciona viciado y debe ser sustituido por un sistema ético: «Y debe ser pronto, antes que la pudrición nos envenene el alma, como ya empieza a pasar».

### «Cultura y poder» (21.9.2015)

Es una reflexión sugerida por un ensayo de Rafaela Macías y Roxana Peña en el cual se establece que «las relaciones de poder determinan procesos culturales». Así, los actos de los gobernantes generan imitaciones que terminan por imponerse: «Los líderes educan a ser pulcro o ser perverso». Son referentes de comportamiento. Por lo tanto, «jamás elegir gobernantes fascistoides, aprendices del absolutismo».

### «Medianoche y oficio» (28.9.2015)

Contiene breves y positivos comentarios a las obras siguientes: *Geometría elemental* de Denis Ávila; *Donde le dije adiós* y *El último vagón* de Kalton Harold Bruhl; *Antología personal 1950-2014* de Rodolfo Sorto Romero; *Seguridad social en Honduras: autores sociopolíticos, institucionalidad y raíces históricas de su crisis* de Yesenia Martínez; *José Cecilio del Valle y el utilitarismo* de Gustavo Zelaya y *Lobo 20. Alto y claro* de Francisco Andino.

### «Los jóvenes» (5.10.2015)

Escoto recuerda que, con la excepción de la obra *Mis ideas* (1887) de Céleo Arias, los partidos políticos posteriores nacieron sin un documento ideológico que los respaldase. Eso explica el surgimiento de electores que aúpan a caudillos y lideres coyunturales, improvisados y sin capacidad administrativa: «¿Hasta cuándo proseguiremos repitiendo el pasado, que es decir el error? Sin educación política masiva ¿hay esperanza?».

### «Diosito lindo» (12.10.2015)

Apoyándose en la psicología social, el autor arremete contra sectores de la sociedad que acuden al pensamiento mágico, a la respuesta teológica, a la superstición y a las esperanzas en el más allá como solución para los problemas, situación que explotan los ministros religiosos mientras diezman el bolsillo de la feligresía. Creer en Dios es una decisión personal y no se publicita y, en un país laico, es incongruente invocarlo en actos oficiales.

### «Las cosas como son y como deben ser» (19.10.2015)

Rechaza la forma en que las autoridades, sin juicio previo, confiscaron todos los bienes de la familia Rosenthal. No previeron que, en un cercano futuro, sus miembros tendrían todo el derecho a reclamar millonaria indemnización al Estado hondureño.

### «La hipocresía blanca» (26.10.2015)

Incluye un fragmento de la obra *Cerocerocero* de Roberto Saviano que se refiere a las ingentes ganancias del sistema financiero mundial relacionadas con el narcotráfico. Por esa razón, las multas impuestas a los grandes bancos son mínimas. Con ironía se comenta: «Hipócrita conducta norteamericana, típica del *double-talk*, que ladinamente discrimina: "Este banco es demasiado grande para caer. Aplasten otro". ¿Qué tal un latinoamericano?».

### «¡Asómbrensen!» ( 2.11.2015)

Reseña una plática del autor con becarios centroamericanos sobre los cambios culturales (píldora anticonceptiva, minifalda, minibús VW) ocurridos en la década del 60. El título alude a la forma verbal incorrecta ("¡súbansen, córransen…!") con la cual los ayudantes de los buses de Tegucigalpa se dirigen a los usuarios. La vida moderna no es ajena a las experiencias y sistemas hegemónicos grotescos. En Honduras, el primer intento de romper el bipartidismo fue en 1932 cuando el Bloque Obrero Campesino propuso reformas que se objetaron. El arzobispo alemán Agustín Hombach denunció que el comunismo se enseñaba en la escuela nocturna de la Sociedad Cultura Femenina y las socias eran «hijas del bolchevismo», aseveración sin base real.

### «No funciona» (9.11.2015)

Partiendo del «ingreso aparencial a la democracia» a partir de 1950, Escoto pasa revista a los distintos gobiernos del país: todos fracasaron en sus «ensayos económicos» lo cual revela improvisación e ineficacia, causa de los grandes vacíos que afectan a la mayoría: «¿Por qué entonces insistir en un modelo obviamente anormal y más bien destructor de la colectividad? [...] A monstruo tal debe pronto talársele las manos, las patas y el alma [...] y luego inventar un nuevo país».

### «La madre de las explicaciones» (16.11.2015)

Con ejemplos tomados de la historia universal, Escoto fustiga la acción depredadora que han realizado los diferentes imperios con otros pueblos. Actualmente «el imperialismo [...] no es de un país sino del capital volante y sin nacionalidad [...], pero su propósito es siempre igual: extraer, sorber, expoliar, chupar, derivar, explotar, rentabilizar, y nuevamente recapitalizar los recursos del orbe, pertenezcan a quien pertenezcan...». El método ya no son las guerras de conquista sino doblegar a los gobiernos mediante la fuerza y el soborno. A ello se suman las estrategias que fomentan el consumismo y la labor de diferentes iglesias. Caso ejemplar en contra de la expoliación es el de Bolivia cuyo auge económico se deriva de la nacionalización del estaño y el gas natural.

### «Errados rumbos» (23.11.2015)

Hacia los años finales de la década del sesenta, siguiendo lineamientos internacionales, obedientes a la expansión que buscaba asegurar el dominio sobre las economías locales, se entró en un proceso de industrialización dejándose de lado las cuestiones agrarias, propiciando la inseguridad alimentaria que predomina en Centroamérica.

### «Modos, métodos y tiranos» (30.11.2015)

Se comenta el primer tratado que analiza los golpes de Estado (1639) cuyo autor, Gabriel Naudé, siguió ideas de Santo Tomás de Aquino. Aborda el comportamiento de los dictadores: eliminación de competidores ricos y peligrosos; también, de intelectuales; no permitir escuelas y medios que divulguen el conocimiento; fomentar las rencillas y acusaciones mutuas de los súbditos; inventar tributos que empobrezcan más a los ciudadanos; fomentar guerras exteriores; evitar parecer cruel y malvado y mostrar o simular alguna virtud. Los golpes de Estado provienen de los grupos hegemónicos para que no cambien las reglas de explotación. Importante: ocultar las intenciones con bandera de libertadores y demócratas.

«Trampas» (7.12.2015)

Señala las principales fallas de la Ley Electoral: inequidad, en tanto solo se acepta a los representantes del bipartidismo pero no a la oposición; falta de control de la propaganda partidaria; financiamiento ilícito de los partidos políticos. Escoto propone, entre otras medidas, la implementación de un sistema especializado en el manejo del sufragio; elevar la ciudadanía a los 16 años e instalar distritos electorales donde la comunidad elija a sus candidatos.

«Conociendo al enemigo» (14.12.2015)

Dejando atrás el «Estado de bienestar» que tenía fines colectivos, el Estado moderno, especialmente en la región, se ha convertido en verdugo de la población. Los tributos pagan burocracias ineficaces; amortiguan déficits fiscales, abonan deudas externas e internas, incrementan aparatos represivos, mantienen una política de discriminación: al local se le extorsiona, al extranjero se le cede el país modelo. Urge transformar de raíz el sistema.

«Tres a la cama» (21.12.2015)

Alegoría en la que el autor, punto por punto, equipara la relación Honduras-imperialismo con una situación de espurio maridaje: «Es el triángulo entre gobierno y nación, maridaje ideal, más un tercero al lecho de nupcias, don Yanqui. El amante compra conciencias, seduce memorias, le es rentable nuestra desesperación». No «son épocas de Marx, pero sí de su ética y ciencia, las que demandan lealtad e inteligencia para reflexionar y actuar en el entorno político».

### «Dos años de aire» (28.12.2015)

Título que alude, con hechos, a los dos primeros años de gobierno como una serie de fracasos continuados: «La única medalla de oro que gana el régimen ocurre en las dudosas pistas de corrupción».

### «Algo personal» (4.1.2016)

Después de aludir a la letra de «Algo personal», canción que Joan Manuel Serrat escribió cuando la dictadura franquista había sido superada, se anota que la forma de gobierno en Honduras no es muy diferente a la que practicaba el general español. En el país, «el ser humano dejó de ser el centro de la acción gubernativa para dejarle el sitio al capital [...] al de la explotación inhumana». Escoto se adhiere, pues, al mensaje contestatario de la canción.

### «Cosificación del hombre» (11.1.2016)

Después de señalar los beneficios que trajo el capitalismo al romper los moldes medievales, se apunta que lo que salió mal fue que sus gestores enterraron los principios éticos de la Ilustración y la consigna fue la máxima ganancia y la explotación extrema del trabajador. En Honduras, el proceso de deshumanización se aplicó poco a poco (supresión de la ley agraria, derogación de la obligación radiofónica de transmitir programas culturales, eliminación de la asignatura de Cívica en el sistema escolar, reducción del presupuesto en salud y educación, etc.), perspectiva que explica mucho del actual «retroceso moral».

### «La mentira oficial» (18.1.2016)

Aduce que los distintos gobiernos tienen por norma mentir: las arcas llenas de arena del Cid, Hitler, la explosión del Maine, las torres gemelas y las armas de destrucción masiva. Muestra nacional es el caso del avión presidencial de J. O. Hernández, que se anunció como 'donado' por Taiwán, pero que costó 300 millones de lempiras, suma que contrasta con la paupérrima realidad del país.

### «Cosas de mujer» (25.1.2016)

Al celebrarse el «Día de la mujer hondureña», el autor alude a las formas que suelen emplearse para agasajarla (flores, regalos…), pero, al acabar la cena, ella lavará los platos, expresión clara del machismo existente y que la misma mujer fomenta. Se exhorta a que cobre «conciencia de su potencialidad».

### «Catracho caos» (8.2.2016)

Enfoca el consuetudinario desorden que rige en los asuntos del Estado, sostenido por la entente política de los dos partidos tradicionales. No obstante, hay signos de cambio debido al surgimiento de nuevas fuerzas ideológicas opuestas a seguir manteniendo esa situación. «Debemos dar gracias más bien de que se agite la escena pues el estancamiento de la materia y de las almas conduce a la putrefacción» se afirma.

### «Tallador de historias» (15.2.2016)

Honra a Ramón Amaya Amador como el primer autor hondureño que exploró la identidad costeña, gran fotógrafo de su época, captador del desprecio a indígenas y negros y con gran poder de ridiculización literaria, irónica y sarcástica, al trabajar a sus personajes. Ello con motivo de la publicación de la primera entrega de las cinco que conforman *Morazaneida*, obra inédita del novelista.

### «Suicide is painless» (22.2.2016)

Una dura crítica al Partido Liberal, «único caso en América Latina en que un ente político se divide a sí mismo, entra en un cisma, se autoinfiere un golpe de Estado, y […] se confabula con el supuesto partido opositor». También, en su accionar en la década del 80, entró en maridaje con gringos, contras, CIA, torturadores, drogas, etc. Se olvidó de luchadores que, por décadas, sufrieron exilios y muertes. Pero todo hecho histórico siempre sale a luz.

«Coyote no come coyote» (29.2.2016)

Expone que los partidos políticos tradicionales (Liberal y Nacional) pueden diferir en asuntos menores, pero cuando asoma el peligro de que pierdan canonjías, «integran una misma clase» y aunque peleen o lo aparenten, «el acuerdo sumergido los obliga a no dañar sus fines económicos».

«Un monumento» (7.3.2016)

Describe casos que muestran la perversidad o la grandeza en que pueden dividirse las acciones humanas. En el último renglón cabe la publicación del *Diccionario de americanismos* (2010) por la Real Academia de la Lengua y la Asociación de Academias similares. Monumento de la ciencia, las humanidades y la investigación lingüística.

«De magnicidios» (14.3.2016)

Aborda la acción asesina como recurso de los poderosos para impedir que se obstaculicen sus propósitos. Se recuerda a Trotsky, Gandhi, Ché Guevara, Kennedy, Allende, Luther King... a cuyas muertes se suma el desprestigio como se hizo con José C. del Valle, Morazán y modernamente con Berta Cáceres, luchadora social de origen lenca. Se asevera que el crimen triunfa si previamente se ha rendido la sociedad civil, pero los magnicidios jamás se olvidan: «la sangre va a la tierra —o a los ríos de Berta donde se hace espada de indignación, llama del alma. El tiempo y la justicia jamás cesan».

«No es una muerte, es un proceso de muertes» (2016)[79]

Cada día las palabras se hacen más inútiles en Honduras, se las acalla y luego sólo sirven para lamentar la pérdida de los luchadores por la libertad, del buen desarrollo y de la democracia. Cada vez se agostan las palabras hasta que un día —ha ocurrido en otras naciones —la gente se canse de hablar y actúe.

---

79. Comentario de Escoto incluido en el periódico *El Libertador*, a propósito del asesinato de la ambientalista lenca Berta Cáceres en 2016. Interrumpo la secuencia con *El Heraldo* porque este trabajo aporta otros elementos del lamentable suceso.

El vil asesinato de Berta no es coyuntural. Pertenece a todo un proceso de eliminación de las voces de protesta contra un malhabido statu quo, el de la explotación del ser humano, el del abuso de los derechos, el de la usurpación de los recursos naturales. Si hay una devoción y a la vez principio existencial indígena, y en particular de los Lencas[80] —a cuyo pueblo originario perteneció mi abuela paterna— es el de la tierra. Por ella y su defensa fue muerto Lempira, por ella en 1843 un pueblo sumido en la ignorancia y la superstición fusila a los hermanos Doroteo y Ciprano Cano en Ilamatepeque [...]. Pero no es la tierra la maldita sino los hombres que la ambicionan [...]. Tampoco son muertes inútiles, la de Berta no lo es. Abonan continuamente, a pesar del dolor de su pérdida, la conciencia humana y van repiqueteando en el alma de las gentes el concepto de que este es un sistema injusto y desigual y que por tanto hay que cambiarlo, erradicarlo [...]. Pido que se reconozca a Berta como una prócer moderna de la identidad indígena y de la lucha por la dignidad de los pueblos originarios de América.

### «El guayacán y la utopía» (21.3.2016)[81]

Describe cuáles son las virtudes del guayacán, árbol de extrema dureza, y se alude a su depredación por «el insano afán comercial que no respeta al hombre, menos a la naturaleza». Escoto se pregunta: «¿permitiremos que sean extraños quienes la exploten? [...] El reclamo de independencia económica para Honduras es el sueño que un día devendrá realidad...».

### «Otro diluvio» (28.3.2016)

Enfoca la manipulación religiosa de la población, cometido que «guarda complicidad con un plan mayor para sostén del *statu quo*: capándole las glándulas de la rebeldía [...] se asegura toda sujeción» política, económica y cultural. Hay obligación moral de desmontar «ese alambique malévolo de ideología» y contribuir a que el hondureño sea libre y no caiga en las trampas de la manipulación.

---

80. El uso de mayúsculas en el caso de los gentilicios aplicados a las etnias de los pueblos originarios es lo usual en el país.

81. Los siguientes trabajos se publicaron en *El Heraldo*.

### «¿Smart city? Ja, ja» (4.4.2016)

Frente a la publicidad mentirosa que la comuna sampedrana sostiene sobre convertir a San Pedro Sula en ciudad inteligente, el autor ofrece un listado de todas las carencias de la ciudad que, por la incuria de sus improvisados administradores, no llega ni siquiera a ciudad sostenible.

### «Del idioma» (11.4.2016)

Es un recuento de formas lingüísticas populares que van surgiendo en correspondencia con hechos sociales del momento: modas, tecnología, influencia cine, canciones, etc.

### «El punto "E"» (18.4.2016)

Sostiene que «mientras no se lance la más extensa campaña de reeducación de valores […] la violencia pública continuará» y no podrá ser erradicada «con más armas» ni con la violencia represiva. «Pero hacer entender esto a los necios es arar en el mar».

### «Congreso de la Lengua» (25.4.2016)

Reseña los aspectos destacados del VII Congreso Internacional de la Lengua celebrado en San Juan de Puerto Rico. Por el país participaron Julio Escoto y los académicos Nery Gaitán y Ernesto Bondy.

### «Maravilla del español» (9.5.2016)

Ejemplifica cómo un idioma se forma con el aporte de otras lenguas. Dibuja un panorama de lo que América, antesala de la Ilustración, le dio al mundo: el primer embrión de los derechos humanos en la obra de fray Bartolomé de las Casas y, con relación al idioma, generó «nuevas lógicas semánticas, curvas melódicas y visiones», aspectos contemplados en *La maravillosa historia del español* de Francisco Moreno Fernández, editada por el Instituto Cervantes.

### «El componente moral» (16.5.2016)

Anota casos del pasado que, con ocultamiento, fueron grandes estafas al pueblo hondureño. En el presente, el latrocinio se anuncia descaradamente lo cual es un insulto a la inteligencia. Es como «predeterminar cuán bruto o imbécil eres». Se inventan decretos que no se publican o se amañan (represa de Nacaome, las ciudades gemelas, el nuevo aeropuerto sufragado por el Estado y que no dejará lucro en 30 años, etc.). Culpable: el pueblo por haberse dejado irrespetar y ser incapaz «de hacer imperar la moral».

### «Modo de educar pueblos» (23.5.2016)

Expone que la apabullante presencia militar en el país responde a una estrategia diseñada para frenar el 'peligro' de una opción por «la democraticidad y la civilidad». La «cuarta urna» fue un intento de propiciarlas.[82] Previéndolo, «las castas superiores determinaron desligar para siempre a las fuerzas armadas del pueblo». Reingeniería aplicada: retenes, registros, escuelas militares, mílites en aeropuertos, aduanas, etc., con el propósito de doblegar todo intento de oposición: «para que rebuznes [...] y reconozcas tu sometimiento. [...] Cuanto buscan es sembrarte un chafa en la cabeza»: que se acepte como normal su omnipresencia.

### «Educación política: Alianzas» (30.5.2016)

Texto que define por qué son importantes las alianzas y cómo se pueden realizar. Las imponen «las circunstancias y quien lo desconoce ignora la base sustancial de la política».

### «Sueños de munícipe» (6.6.2016)

Al considerar la existencia de terrenos baldíos como el que está sobre el

---

82. La "cuarta urna" recibió este nombre porque, en ella, el pueblo hondureño aprobaría o no, el proyecto de tener una nueva Constitución de la República. Se ubicaría con las tres urnas el día de las proyectadas elecciones generales. Fue el pretexto para darle golpe de Estado a Manuel Zelaya Rosales en 2009.

aurífero de Suncery, propone a la municipalidad sampedrana soluciones novedosas (parque o un campus universitario centroamericano) que, sin afectarlo, darían prestancia a la ciudad.

### «Política de no tener política» (13.6.2016)

Aduce que, aunque «el gobierno se resista a fijar políticas culturales, genera […] culturas de resistencia [y] no es que carezca de política cultural, sino que su política es destruirla por inanición, por falta de apoyo y desinterés estatal». A «los grupos fascistas de ayer y a los neoliberales de hoy, les son inconvenientes pueblos cultos y avanzados». Confunden cultura con bellas artes e ignoran la rentabilidad de la cultura. Se piensa en el turismo olvidando que primero tienen que suprimir la violencia. Ignoran que «la letra nutre, […] la idea libera».

### «Signos de corruptos» (20.6.2016)

Señala como grave error en cuestiones electorales contentarse con emitir un voto y después despreocuparse del desempeño de la persona elevada al poder. Identifica qué signos anuncian «a un ladrón […], a un prospecto de dictador»: exhibir una súbita riqueza; silenciar por el soborno o la fuerza y utilizar la brutalidad militar hasta llegar al asesinato. Además, quienes lo eligieron son incapaces de reclamo. Los bienes robados los disfrutarán los herederos de los corruptos que se reirán de «la mediocridad cívica popular»: «gobernantes mediocres nacen solo de pueblos mediocres que los ovacionan».

### «Resignación, hermano…» (27.6.2016)

Atribuye la docilidad del hondureño a la labor de las iglesias al sembrar una doctrina de sumisión (dejarlo todo en la mano de Dios, etc.). Sospecha, también, de un acomodo al paisaje, a una satisfacción por la armonía del entorno natural. Se pregunta qué fue lo que castró el espíritu de lucha: «Qué chupacabras[83] político nos segó la dulce palabra, la emérita lengua de la revolución?» Urge el análisis de esa conducta.

---

83. «Chupacabras»: animal del imaginario popular latinoamericano. Algunos lo creen de origen extraterrestre que, por las noches, mata vacas u ovejas succionándoles la sangre a través de pequeñas incisiones. A veces lo describen del tamaño de un perro y con facciones espeluznantes. Información dada por Manuel de Jesús Pineda.

### «Una matanza» (4.7.2016)

Describe la masacre realizada por militares el 6 de julio de 1944 contra manifestantes pacíficos que en San Pedro Sula protestaban «contra el continuismo del dictador Tiburcio Carías, quien, electo al cargo en 1933, había forzado la ley y burlado la Constitución. [...] El pueblo estaba harto de medidas represivas [...], así como de vigilancia policíaca, corrupción y nepotismo». La prensa silenció el múltiple crimen. El cónsul «gringo», en Puerto Cortés, reportó 26 muertos y 80 heridos. «Testigos visuales afirmaron que tras la masacre camiones municipales recogieron cadáveres y los enterraron en fosas comunes. Hay testimonio fotográfico. Los bomberos, colaboradores frecuentes de las dictaduras, lavaron la calle y el olvido selló la boca de la historia».

### «Oficio de medianoche» (11.7.2016)

Recordando el fecundo trabajo de Andrés Morris en las décadas de 1960 y 1970, Escoto celebra la publicación de *La ascensión del busito*. Alude al monumental *Diario de la conflictividad en Honduras 2009-2015* de Víctor Meza; al poema *Opus II* de José Adán Castelar y al trabajo de Plan Internacional en el que participan el poeta Salvador Madrid, el pintor Mito Galeano y el teatrista Délmer López. Esto a propósito de la publicación de dos obras que recogen cuentos y obras de teatro compuestas por infantes de la región de Gracias.

### «Corazón de la tiniebla» (18.7.2016)

Expone cómo las fuerzas económicas mediante la inducción ideológica se ganan la voluntad ajena. Un método para que se entreguen sumisamente a cualquier idea política, tendencia o moda. Se logra inculcando visiones bifocales o concepciones verticales de la existencia. Autoritarismos aceptados y respeto al mando superior. Democracia no es elegir funcionarios sino ejercer los derechos ciudadanos.

### «¿Nueva ola social?» (25.7.2016)

Alude al papel protagónico que desarrolla la generación de jóvenes con puestos directivos en diversos campos de la vida nacional. Puntualiza que lo importante no es la edad sino su visión de mundo y los exhorta a que su origen de clase les permita entender la realidad para asumir objetivos de interés colectivo. Ellos enfrentan un desafío ético que si lo desaprovechan y se conforman con la solución electorera quedarán «hipotecados de por vida». «Se es joven solo una vez», sentencia el autor.

### «Curiosas cosas» (1.8.2016)

El autor recuerda varios hechos históricos (datos sobre escritores que disfrutaron de la protección de reyes y mandatarios; el caso de curanderos farsantes que huían después de cobrar y otros) para llamar la atención de comportamientos recientes opuestos o similares a los ejemplos traídos a colación.

### «El hombre de pasado mañana» (8.8.2016)

Devela cuáles son las trampas políticas e históricas inherentes a la reelección de Juan O. Hernández, proyecto no personal sino parte de un sistema operativo que asegure la pervivencia del *statu quo*.

### «Inmarcesible Molina» (15.8.2016)

Además de referirse a los méritos literarios del poeta Juan Ramón Molina, recuerda cómo se ha especulado que el peso opresivo de un ambiente huérfano de oportunidades intelectuales lo aplastó anímicamente orillándolo a tomar actitudes que revelan su inadaptación y la cual se muestra, entre otros aspectos, en un agudo alcoholismo, en el aislamiento cuando visitó París y en el abandono de una columna periodística en el diario *La Nación* de Buenos Aires.

### «De caballos» (22.8.2016)

Con relación a la reelección de «"Juancito"», Escoto repudia la falsa moral de los políticos que, en sus ansias de poder, se acomodan a las circunstancias y practican «el principio de conveniencia contra la palabra sacra. Para llegar arriba todo es posible y factible».[84]

---

84. Dado que nuestro objetivo no es exhaustivo, solo tomamos algunos trabajos de Escoto, quien nunca ha dejado de lado su columna periodística.

**«Retorno a mañana» (2020)**[85]

A propósito de la pandemia de Covid-19, Julio Escoto recuerda a Richard Haass quien, con palabras «premonitorias» apuntó que la historia no vuelve, pero que, a veces, se acelera «y empuja ágiles proyectos, conductas, actitudes y eventos que residían en el tiempo, si no esperando el éxito a lo menos haciendo fila para el instante de su oportunidad». El autor considera que los promotores del sistema neoliberal (BM, FMI, G20 y gobernantes de occidente), a la vez responsables de no haber establecido seguridad sanitaria, están recibiendo golpes «en las canteras de trabajo: millones de obreros dejan de laborar. Es como profecía, maldición o karma, castigo por generar [...] la distancia abrumadora que opone a ricos contra pobres y miserables». Descartando ayudas extraterrenas, la respuesta reside «en la búsqueda, contra toda derrota, de igualdad, equidad, justicia social y ética gubernativa, empresarial y social sobre todas las cosas. Más allá de ello no existe futuro humano alguno».

**«Mi amigo el miedo» (2020)**

Julio Escoto cuenta de diversas etapas en las que sintió ese sentimiento. En la infancia, lo asediaron temores sobrenaturales (el cadejo, la ira de Dios, etc.) y la devastación ocasionada por fenómenos naturales. El miedo político apareció durante el gobierno de Julio Lozano y la policía amenazó con desaparecer a su padre por participación en manifestaciones de opositores. Lo volvió a experimentar durante el golpe de Estado contra Villeda Morales cuando, por querer retirar, junto con otros amigos, los numerosos cadáveres de Casamata y El Manchén, los expulsaron «a punta de rifle». Durante la guerra con El Salvador, cumplió con el deber impuesto por el momento del patrullaje nocturno. Entonces supo que «el odio vence (o casi) al miedo»; pero el rumor de inminentes ataques hacía que este último también apareciese. En 2020, cuando el coronavirus lo acecha «en la curva de la vida», la experiencia ha sido «fenomenal y creativa, lo que no implica que no haya miedo. Pero hay que resistir pues sería tonto desaparecer [... por] un microorganismo [...] sin inteligencia ni razón luego de haber luchado tanto [...] por décadas para imponer ambas».

---

85. Con motivo de la pandemia de Covid-19, *El Heraldo*, para cumplir con la ley, restringió al mínimo la edición escrita. Por esta razón los textos los remitió el autor por correo electrónico. Corresponden a la columna «Con otra óptica» y el único que tiene fecha se escribió en forma casi simultánea a su envío (10/8/20). Julio no ha enviado sus artículos como norma; lo ha hecho de vez en cuando.

### «Ocho millones de deseos» (2020)

Acudiendo a un principio de la filosofía oriental, Julio Escoto alude a una ley cósmica que se conoce con el nombre de «Ley de la compensación» y la cual enseña que todo el bien o mal que se realice termina recibiendo su justa retribución: «Peor, que sus consecuencias son troncales pues terminan afectando a la parentela de donde provienen» (v. gr., la perversa sucesión de la familia Somoza en Nicaragua).

Alude a las enseñanzas de Siddharta Gautama (Buda), «creador de la única fe no teísta, es decir que no predica ni exige a ningún dios para la perfección del ser, sino que la asienta en su integridad ética». Sea en este o en cualquier otro espacio, «y con mucho sufrimiento, el alcalde paga lo que malversó, el chafarote a quien apuñaló y causó tortura, el dictador que [...] hizo concebir venganza, inquina y dolor. Todos cancelan, de tarde o mañana», la cuota respectiva. La 'Ley del karma', como también se denomina.

Escoto piensa que tal vez «la pasividad del hondureño sea una sublimación filosófica» de tal idea. El hondureño sabe «que lo que debe llegar llegará, no importa la cauda de los tiempos». Con creces «ha probado su terca capacidad de supervivencia más allá de toda vicisitud, retos y peligros; si no fuera así —peor con la caterva de pícaros que la ha manoseado y escupido— la nación no existiría». Una sociedad que merece alcanzar la felicidad, pero «tiene tanta y desesperante paciencia existencial que confunde».

### «Memorias» (2020)

Julio Escoto recuerda que cuando era niño la sociedad —especialmente el sector infantil— sufrió frecuentes epidemias: tos ferina, sarampión, viruela y, sobre todo, llenaba de pavor la poliomielitis. La gente acudía al saber tradicional de los remedios caseros: ajo, cebolla, jengibre, apazote, etc.

Entre las pestes más dañinas estaba la corrupción. Sin embargo, lo que se hurtaba, en comparación con lo actual, «eran minucias, y menos que lo hicieran en épocas cataclísmicas y de emergencia nacional [...]. Cierto rubor cristiano, o ético familiar, o el miedo a la vergüenza y a la exhibición pública evitaban que se robara al pobre, al enfermo y al virulento. La veeduría ciudadana era cercana e intensa, todo mundo más o menos se conocía. Por lo que volvamos a ella: si la vigilancia pública fue buena antes, habrá que volverla a practicar».

### «La tortilla» (2020)

Es un escrito que se refiere a la flagrante corrupción con los fondos destinados a proteger a la población durante la pandemia de Covid-19. Reflexiona sobre los efectos físicos que producen ciertas sustancias (drogas, alcohol) que se ingieren y provocan dependencia. Igual ha de operar el cerebro del ladrón para quien «hurtar es gratificante, genera la falsa conciencia de estar encima de la inteligencia de los demás a la vez que ablanda el canon de valores morales, facilitando su doblez y rompimiento».

### «La corrupción es vicio que se expande» (2020)

Inclusive se difunde y valida «la más vulgar filosofía, aquella de que sólo el tonto no delinque». Resultado: «gobierna una caterva de viciosos, que es decir ladrones y corruptos». Como consecuencia, entre otros males, el hondureño carece de protección sanitaria.

Vislumbrando las próximas elecciones de funcionarios estatales, advierte que la solución no es cambiar a un funcionario por otro de igual calaña: no se trata «de cambiar a Juancito sino de cerrar la fábrica de Juanes, de coimes y narcos con corbata que secuestran a la comunidad». Y solo hay una salida: «Se edifica una nueva legalidad —en instituciones, leyes, principios, códigos y éticas— o prosigue la dictadura, directa o disfrazada, el dominio militar de la vida social y el hábito de la corrupción. Hay que darle vuelta a la tortilla patria antes que se tueste y sea imposible salvarla».

### «El mundo retorna día por día» (2020)

Una reflexión sobre la condición humana, en «eterna expectativa» frente al futuro, ya que ignorar lo que vendrá provoca incertidumbre y, como la muerte acecha, «el horror que provoca es insufrible» cuando se la concibe como extinción total de lo que somos. Un «pavor existencial que obliga a que fabriquemos al Gran Espíritu».

En milenios, la mujer perfeccionó la intuición: percibe los peligros y responde con el amor: «advierte o confía». El hombre «apuesta por la violencia […]. Las suyas serán sociedades de ira». «Pero sólo la vida digna con otros, ausente de fronteras, es el río verdadero donde nos igualamos. Somos lo que ya somos, es inútil e improductivo esperar más, nada ha de venir a rescatarnos de la muerte. Solamente nosotros, en conjunto solidarios, somos la salvación».

**«Educadores infames» (2020)**

Cuestiona a funcionarios de educación que declararon que el año escolar se salvará «"siempre que tengamos unidad"» lo cual significa «no protestar», no criticar «la carencia de invención y la incapacidad […] de planificar» ya que lo único que plantean es impartir clases por la red cibernética obviando que en Honduras es mínimo el porcentaje de hogares que la poseen. No se les ocurrió una planificación bien dirigida y configurada por tres redes: radiodifusión, televisión y digital ya que los dos primeros es raro que falten en la mayoría de los hogares. Algo que debió establecerse desde que empezó el confinamiento». Tampoco es solución «no aplazar a nadie», «fruta podrida» que fomenta la ignorancia. Pero estas ideas «no llegan a la altura de burócratas politiqueros que ansían sólo la unidad del silencio cómplice […], falsear, mentir, que cuanto se habla a un pueblo es arte de infames, en el exacto sentido que lo define la Academia: "acción malvada y vil"».

**«Hacia otras fuerzas armadas» (10.8.2020)**

Severa crítica a la actuación del ejército nacional, especialmente en el siglo XX. El autor lo califica de «rémora para el progreso y el desarrollo, no sólo por los cuantiosos volúmenes que sorbe del presupuesto nacional sino por su ascendente vocación conservadora y proclive a reprimir». Cuando por 20 años dirigieron los negocios de la república, «su tosca jerarquía aprendió a mentir con descaro al pueblo, hacer negocio con dineros públicos y sumarse al narcotráfico. Con los mandatos de Reina y Zelaya recobró su potencial para contribuir a la patria», pero en 2009, «dieron un golpe de Estado conveniente sólo para las élites ávidas de poder, los empresarios voraces, la ideología reaccionaria y los chafas aspirantes a millonarios […]. Los envició el gusto de la represión, […] lucran secreta o descaradamente del erario y son cómplices de la dictadura, por lo menos la plana mayor.

[…] Hemos invertido […] en el martillo que nos golpea, bala que mata, bayoneta que hiere a traición. […] Con el dinero que han manejado se hubiese podido edificar escuelas, hospitales, etc.». Urge darle un nuevo significado: «Reordenarlos es humanitario para ellos y para nosotros mismos. Así que en cuanto empiece mañana se lo diseña y comenzamos».

### «Gentes inmorales» (agosto, 2020)

Escoto realiza un balance del gobierno dictatorial que encabeza J. O. Hernández. «La dictadura quedó desprestigiada. […] En diez años mostró la suma de vicios a que puede acceder el ser humano». Grandes pecados: la codicia y la insolidaridad. «Usurparon el poder para explotarlo, exprimirlo y expoliarlo». Mediocridad y corrupción. Alianza con iglesias evangélicas para las cuales «conviene acuñar un nuevo término: pandilleros religiosos». Aplicaron la «Divina fórmula de éxito»: Conjunción de «perlas y garrote». Escoto insta a rescatar al país. Una labor de reconstrucción patria donde debe haber redefinición moral y resignificación estatal. A todo nivel, establecimiento de veedurías.

### «Peste del cólera y cólera de hoy» (agosto, 2020)

Después de mencionar diferentes epidemias que asolaron al país, Escoto alude a un trabajo de la Dra. Yesenia Martínez, quien informó que la fiebre amarilla asoló a San Pedro Sula en 1905. Solicitado el auxilio, el presidente Manuel Bonilla prometió inmediata ayuda que nunca llegó. Entre 1910 y 1920, los presidentes Francisco Bertrand, Miguel Paz Baraona y Vicente Mejía Colindres, que eran médicos, organizaron el sistema de salud. «No les importó su identidad política (Nacional o Liberal) […]. Comparen con lo presente». En 1836, con el aparecimiento del cólera morbus en Centroamérica, el diario *El Iris Salvadoreño* sugería pócimas contra el mal. Entre sus ingredientes estaba el limón. El autor concluye: «Ni el limón salva ahora a los ladrones de la peste inmediata, que es la cólera ciudadana por la corrupción estatal y que constituye la peor epidemia contra la patria en cinco siglos».

### «Una tesis» (agosto, 2020)

Para Julio Escoto, el origen de la crisis social que sufre el país a partir de la segunda década del siglo XXI se remonta a los años ochenta del siglo pasado, cuando se corrompió «como nunca» el estamento militar y el civil; este último, sobre todo, en dos gremios: jurisprudencia y docencia que «se vician escandalosamente».

Para sustentar esa tesis, revisa hechos que ocurrieron en la primera mitad del siglo XX hasta llegar al 'bananagate' de 1975, momento en que la ciudadanía obligó «a las fuerzas armadas a enmendar, no a tapar, el grave error». El accionar patrio fue producto de una generación que había madurado desde 1949: «capturó espacios, emprendió su búsqueda de la verdad (nunca el periodismo fue tan combativo y vasto) y de los caminos para edificar (pasivos o armados, debía intentarse todo), así como de la visión de futuro que ambicionaba». Las movilizaciones multitudinarias fortalecieron el «sentido de ente nacional [...]. Todo iba en ascenso». Pero en «la década maldita», Estado, gobierno, ejército, policía se volvieron «contra nosotros mismos».

«De aquellos lodos soplan estos polvos». Responsables: «nosotros [los de la tercera edad actual] lo permitimos [...] carecimos de valor para sacrificarnos en aras del ideal, benditos quienes lo emprendieron, honra a su memoria». Pero el mal continúa. Ello obliga a analizar cómo extirparlo. Exhorta a forjar una juventud consciente de la situación: «Para tal gestión sólo el conocimiento de la verdadera historia ayuda y redime, por lo que debemos hacer del conocimiento de la historia la maestra de esta nuestra realidad que escribimos día a día».

### «Héroes y traidores garínagu» (14.9.2020)

En primer lugar, el autor se refiere al acucioso trabajo de Antonio Canelas Díaz, quien ofrece una serie de datos históricos sobre la región de La Ceiba. Entre otros aspectos, ventila el papel de las mafias sicilianas «al interior del desarrollo histórico de la economía nacional, presagio de mafias actuales». Asimismo alude a la gran masacre de marzo de 1937 cuando se hizo responsable a todo el pueblo de San Juan (Durúbuguti), cerca de Tela, de introducir clandestinamente al país al líder liberal subversivo Justo Umaña. Todos los hombres, a los que se hizo cavar sus propias tumbas fueron masacrados. Solo se salvaron los que andaban pescando que huyeron hacia Belice donde fundaron un nuevo asentamiento. Se ha dicho que la matanza fue producto de la traición de uno de sus habitantes.

Después de ese preámbulo, Escoto se refiere a otro hecho indignante: el secuestro y desaparición de cinco habitantes garífunas de la comunidad de Triunfo de la Cruz, localizada en el Caribe hondureño, el 18 de julio de 2020. Los secuestradores estaban fuertemente armados y vestían chalecos de la Dirección Policial de Investigaciones (DPI). De los secuestrados se ha perdido todo rastro. Anotamos, porque trasuda indignación, el párrafo final del escrito: «Aconseja un viejo manual: inyecta ideología y odio al zafio (ignorante) y dale un arma; defenderá lo que desconoce. Que es lo que hicieron los oligarcas cachurecos y colorados, timadores de la república por un entero siglo: crear fuerzas armadas para reprimir, no para construir. Si haces lista de matanzas y masacres desatadas por el Estado nacional desde 1840 te quedas sin papel. Pues, ¿qué resta hoy de la "monstruosa" amenaza comunista de los años 40? ¿Qué de las "peligrosísimas" guerrillas de 1980? ¿Cuán invasores eran los sandinistas, comedores de niños?, ¿venía Marx en galope a conquistarnos?, Satanás, Luzbel o Belial, ¿acechaban al hondureño pueblo?... Estupideces con que inundó nuestra mente para su provecho y lucro el bipartidismo. Enterrémoslo y que ningún garínagu se atreva a corromper la memoria de sus antepasados votando sin histórica justificación».[86]

---

86. Para un conocimiento más amplio de la faceta ensayística del autor puede consultarse: http://julioescotodocumentos.blogspot.com/

# Capítulo 4. Crítica literaria al trabajo de Julio Escoto

Practicar la crítica literaria es un ejercicio apasionante en tanto implica un desafío intelectual que permite la clarificación de los artificios que un autor ha puesto en marcha para lograr determinados efectos con su trabajo. Reto tácito de detección e interpretación de las pistas —indicios, sugerencias, connotaciones— que el escritor, consciente o inconscientemente, dejó dispersas en su obra y que son una clave para encontrar caminos hacia tópicos sustantivos.

Seguidamente surge la necesidad de compartir los hallazgos. Anhelo de hacer del común los aciertos en los elementos ensamblados por el autor. Transmitir la emoción estética que se experimentó al constatar la creatividad en la factura de una obra (ingenio, genialidad, perspicacia, técnica, profundidad conceptual...) y, en algunos casos, aludir a los posibles vacíos del texto. Una tarea cuya motivación básica es abrir una puerta para que el lector se entusiasme y, por su propia cuenta, encuentre las bondades que hay en las páginas de una novela o un poemario.

La crítica, pues, como herramienta de apertura a espacios que, aunque ficticios, insólitos, fantásticos, o aparentemente caóticos, constituyen microuniversos autosuficentes, tejidos con el palpitar de todo lo humano que se pueda imaginar. Un barajar la posibilidad de que los aciertos detectados conduzcan al lector al encuentro directo con la obra. Esto, porque ningún comentario o estudio crítico sustituye la riqueza que encierra el texto en cuestión. Provocar esa insustituible relación es la meta final que persigue el crítico al intentar —con la humana posibilidad de equivocarse— desentrañar los recovecos, juegos y pequeñas tretas que el escritor ha ideado para lograr sus propósitos. El crítico convertido, pues, en mediador entre los dos extremos del acto comunicativo-expresivo que es, en definitiva, el mensaje estético.

A continuación, una muestra de la variada gama de tópicos que críticos nacionales e internacionales —profesionales de las letras— han considerado dignos de destacarse en el trabajo literario de las diferentes obras narrativas de Julio Escoto.

## «*El árbol de los pañuelos*: viaje en busca de la identidad»

### Amanda Castro-Mitchell

**Fuente:** Castro-Mitchell, Amanda. «*El árbol de los pañuelos*: viaje en busca de la identidad». *Tiempo* (San Pedro Sula), sección "Cronopios", 10 de junio, 1993, p. 31.

**Autora:** Dra. Amanda Castro-Mitchell (1962–2010). Poeta hondureña. Fue profesora de la Universidad de Colorado.

Las tres ediciones que se han hecho hasta ahora de *El árbol de los pañuelos* (1972) de Julio Escoto comprueban la importancia de esta obra que documenta el conflicto de identidad vivido por los mestizos latinoamericanos, o mejor dicho, por todas aquellas personas que se encuentran divididas en dos culturas.

*El árbol de los pañuelos* se basa en la novela de Ramón Amaya Amador *Los brujos de Ilamatepeque* (1958), que a su vez está basada en el asesinato de los hermanos Cano —dos importantes figuras morazanistas.

Como ya bien lo apuntara la profesora Helen Umaña, *El árbol de los pañuelos* «plantea una búsqueda de diversas raíces que influyen en la formación de la identidad individual y colectiva» (275). Esta búsqueda de las raíces está constantemente presente en la obra de Julio Escoto, tanto en su narrativa como en sus ensayos. En *El árbol de los pañuelos* esa búsqueda se materializa a través del discurso del personaje principal Balam Cano, cuya madre era una humana común y corriente, pero cuyo padre era un brujo que poseía la capacidad de ser inmortal.

Desde sus comienzos *El árbol de los pañuelos* revela la crisis de identidad que sufre el personaje principal cuando lo nombran «Balam Cano» —Balam (indio) Cano (español)— por lo que la novela enmarca el problema del mestizaje. Por otra parte, el nombre del personaje en sí remite al lector al intertexto de *El libro de los libros de Chilam Balam* con lo que se le confiere al Balam de Escoto características de Chilam. Según Barrera Vásquez y

Rendón, «Balam es el nombre del más famoso de los Chilanes que existieron antes de la venida de los blancos al continente. Balam es un nombre de familia, pero significa jaguar o brujo... Chilam (o Chilan) es el título que se daba al sacerdote que interpretaba los libros y la voluntad de los dioses. La palabra significa "el que es boca..."» (10).

De manera que su propio nombre establece la identidad de Balam. En primer lugar, lo reconoce como miembro de una etnia indígena —la maya—, pero al mismo tiempo, lo categoriza como brujo. Balam es brujo por antonomasia. En segundo lugar, su propio nombre también lo conecta con «el más famoso de los Chilames»; lo convierte en chilam, confiriéndole con ello la capacidad de ser boca. Desde aquí el texto establece que Balam podría ser el que «interpreta los libros y la voluntad de los dioses». Nótese que esta posibilidad solamente existe una vez que se establece su identidad de indio. Balam se convierte en la boca de los brujos, su padre y su tío —los hermanos Cano— y por qué no decirlo abiertamente, la boca de los morazanistas.

Al conferirle a Balam tan importante papel, *El árbol de los pañuelos* transgrede la literatura y se convierte en tradición oral —historia oral. El discurso de Balam resume todos y cada uno de los discursos de sus ancestros, y esos discursos NO son literatura sino historia oral.

Esta intención de oralidad se hace más evidente cuando el lector recuerda *Los libros de Chilam Balam* y su carácter profético. *En El árbol de los pañuelos* encontramos una gran necesidad de «decir» y no tanto de escribir, se trata de una necesidad de contar la historia: la historia de la búsqueda de identidad del indio, del mestizo —del brujo.

*El árbol de los pañuelos* propone, a través del discurso de Balam, una serie de preguntas en torno al problema del mestizaje; y, sobre todo, alude a los problemas que surgen a raíz del enfrentamiento entre dos culturas completamente diferentes y hasta antagónicas: los problemas de dominación y enajenación. *El árbol de los pañuelos* propone que todos los latinoamericanos debemos, en un momento determinado, emprender un viaje en busca de nuestra propia identidad. Al igual que Balam, todos debemos enfrentar esa pregunta: ¿cuál de las dos partes es más fuerte, la india o la blanca? En el caso de Balam, ¿su parte humana o su parte de brujo?

Para Balam su identidad étnica —indio maya— es sinónimo de su identidad de brujo; y es, precisamente, a partir de esa identificación que el texto introduce el doble conflicto que Balam encara frente a la cultura católica de los blancos españoles. Por un lado, Balam es indio; y por el otro Balam es también brujo. Ambos eternamente en conflicto con los españoles, que quemaban a los indios que se negaban a convertirse de la misma manera en que quemaban a las brujas/os.

Balam, sin embargo, es parte indio, parte blanco; parte humano, parte brujo; su verdadera búsqueda es una que le permita vivir en paz a través de la reconciliación de los opuestos. Aparentemente las dos partes que componen a Balam son contradictorias entre sí, pero es a través de su búsqueda que él logra establecer un balance entre ambas.

Esta aparente contradicción entre ser-humano y ser-brujo también remite al lector a la eterna cuestión ética de la lucha entre el bien y el mal. En *El árbol de los pañuelos* hay momentos en los que Balam presenta características de "bueno" como cuando le confiere a un viejo moribundo su deseo de ver el mar. Pero también hay en la obra momentos en los que se confieren a Balam características diabólicas, por el simple hecho de ser brujo. Esto lo vemos más claramente en el discurso de su abuela a principios de la novela: «Balam, Balam, que quien nace de brujo gracia tiene del diablo...» (9). Así Balam es en sí un ser que está compuesto por elementos contradictorios —la reconciliación de los opuestos.

Al proponer a Balam como un ser que representa la reconciliación de los opuestos, *El árbol de los pañuelos* parece estar buscando establecer un balance; mismo que parece ceñirse más a las doctrinas budistas que a las doctrinas occidentales, pues los elementos opuestos pueden coexistir juntos. Siguiendo la interpretación a este nivel, se descubre que la búsqueda inicial de Balam es en realidad una búsqueda que le permita balancear su necesidad creativa con la destructiva; su maldad con su bondad.

El mismo Balam reconoce que su identidad de brujo no le confiere automáticamente una capacidad inherente de ser malo; de la misma manera en que su identidad de humano no le convierte en bueno: «Pero no puedo ser malo porque mi padre no lo era, aunque era brujo. O quizás sólo soy bueno porque mi madre lo era... En ese caso mi padre tendría que haber sido malo para hacer el balance de brujo y de humano» (11-12). Balam comprende que su ser debe estar integrado por ambos elementos; y esta reflexión también va en contra de los conceptos católicos que presentan el bien y el mal como elementos que se excluyen mutuamente y que, por lo tanto, no pueden existir en un solo cuerpo. Según la tradición católica un ser debe ser enteramente bueno o enteramente malo, pero no ambos; Balam, sin embargo, sabe que él es ambos.

En *El árbol de los pañuelos* esta necesidad de establecer un balance parte de la noción de que los absolutos no existen, como se refleja en el discurso del mismo sacerdote que diera la orden de fusilamiento de los Cano, quien en su hora decisiva duda de su fe, pero opta por seguir los dogmas absolutos:

> ¡Señor Dios mío! Hágase tu voluntad conmigo y con ellos que la justicia llegue por la mano del hombre pero inspirada por ti. Sé que mi absolución no es posible pues soy juez pero también soy parte, el sacerdote, otros son ellos los brujos y ¿cuál de los dos tiene la razón? ¿El que dice que son brujos o los brujos que dicen que no lo son? ¿El que quiere dejarlos amarrados para fusilarlos o los que quieren que los suelten para escaparse? Que se haga la voluntad del cielo mas los brujos no deben vivir... pero el pueblo dice que tampoco pueden morir... y si aconsejo que los maten será sólo para hacerlos vivir... [...]. Yo creo en ti Señor pero también sé que no todo nos lo has dicho y puede haber algo oculto en la hoja de la hierba o en la flor del maíz aún no comprendido porque la causa de que no nos digas todo es nuestra ignorancia y nuestra ignorancia se debe a que nos dices muy poco [...], ahora te prometo que los quemaré vivos o los fusilaré con balas curadas... (13)

Esta oración del sacerdote no sólo refleja cierto sentido agnóstico, sino que también admite en parte la posibilidad de que las doctrinas católicas no sean necesariamente reveladoras de la voluntad divina; podría ser que hubiera algunos misterios aún no revelados. Nótese que el mismo sacerdote admite que estos misterios pueden estar encerrados en la hierba y en «la flor del maíz», lo que alude a las tradiciones mayas, según las cuales el ser humano fue hecho de maíz; ¿será posible que esa flor del maíz —y su misterio— a la que se refiere el sacerdote sea precisamente la raíz maya de los hermanos Cano y de Balam?

En su oración el sacerdote también revela la capacidad inmortal de los hermanos Cano. A pesar de que él decide que «los brujos no deben vivir», él también reconoce dos aspectos muy importantes: (1) que el pueblo dice que no pueden morir; y (2) que su fusilamiento los hará vivir. Aquí es el discurso del sacerdote el que introduce las implicaciones sociopolíticas de la novela en general. Los hermanos Cano —morazanistas— son inmortales y tanto el pueblo como la iglesia católica (a través del sacerdote) lo reconocen. La idea de inmortalidad de los brujos Cano representa una esperanza para el ideal de unificación de Centroamérica de Morazán; al igual que ellos, los ideales morazanistas se vuelven inmortales después del fusilamiento. Además de establecer la inmortalidad de sus ancestros, se establece la inmortalidad del mismo Balam, y se le vuelven a conferir características de Dios.

*El árbol de los pañuelos* propone que la identidad de Balam está compuesta por dos diferentes elementos: el Balam-brujo-malo y el Balam-humano-bueno, pero es precisamente la combinación de estos dos elementos la que le confiere a Balam su carácter divino. Balam no puede existir con solamente una de sus partes. ¿Es Balam bueno o malo? ¿Es Balam brujo o humano? ¿Es Balam indio? ¿Es Balam los dos? ¿Es que acaso Balam es Dios? *El árbol de los pañuelos* propone infinidad de preguntas de esta índole: «construye un mundo novelístico que permite la formulación de una serie de interrogantes en torno a los problemas más apremiantes, tanto del hombre concreto, como de los pueblos latinoamericanos en general: el de la búsqueda y encuentro de los rasgos definidores del propio rostro» (Umaña 275). Efectivamente, en *El árbol de los pañuelos* Balam nos obliga tanto adentro como afuera en busca de nuestra propia cara, nuestra identidad como latinoamericanos.

*El árbol de los pañuelos* podría compararse con las obras de Carlos Castaneda *Las enseñanzas de don Juan* (1968) y *Tales of Power* (*Cuentos de poder*) (1974) en lo que se refiere al aspecto de reconciliación de los opuestos. Según don Juan, todos los seres están compuestos por dos elementos: el tonal y el nahual (nótese que en los escritos de Castaneda, la palabra nahual es también sinónimo de brujo, como en el caso de Balam). El tonal es la parte humana que permite que los humanos puedan percibir «esta» realidad, mientras que el nahual es esa parte no–humana —esa parte mágica— que nos permite percibir otras realidades diferentes: tal vez el misterio encerrado en la flor del maíz. Pero no debemos olvidar que es el nahual el que permite que los humanos puedan «transformarse» en cualquier cosa o animal que ellos deseen; y sobre todo el nahual permite establecer la conexión con el espíritu mismo de la vida. El nahual es esa parte inmortal.

En *El árbol de los pañuelos*, Balam Cano posee la capacidad no sólo de percibir realidades diferentes, sino que puede hacer que otros perciban esas diferentes realidades. En su encuentro con el viejo que nunca había visto el mar, Balam se lo muestra con solamente extender su dedo hacia el horizonte. Podría decirse que es su identidad de brujo (su nahual en términos de Castaneda) la que le permite transgredir el tiempo y el espacio, como cuando él emprende su viaje de regreso a Ilama, cuando Ilama aún no ha nacido; cuando él escucha la llamada, que viene desde Ilama, de su padre muerto.

Su viaje de regreso a un lugar que aún no existe, reafirma la característica de Chilam que Balam posee. El profetiza el nacimiento de Ilama. Al convertir a Balam en profeta —chilam— el texto mismo se autoconfiere las características de texto profético. *El árbol de los pañuelos* profetiza el viaje en busca de su identidad emprendido por Balam, al mismo tiempo que profetiza el fusilamiento y la inmortalidad de su padre. Y así el texto se pone al nivel de *El libro de los Libros de Chilam Balam* y, al igual que él, profetiza la venida de los blancos y la destrucción de los indios. Pero siendo que Balam es inmortal, el texto también establece que sus ancestros mayas son inmortales.

Balam resuelve su búsqueda cuando logra reconciliar sus partes opuestas; ahora sabe que al igual que su padre —sus ancestros— una parte suya —la humana— morirá; pero otra, la de brujo —la mágica— vivirá eternamente. Y, sobre todo, Balam sabe que «un buen hijo no puede desobedecer la llamada de su padre» (Escoto 12). Así, *El árbol de los pañuelos* propone que la búsqueda por la identidad no es más que acudir a la llamada de nuestros padres, nuestros ancestros, nuestras raíces.

A nivel formal *El árbol de los pañuelos* está fuertemente influenciado por *Pedro Páramo* (1955) de Juan Rulfo, como el mismo Escoto ha admitido en varias ocasiones: «*Pedro Páramo* se refleja y yo no lo niego..., también hay muchos elementos del *Popol Vuh*» (Castro-Mitchell). Sin embargo, existen elementos distintos de crucial importancia en las dos obras. Mientras *Pedro Páramo* podría ser interpretado como un viaje de búsqueda que le permite al personaje establecer su identidad y solventar sus conflictos «edipales», *El árbol de los pañuelos* narra la búsqueda de las raíces y de un pasado ancestral sin ubicar a los ancestros en un espacio que no existe, sino más bien ubicándolos —ubicándonos— en un espacio en donde la magia y la realidad son igualmente verdaderas. Balam llega a Ilama (que también es un mundo mágico) porque él sabe que allí lo espera su padre, porque su padre NO está muerto.

### Referencias

Barrera Vásquez, Alfredo y Silvia Rendón, eds. *El libro de los Libros de Chilam Balam*. 12ª reimpresión. México: FCE, 1988.

Castaneda, Carlos. *Las enseñanzas de don Juan*. 1968. México: FCE, 1974.

Castaneda. *Tales of Power*. New York: Washington Square Press, 1974.

Castro-Mitchell, Amanda. «Interioridades de la creación: una entrevista con Julio Escoto». Entrevista inédita, 1993.

Escoto, Julio. *El árbol de los pañuelos*. 1972. 3ª ed. San Pedro Sula: Centro Editorial, 1991.

Umaña, Helen, «El problema de la identidad en una novela de Julio Escoto». En: *Literatura hondureña contemporánea (ensayos)*, de Umaña, pp. 275-286. Tegucigalpa: Guaymuras, 1986.

## «Identidad e historia en Julio Escoto»

### Mario Gallardo

**Fuente:** Gallardo, Mario. «Identidad e historia de Julio Escoto». *Revista de la Academia Hondureña de la Lengua*, núm. 18, enero–junio 2008, pp. 91–94.

**Autor:** Mario Gallardo. Narrador y ensayista. Licenciado en Letras. Profesor de la Carrera de Letras y director académico de la Universidad Nacional Autónoma del Valle de Sula.

Con la publicación de dos obras fundacionales (*El cuento de la guerra*, 1971, de Eduardo Bähr, y *El árbol de los pañuelos*, 1972, de Julio Escoto) la década del '70 marca para la narrativa hondureña su mayoría de edad, su ingreso a la modernidad literaria, como parte de un proceso que se inicia con *Sombra* (1940) de Arturo Martínez Galindo y se confirma más tarde con *El arca* (1956) de Óscar Acosta.

El rasgo común que identifica a estos autores es su voluntad para emprender búsquedas más originales y significativas, que implican mayores riesgos, tanto a nivel formal como temático. En el caso específico de Bähr y Escoto, sin evadir la presencia avasallante del contexto local, orientaron su talento e imaginación, sumado a una sabia utilización de formatos provenientes del «boom», pero asumidos con criterio, inteligencia y propiedad, a la construcción de una auténtica voz narrativa que les permitiera cartografiar su aldea con precisión tal que la volvieron universal.

Esta tendencia, por llamarla de alguna manera, se manifiesta con mayor fuerza en Julio Escoto, quien confirmaría la solidez de su andadura narrativa con *Rey del albor. Madrugada*, publicada en 1993, donde retomaría los puntos de inflexión de la historia nacional con aderezos provenientes del recién estrenado debate en torno a la identidad.

Lo cierto es que a partir de *La balada del herido pájaro y otros cuentos* (1969), es evidente en Escoto una nueva manera de hacer literatura, asumida como la forma más contundente de rebatir el romanticismo costumbrista, cargado de la fuerte coloración social que había imperado hasta entonces, anulando para siempre el cliché que contraponía lo vital que debía ser lo nuestro, a lo intelectual, lo estetizante, lo tabú, que debía ser lo extranjero.

En la obra de Escoto no sólo está implícito el afán por cuestionar y refundar el imaginario colectivo del ser hondureño, abandonando el sentido de la narración vista como espejo de la realidad, sino que apunta a rastrear la ruta hacia ese aleph donde confluyen las experiencias personales y el ser colectivo del hondureño, a través de los senderos aparentemente contradictorios de la imaginación, logrando «captar» la esencia de esa identidad que otros intentaron «reproducir» sin éxito.

En *El árbol de los pañuelos* (1972), Escoto lo consigue por la vía del acercamiento a la historia, estableciendo las raíces de la identidad nacional a través de la descodificación de hechos obliterados por la crónica oficial, desacralizando el «texto» al replantearlo a través de un enfoque inédito.

A partir de la historia familiar de los hermanos Cano en el siglo XIX, el texto de Escoto indaga la esencia del hondureño en su nada heroica faceta de traidor, de hecho, es el tema del «hombre como lobo del mismo hombre» magnificado en la hipérbole narrativa de la venganza de Balam.

Las claves narrativas de la obra quizás están en el doble nivel de intertextualidad: el superficial, a partir de la anécdota que ya había utilizado Amaya Amador en *Los brujos de Ilamatepeque*, y el profundo, donde la influencia del lenguaje rulfiano está presente, pero como un fantasma que no se materializa, cediendo siempre ante la originalidad de la depurada voz narrativa de Escoto.

En una frase central de su estudio sobre este libro, Helen Umaña apunta que: «Escoto refleja el doloroso sedimento y también la realidad actual de un proceso de mestizaje particularmente violento y todavía no resuelto».

La percepción de Umaña es incuestionable, pero se diluye un tanto al utilizar el término «refleja», que tiene una obvia connotación estática, cuando más bien la obra posee un sentido dinámico que plantea y cuestiona, en una sincronía total, los dilemas del mestizaje, la exclusión y la intolerancia.

En conclusión, a lo largo de toda la obra percibimos el sentido del elemento definido por Said como «mundanidad», sobre todo en la medida que el texto de Escoto trasciende a su doble referencia real: tanto a la presencia histórica de los Cano como a su correlato literario en *Los brujos de Ilamatepeque*.

El autor también ha refrendado su independencia creativa, su nexo con la imaginación al señalar que:

> mi novela encierra un mundo mágico, o lo pretende. En ese sentido hay un propio punto de vista de la realidad, pero no de la cotidiana sino del envés de la realidad... Hay igualmente una simbología que aspira a ser hondureña y universal, ofrecida por medio de un juego múltiple (palabras, planos, conjuntos) que de tan cerrado ha escondido aún cierta oscuridad. Y sobre todo hay introspección, búsqueda de las motivaciones, de las causas, de los orígenes de las reacciones del ser humano. No digo que lo he encontrado, pero bien sé que lo intenté afanosamente.

Años después, con la publicación de *Rey del albor. Madrugada,* Escoto consolida uno de los intentos más serios por hacer novela «sobre» Honduras. La ambición de Escoto de lograr un mural histórico, un texto polifónico integrado por las voces que definen el universo ontológico del hondureño, es evidente.

Pero al momento de plantearse el problema de la estructura, opta por añadir un recurso contrapuntístico: alternando una narración lineal de 18 capítulos al mejor estilo de las aventuras de espías y ambientada en los años 80, con una serie de «textos» —ordenados en un orden cronológico regresivo— que conforman los nueve capítulos imprescindibles de una inédita historia nacional.

A la primera narración, protagonizada por el Dr. Quentin Jones, no le falta ninguno de los elementos que definen a los formatos de intriga y suspenso, ahí encontraremos espionaje y contraespionaje, documentos cifrados en computadora, túneles secretos y, por supuesto, *contras* y guerrilleros, protagonistas de primer orden de la «década perdida».

Un elemento que no debe pasarse por alto es la tensión erótica que maneja este relato alrededor de dos mujeres, Sheela y Erika, personajes muy bien perfilados, que en su relación con Jones establecen una atmósfera de gran sensualidad, siempre justificada por las exigencias internas de la narración. Sin embargo, ya en el contexto general de la obra, esta narración finalmente se revela como su estrato epidérmico, si la comparamos con la «profundidad» de los nueve capítulos aparentemente accesorios, donde finalmente se refunde una visión paradigmática de la hondureñidad, vista y entendida como un proceso dinámico que aún no ha llegado a cuajar.

En resumen, la obra de Julio Escoto no sólo se manifiesta como la acción creativa para forjar un ideario ético-estético; más allá de la presencia inobjetable de un autor en pleno dominio de su oficio trasciende, y se afirma, su indeclinable voluntad por desentrañar las claves que precisan nuestra historia, que definen nuestra identidad, que nos revelan como hondureños.

## «Situaciones límite en un texto de Julio Escoto: *El General Morazán marcha a batallar desde la muerte*»

### Helen Umaña

**Fuente:** Umaña, Helen. «Cronopios», diario *Tiempo*, San Pedro Sula, 19 de marzo, 1992.

La novela *El General Morazán marcha a batallar desde la muerte* (1992) de Julio Escoto[1] se construye a dos niveles. El primero —de índole biográfica— sigue en forma fiel el trazo de los hechos principales, cruciales en la historia de Centroamérica que Francisco Morazán protagonizó. A esa línea, en lo que constituye el segundo nivel del libro, el autor le impuso una visión subjetiva, cargada de elementos generalizadores que buscan la explicación última de los problemas esenciales de la existencia: para qué estamos sobre la tierra y qué es, en realidad, la muerte. La vida y la muerte —bipolaridad encarnada en ese hombre concreto que fue Francisco Morazán— como núcleos de la reflexión del autor, aspecto al que dedicamos este trabajo.

### El triunfo de Prometeo

Carcoma y acicate ha sido para el ser humano la necesidad de encontrar una justificación de su paso por la tierra. Desde la oscuridad de las cavernas, esa búsqueda fue poblando sus insomnios de mitos y de seres con los cuales intentaba formular una respuesta. El Paraíso Perdido, Eros, Dioniso, Apolo, Venus, Palas Atenea, Prometeo, Sísifo... canalizan —en la cultura occidental— el afán por despejar incógnitas: la religazón con la divinidad; la liberación del impulso genésico, ávido de desembocar en las distintas volutas del placer; la eclosión de la libertad interior, sin cadenas que refrenen el gozo de vivir; el éxtasis creativo, fijado en el mármol, el color o la palabra; la delectación en la belleza y sus mil formas; la apropiación del universo en la conjunción de las poderosas fuerzas de la mente; la ética del trabajo y la solidaridad y la asunción estoica del absurdo y el sinsentido de la vida. Alternativas para encarar una realidad que no se entiende a plenitud.

---
1. San Pedro Sula, Centro Editorial.

Por allí —creemos— va Julio Escoto. Toma la figura de Morazán y en el umbral mismo de su muerte, en un instante de compresión-expansión ilímite, en un minuto que contiene todos los minutos de su vida, lo hace visualizar y realizar el riguroso balance de su existencia. Y es precisamente en este flujo y reflujo temporal en donde la ficción novelística permite al autor infiltrar su propio sentir. Su más íntima necesidad de ser. Desde su libertad de creador, sin traicionar la esencia del hecho histórico, explaya su visión existencial y básicamente la teje en torno a la personalidad del héroe centroamericano.

Escoto elige dos perspectivas narrativas, la del narrador omnisciente y la del narrador protagonista. Principia con el instante de la descarga asesina. A partir de ahí, conjugándolas, hace de la comprensión psicológica y de la introspección los mecanismos para la aprehensión de la conciencia de Francisco Morazán, remansado torrente, ansioso de llegar al fondo y trasfondo de la verdad, de la realidad que entraña el existir.

Escoto —a nuestro entender— levanta su plataforma interpretativa partiendo de un hecho fundamental: Morazán nunca dudó de la validez de su lucha. A contrapelo de quienes consideraron su muerte como derrota, él tuvo la suficiente visión para saber que los procesos históricos no se miden por los escasos 50 años de una vida concreta. Exigen factura de siglos. Al pie del paredón de fusilamiento hizo palpable tal convicción que la obra recoge así: «Somos unos pobres mortales, querido amigo, pero la posteridad nos hará justicia» (17). Entendiendo que esta frase concentra la certeza de una conciencia que al final del camino pudo justificarse plenamente, en el desdoblamiento ficcional, Escoto hace que el narrador ominisciente apunte:

> Su existencia, lo entendía ahora meridianamente, había tenido un significado cósmico desde los inicios, uno en que estaba obligado a prodigarse a los demás, en que debía asumir los riesgos de los sacrificios a cada instante para dejar entre los hombres la justicia de una idea, el principio de la libertad [...] espiritualmente [...] podía sentirse satisfecho: dejaba un ejemplo de entrega, había mostrado con su holocausto personal que se arriba a la tierra para luchar contra todas las adversidades por un ideal, y que sólo dándose a los otros se descubren los caminos que aproximan el ánima al círculo de la perfección. (17)

Sacrificio. Holocausto. Prodigarse a los demás. Transmitir el fuego de una idea. Luchar por un ideal. Ascender al círculo de la perfección. El eco de todos los Prometeos de la historia resuena en esas palabras con las cuales Escoto propone una ética del trabajo solidario. La vida de Morazán enfocada, pues, como concreción del enfrentamiento entre el bien y el mal, disyuntiva perentoria, opción permanente en el ejercicio del vivir:

> Hoy comprendo, estremecido en este vestido de lluvia de luz en que me estoy metamorfoseando, que las causas del bien nos deben ser impersonales y que cuando nos damos a los otros debemos hacerlo despreciando el hábito de la retribución, volviendo la espalda a los murmullos del agradecimiento, solicitando con la más tierna humildad que nuestro nombre sea borrado de la edificación de la obra, para que la obra pertenezca a la colectividad. (24)

> Sabía desde este minuto mismo que ningún hombre penetraba solo en el propio espacio de la reconciliación. Entendía que para ello era imprescindible la solidaridad, la comunión con mi hermano, el abrigo dulce y contemporáneo de la mujer. Nos estaba dispensado el error siempre que no proviniera de la maldad. (94)

Ningún hombre puede salvarse aislado de los otros. La necesidad es mutua y el abrazo solidario —totalizador— no excluye a nadie. Es más, somos los otros. Estos devienen espejo en donde la propia esencia se refleja. La tesis involucra —inclusive— a la naturaleza. En el yo, el universo, planteamiento de Ernesto Sábato que se anuncia en el título de su ensayo primigenio (*Uno y el Universo*, 1945). Al respecto, la reflexión de Francisco Morazán:

> Todas mis batallas serían inútiles si habían carecido del verdadero don de la ilusión: reencontrar mi rostro entre los sanguinolientos [sic] rostros de mis enemigos, auscultar en el brillo juvenil de los ojos de María Josefa la pasión que debía encender los míos, ver en los niños vigilantes de las veredas de Centroamérica mi propia juventud, descubrir en las salinas arrugadas de los viejos mi personal trayecto hacia la oscuridad. Qué tan vasto territorio había provisto Natura para mi soledad: ríos, mares, altivos picachos de frías e imponentes neblinas, conos de azucarado vulcanismo a la distancia, gorriones o tormentas, ciervos contra truenos, gestos, pensamientos

y serpientes. Todo estaba allí, ningún hombre moría solo, cada extinción era un pedazo de la extinción de la humanidad. (94)

El afán universal y abarcador no diluye el plano personal. Implica —sobre todo— la realización profunda en el espacio de la entrega amorosa. Las referencias a María Josefa Úrsula Francisca de la Santísima Trinidad Lastiri, esposa de Francisco Morazán, conllevan carácter de basamento, de razón y justificación del existir. Escoto alude a la pulsión más remota de la especie y, al lado de la proyección o del interés colectivos, le da al amor la categoría de dador de sentido, de fuerza «ontologizante», tal como lo apunta Cortázar. En cierta forma, la certeza de haber encontrado, en el murmullo infinito de la humanidad, la única voz destinada a entendernos:

> Pondremos a esta vela el nombre de Francisco Morazán... la otra seré yo... Mañana registraremos nuestras miradas para reconocer si nos reconocemos cuando la vela se haya marchitado... Si entonces aún me veo en el fulgor de tu retina todos mis sacrificios habrán sido compensados... (24)

> Mis días anochecen o amanecen con el silabeo de su nombre como una mágica invocación [...]. Pienso en la República como un nido de novios o como un esponsal de pastores al que asistimos para regocijarnos ancianos ella y yo. Y nuestros encuentros después de tan accidentadas distancias cubren de murmullos asedados nuestra habitación, y descubrimos que no nos ha abandonado el pájaro de la juventud, cuyos silbidos melódicos nos hacen asomar a la maravilla silenciosa del alba que ni siquiera habíamos presentido. (58)

La vida en la concepción ofrecida por Julio Escoto, sólo se explica y cobra sentido como ansia de perfección, como progresiva decantación, como conquista de planos espirituales cada vez más altos. En conjunción, las fuerzas del bien, el amor, la verdad y la belleza:

> No vibra nada, pero podría decir que vibra un dulce hálito de conciliación. Es como si todos súbitamente supiéramos que fue dispuesto así: alentar en un momento nuestros terrenales rencores para aprender a disolverlos, alimentarnos las fantasías y los sueños del afecto para limar las asperezas con que habíamos sido concebidos, conocer, poner a prueba la fortaleza de las cadenas de la amistad; sin saberlo, sabernos capaces del esfuerzo de ascender, ascender.... (73)

> La vida solo era un pasaje fugaz, la levedad del tránsito, grave escuela donde debíamos esponjarnos bajo los alientos del amor para reconocernos en la paz y edificar la verdad. (93)

> No nos amedrentan [los insultos]. Algún día aprenderíamos que Dios había dado la voz al hombre para construir la palabra con amor. (94)

> Lo confieso: solamente los caminos del amor conducen a la perfección, pero todavía no están empedrados. (59)

Ningún camino está hecho para nadie. Construirlo con tesón. Edificar la vida en visión comunitaria. Luchar porque el ideal trascienda la esfera de la posibilidad. Escalar la alta montaña de la conquista de sí. Entender la vida como ejercicio de amor universal. Sin importar el número de años vividos, llegar al final con la serenidad del deber cumplido («no había un rictus, un signo, no había una palabra de las que me debiera arrepentir», piensa Morazán, p. 93). Esta es la propuesta ética que Julio Escoto deduce del pensamiento y de las acciones del general Francisco Morazán, a quien presenta como paradigma orientador, como maestro altísimo en el arduo oficio de vivir con dignidad.

**La muerte de Tánatos**

En *El General Morazán marcha a batallar desde la muerte* observamos, desde su mismo título, la necesidad de remarcar que la muerte como extinción total del ser no existe. Es sólo el paso, el tránsito a una dimensión de luz y energía en donde, a manera de espiral vertiginosa, en ciclos sucesivos se asciende a una escala de perfección. De ahí que Julio Escoto busque despojarla de las adherencias negativas acumuladas por una visión nihilista, angustiada y terrorífica. En forma contraria a esto último, enfatiza en ideas equivalentes a una condición de calma y reconfortante paz:

> laberinto en espiral, [...] era exactamente esta masa circular del tiempo en que ahora se le alojaba la conciencia y donde sabía —pues ya no había espacio para dudar— que por fin encontraría la paz. (18)

> Estaba escrito para mí que sólo en la muerte se me concedería la paz. (34)

> Pensó si esta sería la muerte, pues sólo la muerte tendría la posibilidad de procurarle el reposo en que ahora sentía que se empantanaba y que le había faltado en el tumultuoso derrumbe de sus últimos dos años de vida centroamericana. (14)
>
> En unos pocos minutos, quizás dentro de pocos segundos, expiraré y podré entonces, sólo entonces, participar del reposo que se me tiene reservado. (22)
>
> Era extraño pero en este espacio dulce y plácido en que por momentos sentía que se deslizaba le era posible conjeturar también los accidentes del futuro. (21)
>
> a la vez estar cierto de que ese dolor pronto habría de cesar y que abriría paso a la serenidad más profunda, a la verdadera integración de su esencia como Ser. (18)

La integración de su esencia como ser. El encuentro de la dimensión auténtica del existir, en contraposición al simulcro al «remedo de la vida que es la vida» (22). La muerte como extinción total ha sido anulada. Por esta razón «es inútil el dolor: es aún más: innecesario» (23), en tanto traspasar ese umbral nos acerca a la perfección, a la verdad. Esto, si con nuestra conducta conquistamos el derecho a subir escalones hasta llegar a la revelación absoluta del enigma:

> Para quienes me odian y me aman he desaparecido, pero la muerte —penetro en el espejo de su recóndita razón— no existe y es sólo en realidad el paso de nuestras imperfectas cualidades al espacio de la verdad. Es allí donde nosotros mismos nos tasamos y nos descubrimos, desnudos del engaño, el prejuicio o la maldad, descarnado ya de nuestro espíritu todo asomo de rencor o de venganza. Sobrenadamos en una cósmica oquedad de amor que nos envuelve y nos materializa como transparentados por la luz. Dejan entonces de lado su valor nuestros pequeños vicios y sus tiránicos desmanes, recomponemos nuestra vitalidad y asistimos al asomo de la perfección, que no nos es dada sin sacrificio y sin dolor…. (23)

La muerte no es espanto descarnado. Tampoco, lugar de soledad. Es el reencuentro con los seres amados que anduvieron antes el camino. Al ver a su hijo doblado por el dolor, con la capacidad de penetrar el futuro adquirida en esa dimensión a la que va ingresando (y la cual implica la alta dimensión de hombre alcanzada durante su existencia terrenal), Morazán piensa: «No sabría [su hijo Francisco] en ese momento que el destino le iba a permitir conocer los murmullos del siguiente siglo y que faltaban 62 años para que ahogara para siempre el recuerdo de su padre asesinado y nos volviéramos a encontrar» (24).

Inclusive —sugiriendo la idea de la metempsicosis— Escoto plantea la posibilidad del retorno. Como si pensara que la energía, el valor, las virtudes alcanzadas no pueden evaporarse o diluirse en la nada. Es preciso que, de algún modo, se vuelva a empezar el ciclo. Hasta que el ser humano, en sucesivas etapas, vaya ascendiendo al límite exigido para acceder al develamiento del significado de la vida y de la muerte:

> No vibra nada, pero podría decir que vibra un dulce hálito de conciliación. Es como si todos súbitamente supiéramos que fue dispuesto así: alentar en un momento nuestros terrenales rencores para aprender a disolverlos, alimentarnos las fantasías y los sueños del afecto para limar las asperezas con que habíamos sido concebidos, conocer, poner a prueba la fortaleza de las cadenas de la amistad; sin saberlo, sabernos capaces del esfuerzo de ascender, ascender...
>
> En esta distancia singular que me va cercando cesan los motivos del odio o del enojo: conocemos todas las respuestas, no hay suceso del que no presenciemos el final, y es por ello que no nos corroe más la pasión, el arrojo del instinto o esa carcoma impávida y terrible que es el temor.
>
> Todo está retornando a su centro, el orden es inseparable de la paz. Y también somos capaces de saber que algunos estamos aún lejos de la perfección y que un día, otra vez, probablemente volvamos a empezar. (73-74)

Presentía, además, que requeriría algún espacio dentro de sí mismo para acostumbrarse a su nuevo estado, que debería aprender a desplazarse con esta nueva vestidura de energía luminosa en que se iba descarnando su delgado físico de cinco pies diez pulgadas, y que sería infinitamente paciente para aceptar esta inaudita transformación cuya mudanza no le sorprendía en absoluto. Lo que estaba experimentando era como volver a un sitio soñado o conocido, como retornar de un viaje cierto al presagio, casi como regresar del futuro a la verdad, mejor aún, a la realidad de lo que verdaderamente se es. (18)

Las citas han sido extensas, pero comprueban que Julio Escoto no trabajó el material biográfico desde la óptica fría del científico, del historiador. Tomó la anécdota y la pasó por el cristal de su subjetividad. La «contaminó» de su propia angustia y de su raigal necesidad de pervivencia, de encuentro y amarre definitivo con los seres amados que no se resigna a perder. Están *allí*: esperándolo.[2] Este ángulo de observación, personal, íntimo y nostálgico, al cargar de adherencias afectivas el lenguaje, es el que le otorga un gran valor literario al libro ya que, al no priorizar —sin omitirlas— el recuento de batallas e intrigas políticas, lo condujo a una interpretación sumamente cálida del hombre de carne y hueso que fue Francisco Morazán. Julio Escoto nos dio, en esta forma, su particular lectura de ese conjunto de signos que, desde hace doscientos años, emana un intenso fulgor desde las páginas de la historia centroamericana.

---

2. Posdata de 2020: Este trabajo se publicó en 1992. Gypsy Silverthorne Turcios falleció en 1990. Julio Escoto en ninguna entrevista había revelado que la elaboración de este libro fue una especie de salida personal para canalizar el dolor y la angustia que ese trágico suceso le provocó. Sin ninguna conversación previa percibí ese dolido trasfondo en el meditar de F. Morazán. En varias entrevistas posteriores que dio, Escoto ha confesado cuál fue el origen de la novela. Captar esa situación es una prueba del poder de la palabra cuando emerge de la profundidad del sentimiento.

## «La nueva novela histórica en Guatemala y Honduras: *Jaguar en llamas* y *Rey del albor. Madrugada*»

### Ramón Luis Acevedo

**Fuente:** Acevedo, Ramón Luis. «La nueva novela histórica en Guatemala y Honduras: *Jaguar en llamas* y *Rey del albor. Madrugada*». Letras de Guatemala, Instituto de Estudios de la Literatura Nacional de la Universidad de San Carlos de Guatemala, núms. 18-19, 1998, pp. 3-17.

**Autor:** Dr. Ramón Luis Acevedo Marrero. Profesor del Departamento de Estudios Hispánicos de la Universidad de Puerto Rico en Río Piedras, del cual ha sido director, y del Centro de Estudios Avanzados de Puerto Rico y el Caribe en San Juan. Ha sido decano asociado a cargo de asuntos académicos de la Facultad de Humanidades y director de la *Revista de Estudios Hispánicos*. Preside el Instituto de Literatura Puertorriqueña. Miembro de número de la Academia Puertorriqueña de la Lengua Española.

### La nueva novela histórica hispanoamericana

Uno de los fenómenos mas sobresalientes en la narrativa centroamericana de los ochenta y los noventa es el surgimiento o la intensificación del cultivo de una nueva novela histórica. Autores como el guatemalteco Arturo Arias, el hondureño Julio Escoto y el nicaragüense Sergio Ramírez han publicado ambiciosas novelas que proponen una nueva interpretación de la historia y una nueva formulación del género.

Al igual que *Castigo divino*, novela de Sergio Ramírez que tuvo amplia aceptación y mereció elogios de figuras como Carlos Fuentes, estas novelas se inscriben dentro de lo que se ha denominado la nueva novela histórica hispanoamericana, una de las modalidades más cultivadas en las últimas décadas y que tiene sus antecedentes principalmente en la novelística de Alejo Carpentier. A dicha modalidad pertenecen obras como *La noche oscura del Niño Avilés* del puertorriqueño Edgardo Rodríguez Juliá, *Terra*

*Nostra* de Carlos Fuentes y *El General en su laberinto* de Gabriel García Márquez. Críticos como Seymour Menton, Fernando Aínsa, Malva E. Filer y María Cristina Pons han definido, conceptualizado y estudiado esta nueva variante novelística hispanoamericana. Según Filer, quien en esto coincide con otros críticos:

> La nueva novela histórica rompe con las pautas realistas, no se impone una estricta fidelidad a los datos, ni un criterio de verosimilitud. [...] Aunque suponen una investigación histórica amplia y rigurosa, [...] en estas obras los datos obtenidos están subordinados a las necesidades de la imaginación evocadora; el material derivado de los textos históricos es inscrito dentro de un texto que les impone su propio orden y sentido y cuya escritura no rehuye, sino que cultiva, su inescapable anacronismo. (395)

Con frecuencia se transgrede el verosímil realista para incorporar elementos fantásticos y sobrenaturales a la manera del realismo mágico ya cultivado en décadas anteriores.

Fernando Aínsa, en un lúcido artículo, ha señalado diez características propias de esta nueva modalidad de la ficción de evocación histórica. Según Aínsa, la nueva novela histórica se caracteriza «por efectuar una relectura de la historia» que «impugna la legitimidad instaurada por las versiones oficiales» (7). Con tal propósito, incorpora una multiplicidad de perspectivas, confronta diversas interpretaciones, a veces contradictorias, para dramatizar la imposibilidad de lograr el acceso a una sola verdad: «La nueva novela histórica ha abolido la distancia épica (Mijail Baktin) de la novela histórica tradicional, eliminando la alteridad del acontecimiento (Paul Ricoeur) inherente a la historia como disciplina» (7).

Mientras se acerca a los hechos reales, toma distancia con relación a los mitos degradados de la historiografía oficial. Por otro lado, la nueva ficción se caracteriza por su deliberado anacronismo, por la superposición de tiempos diferentes que inciden en el «presente histórico» de la narración. El discurso ficcional puede valerse de textos preexistentes y documentarse minuciosamente o puede partir de una pura invención mimética y paródica de la documentación incorporando, incluso, textos apócrifos. Con frecuencia, ambos procedimientos se combinan en una misma obra y las modalidades expresivas son muy diversas. La relectura distanciada y anacrónica de la historia se refleja en una escritura paródica. A esto añade un agudizado sentido del humor y una mayor preocupación por el lenguaje, presidida por la clara conciencia de la naturaleza de la novela como creación verbal.

Por último, como señala Filer, quien coincide en lo esencial con Aínsa: «Debe señalarse, sin embargo, que la ficcionalización de material historiográfico en las letras de nuestro continente no responde solo a un impulso de experimentación, sino que representa una búsqueda inventiva de los orígenes la cual interpreta, a la vez que continúa creando la fisonomía cambiante de su identidad cultural» (395).

## *Jaguar en llamas*

*Jaguar en llamas*, de Arturo Arias, publicada en 1989, es una novela compleja y ambiciosa en la cual se emplean diversas modalidades discursivas. Se introducen en ella elementos épicos, dramáticos, antropológicos, mágicorrealistas, ficticios e históricos. La novela suscita varias lecturas posibles. Se puede leer como una historia de amor y aventuras, como una indagación en torno a la imposibilidad de conocer la verdadera historia, como un fantasioso relato producto de la fértil imaginación del autor o como un juego literario que asume el aspecto de un *tour de force*. No obstante, se trata también de una novela histórico-política en la cual, por medio de un recurso fantástico, el autor nos ofrece una visión totalizadora de Guatemala desde antes de la conquista hasta nuestros días. Según Dante Liano, J*aguar en llamas* es «una novela ambiciosa, extensa, documentada, que recrea el pasado histórico guatemalteco a través de la visión de un grupo fantástico de funámbulos que terminan por involucrarse en la misma historia. Parodia y desmesura se alían para lograr un gran retrato de la nación» (70).

Los personajes Ajoblanco y Amabilis representan la experiencia y la conciencia histórica colectiva de la resistencia al poder. Para abarcar el desarrollo de esta conciencia, Arias se vale de un recurso fantástico. Ajoblanco, Amabilis, Trotaprisiones y Cide H. MontRosat constituyen una banda —la «Banda de los Cuatro»— de moriscos, gitanos y judíos expulsados de España, todos perseguidos, marginados y abusados por el poder central español y europeo que ha conquistado y subordinado a América. Estos cuatro personajes fabulosos se trasladan al Nuevo Mundo y hacen causa común con los indígenas, que se encuentran en una situación análoga vis-à-vis el régimen español. Llegan a Guatemala durante la época de la conquista y poseen, al igual que algunos personajes indígenas, un extraordinario don de longevidad: viven hasta nuestra época, lo que implica haber vivido más de cuatrocientos años.

Este recurso fantástico le permite al autor dramatizar la continuidad de la conciencia histórica de la resistencia. Es, sobre todo, el crecimiento y la maduración de estos personajes como revolucionarios, así como sus diversas aventuras y peripecias, lo que constituye el eje central de la abigarrada acción de la novela. Los «cuatro» son testigos excepcionales, pero también protagonistas, de la lucha de siglos contra la opresión de los conquistadores españoles y sus descendientes, así como de las luchas interétnicas. También son artistas y escritores, instigadores de la subversión; metonimias del intelectual y de su función dentro de la revolución; personajes muy humanos, con conflictos íntimos, rivalidades y amores que complican su acción revolucionaria.

En *Jaguar en llamas* abunda la acción y la fantasía hasta el punto de que la obra se puede leer como una especie de novela bizantina de aventuras fantásticas. Encontramos hechizos, una espada mágica cuya pérdida y recuperación se extienden a través de siglos, súbitos traslados de lugar, visiones proféticas, metamorfosis nahualísticas, envejecimientos instantáneos y longevidades extraordinarias. El mundo indígena se nos presenta como un mundo humanamente complejo, deslumbrante y fabuloso. A la manera del realismo mágico, los elementos sobrenaturales se basan en la mentalidad mítica indígena y en las creencias esotéricas europeas, árabes y judías. La huella de Miguel Ángel Asturias, a quien se cita en la novela, está presente, no solo en la incorporación de elementos mágicorrealistas, sino también en el espíritu imaginativo que anima la novela. Aquí Arias es más imaginativo, lúdico y poético que en sus novelas anteriores. Hay en esta obra mayor soltura, mayor frescura y gusto por narrar, mayor atención a la creatividad puramente lingüística.

De hecho, la novela se nos presenta como un entramado de voces y está compuesta por varios tipos de texto. Algunos capítulos corresponden a la autobiografía de Ajoblanco, el caballero guerrero de la banda. Otros capítulos y fragmentos corresponden a la biografía del mismo Ajoblanco escrita por Cide, el sabio cronista del grupo. También encontramos fragmentos de la autobiografía de Amabilis. Muchos de los capítulos aparecen narrados por una voz autorial externa que simpatiza con los protagonistas y con su aspiración revolucionaria. En otros, de carácter mayormente paródico, un historiador contemporáneo y oficialesco, narra sus peripecias en busca de los orígenes de la subversión en su país y manifiesta su empeño en desautorizar las versiones alternativas y revolucionarias de los otros textos. A esto se suman fragmentos de un texto poético en prosa titulado *El juego de la pelota*, atribuido al poeta subversivo Othon René Castillo y Aragón, nombre que alude a dos poetas revolucionarios guatemaltecos muy reales: Otto René Castillo y Luis Cardoza y Aragón. También hay continuas alusiones a cronistas reales y apócrifos, referencias a obras claves como el drama indígena *Rabinal Achí* y el *Popol Vuh*, relato mítico de la historia del pueblo quiché, así como a obras literarias de autores guatemaltecos de los siglos XIX y XX. Por último, están las notas, el prólogo y la contraportada del supuesto editor de todo el libro: Giovanni Bouvard-Pétrone. Estos paratextos se alternan, se imbrican, se complementan y se contradicen en un continuo juego dialogístico, que, sin embargo, no afecta la interpretación fundamental de la obra.

Dos aspectos presiden la amplísima visión histórica del país que presenta *Jaguar en llamas*. Por un lado, se trata con frecuencia de una historia paródica en la cual se combinan elementos y personajes rigurosamente históricos con episodios y personajes totalmente inventados y fantasiosos, lo cual, en conjunción con el ludismo lingüístico, confiere a la novela su espíritu carnavalesco. Por otro lado, y aquí reside su mayor originalidad, la historia se nos da desde la perspectiva marginal y alterna de los vencidos. En este caso, no son los hechos de los conquistadores y sus descendientes ladinos los que ocupan el primer plano; sino la historia indígena y su relación con los ladinos. La historia oficial de los blancos —la conquista, la colonización, la independencia, las guerras civiles entre conservadores y liberales, las intervenciones extranjeras— aparecen como telón de fondo que incide relativamente poco en la trayectoria principal de la novela. Vemos entonces el desarrollo histórico del país desde un punto de vista inusual y extraño, por nuestro eurocentrismo, pero muy válido y necesario, sobre todo para los que intentan transformarlo. En última instancia, lo que se propone es la necesidad de echar a un lado esa perspectiva eurocentrista, y de conceder al indígena un lugar principalísimo a la hora de comprender a Guatemala y transformarla. Es necesario abandonar la soberbia europea y aprender del indio y restablecer su plena dignidad humana.

Esta tesis central se desarrolla a través de toda la novela y simultáneamente sirve como su principal eje de articulación. Como señala Ajoblanco, uno de los personajes principales, después de abundantes e infructuosos esfuerzos por cambiar la historia: «...mi error, nuestro error, fue el querer enseñarles a los indios el camino de su liberación... [...] ...y hoy me he dado cuenta... [...] ...que era exactamente al revés» (306). Luego añade: «Somos nosotros los que tenemos que aprender de ellos para poder liberarnos juntos» (306).

El principal error de la resistencia indígena ha sido enfrascarse a través de la historia en guerras interétnicas que tienen su origen en la situación precolombina y que se alimentan de viejos rencores y ambiciones de grandeza y poder. El texto propone una interpretación social más bien clasista y no etnológica de la lucha por la liberación y de los factores que la obstaculizan. Solo identificando al verdadero enemigo se podrá lograr la transformación del país. A esta conclusión llegan Ajoblanco y Amabilis, después de una larga y dolorosa trayectoria de lucha: «era también triste el tiempo y las vidas perdidas para llegar a entender que para triunfar verdaderamente era necesario unificar a todas las etnias, y que indios y ladinos pobres hicieran causa común para salvarse como especie humana de la tiranía de todos los imperios que existieron y pudieran aun surgir» (318).

En fin, *Jaguar en llamas* es una novela rica, ambiciosa, compleja, imaginativa, arraigada en lo guatemalteco, que en su visión abarcadora, marginal y mágicorrealista del pasado y el presente del país ilustra la adaptación de las estructuras y las visiones de la nueva novela histórica a la circunstancia centroamericana y particularmente al problema de la integración y la identidad nacional. Según Marc Zimmerman: «Here then is the first Guatemalan effort since Asturias' *Hombres de maíz* and Cardoza y Aragón's *Guatemala, las líneas de su mano* to forge a national narrative epic able to subsume much of the country's history and literature and achieve a kind of macromodel of political and cultural transformation» (193). No obstante, como señala el propio Zimmerman, este esfuerzo se realiza en clave paródica y carnavalesca, e insiste en la problematización muy postmoderna de la referencialidad histórica del texto. Existe, a nuestro juicio, una tensión no totalmente resuelta entre la intención épica, nacionalista y políticamente revolucionaria del texto y estas dudas que se manifiestan con relación a la posibilidad de nombrar y acceder al pasado histórico real.

### *Rey del albor. Madrugada*

El propósito de Arias de escribir una novela que sea una épica nacional que abarque la totalidad de la historia del país desde una perspectiva alternativa y revisionista, contraria al discurso oficial, es esencialmente el mismo del hondureño Julio Escoto en *Rey del albor. Madrugada*, publicada en 1993, pero concebida y comenzada desde mucho antes. Sin embargo, también existen diferencias significativas.

Esta novela, que supone una impresionante labor de investigación, erudición, reflexión, interpretación e integración de abundantísimo material, amén del trabajo específico y arduo de su cuidadosa escritura, se propone integrar el pasado y el presente de Honduras dentro de un amplio contexto internacional. Sin desviarse del eje central hondureño, más bien profundizando en él, se presenta no solo como la épica histórica del país, sino como ejemplo particular y revelador del pasado y el presente de Centroamérica, Hispanoamérica y, en general, de los países coloniales y neocoloniales. La vida histórica hondureña se ramifica muy lejos del ámbito geográfico estrictamente nacional para extenderse hasta África, Inglaterra y Estados Unidos, así como al espacio próximo del Caribe y Centroamérica.

Más que una novela, en las 548 sólidas y apretadas páginas del texto, casi carente de márgenes, Escoto nos propone un vasto mural en el cual se incorporan, alternadas con el relato principal, unas diez novelas cortas con su propia unidad y autonomía, su propio estilo y su propia perspectiva, pero integradas temáticamente al conjunto. Tras la lectura de *Madrugada* nos percatamos de que todas sus novelas anteriores —*Los guerreros de Hibueras* (1967), *El árbol de los pañuelos* (1972), *Días de ventisca y noches de huracán* (1980), *Bajo el almendro... junto al volcán* (1988), así como su biografía novelada o novela biográfica *El General Morazán marcha a batallar desde la muerte* (1992) y sus relatos breves— también forman parte de este vasto mural. *Madrugada*, especie de «suma», integra toda su producción cuyo tema constante es su país, Honduras, país generalmente desconocido, ignorado, marginado y estereotipado como típica y tragicómica «República Bananera», condescendiente con la penetración de potencias extranjeras, carente de una clara identidad nacional, base de operaciones para la intervención en los países vecinos.

Corregir esta visión, desenterrar lo que Escoto considera la verdadera historia del país, desenmascarar la situación actual, aclarar los constantes vínculos internacionales que han condicionado su triste destino, destacar las contradicciones internas, trazar las complicadas y fascinantes líneas de su mano, es, sin duda el propósito primordial del autor. Así lo establece desde el primer capítulo uno de los personajes al describir la situación y proponer un proyecto de escritura:

> *un país subdesarrollado... al que le han inventado su historia, al que le han ocultado durante siglos su verdadera realidad... Un pueblo cuya cultura básica ya cumplió los mil años, fundamentada en la gloriosa civilización de los Mayas, sin que hayamos alcanzado a comprenderlo y reconocerlo. Un pueblo que aun glorifica a los conquistadores en el jolgorio de sus fiestas locales, un pueblo que olvidó su lengua y sus dioses para adoptar los de los extranjeros... Estamos en la obligación de reescribir esa historia... eso es el imperativo categórico del devenir de la conciencia de nuestra identidad, tan agobiada, tan asfixiada por el clímax de la violencia, de la pobreza y el intervencionismo.* (16. Las bastardillas son del autor).

La preocupación fundamental de Escoto es precisamente la reescritura de la historia. La novela se inserta dentro de una secular guerra ideológica cuyo objetivo es el control y la manipulación o la liberación del discurso histórico de la nacionalidad. Para lograr su propósito de reescribir y liberar la verdadera historia de Honduras, Escoto recurre al género proteico de la novela; combina la historia y la ficción, la realidad y la fantasía, la erudición y la imaginación, en un esfuerzo que lo inserta también dentro de la nueva novela histórica hispanoamericana.

No obstante, más cerca de *El siglo de las luces* de Carpentier o *El General en su laberinto* de García Márquez que de *El mundo alucinante* de Reinaldo Arenas o *Los perros del Paraíso* de Abel Posse, Escoto no se toma grandes libertades con la historia. Es muy sobrio en la introducción de elementos fantásticos o mágicorrealistas. Su afán de testimoniar el pasado, de plantear su relato como esencialmente fiel a los hechos y condiciones históricamente verificables, lo llevan a ceñirse a los límites de la verosimilitud realista. Podría decirse que, contrario a Arias, en el escritor hondureño la mirada del historiador subordina el libre juego de la imaginación y que la ficción está al servicio de la historia. Sin embargo, dentro de estos límites, Escoto encuentra amplio margen para la imaginación y la ficción.

La imaginación novelística cumple en *Madrugada* una función esencial: la de rescatar, por encima y por debajo del dato escueto y la mera documentación, casi siempre provenientes de los sectores dominantes, la otra historia del país: la intrahistoria, la vivencia concreta y humana de los personajes y las situaciones del pasado, sobre todo, de los sectores marginados u olvidados como el indio, el negro esclavo, el criollo pobre, el soldado común, el conspirador en contra del poder.

Curiosamente, es en la fabulación del presente donde encontramos más desatada la invención de Escoto. Esta acción presente de la novela se encauza a través de un original esquema que la hermana al *thriller*, específicamente a la novela de espionaje. Ocupa la posición central, no un personaje hondureño, sino extranjero: Mr. Jones, historiador y profesor norteamericano de mucho prestigio, negro, por más señas, lo cual resulta determinante. El gobierno hondureño le ha ofrecido un jugoso contrato para escribir una nueva historia oficial de Honduras que sirva como instrumento ideológico para contrarrestar la subversión en el país. Pero Mr. Jones no es un norteamericano típico, mucho menos la imagen proverbial del ugly American. Intelectual honesto, viudo cuarentón que ha vivido bastante, acostumbrado por su condición racial a las artimañas del prejuicio y el poder, saludablemente escéptico, inteligente y receptivo, sin vocación de héroe o de mártir, pero motivado por un claro sentido de justicia y un irreprimible deseo de conocer y dar a conocer la verdad, Mr. Jones, como principal focalizador, provee la perspectiva ideal —distanciada, pero empática— para descubrir con el lector el mundo hondureño, cuyo centro es la ciudad de Tegucigalpa, una ciudad que despierta poderosamente su curiosidad por su extrañeza, su densidad histórica, su abandono, su pobreza y su vida secreta.

Muy pronto, Mr. Jones, contactado por una organización clandestina y presionado por las autoridades del país y del extranjero, se va involucrando en la propia historia que intenta descubrir. El azar y otras fuerzas poderosas intervienen para que él, poco a poco y a través de una enmarañada intriga, descubra los planes ultrasecretos de los Estados Unidos para anular la soberanía de Honduras y anexar al país a la gran potencia del norte. Se trata de un proyecto de «puertorriqueñización» de Honduras, de convertir al país en una especie de Estado Libre Asociado de los Estados Unidos (la referencia a Puerto Rico es explícita en la novela). El plan forma parte de un esquema mucho más amplio que incluye también al resto de América Latina y que tiene como propósito conjurar la crisis inminente de la economía norteamericana, motivada por la competencia japonesa, antes de que sea demasiado tarde.

La intriga, digna de una novela de Ian Fleming, se desenvuelve entre la compleja maraña que forman los grupos clandestinos hondureños, el ejército nacional, la contra nicaragüense, las organizaciones internacionales de inteligencia norteamericanas e israelitas, la alta tecnología informática y los intereses de las compañías internacionales. Escoto maneja este complicado entramado con indudable destreza, jalonando la acción mediante golpes cada vez mas sorpresivos. A esto se suman las peripecias eróticas de Mr. Jones que se entrelazan con los asuntos políticos. El final queda abierto, pero en buena medida constituye un triunfo de las fuerzas de resistencia que, con astucia y sofisticación, ganan, aunque sea parcialmente, esta partida.

Intercalados como capítulos independientes, sin ningún nexo ni explicación en términos de la trama, aparecen, a partir del capítulo noveno, «Amanecer en Olancho (1974)», episodios históricos que nos van remontando hacia atrás en el tiempo hasta el momento de la conquista, dramatizado en el último capítulo, «La memoria de nosotros (1495)». Esta especie de «viaje colectivo a la semilla» incluye episodios de las guerras civiles, golpes de Estado, incidentes de la época de la independencia, intrigas de la colonia, ataques misquitos, intervenciones inglesas en la costa caribeña, piratería, tráfico de esclavos, cimarronería, disputas entre los primeros colonizadores y rebeliones indígenas. A través de estos episodios intercalados se va trazando la compleja formación del pueblo hondureño y de la nacionalidad. Además, la fabulación del presente se inscribe dentro de un vasto proceso de intervenciones extranjeras, luchas internas, oposición y resistencia.

La visión de Escoto no es simplista ni unilateral. El autor recoge múltiples perspectivas y no escamotea la complejidad de los procesos históricos. Así, por ejemplo, el misquito defiende su alianza con Inglaterra contra el poderío español y los guerrilleros contemporáneos problematizan su lucha con la quiebra del socialismo histórico. Son, por lo tanto, abundantes los discursos que se entrecruzan dialógicamente en esta novela.

La destreza y el oficio de Escoto como narrador se ponen a prueba sobre todo en los relatos intercalados que asumen diversas situaciones narrativas y variados modos de presentación, puntos de vista y lenguajes para crear la sensación de verosimilitud e inmediatez y para enriquecer semánticamente el tejido novelístico. Entre estos capítulos sobresalen «Diario de la guerra (1924)», presentación dramática y fragmentada de un triste episodio bélico nacional; «Mateu Casanga (1621)», relato autobiográfico en español africanizado y aportuguesado de un esclavo negro que abarca el ciclo completo de la esclavitud —captura en África, viaje infernal en el barco negrero, trabajo bajo tierra en las minas, servicio doméstico en la casa del amo, fuga, cimarronaje, captura y muerte—; y «La memoria de nosotros (1495)», recreación desde el lenguaje y la perspectiva indígena —fusión de mito, realidad y poesía— del choque inicial entre nativos y conquistadores.

En este capítulo final se resalta la figura de Lemquiaco —astuto, sabio y valeroso caudillo— que muere a manos de los españoles tras una encarnizada lucha. El narrador indígena cuenta la historia a los suyos para cerrar su relato y la totalidad de la novela con estas reveladoras palabras: «Puestos los pedazos en ollas de barro lo mandaron a quemar y echar las cenizas a la laguna. Allí mora con los dioses que algún día volverán porque si es cierto que solo somos un soplo vano que se inclina con el huracán y que desaparece, vosotros guardaréis la memoria de todos nosotros» (545).

Las palabras del anónimo narrador indígena son proféticas; prefiguran la novela de Escoto y su principal intención. El autor de *Madrugada* ha querido rectificar, fijar y proyectar el pasado del pueblo hondureño, «la memoria de todos nosotros», para situar en amplia perspectiva temporal el presente y el futuro en que algún día «volverán los antiguos dioses propios». La imagen que se afirma del pueblo hondureño no es la de una colectividad complaciente, conformista y acomodaticia, fácilmente manipulable y vendida a las grandes potencias, como se concibe con demasiada frecuencia, sino la de un pueblo enfrentado a fuerzas muy superiores a las suyas que, en ocasiones, ha sucumbido, pero siempre ha resistido con inteligencia, valentía y dignidad, padeciendo terribles consecuencias. La novela, de cara al futuro, recupera la difícil esperanza de la utopía, pero sin concesiones a falsas idealizaciones.

Al igual que en *Jaguar en llamas*, la desmesura es un rasgo sobresaliente de esta obra. Se trata de una de las novelas mas ambiciosas que se haya producido en Centroamérica. Incluso, en su afán totalizador y rectificador, Escoto a veces resulta un poco excesivo en su didáctica histórica. Esto se evidencia, sobre todo, en algunos diálogos extensos más expositivos que dramáticos y en la proliferación de abundantes detalles informativos de época. Por suerte, estos elementos están lo suficientemente motivados por la fabulación como para no desentonar. Por otro lado, sería injusto insistir en *peccata minuta* frente a una obra de proyección tan amplia y de tantos indudables logros entre los cuales se destacan la creación de escenas impactantes, como la inicial, la creación de personajes muy convincentes en su humanidad, el desarrollo efectivo de una complicada intriga, la armónica fusión de realidad y ficción, el impecable manejo de un riquísimo registro lingüístico, la cuidadosa y original estructuración, la vasta y bien empleada erudición histórica y la interpretación profunda y reveladora del pasado y del presente de uno de nuestros países más marginados y menos conocidos.

Tanto *Jaguar en llamas* como *Rey del albor. Madrugada* son novelas históricas totalizadoras de intención épica. En ambos casos se construyen vastos murales encaminados a revisar la versión oficial de la historia y construir nuevas definiciones de la identidad nacional en las cuales los sectores populares, los vínculos internacionales y el libre juego entre pasado y presente ocupan un lugar privilegiado. La multiplicidad discursiva y el libre manejo de la diversidad de técnicas narrativas también son comunes. Más dialógica, fantasiosa, lúdica y carnavalesca la novela de Arias; más apegada a la historia e ideológicamente orientada la novela de Escoto, ambas son excelentes muestras de la nueva novela histórica hispanoamericana que, publicadas en Centroamérica por pequeñas editoriales de sus respectivos países, desgraciadamente aun no han alcanzado la atención y la difusión que merecen.

## Referencias

Aínsa, Fernando. «La nueva novela histórica latinoamericana». *El Nuevo Día*, San Juan de Puerto Rico, 15 de marzo de 1992.

Arias, Arturo. *Jaguar en llamas.* Guatemala: Editorial Cultura, Ministerio de Cultura y Deportes, 1989.

Escoto, Julio. *Rey del albor. Madrugada.* San Pedro Sula: Centro Editorial, 1993.

Filer, Malva. «Los perros del paraíso y la nueva novela histórica». En: *Homenaje a Alfredo Roggiano*, editado por Keith McDuffie y Rose Minc, pp. 395–405. Pittsburgh: Instituto Internacional de Literatura Iberoamericana, 1990.

Liano, Dante. «La obsesión histórica en Arturo Arias». En: *Cambios estéticos y nuevos proyectos culturales en Centroamérica*, editado por Amelia Mondragón, pp. 67–72. Washington, DC: Literal Books, 1994.

Zimmerman, Marc. *Literature and Resistance in Guatemala,* Vol. I. Athens: Ohio University Press, 1995.

## «Globalización o nacionalismo. El dilema de *Rey del albor. Madrugada*, novela de Julio Escoto»

### Linda J. Craft

**Fuente:** Craft, Linda J. «Globalización o nacionalismo. El dilema de *Rey del albor. Madrugada*, novela de Julio Escoto». *Paraninfo*. Revista del Instituto de Ciencias del Hombre, Tegucigalpa, núm. 11, julio 1997.

**Autora:** Dra. Linda J. Craft. Profesora Emérita de Español y Literatura y Cultura Latinoamericanas en la Universidad de North Park, Chicago. Autora de varios libros y estudios sobre literatura centroamericana, incluso *Novels of Testimony and Resistance from Central America* (1997).

En la novela *Rey del albor. Madrugada* (1993) de Julio Escoto, conversan dos personajes ficticios del siglo XVIII, el cacique miskito Don Robinson y la colona criolla Aurelina, quien se compadece de la miserable fortuna de los indígenas de la zona que hoy día forma parte de la costa norteña de Honduras: «Son el pueblo más pobre de la tierra» (269). Don Robinson rechaza esa conmiseración afirmando su identidad orgullosa y la independencia de su comunidad: «Pero somos eso ¡pueblo!, ¡pueblo!, pueblo con historia y orgullo, nación con raza, reino con límites y jefes y leyes y tradición» (269). Su afirmación resume el tema central de la novela: la preocupación por y el deseo de una nación inclusiva y la construcción de una identidad nacional.[1]

Aunque el miskito expresa la confianza de su autoconocimiento, otros grupos dentro del mismo espacio nacional no tienen tanta seguridad. En el panorama que nos presenta Escoto de los personajes trasplantados, desde los esclavos negros y los criollos del pasado hasta los marginados y refugiados de hoy, se preguntan repetidamente: «¿quiénes somos?». El contexto es

---

1. Tema central también de otros textos recientes de la comunidad garífuna de Honduras: *La Bahía del Puerto del Sol y la masacre de los garífunas de San Juan* (1994), testimonio de Víctor Virgilio López García, y *Loubavagu: el otro lado lejano* (1980), la «crónica teatral musicalizada» de Rafael Murillo Selva Rendón, los cuales se examinan en la versión ampliada de esta investigación: Craft, «Ethnicity, Oral Tradition, and the Processed Word».

la misma nación que, entre tantos esfuerzos de varios grupos étnicos por reconstruir sus propias historias y con eso sus identidades, se va redescubriendo.

La definición de un grupo étnico por R. A. Schermerhorn sirve a mis propósitos:

> Un grupo étnico es [...] una colectividad dentro de una sociedad más grande de la cual tiene una verdadera o supuesta prosapia común, memorias de una historia compartida, y un enfoque cultural sobre uno o más elementos simbólicos definidos como el epítome de su esencia como pueblo. Ejemplos de tales elementos simbólicos son: patrones de parentesco, contigüidad física (como en el localismo o seccionalismo), afiliación religiosa, lengua o formas de dialectos, afiliación de tribu, nacionalidad, rasgos fenotípicos, o cualquier combinación de éstos. También necesaria es alguna conciencia de especie entre los miembros del grupo. (Citado en Sollors, «Theory», 262)[2]

En cuanto a la raza, sigo a Sollors, que clasifica la raza como un aspecto de la etnicidad (*Beyond Ethnicity*, 39).

El texto de Escoto presenta una realidad contemporánea hondureña que es, por descripción, poliétnica y plural y, por prescripción, inclusiva. Se reconoce la importancia del mestizaje, la dinámica de la fusión o la coexistencia de las razas; sin embargo, no se pretende que se haya logrado una armonía racial ni una «raza cósmica». Escoto documenta una historia de abusos contra los pueblos de color en lo que llama Stanley A. Cyrus una sociedad pigmentocrática, o una «mestizocracia» («Ethnic Ambivalence», 30). Al revelar la «objetivación» de muchos de sus paisanos por una minoría de élites de tez clara, el autor denuncia la inmoralidad del legado de la conquista y el colonialismo. Tal discurso minoritario que surge de los márgenes o la periferia, según J. B. Kubayanda, plantea preguntas colectivas de la identidad y el destino empezando con la básica «¿Quiénes somos?», pasando a una consideración de la victimización en «¿Qué nos ha pasado?» y «¿Qué hemos hecho para merecer esto?», llegando hasta una «subjetividad» activa que se pregunta, «¿Qué podemos hacer?» y «¿Adónde vamos?» (116). Para Escoto, la subjetividad o la agencia significa demandar

---

2. Las traducciones son mías a menos que se indique otra fuente.

todos los beneficios de la ciudadanía y la participación igualitaria dentro de la nación. Sueña con una sociedad (pos)moderna, democrática, y multicultural de negros, indios, mestizos y blancos que se juntan espiritualmente y que disfrutan de los beneficios de ser una nación. Aunque la etnicidad marca la diferencia, la nación trasciende estas diferencias y promueve la unidad.

Los grupos étnicos, formados según los lazos de ascendencia («bonds of descent») —para usar el modelo de Sollors— establecen los lazos de consentimiento («bonds of consent») con otros grupos dentro de la nación poliétnica. La etnicidad ayuda a definir a la nación desde dentro; la oposición a la hegemonía estadounidense la define desde fuera y en realidad es la razón principal por la unificación de varios grupos. Esta dimensión nos lleva a la consideración de otra dinámica que complica la situación, la globalización como proceso que debilita la nación, un proceso que Escoto parece rechazar por peligroso. No es nada nuevo la antipatía, por lo menos, el amor/odio que muchos latinoamericanos sienten por el Gigante del Norte. La «Cocacolonización» o la «McDonaldización» del Sur ha representado el imperialismo económico y cultural para ellos desde hace mucho tiempo. Adquiere nueva importancia e interpretación en la edad de las computadoras y del «supercamino de la información» en *Madrugada*. Veremos la relación y el efecto sobre las cuestiones étnicas y nacionales después de considerar la trama y los temas de la novela.

*Madrugada* literalmente recoge los fragmentos sociales y culturales legados por el colonialismo; intenta construir una narrativa poliétnica nacional que defina la identidad hondureña y la contraponga a la creciente intrusión cultural de Estados Unidos. Un sacerdote comprometido plantea el problema al que se debe dirigir la novela y, por extensión, la nación. Honduras, dice, es un país en marcha, una marcha lenta, pero de todos modos una marcha. Pero «nosotros mismos no nos reconocemos [...]. Cuando se supone que vamos paso a paso formando nuestra nacionalidad, nuestra identidad moderna como nación, [las potencias vigentes del mundo] intervienen y nos la trastocan, nos la reorientan, nos la modifican» (99). Lo peor es que Estados Unidos no solamente les dice a los hondureños lo que deben hacer, sino que también les vende las máquinas con que deben hacerlo. Las máquinas, las computadoras, la tecnología avanzada de la modernidad parece a primera vista benigna y (*user*) *friendly*, sobre todo cuando se contrasta con las importaciones anteriores del imperialismo militar. No obstante, en *Madrugada* estas máquinas representan para la autonomía nacional y la identidad cultural una amenaza más engañosa y más peligrosa que las armas.

Como si estuviera anticipando una novela, Werner Sollors escribe, parafraseando a Abner Cohen, que «en este momento alguien estará escribiendo una novela etnocéntrica en una procesadora de palabras» («Theory», 286). Se supone que el etnocentrismo es una idea anticuada en un mundo moderno y que la declaración de Sollors es antitética, pero Sollors y William Boelhower deconstruyen esta suposición. Sollors escribe: «Sería un atajo teórico presumir que el alza de una economía mundial más uniforme y del progreso técnico lleve a la desaparición de las fronteras étnicas» (267). En realidad, puede ser lo contrario. Boelhower explica que «una parte de la razón por la centralización del discurso étnico en los debates culturales recientes [...] es por supuesto que el sujeto étnico debe hablar de su propia ausencia» («Under the Sign», 340). Tal vez, sigue teorizando, estén en juego ciertos atributos del posmodernismo:

> Estos están ubicados en el momento del pasaje de la sociedad de un paradigma industrial a un paradigma informacional. La informática y su exasperación del *nunc* ubicuo ahora sustituye una visión humanística caracterizada por el progreso del sujeto y la emancipación de la comunidad humana. Los medios de comunicación predominan y logran convertir esta comunidad en una sociedad electrónica en que nada nuevo o real es posible bajo el sol... En otras palabras, tenemos una inmensa red global capaz de unir el espacio de territorios nacionales individuales en un circuito informacional instantáneo y sin horizontes. Es posible que todo co-exista; y la historia, la noción del mismo progreso, los grandes mitos de legitimidad, todas se vacían de su contenido anterior mientras circulan y recirculan en las pantallas de nuestros televisores. (Boelhower, 341)

El sujeto es un nómada en el ciberespacio; las fronteras y los territorios dejan de existir. Sin embargo, en un caso como el de Honduras, un país que nunca experimentó la industrialización de la modernidad, la idea de un posmodernismo no demarcado es casi una broma. La mayoría del país cojea al mercado mientras los pocos con suerte navegan por la Internet o van de compras en el *Home Shopping Network*. Los millones de hambrientos sí saben muy bien que no se les incluye en esta llamada empresa democrática. Hay tantas contradicciones. Con el miedo de desaparecer completamente, el sujeto reafirma su identidad por medio del mito y la historia del origen étnico y/o nacional.

El texto mismo es un oxímoron —*Madrugada* es una novela *high tech* de alta velocidad situada en uno de los países más pobres y subdesarrollados del hemisferio. Honduras es una tierra de contrastes violentos «donde sobrevivían juntas la rueca del medievo y la máquina Singer de coser, la lumbre de tuza [sic] y el televisor, el buey y la carreta de troncos a la par del automóvil, la quijada de Caín y el arte de Abel [...], los jeroglíficos junto al lápiz y el papel» (Escoto, 504). Parece que sufre una crisis de identidad.

Es muy probable que Escoto compusiera su texto en una PC; además, colocó un archivo de computadora *top secret* en el centro de su trama. Descubrir la contraseña y entrar al ciberespacio prohibido de la embajada estadounidense es el trabajo y la dirección de la narrativa principal. La amenaza es «Madrugada», un plan secretamente ideado por los norteamericanos para extender su control de América Central por medio del poder de la información y la tecnología en un mundo pos-Guerra Fría. Quien gana es «quien posee más o acumula más información» (455); se define la información como «el producto más caro, ambicionado y nutritivo del mundo» (494). Varios otros episodios ficticios entrecortan esta historia, los cuales se basan en conflictos culturales e históricos que empiezan con el asesinato de un sacerdote en Olancho en 1974 y retroceden en orden cronológico hasta la resistencia indígena al imperialismo en 1495.

El que un extranjero, el profesor norteamericano Quentin Jones, llegue a Honduras para escribir la historia oficial del país a la invitación del gobierno hondureño ofende a los intelectuales locales y a los políticos progresistas. El que sea negro mitiga solamente un poco su posición porque se encuentra simultáneamente en el margen y en el centro. ¿Dónde están sus simpatías? Es una personalidad ambivalente al principio.

La tarea del profesor Jones es paralela a la revisión que hace Escoto de la historia hondureña. Al empezar, Jones experimenta la sensación de penetrar en un túnel «largo, oscuro y tormentoso que era la historia de Honduras, es decir, el otro pedazo del espejo de la historia de toda Latinoamérica» (117). Siguiendo las instrucciones del presidente de la República, Jones intenta escribir «una fábula, una narración, la forma en que nació, se gestó y se formó la nación» (30). Se incluirá solamente lo positivo; no se hará caso del rencor causado por la presencia norteamericana en tierra hondureña (21). Obviamente, el presidente sabe bien el poder del mito y de la narrativa nacional en cuanto interpretación de sus sujetos. Geoffrey Bennington tiene sospechas de tales esfuerzos de encontrar un centro que fije la identidad colectiva de un pueblo: «At the origin of the nation, we find a story of the nation's origin» (121). Hay solamente la narrativa, nada más. Y es una narrativa lo que sirve los intereses del poder. En cuanto al profesor, todavía no se da cuenta de que sus investigaciones van a ayudar a resucitar la Leyenda Negra para impugnar aún más a España, continuar la desculturación de los locales y prepararlos para una aculturación anglosajona eventual. Sin saberlo, Jones es un participante clave en la implementación de «Madrugada».

Temprano en su trabajo Jones se encuentra con el portero de seguridad (*gatekeeper*) de «Madrugada» y pasa el resto de la novela tratando de penetrarlo. A través de sus lecturas y sus contactos con guerrilleros urbanos, sacerdotes comprometidos, agentes de la Contra, viruses de computadoras, asesores militares norteamericanos y personal de la embajada —nunca se puede saber quién es quién en este drama de alto suspenso— Jones desenmascara lentamente «la otra cara de la historia» (267). Desde los orígenes de la nación hay una historia de abuso y explotación por las potencias imperiales —los españoles, los franceses, los ingleses, los norteamericanos— y por las élites nacionales que conspiran con ellos para subyugar y vender en primer lugar a los indígenas y luego a los negros «como esclavos y animales» (267). Los únicos héroes son los que resisten y mueren como mártires.

Cuando Jones descifra el código, lo hace en el mismo momento en que llegamos a los episodios históricos más tempranos de la novela, los cuales describen los acontecimientos catastróficos de la primera mitad del siglo XVI. Nos preguntamos si hay una conexión estructural y simbólica: ¿Ha llegado Jones al comienzo, al origen de su propia narrativa histórica al descubir la clave de Madrugada? ¿Ha revelado «lo que sintetiza lo latinoamericano» (405)? Abre los archivos electrónicos de la embajada cuando escribe la palabra de pase «Altar Q-Humo Jaguar», una referencia al altar principal de las excavaciones de Copán, centro religioso de los mayas de la antigüedad, y a uno de sus reyes. El mismo Madrugada fue el último rey y trató de unificar las diversas comunidades mayas en «una sola nación indígena» y levantar el orgullo nacional, pero se derrumbó su mundo a causa de «una erosión, un monstruoso colapso cultural» (404). Es obvio el paralelismo con la crisis hondureña moderna. No habrá ninguna unidad ni identidad si su cultura se rinde ante las fuerzas externas. ¿Es el recuerdo de su pasado precolombino una clave para el futuro de Honduras como nación, como una «comunidad imaginada» (en el sentido de Anderson)?

Jones descubre que la meta del plan secreto de Madrugada es la «anglización» de la región y la «necesidad de desespañolizar el pensamiento de la raza mestiza centroamericana»: «Cualquier orgullo de una ascendencia hispana debe ser borrado, revertido, avergonzado y aniquilado» (470). Se realizará la conquista ideológica cuando la presencia de Estados Unidos sea una realidad diaria en las vidas de los «nativos» por medio de la televisión, la radio y los intercambios internacionales. ¿Por qué debe Estados Unidos tomar medidas para propagar su cultura? Una parte del plan Madrugada revela que la misma supervivencia del Gigante del Norte está en peligro. Algunos documentos oficiales de la embajada norteamericana explican por qué es su «destino» sobrevivir a todo costo: «Por la inercia estructural, la nación más tecnológicamente desarrollada debe proteger y asimilar a las otras. A Estados Unidos le corresponde esta función humanitaria y trascendental» (469). La propagación cultural es el equivalente de la «misión salvadora» de los religiosos (469).

El motivo subyacente es que la hegemonía cultural asegure la hegemonía económica. Parece que hay riquezas en América Central aún desconocidas entre los propios habitantes. Al «adquirir» a Centroamérica como parte de su territorio en una nueva «América Unida», la potencia imperial podrá explotar estos recursos. No es parte del plan, sin embargo, que los hondureños, al ser absorbidos, alcancen el mismo estándar de vida de que gozan los norteamericanos. Cuando el sacerdote observa que pronto se van a hacer miembros de la misma «familia», Jones —que lentamente se da cuenta de lo que significa su descubrimiento— responde que desafortunadamente «los imperios no conocen hermanos, trabajan solamente con siervos y esclavos» (467). Una fraternidad internacional no es lo que propone Madrugada.

Afortunadamente para la Honduras de Escoto, Jones nunca escribe la versión solicitada de la historia. Al final, Madrugada es dado a conocer, pero no desbaratado. Jones tiene que huir del país y los lectores nos quedamos con el misterio de lo que ha pasado con los archivos de la embajada. Sin que los norteamericanos lo sepan, Madrugada ha llegado a las manos de la inteligencia israelita que lo podrá usar más tarde como chantaje o para negociar con Washington. El mensaje parece ser que Estados Unidos debe buscar camorra con un país del mismo tamaño (tecnológico), y que por lo menos otra nación del «Primer Mundo» puede proveer el contrapeso que Honduras no puede. De todos modos, Honduras ha comprado tiempo para hacer frente a sus divisiones internas como también a las amenazas externas.

Lo que Escoto propone es una ética basada en la aceptación, apreciación y celebración de la diversidad y la herencia poliétnica: «América era el crisol de las generaciones, la fragua universal de la mezcla de los elementos más disímiles de la humanidad, el hervidero del tiempo, la confluencia geométrica de todos los espacios y las ideas y los sentimientos, el magma, la sima, el cono del volcán» (506). A menos que esta descripción se interprete como el equivalente al concepto norteamericano del *melting pot*, notamos que no se habla más que de la boca para afuera a los pueblos indígenas y a los primeros colonos negros de Honduras (235). En la visión de Escoto, la presencia de un discurso multicultural dentro de la nación contribuirá a su vitalidad y se opondrá a las fuerzas externas que harán invisibles a los sujetos de la misma nación. Lo importante es que nadie —ni el paisano ni el extranjero— tiene el derecho de quitarle a un pueblo su cultura, «sus dioses de palo, sus ídolos de piedra y sus altares de barro... porque para ser hermanos los amigos tienen que ser diferentes... es la alquimia de la vida» (223). La novela de Escoto expresa el deseo y la búsqueda de una «realidad genuinamente plural», una identidad compuesta que «admita la existencia colectiva o múltiple en América», como observa Kubayanda (120). *Madrugada* es la literatura en resistencia que pide una autorrenovación tanto como una renovación nacional por medio de la recuperación de sus raíces (Kubayanda, 123). Al mismo tiempo que deconstruye el poder, construye su propio centro, la nación.

Además, parece que no hay ningún peligro de una «balcanización», sobre todo si existe un enemigo externo para unificar a los varios grupos étnicos. Uno de los amigos guerrilleros de Jones identifica el origen del conflicto: «si se lucha, se lucha contra la maldad imperial, la maldad congénita de todos los imperios, no contra ninguna nacionalidad» (304). Escoto se parece a Rodó en este momento, denunciando las influencias de una cultura tecnológica, práctica, eficiente y homogenizante importada de los filisteos del norte

El proyecto de Escoto es el complemento de dos textos garífunas de Honduras (ver Craft, «Ethnicity») en que trata de rescatar la identidad de una «república bananera» tradicionalmente condenada a los márgenes culturales y actualmente en peligro de extinción. La clave, para dichos textos y para *Madrugada,* se encuentra en las raíces. La publicación de la novela de Escoto coincide, de una manera interesante, con el reciente descubrimiento de muchos tesoros arqueológicos en Copán. Escoto deconstruye los mitos oficiales de la exclusividad y reconstruye otra historia nacional para promover la solidaridad multicultural y para afirmar el derecho de coexistencia de su país con los demás —y a pesar de los demás— que quieren explorar a Honduras para sus propios propósitos. En este texto, el discurso étnico es una reacción contra un anonimato posmoderno y la desaparición eventual. La etnicidad otorga un sentido y una individualidad a las existencias y los seres a quienes falta ese sentido. Al volver a las raíces, Escoto encuentra una inspiración que les puede ayudar en su lucha por sobrevivir.

Podemos problematizar la posición de Escoto si consideramos las recientes investigaciones y teorías de la globalización resumidas por Malcolm Waters, quien opina que la etnicidad y su expresión política, el nacionalismo, son amenazantes e irracionales. Citando a Hobsbawm, dice que «la nación-estado, soltó las fuerzas del nacionalismo cuando juntó la etnicidad al proyecto del estado» (133). No obstante, está seguro de que la etnicidad no va a desaparecer y tampoco significa la globalización una homogeneización o una integración como lo teme Escoto. Waters concluye que la globalización implica simplemente más conexiones y un proceso de «desterritorialización» (136). Es un proceso de fluidez que lleva el centro a la periferia (por medio de las imágenes electrónicas y el turismo), y la periferia al centro (las naciones-estados previamente homogéneas han seguido, como consecuencia de la integración económica, una dirección multicultural) (137). Curiosamente, la búsqueda de los tradicionalistas por sus orígenes y sus raíces en el pasado es un ejemplo del fundamentalismo étnico; las tradiciones rescatadas del pasado en un mundo posmoderno, en el que la identidad se asocia con el estilo de vida y el gusto, cambian constantemente y, mezcladas con la vida diaria, pueden contribuir a un ambiente posmoderno de una Disneylandia histórica y étnica (137).

Sin embargo, Waters estudia el proceso desde el centro, Escoto desde la periferia. Es obvio que Escoto no tiene nada de confianza en este momento de que haya consecuencias culturales positivas en Honduras como resultado de la invasión tecnológica. Su experiencia —la de Honduras como vasallo de Estados Unidos— ha sido de una relación desigual y unidireccional entre los dos países. También ha presenciado el racismo y la discriminación étnica y económica hacia Honduras dentro de Estados Unidos. En *Madrugada* prefiere jugar con los varios discursos étnicos dentro de su propio país para llegar a una democracia inclusiva y una identidad nacional orgullosa que Honduras nunca ha gozado anteriormente. El regresar a las raíces le inspira a buscar otro comienzo —una madrugada de esperanza en que sea posible evitar un monstruoso fracaso cultural y una pérdida total de identidad y autonomía.

# Bibliografía

Anderson, Benedict. *Imagined Communities. Reflections on the Origin and Spread of Nationalisms.* London: Verso, 1983.

Bennington, Geoffrey. «Postal Politics and the Institution of the Nation». En: *Nation and Narration*, editado por Homi Bhabha, pp. 121-137. London: Routledge, 1990.

Boelhower, William. «Under the Sign of Hermes: Postmodern Strategies of the Ethnic Subject». En: *Cross-Cultural Studies: American, Canadian and European Literatures: 1945-1985*, editado por Mirko Jurak, pp. 337-344. Ljubljana: Ucne Delavnice, 1988.

Craft. Linda J. «Ethnicity, Oral Tradition, and the Processed Word: Construction of a National Identity in Honduras». *Revista Hispánica Moderna*, vol. 51, no. 1, 1998, pp. 136-146.

Cyrus, Stanley A. «Ethnic Ambivalence and Afro-Hispanic Novelists». *Afro-Hispanic Review*, vol. 1, no. 1, January 1982, pp. 29-32.

Escoto, Julio. *Rey del albor. Madrugada.* San Pedro Sula: Centro Editorial, 1993.

Kubayanda, Josaphat Bekunuru. «Minority Discourse and the African Collective: Some Examples from Latin American and Caribbean Literature». *Cultural Critique*, no. 6, 1987, pp. 113-130.

Sollors, Werner. *Beyond Ethnicity: Consent and Descent in American Culture.* New York: Oxford University Press, 1986.

Sollors. «Theory of American Ethnicity...». *American Quarterly*, no. 33 (Bibliography), 1981, pp. 257-283.

Waters, Malcolm. *Globalization.* London: Routledge, 1995.

## «Utopía postcolonial en *Rey del albor. Madrugada* de Julio Escoto»

### Héctor M. Leyva

**Fuente:** Leyva, Héctor. «Utopía postcolonial en *Rey del albor. Madrugada* de Julio Escoto». En: *Historia y ficción en la novela centroamericana contemporánea, Honduras*, compilado por Werner Mackenbach, Rolando Sierra Fonseca y Magda Zavala, pp. 163-179. Tegucigalpa: Ediciones Subirana, 2008.

**Autor:** Dr. Héctor Leyva Carías. Profesor de la Carrera de Letras, Universidad Nacional Autónoma de Honduras, Tegucigalpa. *Cum laude* al doctorarse en Letras en la Universidad Complutense de Madrid en 1996. Miembro de la red académica internacional que publica *Istmo. Revista de estudios literarios y culturales centroamericanos*. Mención de Honor en el Premio Andrés Bello Memoria y Pensamiento Iberoamericano (2006).

La escritura literaria muestra poder transitar en el espacio de la especulación histórica al menos en dos direcciones: articulando una propuesta de memoria del pasado colectivo y formulando un horizonte de posibilidades para el futuro. En los países del Tercer Mundo donde la historia ha sido sentida como una imposición, en el sentido de prevalecer la idea de una ausencia de control de los acontecimientos sociales, el cambio de milenio parece haber renovado las preguntas sobre el destino común, lo que podría explicar en parte el auge en Latinoamérica de lo que se ha llamado la Nueva Novela Histórica. Algunas de estas novelas, como es el caso de *Rey del albor. Madrugada* de Julio Escoto (1993), junto a las preguntas sobre quiénes somos, de dónde venimos y a dónde vamos, se han planteado el hipotético escenario de ser en libertad, esto es, el de la autodeterminación en ausencia de la dominación, lo que en cierto modo supone una renovación de la utopía.

**La Nueva Novela Histórica**

En Centroamérica la Nueva Novela Histórica representa un conjunto heterogéneo de obras que en número creciente parecen ir ocupando el espacio literario hasta hace poco dominado por la narrativa testimonial. Como ha señalado la crítica, estas novelas han reinstalado el pasado lejano, frente a las instantáneas de la historia inmediata, desde perspectivas y planteamientos narrativos novedosos que incluyen una relativización del tiempo histórico y una multiplicación de sus interpretaciones políticas (Menton; Mackenbach; Grinberg Pla). Más que alejarse del presente, sin embargo, estas novelas parecen tensar el arco del tiempo o desplegar el espectro de sus posibilidades desde la interrogación del aquí y el ahora de las sociedades. Como corresponde a la escritura histórica, estas novelas entablan un diálogo con los hechos del pasado (más o menos elaborados y en algunos casos del todo inventados por los autores) preguntándose por el sentido o sin sentido del acontecer social y desde la incertidumbre que provocan los propios tiempos actuales.

Cierto equívoco derivado de un concepto convencional de la historia parece interponerse en la apreciación de estas novelas al entenderlas como «aquellas cuya acción se ubica total o por lo menos predominantemente en el pasado» (Menton; Mackenbach). Esto en el sentido que la historia no es el pasado, inabarcable e impensable en términos absolutos sino su reconstrucción, su muchas veces caprichosa e imaginativa intelección discursiva, que por ello parece congeniar tan bien con la escritura literaria. Desgraciadamente, como señala Braudel, «no es posible sorprender la realidad sin asustarla», en el sentido que los hechos no pueden encontrarse en estado puro (Braudel, 23).

Como han señalado otros autores al ocuparse de novelas históricas centroamericanas, el presente condiciona las inquisiciones del pasado entre otras cosas formulando los problemas que el propio discurso histórico aspira a resolver e instaurando al mismo tiempo el marco de inteligibilidad de los hechos que se recuperan (Perkowska-Álvarez).

La crítica literaria ha resaltado como dos de las motivaciones principales de estas nuevas novelas históricas la revisión del discurso histórico oficial como cuestionamiento del poder hegemónico desde perspectivas alternativas y el replanteamiento de las preguntas sobre la identidad como expresión de una forma de resistencia frente a los procesos homogeneizadores de la globalización (Mackenbach). En ambos casos merece destacarse entonces que es la inquietud suscitada por el presente la que mueve a estas novelas a volver sobre el pasado. En cierto modo, incluso puede decirse que no son los hechos del pasado lo que hace que estas novelas sean históricas sino la atribución de un sentido a los mismos, el alegato sobre el devenir que constituye propiamente la proyección de una cierta interpretación histórica que a su vez es deudora en buena medida de la posición política e ideológica de los autores en su tiempo.

Historiadores como Edward H. Carr han hecho notar que las interpretaciones de la historia suelen variar dependiendo de los períodos de mayor o menor fortuna que atraviesen los grupos sociales o las sociedades, o de si se trata de un historiador radical o de uno conservador, o de uno inclinado por las ideas humanistas o por las religiosas o por el nihilismo. En tiempos de prosperidad las interpretaciones tienden a ser optimistas y el acontecer social se ve como un proceso de ascenso, mientras en tiempos de crisis o de grandes dificultades las interpretaciones tienden a ser fatalistas y se vuelve sobre la idea de ciclos de nacimiento, esplendor y decadencia.

Incluso desde un mismo presente, favorable para unos y desfavorable para otros, el pasado puede ser visto de distinta manera. Los de tendencia radical tienden a considerar que el hombre hace la historia y que consecuentemente es posible cambiar su curso; los conservadores en cambio suelen inclinarse por ver la historia como un proceso de pérdida y se muestran más preocupados por las formas de ejercer control sobre los acontecimientos y preservar el bienestar humano, mientras los poetas y los místicos suelen inclinarse por creer que el hombre se halla sometido a fuerzas impersonales o a designios inescrutables frente a los que es inútil oponer resistencia. Para unos la historia tiene un sentido humano, para otros, divino, mientras para otros la historia puede tener muchos sentidos y ser todos válidos, o lo que es lo mismo, carecer por completo de sentido (Carr).

Algunas de estas opuestas tendencias es posible encontrarlas en la Nueva Novela Histórica cuyo auge podría estar poniendo de manifiesto la relevancia para el presente de un replanteamiento del sentido de la historia. Al menos para algunas de esas novelas podría ser válida la idea de que han sido motivadas por la entrada en crisis del paradigma histórico de la modernidad, que fundado en la confianza del progreso humano condujo a las grandes guerras del siglo XX y más recientemente al derrumbe del proyecto socialista y a la hegemonía del capitalismo global. En Latinoamérica donde el proyecto de la modernidad se vio aliado al de la independencia y después al de la revolución nacionalista, antiimperialista y socialista, los signos del presente han sido interpretados por algunos novelistas como la evidencia que frustra la idea de una historia como avance de la libertad y parecen inclinarse si no por el fin de la historia al menos por proclamar su sinsentido. Otros autores, aunque confrontados con la modernidad por la historia de dominación que ha impuesto a los países del Tercer Mundo, buscan restablecer los que fueran sus planteamientos primordiales en una visión promisoria del futuro.

**Postcolonialidad**

Esto último es particularmente evidente en *Rey del albor. Madrugada*, una novela cuya acción se sitúa en los últimos años ochenta cuando caía el mundo socialista con el consecuente avance del capitalismo global y cuando Centroamérica había entrado en el proceso de pacificación. Desmantelado el proyecto de un futuro socialista esta novela replanteó el antiimperialismo nacionalista como una reivindicación del derecho a la autodeterminación, a la potestad de los pueblos de conducir su historia, manteniendo viva entonces la aspiración irrenunciable a la libertad.

En el pasado esta novela no sólo encuentra los restos de la identidad fragmentada sino hechos que le permiten imaginar los riesgos y posibilidades de un futuro emancipado. En este sentido, la propuesta cobra el carácter de utopía postcolonial no sólo porque imagina una historia más allá de la dominación sino sobre todo porque expresa aquella actitud (intelectual, social y cultural) que busca articular un contradiscurso o un discurso alternativo frente a los discursos del poder emanados desde los centros hegemónicos y que imponen una historia prefigurada (tanto como sistemas de verdades o diseños globales de la vida social e individual) en los países periféricos (Toro).

Un paso más allá o más acá de la crisis del presente, la corriente de estudios culturales que se desarrolla actualmente tanto en las academias del Primer como del Tercer Mundo encuentra en los esfuerzos por expresar un posicionamiento postcolonial una posibilidad intelectual y práctica capaz de resistir el poder, desestabilizar sus principios y consecuentemente capaz de imaginar otras historias (Pyne).

Para Walter Mignolo, lo postcolonial es una práctica intelectual que cuestiona la modernidad desde la historia y las herencias coloniales, lo que la distingue del cuestionamiento postmoderno que lo hace desde los límites del pensamiento hegemónico de la historia occidental. En ambos casos se busca iluminar los momentos irracionales de la modernidad pero desde posiciones diferentes: en un caso desde los propios centros de poder y en el otro desde los espacios periféricos, con lo cual se trata más de un desplazamiento teórico y de la apertura de un umbral de pensamiento que de una ideología o de una corriente disciplinaria como fue común que se expresara esta forma de pensar en el pasado. Así, lo postcolonial ha coexistido con las condiciones coloniales y neocoloniales (desde el cristianismo de Las Casas o Guamán Poma de Ayala hasta el marxismo de Mariátegui y la izquierda latinoamericana pasando por los movimientos nacionalistas de la negritud y los pro-identitarios del Quinto Centenario) de forma que con mayor simpleza incluso, este posicionamiento podría reconocerse como un pensamiento anticolonial (Mignolo).

Lo postcolonial supone un replanteamiento del mapa del conocimiento en cuanto que coloca en una posición privilegiada a un objeto (las condiciones y los efectos de la colonización europea) y persigue una recolocación del sujeto que conoce (una identificación con la experiencia de los habitantes del Tercer Mundo). En este sentido se trata no de una negación de la razón sino de la afirmación de la razón del otro, y de un programa de acción que afecta la economía social del conocimiento. Semejante reposicionamiento, a juicio de Mignolo, debería tener un fructífero rendimiento para la producción de conocimiento y el avance de las reivindicaciones políticas como lo han tenido los casos comparables de los posicionamientos de género, raza o clase para las ciencias sociales y los movimientos pro derechos humanos en todo el mundo.

**Una novela sobre la autodeterminación**

*Rey del albor. Madrugada* es una novela sobre la autodeterminación en cuanto que la indagación de la identidad se hace desde el presente de un país ocupado (durante la guerra antisandinista) y amenazado de disolución por la hegemonía de EEUU. El texto narra con un claro sentido humorístico y bajo el formato de las novelas de espionaje típicas de la Guerra Fría, la aventura de un historiador negro norteamericano que después de aceptar un contrato para escribir una historia de Honduras (una versión oficial positiva destinada a las escuelas), descubre con la colaboración de los grupos subversivos locales y en las propias computadoras del Departamento de Estado un vasto plan de dominación que incluye la anexión de los estados centroamericanos y el control de recursos naturales y mercados en todo el continente. Esta ignominiosa e intolerable «historia-ficción» constituye, sin embargo, sólo uno de los descubrimientos de la novela que al mismo tiempo que narra las aventuras del historiador Quentin Jones vuelve una y otra vez en capítulos alternativos sobre el espiral del tiempo, remontando el pasado a medida que el protagonista se adentra en el presente. De este modo, la novela encuentra una historia de violencia y dominación que encadena al imperialismo norteamericano actual con el imperialismo español colonial y con las clases gobernantes criollas, lo mismo que encuentra a algunos de los hombres y mujeres que en otros tiempos lucharon contra el poder, pero sobre todo encuentra que el sueño primordial fue y sigue siendo el de la libertad: el sueño de un pueblo de ser él mismo, el de realizar en la historia su ser más profundo aún cuando éste pudiera resultar contradictorio, escandaloso o salvaje.

Sheela, una hermosa negra de ojos azules, que representa el sujeto postcolonial empoderado, le explica al historiador que se ha tratado de una obsesión irreductible: «*mis antepasados esclavos* —le dice— *añoraban la libertad y según las crónicas coloniales uno de ellos escapó trece veces, ¡trece veces, Quentin!, de la sujeción española... Cada vez le cortaban algo para imposibilitarle huir: los ojos, los brazos, los pies, lo amarraban al cepo y él sólo esperaba, aguardaba pacientemente a que lo soltaran, se arrastraba con los muñones hasta las afueras de la ciudad, Tegucigalpa era entonces sólo un real de minas, y lo volvía a intentar...*» (227. Siempre, las bastardillas son del autor).

En su vuelta al pasado la novela descubre con fascinación estos personajes que buscaron e incluso algunos alcanzaron la libertad en tiempos coloniales: los esclavos fugados, los negros cimarrones, los mestizos renegados o perseguidos, los indios infieles o huidos de los poblados que juntos formaron en las montañas recónditas y en las selvas lo que se conoció entonces como los palenques rebeldes donde se ensayó por primera vez y de forma atrabiliaria y alucinante esa utopía. La novela parece sugerir que ese proyecto, el de la liberación del propio ser, concebido ahora como sueño postcolonial de emancipación, no se ha apagado ni habrá de apagarse a pesar de los avatares históricos.

En este sentido lo político, como el anhelo por controlar la dirección de los acontecimientos sociales, es central en *Rey del albor. Madrugada* que proyecta sobre los hechos del pasado su ideal de futuro. En su antiimperialismo nacionalista, lo mismo que en su utopismo social, es notoria en la novela la permanencia de las ideas de la teoría de la dependencia que predominaron en la región desde la década del 60. No obstante, es notoria también la renovación de estos planteamientos que se distancian del ideal de la revolución socialista y se apegan a los propósitos más simples y básicos de la libertad y la autodeterminación.

El punto de partida ideológico de la novela es el reconocimiento del fracaso de la izquierda y la asunción del vacío de paradigmas políticos con que se inicia una nueva época en la que, sin embargo, se proyecta por un impulso histórico de mayor duración la vocación emancipatoria.

Sheela que conduce a Quentin al interior de los grupos de izquierda del país plantea con claridad esta situación:

> *nosotros que siempre nos hemos considerado la vanguardia del pueblo, que hemos vivido asumiendo y creyendo que conocemos y distribuimos la verdad, en realidad lo único que hemos hecho es construir... el edificio de un inmenso fracaso... Lo que sentimos es como si durante setenta años hubiéramos estado volando sobre una alfombra rota y que ahora, para empeorar las cosas, nos jalaran por debajo la alfombra y nos dejaran en un vacío en el que parece que no nos quedara nada, ni teoría, ni próceres, ni postulados, nada.* (223)

Quentin Jones se muestra profundamente intrigado por el camino que podrán seguir los hasta entonces revolucionarios, pero aunque constata que las ideas del marxismo-leninismo se deslíen de su discurso, advierte con pasmo que no desaparece de su vocabulario la palabra «revolución». Uno de los líderes intelectuales del movimiento cuyas ideas el historiador negro ha considerado socialdemócratas le dice: «*Si Usted quiere terminar de comprender lo que está ocurriendo hoy en Latinoamérica escriba una sola palabra, profesor Jones... Revolución...*» (100).

Contrario a lo que primero piensa el historiador, sin embargo, no se trata exactamente de la revolución socialista sino de la autonomía frente a los poderes hegemónicos imperiales:

> *Si Usted se da cuenta, Doctor, nosotros nunca hemos podido gobernarnos solos, siempre hemos estado bajo la vista del ojo del huracán de un imperio: los ibéricos, los ingleses, los holandeses, los franceses, los americanos... De ahí la actitud [que] desarrollamos desde entonces contra el tiburón, [... la] animadversión, [... la] animosidad..., lo que queremos decir es que en síntesis... nuestra rebeldía latinoamericana no se da porque seamos congénitamente así sino porque lo hemos aprendido, lo hemos mamado. Parte de nuestra personalidad es la insatisfacción, el movimiento, el avance contra el estatismo, porque detrás de todo estatismo lo único que se encuentra son los intereses de los imperios antiguos y modernos.* (100–101)

Jones piensa entonces que a lo que están aspirando es a la independencia, pero el propósito es incluso más simple: «"¿*No es eso lo que ustedes están tratando de proclamar*", preguntó, "*la independencia*"?» «"...*no exactamente*" reflexionó [Sheela], "*lo único que deseamos por ahora es suprimir la dependencia, que es algo muy distinto*"» (232).

El problema, por lo tanto, es el de la subordinación política que impide a los pueblos ser dueños de su destino. Es el control de la historia que debería permitir realizar las propias aspiraciones, lo que sigue sublevando a la corte de opositores a la que pertenecen los personajes, para los que otras formas de relaciones (o de dependencias) pueden ser favorables e incluso necesarias para los países.

Como hacen ver otros personajes la lucha no se dio en el pasado contra los españoles y ahora contra los norteamericanos, sino siempre contra las formas del poder imperial: «*si se lucha se lucha contra la maldad imperial, la maldad congénita de todos los imperios, no contra ninguna nacionalidad*» (304).

La perversidad de estas formas de subordinación se halla en la consumación de una suerte de represión del ser de los pueblos, de su identidad y de su dignidad, de sus intereses y de su derecho a realizarse en la historia. Es en este sentido que en la novela la indagación identitaria se liga a la histórica y al cuestionamiento político de la hegemonía norteamericana.

La utopía surge de todo esto como un sueño obstinado que se sobrepone incluso a las evidencias del presente. Más allá de la condición sometida del continente los personajes como Sheela tienen confianza que en el ser latinoamericano se encierra un enorme potencial que aguarda escondido y que será capaz en cualquier momento de desencadenar un cambio espectacular. Es la confianza en la que se considera una cualidad latinoamericana: la impredecible creatividad:

*Una fisura, una abertura en la historia, un hueco en el abismo y el latinoamericano ¡zas! se cuela por allí, da el salto, se hace otro sin dejar de ser él. A eso le dicen el camaleonismo del mestizo pero no es eso, es algo mucho más intenso y mucho más profundo, cómo lo pudiera explicar, la nuestra es una personalidad en rotación permanente como una espiral de fuego que se va agotando y se va consumiendo pero que a la vez alumbra y se transforma....* (228)

Muchos de los capítulos históricos de la novela constituyen una rememoración de la violencia y la dominación: el asesinato de un cura de la teología de la liberación, el golpe de Estado contra el reformador Villeda Morales, la guerra fratricida de 1924, el pacto de que todo cambia para seguir igual de la Independencia, las incursiones de corsarios y piratas, las luchas de la conquista, etc., pero también buena parte de estos capítulos se destinan a remontar en el tiempo esa «espiral de fuego» del ser nacional en que se conocieron hallazgos de la identidad y experiencias de la libertad.

### Búsqueda de la identidad en la selva

Puede sostenerse que la búsqueda de la identidad constituye uno de los puntos fuertes del pensamiento postcolonial en la medida en que parte del supuesto de que existe un ser —esencial para algunos o histórico para otros— original, diferente o al margen del ser europeo colonial. Un ser americano o nacional soñado o intuido de cuya reivindicación y realización depende en buena medida la felicidad del continente. Fernando Aínsa ha demostrado que la búsqueda de la identidad en lo salvaje ha llegado a constituirse en un arquetipo del imaginario literario de América, desde *La vorágine* (1924) de José Eustasio Rivera y *Canaima* (1934) de Rómulo Gallegos pasando por *Los pasos perdidos* (1953) de Carpentier hasta *La Casa Verde* de Mario Vargas Llosa (1966), *Daimón* (1981) de Abel Possé y la obra de autores más jóvenes. Según Aínsa muchas novelas de la selva representan una especie de viaje iniciático terrible e iluminador al centro de la identidad. Desde un punto de vista postcolonial, este ingreso en lo salvaje supondría más allá del desplazamiento geográfico o natural traspasar las fronteras del pensamiento colonizado (de los espacios sometidos al orden que invisibiliza al ser) y el ingreso en lo que se supone son sus fuentes originales o primordiales.

De paso puede decirse que si esto es así, si la búsqueda de la identidad en lo salvaje constituye un arquetipo en la literatura del continente, entonces se está ante uno de esos fenómenos de la historia que Braudel ha llamado de larga duración: la condición colonial expresada como inconformidad y como la búsqueda de las claves del ser en los espacios no modelados por ese orden colonial. E igualmente podría decirse que más que ante un fenómeno nuevo se estaría ante una constante renovada del pensamiento emancipatorio americano.

Según Aínsa, esta narrativa traza un «movimiento centrípeto» que se aleja de las ciudades para ingresar a través de la selva en las fuentes naturales del ser, y en este sentido, señala el autor, «debe inscribirse en la larga tradición "mítico literaria" que Mircea Eliade ha tipificado como la empresa del "navegante" que quiere alcanzar el punto sagrado donde se encuentra el "templo" o el "centro" que le permite elaborar su propio ordenamiento cosmogónico del mundo». El centro del mundo buscado con ansiedad está finalmente donde se «es» integralmente (Aínsa, 233, 260).

Interesa aquí analizar con algún detalle ciertos capítulos de la novela que actualizan el arquetipo de la selva como desplazamiento a los espacios de la identidad y la libertad, en la medida en que siendo inquietudes motivadas en el presente, encuentran cristalizaciones aleccionadoras en el pasado. En uno de esos capítulos una jovencita criolla es raptada por un jefe misquito quien la hace descubrir el mundo desconocido de esa nación insumisa, mientras en otro un esclavo narra su fuga a los palenques rebeldes de las sierras, y en otro es un indio brujo quien desaparece para pasar a formar parte de los héroes míticos de la resistencia a la conquista. En términos de Aínsa el viaje a la selva es consustancial al viaje histórico en cuanto que navegar por los ríos que llevan a ella es remontar el tiempo histórico hacia sus fuentes originarias (248). En la novela el ingreso en estos espacios donde florecieron las naciones rebeldes supone el viaje histórico del estado civilizado al natural, de la condición colonizada a la de la libertad y en este sentido no es sólo una vuelta al pasado sino el encuentro con las que podrían ser las claves perdidas de un futuro utópico.

**Aurelina y Don Robinson**

El episodio del rapto de la joven criolla narrado en la novela tiene una referencia histórica recogida en documentos de la época tal como lo narra Troy S. Floyd en un estudio sobre La Mosquitia que el propio Julio Escoto publicó bajo su sello editorial en 1990. De acuerdo con el relato de Floyd, Colville Breton era un indio alto y robusto del pueblo sumu, destacado jefe de los rebeldes misquitos, quien en una incursión al poblado nicaragüense de Juigalpa tomó entre los prisioneros a María Manuela Rodríguez Mojica, una niña ladina de diez años de quien se enamoró y quien, según las versiones de la época, consiguió convertirlo al catolicismo y convencerlo de casarse con ella. Las autoridades políticas y religiosas españolas decidieron tomar partido de esta circunstancia y aprovecharon la celebración del matrimonio de María y Breton por la ortodoxia católica para sus planes de ganarse a la nación rebelde. Una vez consumada la unión religiosa, Breton se prestó para conducir a un grupo de misioneros a los territorios misquitos. El sambo rey George y los demás jefes, entre ellos algunos parientes suyos y mucha de la población infiel, desconoció la autoridad que hasta entonces había tenido Breton y lo mataron en algún momento entre marzo y junio de 1790, mientras María fue devuelta por los frailes misioneros a territorio español (Floyd, 164–173).

La novela, aunque se basa en los mismos hechos, ofrece una versión del todo diferente. En lugar de centrarse en la conversión de Breton, presentada con ribetes de peyorativa comicidad en los relatos de la época, lo hace en la de la propia joven que aceptó casarse con un jefe de los salvajes. Mientras en la versión oficial Breton cayó perdidamente enamorado y tuvo miedo de la ira de Dios, manifestada por signos de catástrofe (huracanes y tormentas que los shamanes interpretaron como amenazas de castigo por su unión ilícita con una joven cristiana y por sus ofensas, saqueos y profanaciones de los poblados también cristianos), en la novela este jefe rebelde tiene claras motivaciones políticas y está pensando en fundar una nación que obtenga el reconocimiento y el respeto de españoles e ingleses y que pueda vivir y progresar en paz. Así, en lugar de ser la niña criolla la que triunfa en su empeño de imponerle la religión católica al líder rebelde, es éste el que la convence de que su unión podía ser beneficiosa para todo un pueblo.

Es significativo que la novela se haya desentendido de las rocambolescas vueltas que de acuerdo con los documentos tuvo esta historia, que pudieron resultar atractivas desde la perspectiva de la narrativa burguesa generalmente proclive a los romances y anécdotas originales, y que en su lugar se haya ocupado mayormente de las impresiones psicológicas de la joven al descubrirse en la selva y de las poco vistosas confrontaciones discursivas con Breton. Entre los requiebres de la historia oficial que ignora la novela hay que contar el viaje de Breton a Cartagena donde se entrevistó con el virrey de Nueva Granada quien aceptó bautizarlo y le regaló un lujoso uniforme militar con encajes dorados; las dudas de la propia María que en el último momento quiso echar marcha atrás en lo del matrimonio pero que finalmente fue obligada a ello por el obispo (lo que apoyaría la versión de la novela en el sentido de que era ella la que había sido convencida para hacerlo y no al contrario); la pomposa ceremonia del matrimonio en la ciudad de León en Nicaragua con corridas de toros, desfiles y juegos pirotécnicos, y finalmente el asesinato de Breton antecedido de intrigas y de la traición de su propio sobrino Alparis Delce (Floyd, 164–173).

El episodio en la novela comienza cuando Aurelina (como se llama aquí la joven) recupera la conciencia en una choza misquita a mitad de la noche y en el corazón de la selva, mientras afuera los guerreros celebran con una orgía y fuegos ceremoniales su saqueo a los poblados españoles. La violación inminente de la joven y las demás mujeres con ella cautivas, la anuncia un perro sarnoso que le olisquea los pechos. El contacto con lo salvaje cobra aquí el carácter de terror y de repulsa a lo otro, a lo desconocido, al caos de las fuerzas de la naturaleza libradas a su voluntad. Los guerreros efectivamente irrumpen en la choza con el propósito de gozarse de sus trofeos humanos, pero lo impide el jefe rebelde (que aquí se llama Don Robinson como el personaje de Defoe constructor también de un mundo utópico, que fuera probablemente inspirado por la aventura de un misquito y no de un marino escocés como generalmente se había dicho), quien reserva para sí a la aguerrida pubescente que es Aurelina.*

Desde el primer momento, como auténtico héroe cultural, Don Robison preferirá la persuasión a la fuerza, mientras Aurelina que al día siguiente intentará vanamente escapar, sólo con dificultad superará el repudio que todo lo que tiene que ver con ese mundo le causa. Cuando muerta de hambre acepta comer lo que le ofrecen las esposas de Don Robinson (situación de bigamia que naturalmente también rechaza) termina vomitando escandalosamente al darse cuenta que el platillo había sido una culebra. Por el contrario Aurelina se siente espontáneamente atraída por el apuesto capitán inglés, de quien no entiende una palabra pero cuyas maneras le resultan familiares, y que llega al poblado a entregar en calidad de regalo a sus aliados misquitos un cargamento de ron.

Queda así establecido en la novela que siendo naturales, las fronteras que Aurelina ha traspasado son fundamentalmente culturales. El motivo de la atracción amorosa, importante en los relatos de la época, queda también fuera de foco, en parte porque Aurelina siendo casi una niña no comprende el sexo, y en parte porque Don Robinson tiene otras mujeres para satisfacerlo. Así el conflicto se sitúa en el plano ideológico. El debate lo inicia precisamente ella acusando a los misquitos por sus saqueos, por sus crímenes, por su traición a la corona española, por venderse a los intereses ingleses y por olvidar al Dios legítimo. Don Robinson a manera de respuesta le muestra una tropa de niños y adultos enfermos y famélicos y le hace ver que ése es su pueblo, una gente que padece pero que defiende su libertad y que por eso se encuentra en guerra con los españoles y en alianza con los ingleses. El drama se halla en que no son un pueblo de felices salvajes (lo que contraviene las idealizaciones del discurso identitario), sino

---

* Pablo Antonio Cuadra difundió la idea de que el inspirador del personaje de Defoe no fue Alex Selkirk, quien fue encontrado en «estado salvaje» después de ser abandonado por cinco años en una isla, sino un hombre de origen misquito quien valiéndose de rudimentarias herramientas había sobrevivido en «estado civilizado», y de quien dio noticia el corsario y navegante inglés William Dampier quien lo rescató (Cuadra, 88).

que se debaten por sobrevivir y por ser libres en medio de la disputa de las grandes potencias coloniales (situación del todo semejante en la región hasta el fin de la Guerra Fría).

*«"Este es mi pueblo" exclamó él abriendo los brazos en cruz "mi pueblo" repitió en su mejor época, en su momento feliz»* (269). Solemne sentencia que encierra evidentemente una ironía transtextual y transepocal en el sentido que se refiere a que a pesar de la precariedad al menos entonces fueron libres. Ironía a la que no es ajena la perspicaz Aurelina que después de persignarse le contesta: «*"Son* [entonces] *el pueblo más pobre de la tierra". A lo que Don Robinson replica: "¡Pero somos eso, pueblo, pueblo!"»* (269).

El centro del ser, así, no es una esencia o un conjunto de elementos culturales sino el acto mismo de reconocimiento del sujeto, la autoconciencia de sí mismo y de su condición: el saber quién se es, de dónde se viene y qué es lo que se persigue. La búsqueda de la identidad se concibe como el necesario posicionamiento afectivo y político del sujeto en la historia, y esto viene a ser precisamente lo que le falta a Aurelina y a los que como ella, de sangres y mentalidades mezcladas, no reconocen su identidad en la sociedad colonial:

> *es que entre ustedes y nosotros los Moscos, nuestro pueblo es mejor. Mejor porque sabe de dónde vino, en qué situación está y porque puede escoger con quién juntar sangres, decidir a quién se quiere parecer. Pero ustedes... a ustedes les va peor porque como buenas criollas están hechas a dos barros que no se pueden mezclar, el del amo y el del esclavo, del indio y del español, y en cuanto les sale uno les brota el otro, y lo que para éste es pecado para aquel satisfacción, y así van enredándose de pena en pena hasta la muerte sin saber qué son, despreciando al americano que llevan dentro, queriéndose semejar al europeo que les vino de fuera y que a su vez las desprecia por ser mestizas y por tener sangre de indios. Han de sufrir mucho ustedes.* (288)

Este es el punto de inflexión de la confrontación que vencerá Don Robinson socavando la «falsa conciencia» de española que tenía Aurelina. Por primera vez desarmada, la joven le pregunta que, si ésa es la situación, qué es lo que se puede hacer, a lo que él responde que sobreponerse a las formas de pensar y a los intereses políticos y económicos europeos:

> *Hay que matar al europeo que llevan dentro... dejar de pensar como extranjeros, sacarse del ánima esa pus que los está matando a todos ustedes los criollos entre lo que quieren ser y lo que son, ni europeos ni americanos, ni patrones ni indios o... ni inglés ni español... Se tienen que convencer los imperios, los poderes de afuera nos buscan por su necesidad no por nuestro propio interés y cuando no les servimos nos echan, nos botan como un pejibaye mal mordido, como una cáscara rota, sin piedad, sin amor y sin compasión.* (288)

Esta es la libertad del pueblo rebelde misquito que busca recuperar para la memoria histórica la novela, el «ser para sí» de la teoría marxista.

A continuación, Don Robinson le pasa a mostrar las maravillas de su reino, la riqueza de los bosques y la belleza del mar con sus islotes y sus lagunas. Una tierra promisoria para un pueblo como el misquito que conoce una unidad íntima con la naturaleza y una actitud reverente frente al universo:

> *Nosotros los indios y los negros... entendemos mejor lo que es el silencio... Lo descubrimos por la noche cuando navegamos y levantamos el arpón para cruzarlo en el aire y ponerlo tras la cabeza de las tortugas que apenas duermen flotando bajo el horizonte del agua; lo manoseamos cuando aprendemos a matar en guerra y pedimos a Dios que no despierte el centinela o no ladre el perro; lo necesitamos para encontrar el brillo de Venus, la estrella del mar, y conducir a puerto sano al pueblo que viene cansado de batallar; nos lo enseñan las dantas y las cacatúas, los olingos y los manatíes cuando los sofoca el miedo, el frío o la señal de que va a temblar y que sólo ellos ven y oyen y sienten... el silencio nos hace más humildes y menos paganos porque nos pone en el camino de la verdad.* (281)

Pero el dilema de estas gentes, como antes se ha visto, es que ni la naturaleza ni la libertad son suficientes para la felicidad, pues aún gozando de invaluables bienes aún deben sobreponerse a la pobreza y la enfermedad y sobre todo necesitan de los demás. Para los misquitos es necesario no sólo sobrevivir como hasta ese momento lo hacían, lo que era una forma de morir en soledad, sino formar parte del concierto de las naciones y aprovechar los bienes del comercio y de la cultura universales.

En un momento de debilidad Don Robinson le confiesa a Aurelina su pasión por las ideas y su gran frustración por sentirse al margen de la civilización. Su choza alberga una biblioteca embutida en alforjas que cuelgan de las paredes y puede incluso citar de memoria a Lutero burlándose de la razón («*human reason is like a drunken man on horseback; set it up in one side, and it tumbles over in the other*»). Pero a pesar de todo, a pesar incluso de desafiar el pensamiento europeo, Don Robinson, como lo descubre Aurelina, no sabe leer. Su drama personal es el de ser un bárbaro que comprende y ama el pensamiento, y que tiene las capacidades para ejercitarlo pero que no puede hacerlo sino en torpes balbuceos por pertenecer a una nación caída de la gracia.

Don Robinson sufre así en carne propia la que parece ser una lección de moderación y de realismo, en cuanto que la afirmación de uno no tiene necesariamente que suponer la negación del otro, y en cuanto que como individuo y como pueblo necesita de los demás para fructificar.

**Mateu Casanga**

Si en Don Robinson la novela encuentra cristalizado en el pasado un proyecto político (encomiable desde el presente) y en cierto modo coherente con las formas de pensar del siglo XVIII, en el episodio de la fuga del esclavo lo que encuentra es el impulso natural, pulsional de la libertad.

Mateu Casanga cuenta su vida de esclavo desde su embarque en los puertos portugueses de África hasta su llegada a Honduras, sus padecimientos y trabajos bajo el régimen colonial y su huida a las sierras. Recién llegado de su travesía a los minerales de Tegucigalpa es castigado brutalmente como consecuencia de un altercado con un indio a quien Mateu sacó un ojo. Los españoles en reciprocidad le hieren con una daga su propio ojo y además le rompen horriblemente un brazo y un pie con lo que queda reducido a un casi despojo humano. Inutilizado para los trabajos más duros Mateu es destinado al servicio doméstico en una hacienda donde es sometido igualmente a abusos, pero tiene el contento de ser mejor alimentado que los esclavos de minas y de entrar en tratos con los demás criados. Entra en amores con Juana de Angola y se escapa hacia los palenques rebeldes con ella, con un indio viejo llamado Pedro Chajal que es médico brujo, con la mujer de éste, Juana India, y una niña de ambos recién nacida. Entonces comienza su experiencia de la libertad que cobra el carácter de expansiva felicidad animal. En los primeros momentos grita, salta y se revuelca como si diera salida a un instinto reprimido (373).

Después de una dura travesía por las sierras, los huidos llegan al palenque rebelde. Como en el capítulo de Aurelina, el descubrimiento de los hombres y mujeres libres supone una dolorosa revelación: viven en una especie de arcadia pero son seres esperpénticos en cuyas figuras se muestran las horribles marcas que como en Mateu dejó el pasado de vejaciones de que habían huido.

> *Allí estaban frente a nosotros aquella humosa legión de desamparados envueltos en los viejos trapos de sucias esclavitudes, mohosos, corvos por donde les caían las babas de las heridas enconadas, de los sablazos encordados, las taraceadas de perro que no terminaban de parir gusanos y purulencias, éste derrotado tercio de la peste, aquél engendro de la mala españolería, tal demoniaca tropa de tullidos, baldados, quebrados, dolientes, alanzados cuerpos, esportillados cuerpos, cadáveres andantes macerosos, encogitados, patitiesos, cojos, mancos y cuarteados. Uno por acá aporreaba el tun con la cañafístula desnuda del hueso del codo: ¡Salam! Otro alzaba los muñones velados en gesto de asusto y temor. Los más descansaban en el ojo ciego los furores del resplandor de la luna, inyectada con sangre y fierro.* (375)

Los horribles padecimientos de la injusticia, sin embargo, se trastocan aquí en los palenques en celebración voluptuosa de la libertad. Todos los antiguos dioses de indios y negros han vuelto a levantarse en un altar común que arde entre fuegos que no se apagan, han inventado una nueva sociedad de alucinados donde todos son iguales y todos pueden realizar sus antes frustrados deseos y sueños. Con motivo de la llegada de los recién huidos hay una fastuosa celebración a manera de carnaval o de orgiástica misa negra presidida por la Gran Jurema. Entre mojigangas, bailes de brujas y feos gestos de enanos, los indios, los negros, los mulatos y los zambos regalan a sus dioses y santos con los objetos más logrados de sus artes autóctonas y aportan a la comilona sus comidas típicas más preciadas. Es una celebración de sus raíces, pero es también exorcismo grotesco de sus más bajas pasiones, exhibición del repudio a su antigua condición de servidumbre y esclavitud.

*Allí cruzaban con pasos de traspiés las gigantonas alzadas y erectas mostrando las anchas tetas de colmena y ruibarbo; allá bailaban las brujas calzados sus largos pelos de elote amarillo y arrastrando sus patas tiesas... acullá brincaban las pintamonas agarrándose por do más pecado había, entremetido de los atanores de grandes bajos... asustaban los saltimbanquis retorcidos y melosos que se descomponían y se arreglaban en un zas de susto y amén, los merolicos de palitroque que hacían malas señas, se mamaban el dedo y torcían visajes de pecado, o los gigantes y los cabezudos que portaban unas grandes sandías dentro de las que habían prendido un hachón de candelabro para que se encendiesen los ojos del mal. Y pasaban los ombliguistas que se chupaban la natura y nos bañaban con simiente para que la besáramos y la bebiéramos, y los achinchicles, los robots, los bombetas que decían en sus coplas cómo hacer mal del bien y bien del mal, siguiéndolos luego la soldadesca de figurín, los rascabucheros y los baldados, los arrebollados, los mancados por hierro portugueiro, mala putana decía su jerigonza los pariera entre un cerco de espinas.* (378)

La Gran Jurema, vieja mora, blanca la piel y tuerta como Mateu, es la que oficia como autoridad máxima y sacerdotisa suprema de ese herético palenque, y es quien profiere las maldiciones contra los españoles y la profecía que anuncia su perdición y el triunfo de la plebe oprimida:

*"Animalia insensata y truculenta"* [refiriéndose a los conquistadores], *volvió a decir con un aullido la Gran Jurema abiertos los pies, descubierto el pecho. "Seguid repitiendo que vuestras vidas son los ríos que van a dar a la mar: ciegos irredentos... ¡Nosotros somos la mar, la máquina del mundo, la postrimería que os envolverá en sus círculos de fuego, en sus arcos de piedra, dentro de sus valvas de alicates de agua! Mañana diréis, Castilla cruel, que vencido habéis estas huestes de la derrota, que habéis domado nuestras debilidades y pobrezas sin ver que sois la ocasión de vergüenza y escarnio, España presumida y altanera de papel. Somos la mar y el alba, la rosa, el clavel y el espadón rebelde; vosotros sois bostezo de jaguar, sombra de la sombra que fue y mañana habéis de proclamar nuestros inventados vicios e indecencias... Tierra de la sal, arca del espanto, afeminado maíz de postrera: ¡os venceremos!, amen".* (381)

El goce expansivo de la libertad que parece aumentar de intensidad con el discurso heteróclito y atrabiliario de la Jurema, alcanza su punto culminante en la propia maldición y la orgía, como si más allá de toda racionalidad se impusiera la sublimación o exorcismo ritual de lo que vienen a ser pasiones y demonios interiores.

## Ah Cuy

En uno de los últimos capítulos de la novela, la búsqueda de la libertad vuelve a aparecer pero ahora asociada al mito como compulsión atávica transindividual y transhistórica, más profunda e inexplicable, en este sentido, que los hechos de la voluntad o los instintos de los hombres. La lucha por la libertad se ve como un producto de la violencia que viene a constituir uno de los fundamentos míticos de la tierra americana. La violencia se ha enraizado de tal manera en el continente que ha llegado convertirse en la matriz de los hechos de los hombres. Todo acto humano suscita una réplica violenta: el amor, el odio, la afrenta, la venganza, la dominación, la rebeldía. El título del capítulo «Como en los tiempos de la guerra (1542)» alude a la continuidad de la violencia en tiempos que deberían ser de paz después que las sangrías de la conquista dieran paso a la colonización. Una serie de hechos, sólo en apariencia ordinarios, permiten apreciar la persistencia del odio en las ligazones de la dinámica colonial. En el capítulo, un joven criollo es herido de bala por entrar en amores clandestinos con la hija de otra familia de hacendados, lo que provoca la amenaza de *vendetta*; el patriarca de la hacienda abusa de una india naboría con lo que al mismo tiempo que engendra una nueva vida engendra también rencor y recelo; y finalmente un indio rebelde mata de una pedrada en la cabeza a otro de los señores por haberlo humillado con un fuetazo en el rostro, lo que despierta a su vez la ira y la persecución de los amos.

> *No entendía —piensa don Guzmán, el patriarca de la hacienda— por qué en esta tierra se había sembrado tan fértil la semilla de la violencia. Desde los primeros tiempos no había asunto que no se dirimiera en las cortes del acero y las rompeduras de bala. ¿Acaso los dioses de esta tierra, a los que habían derrumbado y macerado y de los que encontraban depósito cada vez que el arado roturaba los montes, vivían aún como maldición que los alcanzaba a todos?* (449)

Don Guzmán atribuye a una maldición la violencia, lo que encaja dentro de sus marcos de comprensión todavía medievales (lo mismo que dentro del pensamiento mágico de los indios), pero sus palabras que alcanzan el presente deslizan la duda con respecto a la posibilidad cierta de que haya algo sobrenatural (más allá del orden histórico) que movilice o tiranice la conducta de los hombres: «*Pues el destino de las indias parecía ser lucha y pelea para siempre: antes entre los caciques, ayer entre los mismos súbditos de Su Majestad, ahora entre criados y amos, mañana ¿quién podría gobernar sin que lo acuchillaran los de abajo por subir a donde se elevara*» (450-451).

A pesar de su presunta forma rudimentaria de pensar, don Guzmán puede advertir la gran ironía de que la violencia trastoque en vanos los esfuerzos humanos en esta tierra: «*No entendía por qué los hombres de visión prolongada como Vasco Núñez de Balboa habían tenido que quedar acá los ojos abiertos para siempre en la cabeza degollada y clavada en una pica para espanto y escarmiento de todos*» (450).

El capítulo termina con una serie de acontecimientos que envueltos en cierta aura mágica rodean la huida de Ah Cuy, el indio asesino, a los palenques rebeldes de los cimarrones. Una vez derribado el señor con la pedrada, Ah Cuy toma su caballo y con astucia elude la partida de españoles, de indios y de perros que lo persigue. El caballo es encontrado en el tope de un camino, lo que hace pensar que Ah Cuy más que huir ha desparecido. En su lugar encuentran un jaguar que matan de un disparo, pero en el mismo momento (y también por un misterioso disparo) muere en otro lugar el alcalde indio Olaita, quien siguiera ejerciendo funciones nobles de cacique. Estos hechos inexplicables constituyen, sin embargo, la prueba irrefutable de que es una maldición lo que se abalanza sobre la tierra: «*sintió miedo, un terrible miedo como si la tierra se aprestara a saltar desde sus órbitas magnéticas, como si el voraz incendio oscuro y apagado de la noche se alzara con todo el mar de ruidos de la montaña y se convirtiera en una estela de odio que trotara el espacio*» (453).

### Consideraciones finales

Como puede apreciarse, la escritura histórica en la novela se mueve en dos ejes complementarios y en cierta forma simultáneos, en el sentido de que al tiempo que remonta el pasado ahonda en los estratos de las inquietudes activas en el presente de la libertad y la identidad. La exploración de hechos (que no excluye su elaboración e invención) cada vez más remotos, devuelve elementos cada vez más profundos del espesor de esas inquietudes que la novela parece buscar explicarse. En el siglo XVIII, en sintonía con las formas de pensar de entonces, la novela encuentra tras la experiencia de Don Robinson, una conciencia racional del impulso anticolonial expresado en un proyecto político; en el siglo XVII y entre la gente sometida, la novela encuentra el impulso instintivo, natural e irracional orientado hacia la libertad; mientras en el siglo XVI, en el choque de dos mundos mágicos, el medieval europeo y el indígena prehispánico, encuentra el mito como fuerza transindividual que empuja a una violencia que ha gobernado el destino de la tierra americana.

En este sentido, el viaje histórico de la novela es un viaje epistemológico que busca explicar esos impulsos anticoloniales básicos que a pesar de los desconcertantes cambios de finales del siglo XX, parecen permanecer vivos en ciertos espacios de las sociedades. Desde este ángulo *Rey del albor. Madrugada* puede verse como la interrogación motivada por esos elementos primordiales que sobreviven al desmantelamiento del proyecto socialista y que más allá de los idearios vencidos hacen posible el reensamblaje de la utopía.

La novela histórica se muestra así no como una vuelta al pasado sino como el tendido de un puente que conduce al futuro. Si la reivindicación del derecho a la autodeterminación es uno de los principios sobre los que se proyecta ese futuro, la novela propone considerar sus antecedentes y sus fundamentos, y en cada giro de la historia los riesgos y potencialidades que encierran para los hombres.

## Bibliografía

Aínsa, Fernando. *Identidad cultural de Iberoamérica en su narrativa*. Madrid: Gredos, 1986.

Braudel, Fernand. *La historia y las ciencias sociales*. Madrid: Alianza, 1979.

Carr, Edward Hallett. *¿Qué es la historia? Conferencias George Macaulay Tevelyan dictadas en la Universidad de Cambridge en marzo de 1961*. Barcelona: Seix Barral, 1979.

Cuadra, Pablo Antonio. *El nicaragüense*. San José: EDUCA, 1974.

Escoto, Julio. *Rey del albor. Madrugada*. San Pedro Sula: Centro Editorial, 1993.

Floyd, Troy S. *La mosquitia. Un conflicto de imperios*. 2ª ed. San Pedro Sula: Centro Editorial, 1990.

Grinberg Pla, Valeria. «La novela histórica de finales del siglo XX y las nuevas corrientes historiográficas». *Istmo*, núm. 2, 2002, istmo.denison.edu/n02/articulos/novhis.html

Mackenbach, Werner. «La nueva novela histórica en Nicaragua y Centroamérica». *Istmo*, núm. 1, 2001, istmo.denison.edu/n01/articulos/novela.html

Menton, Seymour. *La nueva novela histórica de la América Latina, 1979-1992*. México: Fondo de Cultura Económica, 1993.

Mignolo, Walter D. «La razón postcolonial: herencias coloniales y teorías postcoloniales». En: *Postmodernidad y postcolonialidad. Breves reflexiones sobre Latinoamérica*, editado por Alfonso de Toro, pp. 51-70. Madrid: Iberoamericana, 1997.

Perkowska-Álvarez, Magdalena. «El "entre-lugar" genérico: el cruce de la novela histórica y el relato detectivesco en *Castigo divino* de Sergio Ramírez». En: *Murales, figuras, fronteras. Narrativa e historia en el Caribe y Centroamérica*, editado por Patrick Collard y Rita De Maeseneer, pp. 219-245. Madrid: Iberoamericana, 2003.

Pyne, Michael, ed. *Diccionario de teoría crítica y estudios culturales*. Buenos Aires: Paidós, 2002.

Toro, Alfonso de. «Fundamentos epistemológicos de la condición contemporánea: postmodernidad, postcolonialidad en diálogo con Latinoamérica». En: *Postmodernidad y postcolonialidad. Breves reflexiones sobre Latinoamérica*, editado por de Toro, pp. 11-50. Madrid: Iberoamericana, 1997.

## «*Rey del albor. Madrugada* de Julio Escoto: la última novela nacional y la primera novela cibernética»

### Seymour Menton

**Fuente:** El presente estudio apareció en su libro *Caminata por la narrativa hispanoamericana*, México: Fondo de Cultura Económica (FCE), 2002.

**Autor:** Dr. Seymour Menton. Profesor Emérito de la Universidad de California Berkeley. Uno de los estudiosos de mayor reconocimiento en literatura hispanoamericana.

Casi siete décadas después de la publicación de *La raza cósmica* (1925) de José Vasconcelos, Julio Escoto (1944) publicó *Rey del albor. Madrugada* (1993), la primera novela nacional de Honduras y la más reciente y tal vez la última novela nacional de la América Latina. A la vez podría ser la primera novela cibernética de toda la América Latina. Por muy rezagada que parezca una novela nacional en 1993, *Madrugada* sobresale como la mejor novela hondureña de todos los tiempos y una de las mejores novelas centroamericanas de las últimas décadas. El hecho de que todavía no se haya aplaudido continentalmente[1] se debe a la poca difusión de libros publicados en Honduras y a su configuración física: consta de 547 páginas con márgenes mínimos y renglones apretados.[2]

La búsqueda novelística de la identidad nacional llegó a su apogeo en los años treinta y cuarenta —*Canaima* (1935) de Rómulo Gallegos, *Cholos* (1938) de Jorge Icaza, *Bahía de silencio* (1940) de Eduardo Mallea, *El mundo es ancho y ajeno* (1941) de Ciro Alegría, *El luto humano* (1943) de José

---

1. La crítica hondureña Helen Umaña me dijo a principios de marzo de 2000, en el Octavo Congreso Internacional de Literatura Centroamericana (CILCA) celebrado en Antigua, Guatemala, que ella misma había publicado algo sobre *Madrugada* y que conocía otros comentarios más que se habían publicado en Honduras. Pude leer el análisis breve pero acertado de Ramón Luis Acevedo, «La nueva novela histórica en Guatemala y Honduras...» que comenta tanto *Madrugada* como *Jaguar en llamas* (1989) de Arturo Arias.

2. Mientras *Madrugada* tiene 47 renglones por página y cada renglón tiene 78 letras y espacios, la primera edición de *Cien años de soledad* de Gabriel García Márquez en la editorial Sudamericana de Buenos Aires tiene 351 páginas, con 42 renglones por página y cada renglón tiene 63 letras y espacios.

Revueltas y *Entre la piedra y la cruz* (1948) de Mario Monteforte Toledo—, pero ha seguido cultivándose hasta el presente: *La muerte de Artemio Cruz* (1962) de Carlos Fuentes, *De donde son los cantantes* (1967) de Severo Sarduy, *Los niños se despiden* (1968) de Pablo Armando Fernández y la trilogía de Lisandro Otero: *La situación* (1963), *En ciudad semejante* (1970) y *Árbol de la vida* (1990). Además, hay que tener en cuenta las colecciones de viñetas, poesías y cuentos: *Vista del amanecer en el trópico* (1974) de Guillermo Cabrera Infante, *Las historias prohibidas del Pulgarcito* (1974) de Roque Dalton y *Las huellas de mis pasos* (1993) de Pedro Rivera.

Lo que distingue a *Madrugada* de sus congéneres es la combinación feliz de los tradicionales ingredientes geográficos, históricos y étnicos de la novela nacional con lo que se podría llamar la novela cibernética con resonancias de las películas de James Bond[3] y otras *thrillers* posmodernas.

La computadora desempeña un papel importante en la misión actual [1989] del protagonista, el Dr. Quentin H. Jones, catedrático de historia latinoamericana de la Universidad de Cornell, invitado a Tegucigalpa por el Departamento de Estado para escribir un nuevo texto de historia patria eliminando toda crítica de los Estados Unidos. El hecho de que sea el presidente de Honduras quien le comisiona personalmente este proyecto indica la colaboración del presidente con los Estados Unidos en su proyecto de controlar el destino de Honduras, de Centroamérica y de toda la América Latina. Por ser ciudadano estadounidense, Jones desconfía de los revolucionarios izquierdistas que poco a poco le van revelando los detalles del proyecto imperialista, pero, tal vez por ser afroamericano, acaba por convencerse.

De los veintisiete capítulos de la novela, dieciocho transcurren en el año 1989. Los otros nueve capítulos son en gran parte novelas cortas individuales, fechadas en orden cronológico al revés desde 1974 hasta 1495.

**Proyecto imperialista**

El tema principal de la novela es la denuncia del proyecto imperialista de «convertir ideológicamente a Honduras en un siervo capitalista» (231) y de

---

3. La novela más *bondiana* de la América Latina, que es en realidad una parodia de esas películas, es *La cabeza de la hidra* (1978) de Carlos Fuentes.

convertir a toda Centroamérica en «un vasto centro colonial de los Estados Unidos» (332). Los comandantes guerrilleros le aseguran al Dr. Jones que le van a entregar la documentación del proyecto para que él lo pueda divulgar en los medios de comunicación de los Estados Unidos. Igual que las películas de James Bond, la novela termina felizmente. Después de una serie de encuentros y escapes fortuitos y a veces espeluznantes, Jones se junta inesperadamente en el avión con su contacto revolucionario, la bella negra Sheela, médica con «trencitas a la Jamaica» (187), quien lo va a llevar a Kingston, donde «hay una caja de seguridad, la 7876 del Banco de Londres que lo está esperando» (507). Ahí está la documentación.

Los detalles del proyecto se revelan a través de toda la novela. Al conocer al Dr. Jones en el tercer capítulo, el presidente de Honduras le afirma: «después de haber vivido en Honduras toda mi vida comprendo que el futuro es anglosajón» (31). La meta imperialista es «desespañolizar el pensamiento de la raza mestiza centroamericana» (470). Para realizar la conquista cultural, no bélica, los Estados Unidos van a «hiperbolizar la leyenda negra anti-hispana... protagonizar el American way of life... desde el gusto por el chicle hasta la imperiosidad del jean, el jet o la computadora» (471). El cine, la radio, la televisión, los deportes y las becas van a contribuir a desespañolizar la cultura. El Padre Miguel (Miqui) de San Miguel en El Salvador le explica a Jones cómo Ronald Reagan y Jeane Kirkpatrick piensan «acabar con la fe católica e instaurar la religión protestante» (112). Hasta el Instituto Lingüístico de Verano, que desde 1934 traduce la Biblia a distintos idiomas indígenas, incluso al garífuna, participa en la conspiración. Según los guerrilleros, el proyecto imperialista «de la CIA... llamando a las cosas por su correcto nombre, propone estrangular la economía hondureña» (335) para que los hondureños pidan la anexión para el año 2000. Con la anexión, los Estados Unidos podrían suministrarse de los materiales tácticos: molibdeno, cromo, asbesto, petróleo (463) y construir el futuro «canal norteamericano-japonés en los lagos de Nicaragua» (466).

Escrito este mi ensayo en el año 2000 sin que se haya realizado la anexión de Honduras, el proyecto imperialista puede parecer muy exagerado. No obstante, esa exageración podría justificarse si se piensa en los imperios malévolos de las películas de James Bond. También hay que tener en cuenta que Julio Escoto escribió la novela desde la perspectiva de 1989: los presidentes Reagan y Bush lanzaron una guerra despiadada contra el gobierno sandinista de Nicaragua;

los Estados Unidos se sentían amenazados comercialmente por el Japón y los otros países recién industrializados de Asia; y otra amenaza provenía de «la extinción del petróleo y el progresivo expansionismo islámico» (461). A la vez, desde la perspectiva de Escoto en 1989, «la sociedad norteamericana está cansada o ablandada por el confort y por la expansión geométrica de consumo de algún tipo de droga» (460). Hoy día, febrero de 2000, la situación económica de los Estados Unidos, después de los dos periodos del presidente Clinton, parece haber mejorado mucho y parece haber crecido también su hegemonía internacional. Claro, para los hondureños y los latinoamericanos en general, esto no reduce la amenaza de la conquista cultural porque en la novela, Miqui insiste con Jones en «la maldad congénita de todos los imperios» (304) y la segunda generación de conquistadores españoles afirma en 1542 que «hay algo en los grandes imperios que los conmina a destruirse a ellos mismos... que el imperio no puede existir sin nuevas conquistas» (436).

### La primera novela cibernética y las películas de James Bond

Aunque sea imposible prever el futuro, el proyecto imperialista no es totalmente estrafalario. Además, sirve para crear en los capítulos ubicados en 1989 una buena novela de aventuras, una novela de espionaje, una película de James Bond moderada, en la cual la computadora desempeña un papel primordial.

La nueva historia patria que está escribiendo el Dr. Jones se redacta en su computadora con un documento titulado «Madrugada», nombre del «último rey de la ciudad Maya [con mayúscula] de Copán, quien falleció hacia el año 992» (32). Aunque el presidente de la república es quien nombra el documento «Madrugada», llega a simbolizar más adelante el movimiento revolucionario. Por casualidad, tecleando en la computadora, Jones da con material clasificado dentro del documento «Madrugada». Se trata de las frecuencias radiales de NASA y de las bases de la Fuerza Aérea. No tarda en aparecer en el departamento de Jones un yanqui llamado Frank Hollander, y apodado Spider, quien hace derrumbar todo el disco duro de la memoria metiendo un disquete en la ranura, disquete con un virus nuevo. Sin embargo, el técnico de la embajada llega con una variedad de aparatos («medidores, oscilógrafos, escanógrafos, voltímetros, sensores, paro de contar» [103-104]) y logra restituir los programas originales del documento «Madrugada». En el capítulo veinticuatro, Jones y Miqui descubren en la computadora, también por casualidad, un documento confidencial de la CIA que interpreta en acápites sangrados la historia de Centroamérica entre 1940 y 1988 y la recomendación de anexarla frente a la amenaza de la hegemonía comercial del Japón. Al final del documento, Miqui lee con terror que la CIA ha «logrado plantar un agente en las células de subversión» (474).

En ese momento comienza la carrera para prevenir al jefe de seguridad de los guerrilleros y se intensifica la presencia bondiana. Irónicamente, hacia el principio de la novela, Jones recuerda que su esposa Jennifer le había criticado su falta de espontaneidad y su excesiva fe en el pensamiento y la razón: «"Tú no, Jones, tú nunca harías un buen James Bond; en cambio al conocerte se harían pis de envidia juntos Franklin, Webster y Einstein"» (56).

Aunque Jones dista mucho de ser «un buen James Bond», se encuentra involucrado en varias situaciones bondianas. Recibe llamadas telefónicas misteriosas, tanto de los guerrilleros ofreciéndole la posibilidad de «adquirir unos documentos exclusivos sobre la historia del país» (53, 87) como del comandante Franklin de la Contra amenazándolo de muerte con la frase en clave «dar café», que habían usado los franquistas durante la Guerra Civil Española para asesinar a García Lorca (240). El proceso de reunirse con los comandantes guerrilleros se inicia con citas misteriosas en el aeropuerto, en dos restaurantes de Tegucigalpa, en una entrevista con el licenciado José Antonio Casco, ex-Ministro de Trabajo en el gobierno del presidente reformista Ramón Villeda Morales (1957-1963) y en un simulacro de amores con la negra Sheela, bella y casada. Vigilado por un automóvil de la Embajada, Jones se reúne varias veces con Sheela en su nido de amor, un apartamento del edificio La Alhambra. Ahí Miqui levanta la tina del baño para abrir la entrada al túnel tortuoso, un viejo tiro de mina, por el cual guiará a Jones en su descenso al infierno arquetípico «para conocer la verdad» (307). Después de muchas vueltas en la semioscuridad, desembocan en una sala donde todos los comandantes reciben a Jones con entusiasmo. El capítulo termina con la broma pesada de uno de los comandantes: «'¡Camarrrada Jones!' saludó con un terriblemente grueso acento moscovita '¡Bienvenido, tovarich prrrofesor, Bienvenido!'» (310).

La aventura bondiana culminante comienza con la emboscada realizada por la Contra fuera de los apartamentos La Alhambra. El «fuelle ultrasónico del balazo» (478) acaba con el comandante Gato y poco después muere Miqui en medio de una «ráfaga de ametralladora» (478). Un guerrillero desconocido —después se revela que se llama Pregunta— salva a Jones pero sólo para entregarlo a Spider, probablemente agente de la CIA. Spider está a punto de matar a Jones y hasta logra dispararle, pero en ese momento aparecen dos agentes israelíes que matan a Spider y a Pregunta y salvan a Jones. El capítulo termina con la despedida en hebreo: «Shalom» (484).

Los israelíes están involucrados en la novela gracias a Erika, asistente de Jones. La mamá de Erika era una lavandera pobre que sufría frecuentes atracos y violaciones en el río Choluteca antes de conseguir trabajo de lavandera en la casa del matrimonio Goldstein. Los Goldstein protegían a Erika y la animaban a que se dedicara a los estudios. Después la mandan a la Universidad de la Florida y ella se convierte al judaísmo. Mientras trabaja con Jones, entrega una copia del documento «Madrugada» a su rabino, quien seguramente se lo entrega al Mossad, agencia secreta de Israel.
Teniendo en cuenta la complicidad de los grupos protestantes evangélicos en el proyecto imperialista y teniendo en cuenta la actitud anticontras (y por lo tanto prosandinista[4]) que luce la novela, sorprende la imagen positiva de los judíos y de Israel en una novela que pregona una nueva época revolucionaria para la nueva raza cósmica.

Aunque el Dr. Jones no es tan mujeriego como James Bond ni mucho menos, acaba por dejarse seducir por Erika cuando ella le da un masaje para que se reponga de una pesadilla angustiosa. El masaje conduce a la copulación que el autor describe con la misma «maestría increíble» (490) que atribuye Erika a Jones. Él la penetra «como se desplazaría armónicamente una nave espacial» (490).

---

4. Se indican las relaciones estrechas entre los sandinistas y los países árabes en *Adiós muchachos* de Sergio Ramírez, en *Carlos, el amanecer ya no es una tentación* de Tomás Borge y en *La lotería de San Jorge*, novela mexicana de Álvaro Uribe.

### El mural nacional[5]

Aunque aparecen los ingredientes geográficos, históricos y étnicos de Honduras (y de Centroamérica) en el presente novelístico de 1989, se complementan con una gran variedad de recursos artísticos en los capítulos históricos, sin que se note la presencia de elementos bondianos. Antes de comentar los ingredientes específicos de la novela nacional, hay que teorizar/especular sobre su aparición tardía en Honduras. Aunque la búsqueda de la identidad nacional comenzó a manifestarse en la década de los veinte, sobre todo en el México posrevolucionario (*La raza cósmica* y los muralistas), llegó a su auge en las décadas de los treinta y los cuarenta. Sin embargo, en ciertos países como Cuba, El Salvador, Panamá y Honduras, la preocupación por la identidad nacional no se expresó de un modo muralístico hasta que un gran suceso histórico llegó a despertar el patriotismo del pueblo: la Revolución cubana de 1959; la guerra civil en El Salvador; la invasión de Panamá en 1989 por los Estados Unidos; y la entrega del Canal a fines de 1999 y la instalación de los Contras en Honduras en el otoño de 1981 junto con 1260 soldados yanquis en la base de Palmerola (223).

Antes, Honduras se consideraba «la ideal república bananera» (84), «el llamado país más atrasado de Centroamérica» (83). El mismo licenciado Casco, partidario de los guerrilleros que denuncia la intervención de los Estados Unidos, reconoce la evolución más lenta de Honduras respecto a los otros países latinoamericanos: «avanzamos en una evolución más o menos lenta que la de otros pueblos pero caminamos... cuando se supone que vamos paso a paso formando nuestra nacionalidad, nuestra identidad moderna como nación, intervienen y nos la trastocan, nos la reorientan, nos la modifican» (99). Casco reconoce «lo que parece ser nuestra pasividad» (101). Hasta Erika, cuyos apellidos, Chac Alvarado, simbolizan el mestizaje, encuentra a los hondureños «con muy limitados deseos de trabajar» (47) al regresar a Honduras después de cinco años en la Florida. Para promover la conciencia nacional de los hondureños, Julio Escoto no sólo proyecta en *Madrugada* la totalidad geográfica, étnica e histórica de la nación, con sus lazos centroamericanos, sino que también la proyecta de modo muy positivo.

---

5. En la nota histórica al final de la novela, Escoto la llama «casi el mural de un país centroamericano» (547) y agradece la colaboración de su esposa Gypsy Silverthorne Turcios, fallecida en 1990.

A pesar de que la unidad nacional de Honduras tiene que superar el obstáculo de la rivalidad geográfica entre Tegucigalpa, centro político, y San Pedro Sula, centro comercial,[6] en la novela se da la importancia primordial a Tegucigalpa. Todos los capítulos de 1989, protagonizados por Jones, transcurren en Tegucigalpa y abundan las descripciones, sobre todo matutinas pero también vespertinas, de las vistas de las colinas, las cuestas empinadas y los cerros. La larga caminata con el misquito revolucionario Sambulá, lo mismo que el viaje en taxi al aeropuerto, le proporcionan a Jones la ocasión de conocer distintas partes de la ciudad. Sambulá le dice que «hasta hace veinte años [1969] Tegucigalpa era considerada una de las ciudades más bellas del continente» (136). Jones queda tan impresionado con el paisaje al amanecer que compara a Tegucigalpa con Río de Janeiro y con varias capitales europeas: «el esplendor de la naturaleza, la vigorosidad y la luminosidad de este cielo brillante y azul sólo lo tenían en Tegucigalpa y en Río de Janeiro...» (23). Después de repasar sus propias impresiones de los cielos de Florencia, Colonia, Londres, París y Bonn, los llama «simples bocetos de esta obra magistral. Aquí Dios estrenaba paisaje cada día, paletazos de colores cada día, recomenzaba alegre el gozo de la creación cada día» (23). En cambio, no trata de ocultar las «favelas de cartón, de adobe y de ladrillo [...] techos oxidados de lámina sostenida con piedras» (500) en contraste con «las extraordinarias mansiones que se afincaban al Picacho, al Hatillo [...] ornamentadas con los más caprichosos gustos de la arquitectura» (500). Tegucigalpa también se destaca en ciertos capítulos históricos: el golpe militar de 1963 contra el presidente Ramón Villeda Morales, el sitio de Tegucigalpa durante la revolución de 1924 y el trabajo de los esclavos negros en las minas de Tegucigalpa en 1621.

Aunque la costa norte no figura tanto en el presente de la novela, sí se comentan las fincas bananeras, y al final cuando Jones aterriza en San Pedro Sula, la llama «la urbe que más se desarrollaba entre México y Bogotá» (505). En cuanto a los capítulos históricos, la costa norte predomina sobre Tegucigalpa por la llegada de los españoles en 1495[7] y su lucha contra los indios dirigidos por Lemquiaco, la llegada de los esclavos africanos en 1621, el desembarco de los corsarios ingleses en 1633, y el secuestro de la criolla Aurelina por los misquitos en 1785-1786 y su traslado de Granagua [Granada, Nicaragua] a Gracias a Dios en la frontera actual con Nicaragua. La visión geográfica de Honduras se ensancha en el Diario de la guerra

---

6. Se plantea el mismo problema en el Ecuador entre Quito y Guayaquil.
7. Según la historia oficial, Honduras fue descubierto en 1502 por Cristóbal Colón.

de 1924 en que se pelea por todo el país: San Marcos de Colón cerca de la frontera sur con Nicaragua; Comayagua en el centro; San Pedro Sula, Puerto Cortés y La Ceiba en el norte; Juticalpa, Olancho hacia el noreste; Choluteca y Amapala en el extremo sur.

Las fuerzas antagónicas llegan por fin a un acuerdo en Amapala gracias a la intervención de Estados Unidos en la persona de Sumner Welles. Copán, en el occidente cerca de la frontera con Guatemala, tiene una gran importancia como centro religioso donde reinaban Madrugada y los dioses mayas, consultados durante la lucha contra los primeros invasores españoles. Por el lado oriental del país se destaca el departamento de Olancho donde en el primer capítulo histórico el padre McKenzie es asesinado en la catedral de Juticalpa por orden del viejo hacendado porque había organizado sindicatos y cooperativas agrícolas.

En el ciclo novelístico de Rómulo Gallegos y en ciertas novelas nacionales como *Cholos* de Jorge Icaza, *El mundo es ancho y ajeno* de Ciro Alegría y *Entre la piedra y la cruz* de Monteforte Toledo, la meta de captar la totalidad étnica de la nación consta del enfoque en los distintos grupos raciales. En cambio, en *Madrugada*, igual que en *La raza cósmica* de Vasconcelos, se hace más hincapié en el mestizaje y en su superioridad sobre el anglosajón. Tanto la negra Sheela en 1989 como el misquito David Robinson en 1785-1786 afirman que la razón no basta. En un lenguaje muy poético, Sheela le explica a Jones lo que llaman: «el camaleonismo del mestizo [...], la nuestra es una personalidad en rotación permanente como un espiral de fuego que se va agotando y se va consumiendo pero que a la vez alumbra y se transforma [...]. El problema con los sajones es que lo intelectualizan todo, lo racionalizan todo, [...] la diferencia entre gozar el universo y analizarlo» (228-229).

En el capítulo histórico, Don Robinson sostiene un debate paralelo con Aurelina, la joven criolla secuestrada. Católico toda la vida hasta 1782, fue convencido por los ingleses de bautizarse cristiano moravo. Para desprestigiar la razón, le explica a Aurelina que «el padre Lutero afirma que la razón es como un borracho montado a caballo [...] que cuando se le recompone por un lado se derrumba por el otro» (289). Es mucho más importante sentir «la energía del universo» (291). Descendiente del mestizaje de indios y negros, Don Robinson afirma: «somos el fruto de la tierra, los hijos de la tierra americana» (287). Para resolver las diferencias entre los españoles y los misquitos, Robinson propone que Aurelina se case con él: «Serían los esponsales de dos grandes mundos [...]. Seríamos los progenitores de la moderna estirpe americana» (294). Robinson hasta estaría dispuesto a volver a la fe católica. En los últimos renglones del capítulo, Aurelina parece inclinada a aceptar la propuesta: «Don Robinson... tomó despaciosa, delicadamente, la mano sin resistencia de ella por primera vez» (296).

La misma creación de la raza mestiza se discute en un palenque de negros e indios cimarrones en el capítulo histórico de 1621. El viejo sabio Juan Decidor le dice al protagonista negro Mateu Casanga: «Ya no somos lo que fuimos, Casanga, y aún no somos lo que seremos, [...] vamos a parir una nueva raza. [...] Tenemos que esperar que los que hoy nos dominan mezclen su sangre con la nuestra, haciéndonos más fuertes» (390). Por su espíritu rebelde en el Real de Minas de Tegucigalpa, a Mateu Casanga le sacan el ojo izquierdo con una daga ardida (364) y después le cortan una mano y un pie (365), lo que no impide que se escape para llegar hasta el palenque. Aunque los españoles acaban con el palenque y Juan Decidor es matado por «un guardia pardo [...] y un piquero sambo» (394), sobrevive Mateu convencido más que nunca que el hombre se define por «la lucha sin fin»:[8] «eché otra vez a rodar los caminos de la esperanza y la fe, que son los únicos que hace el hombre y no se borran» (395), últimas palabras del capítulo.

La lucha sin fin se funde con el concepto del mestizaje en la mescolanza de nombres y apellidos de líderes revolucionarios y personajes del capítulo: «¿O nos tocaba quedar entre los muertos todavía calientes de Agustín Sandino, Pedro Chajal, Ernesto Guevara, Necum Necum Tecalan, Leví Cienfuegos, Abulaé Martí, Juana India, Espósito Laviana y Farabundo Lima...?» (395).

Al final de la trayectoria novelesca del Dr. Jones en el vuelo hacia San Pedro Sula, él se imagina copulando con la azafata blanca para contribuir al mestizaje universal: «América era el crisol de las generaciones, la fragua

---

8. Así se llama la finca de José Figueres, escogido últimamente como el costarricense más importante del siglo veinte. El Dr. Jones elogia mucho a Figueres por haber «puesto en funcionamiento las medidas sociales más radicales de su época» (84), por haberse opuesto activamente a los dictadores Somoza, Trujillo y Batista y por haber apoyado el movimiento sandinista y el del grupo Farabundo Martí en El Salvador. La definición del hombre por su deseo eterno de luchar por un mundo mejor también es el mensaje de *El reino de este mundo* de Alejo Carpentier.

universal de la mezcla de los elementos más disímiles de la humanidad, el hervidero del tiempo, la confluencia geométrica de todos los espacios y las ideas y los sentimientos, el magma, la sima, el cono del volcán» (506). Antes, con la revelación en la computadora de que Estados Unidos «está siendo inevitablemente rebasado por el poderío asiático y a más tardar en 2016 será el mayor deudor del financiamiento nipón» (460), Jones pronostica el futuro racial de los Estados Unidos: «Ya no seremos latinos, nos volveremos americanos negriblancos amarillos» (460).

En cuanto al panorama histórico, *Madrugada* da más importancia a los temas del mestizaje y de la lucha por la libertad que al panteón de los héroes nacionales. Los nueve capítulos históricos, todos fechados, ofrecen una variedad fascinante de extensión, de temas y de técnicas. Los cuatro capítulos más largos (entre 39 y 51 páginas cada uno) son en realidad novelas cortas individuales que versan sobre distintos episodios de la conquista y la colonización de Honduras.

El título del último capítulo de la novela, «La memoria de nosotros (1495)» y su primera oración, que anuncia la narración en primera persona plural, subrayan la solidaridad de los indígenas en su lucha contra los invasores españoles. Además, el uso inicial de la palabra «hoy» elimina la distancia cronológica entre el lector actual y los sucesos históricos: «Hoy nos ha invadido la ferocidad de los hombres de fuego que vinieron del mar en sus casas flotantes de plata y de algodón hinchadas por un viento que las empujaba hacia las arenas y a las orillas de los templos, en donde nosotros ya habíamos descubierto el humo nuevo que los anunciaba» (508). Esta descripción, que contiene ciertos elementos más específicos asociados normalmente con la conquista de México, da a este capítulo una trascendencia más allá de las fronteras de Honduras.

Después de reponerse del asombro ante las carabelas y los caballos, los indígenas pierden unas batallas porque las flechas no pueden competir con las balas. Lemquiaco, hijo del cacique, cuyo nombre se parece al del cacique hondureño Lempira, igual que Moctezuma, da la bienvenida a los españoles que cuentan con la ayuda de un intérprete tlaxcalteca. Otro factor «mexicano» que contribuye a la derrota de los indios son las profecías pesimistas desde Copán. Al no poder resistir la fuerza de los españoles, los indios creen que sus dioses los han abandonado.

Los dos españoles que mandan son Fuentes el viejo y Fuentes el joven cuyos familiares ya se dieron a conocer en el capítulo veintitrés, ubicado en el año 1542. Tanto Lemquiaco como Fuentes el joven se identifican con epítetos épicos: «Lemquiaco que era joven, Lemquiaco que era sabio» (519, 524, 527, 534, 536); «Fuentes el joven, que era encelado y marrullero» (522, 538) —lo que evoca las epopeyas medievales. En una alusión aún más específica al *Cantar de mio Cid*, aparece otro jefe indio Tecum Nicacatl «de los sus ojos llorando» (533) por la derrota de los indios. Con su nombre, que recuerda tanto a Tecún Umán de Guatemala como a Nicarao de Nicaragua, Tecum Nicacatl enseña a los indios a pelear con táctica guerrillera. Sin embargo, gracias a los mastines feroces, triunfan los españoles. Reconociendo la sed de oro que obsesiona a los españoles, Lemquiaco les muestra el camino a Taguzgalpa donde encontrarán el oro. No obstante, con reminiscencias de Cuauhtémoc lo mismo que de Tupac Amaru en el siglo XVIII, Lemquiaco es cruelmente torturado antes de ser descuartizado, y los pedazos de su cadáver son quemados en una olla. Los españoles pueden haber triunfado pero en la última página de la novela, el narrador («nosotros») del capítulo está seguro de que las cenizas de Lemquiaco moran «con los dioses que algún día volverán» (545), rematando el espíritu optimista, revolucionario de toda la novela.

Avanzando cronológicamente a la vez que retrocediendo en la novela, el título del capítulo veintitrés, «Como en los tiempos de guerra (1542)», refleja la violencia de la época. Narrado en tercera persona omnisciente, el capítulo presenta en forma dramática no sólo el conflicto entre el hacendado, «la figura ciclópea de [Antonio] Guzmán» (428), y sus peones indígenas sino también sus conflictos con los otros dos hacendados en la zona importante de San Jorge de Olancho[9] y los conflictos de los tres con el rey Carlos Quinto por la promulgación de la nueva Cédula Real.

Igual que tantos otros capítulos y pasajes importantes, el amanecer se identifica con la revolución: «Ese día amaneció un sol de domingo» y los indios de Guzmán «estaban revueltos» porque no querían seguir trabajando los domingos y no estaban conformes «con las leyes que les proveía su Majestad» (408). Todo el capítulo está lleno de suspenso por los presentimientos de los mismos amos. Dice el Juez Repartidor: «"Los siervos están

---

9. Tegucigalpa no llegó a ser el centro económico y político de Honduras hasta 1580.

inquietos y huraños, algo inminente que sólo ellos saben va a ocurrir"» (426). Dominados y maltratados por el mayordomo Fernando, los indios también anuncian «el advenimiento de una pronta liberación» (426) que tiene que ver con su calendario: «el 12 Ahau 18 Zip estaba a punto de concluir y que habrían de suceder cosas maravillosas, según lo anunciaban sus propias y ocultas escrituras» (426). El indio Rodrigo Sochit mata al mayordomo Fernando de una pedrada y logra escaparse a caballo. Por mucho que lo persiga el ciclópeo Guzmán, no lo encuentra y se insinúa que puede haberse transformado en lechuza, su náhuatl. A la vez, cuando el otro mayordomo dispara a un jaguar, resulta muerto «el cacique noble Olaita, el alcalde indio» (453).

Guzmán se había preguntado antes: «*por qué en esta tierra se había sembrado tan fértil la semilla de la violencia*» (449). En una ampliación geográfica, evoca la muerte violenta de Pedro de Alvarado en México, de Vasco Núñez de Balboa en Panamá, de Fernández de Córdoba en Nicaragua y otras más. Guzmán también reconoce que está viviendo en una «tierra de presagios y vaticinios, población de adivinos magos y brujerías de indios» (451).

Además del conflicto entre Guzmán y sus peones indígenas, otro conflicto igualmente importante se entabla entre Guzmán, el hacendado advenedizo adinerado, y el viejo Fuentes de «rancio abolengo» (432). Hacia el principio del capítulo llega huyendo desesperadamente el hijo mayor de Guzmán perseguido por los Fuentes y los Alguaciles que lo han herido. Éstos lo acusan de asalto y seducción de la hija menor de Fuentes, «la fogosita» (433). En su deseo de blanquear la leyenda negra, el autor permite que los dos hacendados resuelvan el problema con el matrimonio de los dos jóvenes. Como dice el viejo Fuentes, «"Hay dos clases de gente en este país... los que arreglan sus problemas en el monte y los que los resolvemos civilizadamente como a... hidalgos nos corresponde"» (432). En un acto algo paralelo, el hacendado Guzmán viola a la joven sirvienta indígena, pero ella no parece sufrir tanto de la pérdida de la virginidad; más bien es «el día más temido y más deseado» (424). Hasta parece gozar y está dispuesta a entregarse voluntariamente: «Pero cuando quiso continuar los juegos, decidida a prodigar voluntariamente lo que a fuerza se le había quitado, Guzmán la apartó con un brusco movimiento» (424). Guzmán condena su propia conducta animalística, e implícitamente la de su hijo: «"¡Maldición!", maldijo "tenemos el cerebro puesto en la punta de la verga los amos"» (424). Al final del capítulo, tanto la fogosa hija menor de Fuentes como la moza india ya «llevaban prendido el germen de otra existencia» (453) sin darse cuenta. El episodio del hijo herido se enriquece con la descripción detallada de cómo el cirujano tartamudo le saca los perdigones de la pierna.

El tercer conflicto del capítulo tiene que ver con la fecha del título, 1542, fecha de la aprobación de las Leyes Nuevas que reconocen la legalidad de las tierras comunales de los indígenas, prohibiendo que los hacendados se las quiten, y que definen los términos de los repartimientos y la evangelización de los indígenas. El viejo Fuentes lamenta las nuevas leyes y denuncia al fraile Bartolomé de las Casas: «"Hemos llegado tarde[...]. Hace medio siglo podíamos tomar lo que deseáramos y reducir a vasallaje total a los naturales que quisiéramos, pero ya todo ha cambiado, todo varió... en gran parte por la imaginación desbocada de ese frayle no letrado, no santo, envidioso, vanaglorioso y apasionado, inquieto y no falto de codicia que nos combate..."» (436). Sin embargo, Fuentes no se atreve a proponerle a Guzmán un acto de rebeldía: «guardó un largo silencio seguro de haberse detenido en el instante exacto para conocer la fidelidad de Guzmán al rey y no poner en duda la suya» (437).

En cambio, en el capítulo clave (el veinte) del encuentro secreto de Jones con los comandantes, el Dr. Núñez Perdomo,[10] Secretario del Comité por la Paz, da una interpretación muy positiva de las Leyes Nuevas de 1542, de acuerdo con uno de los propósitos de la novela, el de combatir la Leyenda Negra: «España [...] promulgó en 1542 un nuevo estatuto, que liberaba al indio de la explotación inhumana y le regulaba, todavía insuficientemente, sus derechos [...]. Y esas Leyes Nuevas, aún con su imperfección... significaron el primer brote realmente humanista en la historia de América... Acabó la guerra y se trabajó en codificar y sistematizar la paz» (341).

Volviendo al año en que se promulgaron las Leyes Nuevas, Fuentes lo mismo que Guzmán prefieren no seguir comentándolas. La llamada codicia de Fray Bartolomé de las Casas les sirve de transición a la historia de Fray Blas del Castillo con quien Fuentes había tratado de «hacer un negocio de minerales en el volcán de Masaya» (438). Fuentes lee en voz alta para Guzmán

---

10. La novela comienza con un discurso antiimperialista en defensa de la paz pronunciado en el Teatro Nacional por el exrector de la Universidad, el Dr. Rodolfo Perdomo. ¿Será el mismo Núñez Perdomo?

«un fajo de papeles [...] folios de papel ácido y rectangular» (438) que narran la historia increíble de cómo Fray Blas bajó al volcán en busca de oro, sin encontrarlo. Esta historia intercalada (438-455) contribuye al suspenso y a la fascinación de todo el capítulo sin distraer la atención del lector de la situación en la hacienda. El relato se interrumpe por la acusación de Guzmán a su mensajero José Mestizo de haber embrujado a su hijo menor. Guzmán lo golpea y le manda castigar con «veinte azotes secos» (442), pese a «las leyes reales que prohibían hacerlo» (442), reclamo hecho por la mujer de Guzmán.

Tal vez la prueba más contundente de que los tiempos estaban cambiando fue «la promulgación de una Cédula Real que permitiría llevar africanos a la América para el trabajo de las posesiones» (443) sin ninguna obligación de parte de los dueños de las haciendas y de las minas. Ochenta años después, la presencia de los esclavos negros es tan fuerte que el capítulo veintiuno, titulado «Mateu Casanga (1621)», es el más largo (51 páginas) de toda la novela. Mientras los capítulos históricos que lo siguen en la novela se narran respectivamente en tercera persona omnisciente y en primera persona plural, «Mateu Casanga» proyecta una visión de Honduras desde la perspectiva del protagonista negro con la particularidad de un mestizaje lingüístico español-portugués. En realidad, el lenguaje de Mateu es español salpicado de ciertos vocablos en portugués: «bailan alborotados los mulatos y los indianos de servicio [...] soliviantados en una fiesta en que todo mundo bebeu, todo mundo comeu, sólo yo fiquei sem nada» (345).

Además de lo que ya se ha comentado sobre la importancia de este capítulo para el mestizaje hondureño y latinoamericano, es verdaderamente impresionante la manera dramática en que se capta la totalidad de la experiencia negra. En pocos renglones inolvidables Mateu describe «las factorías africanas de los portugueiros» (349). Después, Juan Decidor, el viejo y ciego sabio arquetípico, cuenta sus propias experiencias en África señalando las peleas entre las distintas tribus y hasta entre «dos sociedades secretas para alcanzar la libertad y fundar palenques de libertos en la sierra» (388). Sus diferencias parecen aludir a las diferencias internas entre los distintos grupos de sandinistas y de guerrilleros guatemaltecos y salvadoreños en la segunda mitad del siglo veinte: «Pero unos querían de momento la rebelión y otros pedíamos más tiempo, más gobierno de las gentes, más unión entre las naciones antes de empezar a degollar castellanos, porque no hay libertad sin organización, Casanga» (388).

Después de la presentación de la experiencia africana, se dedican más de dos páginas al viaje con todos sus horrores en los barcos negreros, viaje dividido cronológicamente: «de día en día» (350) y de diez noches en diez noches (351). Una vez en Honduras, los «escravos», sean «de pueblos mondongos o jolofos o mandingas» (347), sufren el trabajo agotador acompañado de los latigazos, pero tratan de mantener su cultura, sobre todo su religión y su música. Juan Decidor le explica a Casanga «que la esclavitud no es sólo del cuerpo y la materia. Nos amansan primero quitándonos la lengua africana, después nos borran los dioses y nos lavan la memoria de nuestras historias y costumbres para que tomemos las suyas como buenas» (389). En el contexto de toda la novela, esta manera de proceder del imperio español anticipa el proyecto imperialista actual de los Estados Unidos.

No obstante, nada puede apagar los deseos tanto de los negros como de los indios de vivir libres. Tuerto, manco y cojo, Mateu Casanga no abandona su afán de fuga: «Y aunque era otra la color, y suspirábamos por dioses distintos, indios y escravos teníamos mucho en común [...]. Y por confidencias y secreteos nacidos en el trato común [...] viose en los indianos tan grande afán de fuga y deseos de ser libertos que andábase corriendo la contraseña de cimarronería» (366). Esta historia de Mateu Casanga parece haberse transmitido de generación en generación porque en 1989, Sheela se la cuenta al Dr. Jones: «mis antepasados esclavos añoraban la libertad y según las crónicas coloniales uno de ellos escapó trece veces, ¡trece veces, Quentin!, de la sujeción española... Cada vez le cortaban algo para imposibilitarle huir: los ojos, los brazos, los pies, lo amarraban al cepo y él sólo esperaba, aguardaba pacientemente a que lo soltaran, se arrastraba con los muñones hasta las afueras de la ciudad. Tegucigalpa era entonces sólo un real de minas, y lo volvía a intentar» (227).

Al acercarse al palenque, Mateu Casanga, ayudado por su amante Juana de Angola y acompañado de Juana India y otros prófugos, oyen el saludo de «¡Salam!» que se convierte en una especie de coro acompañado de «un teponaztle indio de cuero de venado puesto sobre un tronco de bambuco» (375). El «¡Salam!» anticipa el «Shalom» del capítulo veinticuatro con los dos agentes israelíes y los dos saludos pacíficos recalcan el mensaje de paz lanzado en el primer capítulo por el Dr. Rodolfo Núñez Perdomo.

La convivencia de negros e indios en el palenque contribuye a la formación de La Mosquitia, tierra de los misquitos que se extendía desde Belice hasta Panamá, tema del cuarto de los capítulos históricos más extensos, el capítulo diecisiete, titulado «Aurelina (1785-1786)». Tanto como el capítulo «Mateu Casanga (1621)» presenta el origen del mestizaje entre negros e indios, «Aurelina (1785-1786)» le agrega la fusión de ingleses y españoles representada por Don Robinson, bilingüe y bicultural. Nacido y criado católico con el nombre de Carlos Yarrinche Tercero, los ingleses le cambiaron el nombre. Sin embargo, Don Robinson le explica a Aurelina que los ingleses trataron mucho mejor a los misquitos que los conquistadores españoles con sus misioneros: «Viéndonos tal cómo éramos [los ingleses] nos propusieron negocio y amistad, comercio y armas conque nos defender y salvar de los otros blancos que nos amarraban y llevaban y vendían como cosas en sus plazas y mercados» (267). La fuerza de los misquitos se demuestra en la toma de Granagua con el saqueo de la catedral y el sitio de Managua y León con la ayuda de los ingleses: «¡naves inglesas, urcas inglesas, tropas inglesas, bucaneros ingleses, un Gobernador inglés!» (257). La fuerza de los misquitos también se deriva de su identificación con sus antepasados lo mismo que con la tierra: «"No somos españoles ni somos ingleses... somos... los pueblos originales, la sangre que fecundó este continente y lo pobló durante milenios, la savia de esta enorme naturaleza. Sólo somos el fruto de la tierra, los hijos de la tierra americana"» (287).

El tema del mestizaje también se refuerza por la insinuación del mestizaje entre cristianos y moros, o sea que la caída de Granagua a los misquitos recuerda la de Granada a los españoles en 1492: «Arriba de Granagua sobrevolaba un sordo y quebrantado rumor de gritos de batalla, relinchos, ronquidos y órdenes de mando en extrañas lenguas cortas que se encajonaban en los callejones y rebotaban encima de los patios, en las alcobas, las palmeras y los blancos arcos del cementerio... "¡Granagua estaba vencida!"... "Granagua se había perdido"» (255). El acercamiento entre Don Robinson y Aurelina y su futuro matrimonio se capta estructuralmente en la narración en tercera persona omnisciente que primero se focaliza en Aurelina («Cuando Aurelina abrió los ojos...» [252]) y luego en Don Robinson («Don Robinson estaba instalado en el portal de una cabaña de madera» [274]), quien termina por imponerse.

Para 1785-1786 los misquitos ya han incorporado algo de la cultura inglesa en su mestizaje indio-negro-español. En el próximo capítulo histórico, el diecinueve, titulado «Reunión en Omoa (1633)», se dan los antecedentes de la presencia inglesa en la costa norte de Honduras. Por no querer tolerar el monopolio comercial de España en América, los ingleses encargan a los corsarios penetrar en las colonias como puedan. Igual que los otros capítulos, el diecinueve, pese a su relativa brevedad de diecisiete páginas, está lleno de suspenso con varios refuerzos estructurales. Para subvertir la imagen positiva de los anglosajones pregonada por algunos hondureños de 1989, el coprotagonista de este capítulo es Eugene, viejo inglés, contrabandista, homosexual y borracho. Resulta degollado al final del capítulo por el otro coprotagonista, el Capitán corsario holandés Blauvelt porque sospecha que Eugene vaya a delatarlo a los españoles. Blauvelt desembarca acompañado de un muchacho llamado Morgan, cuyo apellido es el mismo del famoso pirata inglés, aunque la posible identificación del muchacho con el pirata queda desmentida por la fecha de nacimiento de éste: 1635. El muchacho Morgan salpica su habla de refranes que llegan a molestar a Blauvelt, evocando la reacción de don Quijote a los refranes de Sancho Panza. También evocan los refranes de otro personaje de *Madrugada*, la mamá de Erika. Pese a las sospechas de Blauvelt, antes de morir Eugene le da buenos consejos para los ingleses:

1. Que no deberían tratar de conquistar a Honduras y a Centroamérica, a causa de la fuerza no sólo de los españoles sino también de los guerreros indígenas: los Xicaques y los Lencas de Honduras y los Quiché de Guatemala.

2. Que deberían tratar mejor a los indígenas aprovechándose del odio que éstos sienten por los españoles: «"Recojan todo el odio que hay aquí [...] amásenlo, santifíquenlo, moldéenlo, panifíquenlo"» (322).

3. Que deberían concentrarse en la costa del Caribe: «"Los dados no hay que tirarlos en el interior sino en la costa, de aquí para abajo hasta Portobello, que es donde hay menos riesgo. ¡Quien conquiste la costa Caribe será el dueño del mundo"» (319).

4. Que deberían fijarse en los grandes lagos de Nicaragua que serán «"el puente de aguas, la unión de los dos mares [...] la fuente del comercio mundial"» (322).

Aunque Blauvelt degüella al viejo Eugene, el hecho de que el capítulo termine con el amanecer —«Afuera los primeros tintes rosados empezaban a triturar sobre el océano las sombras finales del amanecer» (327)— indica que los ingleses seguirán esos consejos garantizando su hegemonía en el Caribe hasta por lo menos mediados del siglo diecinueve.

Ya formado el mestizaje hondureño y centroamericano en la época colonial, los otros cuatro capítulos históricos tienen otra orientación. Tres de ellos están dedicados a acontecimientos importantes del siglo veinte y sólo uno, el más breve de todos —¡tres páginas!— ocurre en el siglo diecinueve, la declaración de independencia. Aunque ese capítulo aparenta ser dialógico, el título «Los mismos (Septiembre 21, 1821)» refuerza la visión negativa de la independencia. Por el lado positivo, el narrador exalta el nacimiento de la nueva nación centroamericana: «La América estaba comenzando a transformarse en el continente de la justicia, los albores maravillosos de una nueva nación libre y ordenada se encendían sobre el nuevo día de la libertad» (235). Sin embargo, esta gloriosa oración se vuelve irónica si se tienen en cuenta las oraciones anteriores y posteriores. El capítulo está enfocado por don Manuel de Casconia, rico propietario y su esposa doña Rosa: «Don Manuel se reclinó al pie del doble lecho de lino relleno con crines de caballo y dispuesto con almohadones de pluma de gallina" (235). El título del capítulo se explica en las dos oraciones posteriores: «Todo había cambiado y por el prodigio de la bienaventuranza también todo permanecía igual. Gobernaban los mismos, sus mismos» (235). O sea que la independencia fue declarada en Guatemala por criollos y peninsulares «*pa prevenir las consecuencias q. serían terribles en el caso de q. la proclamase de hecho el mismo pueblo*» (234). Casi exactamente las mismas palabras aparecen en *Historias prohibidas del pulgarcito* (1974) del poeta guerrillero salvadoreño Roque Dalton.

Aunque se mencionan en el capítulo algunos de los próceres guatemaltecos como Pedro Molina, Gabino de Gaínza y otros de «los descendientes de las más ilustres y poderosas familias de Guatemala» (234), brillan por su ausencia los próceres hondureños José Cecilio del Valle (1776-1834), quien escribió la Declaración de Independencia, y Francisco Morazán (1799-1842) de la siguiente generación, quien hizo todo lo posible por mantener unidas las provincias centroamericanas. No aparecen en este capítulo porque habrían complicado la denuncia de las familias hegemónicas. En cambio, en el presente de 1989, el exmaestro misquito Sambulá, en su conversación con el Dr. Jones, llama a Morazán «nuestro más grande caudillo, un maravilloso hombre de honor» (130).

En la serie de capítulos históricos se da un gran salto de 1821 a 1924, tal vez por el gran número de revoluciones injustificadas, «sangrientas y malévolas»

(130) según Sambulá: «entre 1824 y 1950 llegamos a tener unas ciento cincuenta revoluciones, casi como Bolivia» (130). Otra posible explicación sería evitar el relato de los conflictos del siglo XIX entre las cinco repúblicas centroamericanas para no perjudicar la imagen novelística de la unidad centroamericana.

Los tres capítulos históricos ubicados en el siglo veinte varían entre sí. El trece, titulado «Diario de la guerra (1924)» presenta en forma de diario las maniobras militares y diplomáticas desde el 30 de enero hasta el 30 de abril de 1924. Las tropas revolucionarias luchan para que se respeten las elecciones democráticas de 1923, elecciones ganadas por el futuro dictador tiránico, el doctor y general Tiburcio Carías Andino. Éste, según Sambulá en su conversación peripatética con el Dr. Jones, era «un gigantón indiano de doscientas libras con un gran mostacho [...], una versión aumentada de Pancho Villa que poseía una sagacidad política increíble para gobernar. Carías era la esperanza» (131). Sin embargo, una vez en el poder, que mantuvo de 1932 a 1948, «coqueteó con las compañías bananeras [...] hasta convertírseles en algo menos que su sirviente [...]. Carías puso orden, puso paz, es cierto pero a cambio de una represión desconocida en el país» (131). La guerra civil de 1924 era muy sangrienta, duró tres meses y costó unos veinte millones de dólares. Aunque el énfasis está en las operaciones militares por todo el país, incluso el sitio de Tegucigalpa, se insinúa la culpa de los Estados Unidos y se denuncia el desembarco de los marines.

Si Carías defraudó las esperanzas del pueblo hondureño, el Dr. Ramón Villeda Morales, presidente entre 1957 y 1963 y protagonista del capítulo once, «Un silencio blanco (1963)», se presenta como un verdadero reformador honrado. La primera mitad del capítulo se focaliza en setiembre de 1963 entre el teniente Pejuán, que está enterado del próximo golpe militar, y el presidente Villeda Morales, llamado Diego Manuel Velasco, aunque la verja de la casa familiar lleva las iniciales V.M. (142).[11] El presidente recuerda sus días estudiantiles y su servicio social en los pueblos de la frontera con El Salvador acompañado de su esposa Jimena y luego su actuación política contra la dictadura de Carías en 1948, su encarcelación y su exilio en Costa Rica. La segunda mitad del capítulo de 1963, páginas 156-174, se concentra en la discusión animada sobre la reforma agraria en el consejo de ministros. Mientras el presidente y varios de sus ministros abogan por la reforma agraria, el joven Coronel anónimo sentencia que «Las bananeras

---

11. Sambulá también lo llama el Dr. Diego Manuel Velasco (131) pero su esposa lo llama Ramón (149).

son intocables» (165). Como el mismo Coronel, «joven y codicioso» (146) había dicho al Comandante de la Fuerza Aérea: «¿qué decís si le damos vuelta al Hombre» (146), se da a entender que el golpe de 1963 contaba con el apoyo de la bananera y por lo tanto de los Estados Unidos. En contraste con los otros capítulos históricos de la novela, el nueve, titulado «Amanecer en Olancho (1974)», que versa sobre el asesinato del Padre McKenzie, es el único que luce suspenso propio de un cuento.

En cuanto a un juicio estético sobre toda la novela, coincido completamente con los aciertos señalados por el centroamericanista Ramón Luis Acevedo: las escenas impactantes, como la inicial; la creación de personajes muy convincentes en su humanidad; el desarrollo efectivo de una complicada intriga; la armónica fusión de realidad y ficción; el impecable manejo de un riquísimo registro lingüístico; la cuidadosa y original estructuración; la vasta y bien empleada erudición histórica y la interpretación profunda y reveladora del pasado y del presente de uno de nuestros países más marginados y menos conocidos (15).

En cuanto a la interpretación del presente (de 1989), creo importante subrayar el reflejo de la situación ideológica de ese momento. Pese al tono antiimperialista de la novela, los comandantes guerrilleros están dispuestos a abandonar la guerra y buscar vías democráticas (344), igual que los guerrilleros salvadoreños de ese año. Sheela le explica al Dr. Jones que «la izquierda hondureña está escindida, fragmentada» (220), como lo eran la izquierda salvadoreña y la guatemalteca de ese año. La misma Sheela comenta las consecuencias de la desintegración de la Unión Soviética para los revolucionarios hondureños, igual que para el gobierno sandinista de Nicaragua: «no creemos ya más ser comunistas, no sé si me entiende, los cambios que están pasando en el Este, las transformaciones de la perestroika de Gorbachev nos están moliendo la doctrina a todos y a decir verdad ya ni sabemos qué más esperar. Hemos comenzado por abandonar el lema de la dictadura del proletariado, uno de nuestros principios más queridos y ahora ninguno de nosotros se atreve siquiera a pronunciarlo en público» (221).

No obstante, los comandantes insisten en que el país necesita una revolución aunque «"ni siquiera es necesario volverla socialista"» (340). La nueva revolución se define como «una batalla por la honestidad» (340). Hay que «recuperar nuestro ser nacional y sentirnos orgullosos de considerarnos centroamericanos y hondureños [...] y gozar el orgullo de ser mestizos» (340). Enfrentándose al siglo veintiuno, los comandantes buscan inspiración en el emperador maya Madrugada: «"Quisiéramos resucitar la voluntad del soberano Madrugada de Copán [...] que fue capaz de imaginar un nuevo imperio de paz mientras su sociedad se le estaba cayendo a pedazos y se le venía desmembrando... Pretendía un nuevo amanecer, un nuevo hombre llamémosle para ese entonces hondureño aunque no sea así, quizás en el año 992"» (341).

Aunque el huracán Mitch de 1998 haya postergado, tal vez por décadas, el nuevo amanecer[12] hondureño, la novela *Rey del albor. Madrugada* quedará como motivo de orgullo no sólo como base para la creación de una conciencia nacional e istmeña, sino también como una de las mejores muestras de la novela centroamericana de las últimas décadas.

### Obras citadas

Acevedo, Ramón Luis. «La nueva novela histórica en Guatemala y Honduras». *Letras de Guatemala*, núms. 18–19, 1998, pp. 3–17.

Escoto, Julio. *Rey del albor. Madrugada.* San Pedro Sula: Centro Editorial, 1993.

---

12. Por la presencia de «albor» y «madrugada» en el título de la novela, no sorprende en absoluto la conversión de esas palabras y sus variantes «amanecer», «alba», «aura» en un verdadero motivo recurrente. Cito a continuación sólo tres de los muchísimos ejemplos: «el aura resplandeciente del sol de la mañana de Tegucigalpa» (236); «destellaba el día resplandeciente de Tegucigalpa» (36); «los albores maravillosos de una nueva nación libre y ordenada» (235).

## «Lo foráneo y lo autóctono en *Rey del albor. Madrugada* de Julio Escoto»

### William Clary

**Fuente:** Presentado por el autor en la Mesa de Literatura Centroamericana que él organizó en la reunión de la Latin American Studies Association (LASA), en 2012, Washington, DC. También se dio a conocer en el Congreso de Historia Centroamericana realizado en Tegucigalpa en 2016. Remitido por el autor a Helen Umaña el 17 de julio de 2020.

**Autor:** Dr. William Clary: Catedrático en la Universidad de los Ozarks en Clarksville, Arkansas. Imparte clases de literatura, cultura e historia latinoamericana. Su área de investigación es la narrativa contemporánea de Centroamérica, con énfasis en los escritores del Triángulo Norte.

Los sucesos y cambios que influyen el marco histórico cultural del que surge la publicación *Rey del albor. Madrugada* de Julio Escoto en 1993 colocan la aparición de la novela en una coyuntura clave que abarca distintas confluencias: el fin del conflicto armado en Centroamérica, la implantación del modelo neoliberal, las modificaciones teóricas que el fin de la Guerra Fría ocasiona, la eclosión de los estudios del subalterno y el auge que va cobrando la noción frágil del Estado nacional; todos elementos que, en conjunto, reconfiguran el enfoque de las instituciones estatales de la región.

En el caso de Honduras, desde la presidencia de Carlos Roberto Reina (1994-1998), los esfuerzos del Instituto Hondureño de Antropología e Historia (IHAH) han indagado las complejidades del patrimonio cultural e histórico con el fin de que queden registrados como parte de un inventario del acervo nacional. Esta tarea monumental, es decir, el rescate etnohistórico, se implementó bajo el liderazgo del Dr. Rodolfo Pastor Fasquelle y del Dr. Darío Euraque, cuyos esfuerzos relacionados con la historia cultural y etnorracial de Honduras se remontan a este mismo punto de arranque, la década de los noventa. En el mismo contexto, el impacto negativo del golpe de Estado de junio 2009 ha sido bien documentado; no sólo violenta el orden democrático, sino que desmantela los objetivos programados por IHAH al destituir su liderazgo a la vez que vuelve a instaurar un modelo obsoleto que concibe la identidad nacional a partir de la comercialización de un folklorismo turístico.[1]

Parte de este estudio se enfoca en las coincidencias que *Rey del albor. Madrugada* comparte con los planteamientos de IHAH en Honduras antes del golpe de Estado, es decir, la manera en que la novela se inserta en este marco y se compagina con las investigaciones sobre procesos de identidad cultural en sus respectivos contextos históricos, el mismo acercamiento académico que emprende el IHAH a partir de la década de los noventa. Por otra parte, y directamente vinculado al análisis etnohistórico que la novela ofrece, se comentará el tema recurrente de Honduras como territorio repetidamente vulnerado por el poder ajeno y las fuerzas extranjeras, cuyo resultado es un espacio fragmentado y expoliado, en la «madrugada» o albor de una nueva época.

La trama de la novela gira en torno a una indagación histórica encomendada por el presidente hondureño, una tentativa explícita de conformar o redactar la historia nacional selectivamente de acuerdo con intereses políticos. Asimismo, al profesor norteamericano Quentin Jones se le encarga la reescritura de la historia nacional con fines obviamente propagandísticos, de modo que se publique para el quinto centenario en 1992.

Este proyecto, orquestado por el presidente de la república, con plena complicidad del embajador norteamericano, pretende que Jones elabore una historia que revele: «cómo surgió la identidad hondureña, la forma en que nació, se gestó y se formó la nación, historia pura, limpia de abusos sin referencia de violencia más que en el sentido épico y educativo... podarle un poco de paja política al asunto»[2] (Escoto, 30).

---

1. Véase Darío A. Euraque, *El golpe de Estado de 28 de junio del 2009, el patrimonio cultural y la identidad nacional de Honduras,* pp. 24–33. Euraque presenta una documentación amplia con respecto a las consecuencias negativas que el golpe ocasiona en el IHAH, y cómo afectó e impidió que ésta y otras instituciones colaboraran para rastrear la compleja etnohistoria de Honduras desde la década de los noventa.

2. Escoto, *Rey del albor. Madrugada,* 1993. Todas las citas de la novela proceden de esta edición.

Aunque el objetivo aquí es múltiple: por una parte, «calmar inquietudes» por el apoyo que el gobierno de Honduras brinda a los Contras, y, por otra, manipular la historiografía con fines políticos de acuerdo con el modelo neoliberal, pues, promulgar una historia purificada que invisibilice la riqueza étnica del país y que suprima las voces que cuestionen esta versión oficial y confabulada. Conforme Jones realiza su «investigación», nutrida en parte por informantes de la izquierda, destapa un plan imperialista nominado con el código «Madrugada», cuyo objetivo es efectuar que el hondureño «deseche su identidad actual o deje de buscarla y asuma una conciencia universal y occidental, es decir, pro-yanqui, lejos del sedimento ibérico» (336), un complot que, según Helen Umaña es «un proyecto maquiavélico de dominación imperialista, [...] una progresiva "puertorriqueñización"» del país, término que el mismo Escoto incluye en su novela (180).

La disposición narrativa de la novela combina el avance de la indagación de Jones en el presente con una contraparte fundamental: nueve escenarios de la historia que en sí abarcan desde los semidescifrados jeroglíficos mayas hasta el lenguaje críptico de la computación, escenarios que nos remiten al imaginario cultural con sus fechas correspondientes, pluridiscursivos en su conjunto, pero cada uno emblemático y representativo de un hito o coyuntura clave en el entramado histórico de Honduras.

Esta genealogía histórica, que abarca un amplio rastreo cultural, un trasiego metódico entre presente y pasado en busca de orígenes esenciales en la conformación del país, Honduras, nace de la fuerza creativa y la investigación histórica, o, en las palabras del mismo Escoto, «la novela más globalizadora, casi el mural de un país centroamericano, Honduras, y por extensión de Centroamérica» (547). En términos generales, la técnica de la novela combina una diégesis fragmentada de distintas y variadas líneas narrativas y modalidades con una atemporalidad cronológica en su disposición, la cual refuerza su efecto de socavar y desautorizar los discursos de la historiografía tradicional a la vez que los amplifica mediante la creación literaria. Implícito en esta técnica se destaca un desdoblamiento: el paralelo entre la tarea de Jones y, a su vez, un cuestionamiento de los procedimientos de la historiografía tradicional hondureña y una transgresión de estereotipos, un esfuerzo de reevaluar y hasta extender los límites epistemológicos que dicha historiografía deslinda, como Hayden White ha planteado en su estudio *Tropics of Discourse*.[3]

Es decir, una combinación de lo documental y lo ficticio para así crear un imaginario histórico que surja del marco de las coordenadas de la teoría poscolonial, con una conciencia plena de que su labor es tan creativa como histórica, o en las palabras de Hayden White: «Novelists might be dealing only with imaginary events whereas historians are dealing with real ones, but the process of fusing events, whether imaginary or real, into a comprehensive totality capable of serving as the object of representation is a poetic process» (125).

Logrando una representación precisa de los registros lingüísticos de cada época retratada, la capacidad fabularia de Escoto procura aportar una voz a los que han sido desoídos, reivindicar a los que han quedado al margen de la historiografía tradicional, y habitar los espacios inmensos de la historia, los intersticios que han quedado desarticulados, a las fisuras que los modelos tradicionales de la investigación historiográfica no indagan y que han desatendido. De ahí que se presenten episodios ficcionalizados, paradigmáticos en la forma en que ponen de relieve la diversidad étnica, a la vez que resaltan los procesos implacables de los poderes imperialistas y la conflictividad que estos engendran en la región, que se termina cohesionando para luego llegar a conformar una nación consolidada.

Al mismo tiempo, la novela de Escoto propone una lectura con abundantes referencias a posturas decoloniales, las cuales responden en parte a lo que Aníbal Quijano ha teorizado sobre la taxonomía de razas, colonialidad del poder y sus corolarios epistemológicos.[4] La manera que estos

---

3. Un aspecto fundamental de la teoría tropológica de White plantea que las variedades de la representación histórica son infinitamente variadas y de por sí multifacéticas, las cuales, acumuladas en las múltiples perspectivas que afloran dentro de la novela, llegan a constituir, en el sentido epistemológico, representaciones complementarias que surgen de la densidad y los estratos polifónicos de la novela. Según White, «poetizar no es una modalidad alienante, sino que constituye la base de toda actividad cultural» (101; traducción mía). Esta afirmación resulta aplicable a la novela de Escoto, cuyas texturas narradas y dialogadas ofrecen numerosas pinceladas que reflejan distintas facetas de las variadas historias que en sí conforman el devenir histórico de Honduras.

4. Quijano, en su ensayo «Colonialidad del poder, eurocentrismo y América Latina», postula que durante la época colonial se efectuó una taxonomía racial al «codificar los rasgos fenotípicos» de los esclavizados y colonizados como señas

cobran nueva importancia y operan posteriormente dentro de la modernidad desemboca en nuevas estrategias nacionalistas en la novelística en las postrimerías del siglo XX, como lo ha afirmado María Cristina Pons en referencia a las novelas históricas publicadas a finales del siglo: «La novela histórica de fines del siglo XX responde a la búsqueda de una redefinición de una identidad, pero ya no una identidad nacional impuesta desde una posición de poder —como lo hizo la novela histórica tradicional— sino que se trata de una búsqueda de una identidad de diferencia y regional de resistencia al efecto homogeneizador del proceso de globalización en el que se enclavan» (264).

Las ruinas de Copán, sitio que ha sido promocionado a distintos niveles simbólicos desde los primeros dibujos de Stephens y Catherwood en el siglo XIX, se inserta en la problemática de los grupos subalternos como los pueblos lenca y pech en Honduras de distintas maneras. En el último capítulo de la novela, «La memoria de nosotros (1495)», se enfoca en la persistencia de unas creencias ancestrales que se remontan a la época de Madrugada, último rey de Copán, en forma de la búsqueda de presagios divinos ante la llegada de las huestes de españoles conquistadores: «el joven Papa halló la buena verdad de que no habría manejo de teúles en la oscuridad que vendría, una vez vistas las piedras del tiempo y leídas sus escrituras sagradas» (518).

Aquí lo que se sobreentiende es la actitud temeraria del invasor castellano cuyo propósito es arrasar tantos vestigios religiosos que se pudiera: «Y a las figuras de los dioses les dieron abajada y destrucción rompiéndolos a piquetazos» (521); destrozar el enlace profético con su iconografía, dejando un vacío cultural, propenso para la evangelización católica. Anulada la posibilidad de que se preserve una continuidad en la simbología iconográfica de Copán, esta queda desvinculada de los procesos culturales durante la Colonia hasta que vuelve a apropiarse como parte de un discurso oficial en la modernidad, un discurso que emerge del impulso —de acuerdo con

---

esenciales que marcaron su clasificación en jerarquías raciales. De este fenómeno, establecido en las colonias españolas en las Américas durante trescientos años, surge el «concepto de razas» y problematiza, durante la época independentista y la fundacional que sigue, el proyecto de consolidar las nuevas naciones debido a las complejidades y ambigüedad identitarias (201-203). Estos resabios de la colonia y la manera que dificultan una identificación amplia con la idea de la patria Honduras se presentan en múltiples escenarios de la novela.

lo planteado por Euraque,[5] de permitirse autocolonizar en consonancia con los nuevos regímenes del saber, entre las que se destacaba la misma arqueología como disciplina colonializadora y el proyecto restaurativo en Copán dirigido por el Instituto Carnegie a mediados de la década de los 30.

Tomando en cuenta la referencia doble del título de la novela, es decir, un código clandestino que encierra el plan de dominación imperialista por los EUA que Jones busca descifrar y una referencia también al último rey (Madrugada) de Copán, la omisión deliberada de la cultura maya y su enlace con la composición étnica contemporánea a lo largo de la novela no es nada casual, más bien señala uno de los mitos del mestizaje hondureño que la novela consigue subvertir. De esta manera, la novela de Escoto deconstruye el mito de una etnogénesis imaginaria como estrategia del Estado para homogeneizar de forma colectiva el concepto de orígenes biológicos del hondureño al propagar un discurso imaginario de un mestizaje mítico, agenciado tanto de una etnicidad maya inventada como en la imagen icónica y heroica de Lempira, desplazado de contexto del presente, símbolo de la moneda nacional.

Esta estrategia nos remite a lo que Foucault plantea sobre la biopolítica en sus conferencias «Society Must be Defended», donde postula que uno de los corolarios del poder estatal y la hegemonía entre los dirigentes supone una estrategia enfocada en la biopolítica, la cual permite y avanza la jerarquización racial con el objetivo de que las clases dominantes se afiancen en el poder, proclamando que su propio poder le concede el derecho de «definir la norma» y mantener a raya a los que representen una amenaza a ese mismo linaje biológico (255-257). Esta microfísica del poder entre la élite mestiza en Honduras se encuentra de distintas formas a lo largo de la novela de Escoto, en particular en la estrategia promovida por la dirigencia mestiza a través del siglo XX en la forma de la «mayanización» analizada por Darío Euraque y en la marginalización de grupos subalternos como los negros garífunas, y los negros creoles o ingleses. La estrategia tuvo vigencia durante el régimen de Tiburcio Carías Andino en la década de los

---

5. Euraque en su ensayo «Antropólogos, arqueólogos, imperialismo y la mayanización de Honduras: 1890-1940», examina el entronque entre dos vertientes del imperialismo cultural norteamericano en Honduras durante la época de Tiburcio Carías: la misma arqueología en sí financiada por la United Fruit Company y su interés en redefinir la génesis de la cuestión racial en Honduras, impulsando el concepto aglutinante de un mestizaje mayanizado en el país a expensas de la gran riqueza étnica de Honduras que Escoto pone en relieve en la novela.

40, apoyada por la élite intelectual del país, y tenía como propósito enlazar la cultura maya como sustrato ancestral con el legado ibérico con el fin de excluir de la etnohistoria la presencia de una compleja heterogeneidad étnica —principalmente la presencia afrohondureña en la costa del Caribe. [6]

Este fenómeno, explicado por Darío Euraque como «una complicada red tejida entre la arqueología norteamericana de antaño, el imperialismo bananero, la mayanización y el mestizaje oficial»,[7] revela una postura ficticia del Estado con sus fines nacionalistas, que contaba con soportes estéticos: los murales públicos en Comayagüela del pintor hondureño Arturo López-Rodezno, y la mayanización arquitectónica de El Jardín Maya en el parque La Concordia en Tegucigalpa, diseñado por Augusto Morales y Sánchez en la década de los 40.

Pero en lugar de escudriñar estas imposturas etnoraciales, la novela de Escoto, valiéndose de episodios de carácter testimonial, rastrea la génesis de la diversidad étnica al focalizarse en los lazos eróticos e interétnicos que producen la base genética de la población, situando así el origen de un mestizaje polifacético, primero en la época de los encomenderos y luego en el contacto cultural y genético entre la costa atlántica y la región occidental de la Colonia, este último a raíz de las incursiones de ingleses, zambos

---

6. Para un análisis documentado del intento de promover un imaginario genético mestizo que pretendiera minimizar la presencia de los afrodescendientes en el país, véase Jorge Alberto Amaya, «Los Negros ingleses o creoles de Honduras: Etnohistoria, racismo, y discursos nacionalistas excluyentes en Honduras». Para un análisis de las reconfiguraciones raciales modernas que provienen en su origen de la clasificación taxonómica de la época colonial, véase Nelson Torres Maldonado, «Sobre la colonialidad del ser: contribuciones al desarrollo de un concepto». Torres Maldonado refiere a estos procesos modernos como la heterogeneidad colonial, los cuales se despliegan en el siglo XX estratégicamente con el mismo objetivo jerarquizante: «las formas múltiples de sub-alterización, articuladas en torno a la noción moderna de raza; una idea que se genera en relación con la concepción de pueblos indígenas en las Américas, y que queda cimentada en el imaginario, el sentido común y las relaciones sociales que se establecen en relación con los esclavos provenientes de África en las Américas» (132–133).

7. Véase Euraque, «Antropólogos, arqueólogos...». Euraque ausculta exhaustivamente el proceso de mayanización estatal en Honduras como una estrategia de homogeneizar la conformación étnica racial al buscar promover un imaginario étnico de un mestizaje nutrido de los pueblos mayas en el país. Al efectuar un rastreo cultural de sus orígenes y aceptación durante un período largo, documenta con datos la influencia cultural de distintas fuentes: las compañías bananeras y los arqueólogos extranjeros y su influencia sobre el General Tiburcio Carías Andino en la década de los treinta y cuarenta en Honduras.

y «Torrupanes» en el siglo 18.[8] En esos escenarios se destaca el episodio «Mateu Casanga» que también subvierte el mestizaje ficticio al reivindicar, en forma de testimonio del esclavo Casanga, los rigores de la esclavitud en el siglo XVII. En ello se contemplan la autonomía que se experimenta fuera del alcance del poder colonial, los espacios sincréticos e híbridos que se producen en el contexto del palenque o refugio de esclavos fugitivos, la cultura amalgamada de una hermandad compartida con los indígenas prófugos, todo propiciado por «el aire desinfecto de la cimarronería» (373), un espacio que los protege de la imposición colonial, la que amenaza con expoliar los atributos identitarios de su cultura.[9]

El enfoque en los grupos marginados en el territorio nacional adquiere importancia en conjunto con una temática complementaria, la que ilustra el impacto que los imperios han ocasionado, el sometimiento del territorio de Honduras a las injerencias extranjeras y su corolario, el faccionalismo ideológico, que durante distintas temporalidades históricas ha impedido una cohesión territorial a nivel nacional. De ahí que desde antes de la llegada de los españoles en el siglo dieciséis hasta el golpe de Estado de 1963, se haya perfilado una serie de sucesos que socavan la unidad cultural, política y nacional. Parecidos a una genealogía los mecanismos del poder imperialista, estos inciden en la hegemonía extranjera y su impacto correspondiente en lo nacional.

Y volvemos a Copán. Como punto de origen de una línea continua que se remonta a un principio, la descodificación del Altar Q jeroglífico en Copán, una de las ciudades letradas mesoamericanas de la antigüedad, a cuyo rey Yax Pac, Yax Pasah o Madrugada se le atribuye un esfuerzo frustrado de complacer la voluntad popular en el siglo VIII, una tendencia que se ha perpetuado hasta la lucha de los unionistas en el siglo XIX, y hasta la actua-

---

[8]. Véase Marvin Barahona, *Evolución histórica de la identidad nacional*. Barahona señala que reina un clima de inestabilidad en Tegucigalpa en 1762 debido a las incursiones por «zambo miskitos» de la costa atlántica y «otros grupos indígenas no colonizados» (195–197). Estas «invasiones» sirven de referente histórica para el episodio «Aurelina» en la novela de Escoto.

[9]. Nicole Caso, en su estudio de la novela, «Totalizing Narratives Written from the Margin: Julio Escoto's *Rey del albor. Madrugada*», afirma que en las conversaciones con Juan Decidor, a Casanga se le informa del peligro de perder la esencia de la cultura propia a la vez que establece un paralelo acertado con respecto al mismo proceso que pretende efectuar el complot «Madrugada» que el profesor Jones intenta descifrar.

lidad: «Es probable que tratara de levantar el orgullo nacional, unificarlas tal vez, aglutinarlas en una sola nación indígena, pero había demasiados intereses de otros poderes que mantenían divididos a los pueblos. Madrugada, al que le correspondía sepultar el sistema y quizás dejarnos, como también lo hizo Francisco Morazán en 1842, la tarea de sumar algún día las fuerzas de la nación» (405).

Este ciclo discordante sigue vigente durante la época de la Independencia, cuando se observa que las posibilidades de abrir espacios que pudieran desembocar en un consenso nacional se ven obstaculizados y anulados por intereses ajenos a una voluntad popular. De ahí que el breve episodio titulado «Los mismos» cite el Acta de Independencia, una declaración de los Conservadores que pretende arrebatarles el avance potencial a los Liberales, «pacificar a los disolutos y afrancesados» e impedir que una declaración de independencia nazca de la voluntad popular: «Para prevenir las consecuencias que serían temibles en el caso de que la proclamase de hecho el mismo pueblo, la independencia había sido ejecutada para que el populacho no se apoderase de ella» (234).

Ya en el siglo XX, conforme Honduras va siendo sometido a la creciente hegemonía económica por Estados Unidos, se observa la voluntad popular en la forma de los discursos periodísticos de la época, en este caso los de un Ribas de Cantruy, periodista nicaragüense que vivía en Honduras y redactaba informes sobre los acontecimientos de 1924 en Tegucigalpa, y los del escritor hondureño Froylán Turcios, que en sí operan como voces testimoniales y colectivas que en su conjunto denuncian la presencia ajena en el territorio nacional. Al inmiscuirse Estados Unidos en un conflicto entre facciones que intentan rescatar la presidencia de Carías en 1924, se transparenta el nivel de subordinación al que está supeditada la soberanía nacional, al ver que la tregua definitiva se acuerda a bordo del buque USS Denver y claudica la presidencia provisional a Vicente Tosca en 1924.

Más adelante, con la nueva rigidez ideológica impuesta por los Estados Unidos durante la Guerra Fría, este nivel de injerencia foránea se incrementa en el hemisferio, y es la figura de Sambulá (137) que cumple la función de informarle a Jones de la otra versión de la historia y la manera que ha afectado la voluntad popular en Honduras en el siglo XX. Al referirse a las operaciones encubiertas durante la administración de John Kennedy en la Alianza para el Progreso, se esclarece que las operaciones encubiertas no sólo debilitaron y aislaron los esfuerzos de presidentes progresistas de la misma época —Juan Bosch, Rómulo Betancourt e Ydígoras Fuentes—, sino que colaboraron en el golpe de Estado que terminó derrocando al Doctor Manuel Velasco en 1963. Nuevamente, la voluntad popular que subyace el plan para la reforma agraria del presidente Velasco, aclarada en el episodio por el Licenciado Casco: «no una farsa dictatorial como en el pasado ni un escenario levantado para crear la ficción de estar gobernando con la voluntad del pueblo cuando en realidad se le expolia» (171), se ve impedido por Oswaldo López de la Fuerza Aérea, quien justifica el golpe con un lenguaje que prefigura el de los golpistas de 2009, contra «las flagrantes violaciones de la Constitución e infiltración comunista» (170).

En fin, estos sucesos en su conjunto afirman un ciclo largo de coacción, pillaje y desunión: Quiriguá se desmembra de la esfera de Copán, la imposición cultural desde la conquista, los sueños no realizados de los unionistas, y, de último, las injerencias repetidas desde el centro en el norte, las mismas que impulsan la reescritura histórica que se le asigna a Jones.

## Conclusiones

En resumen, el creciente poder hemisférico de los EUA en la zona centroamericana que la novela de Escoto pone en relieve se ha visto aumentar en los últimos años: la aprobación de CAFTA en 2005, la proliferación de iglesias protestantes, la ultraderechización del aparato estatal, según Helen Umaña, y la disposición de usar el poder extralimitado en forma de golpe de Estado de junio 2009 dan un testimonio amplio a un patrón de ciclicidad histórica que a su vez revelan advertencias implícitas en la novela.

Dentro de este encuadre actual, las transformaciones dentro del IHAH anuncian un regreso lamentable al pasado, un pasado donde la labor de un Darío Euraque no encaja, razón por la cual se le destituyó durante el golpe de Estado de 2009, acción que se justificó al acusarle de «adoctrinar» a las etnias. En efecto, este retorno al folklorismo con Copán el epicentro turístico y un Instituto de Antropología e Historia con un presupuesto exiguo, conduce a la clausura de espacios y estudios para las gestiones culturales proactivas.

En cuanto a la esfera cultural e histórica, como hemos indicado, la necesidad fundamental de rescatar y dilucidar tanto los diversos componentes que conforman la heterogeneidad cultural de Honduras como también el sustrato de su etnohistoria es intrínseca. Al mismo tiempo, también falta reivindicar los márgenes desatendidos que en sí puedan propiciar una comprensión más amplia de lo que éstos entrañan. Compaginar estos elementos es una labor compleja, pero en el fondo constituye una zona de coincidencia amplia entre los postulados de la novela de Julio Escoto y lo programado por IHAH en las últimas dos décadas.

Sin embargo, persiste una tensión latente en la novela, la que Nicole Caso identifica al afirmar que *Madrugada* explora vertientes de la realidad hondureña que parecen contradecirse, es decir, la tensión entre lo de pretender un nacionalismo nacido de una conciencia de la voluntad popular despreciada, y su contraparte, la importancia que se le confiere a la variada identidad etnocultural que los episodios comentados aquí ilustran.

Por lo mismo, dentro del valor connotativo en el título «Madrugada», «rey maya de Copán», el código críptico de dominación norteamericana, reposa la problemática de la creación de una etnicidad incompleta y ficticia y la injerencia cíclica en el país que este ensayo ha explorado. En fin, a estas alturas, serán indispensables nuevas investigaciones para poder comprender las transformaciones vividas en Honduras desde los finales de junio 2009.

## Bibliografía

Amaya, Jorge Alberto. «Los Negros ingleses o creoles de Honduras: Etnohistoria, racismo y discursos nacionalistas excluyentes en Honduras». Revista *Sociedad y Economía*, núm. 12, junio 2007, pp. 115–129.

Barahona, Marvin. *Evolución histórica de la identidad nacional.* Tegucigalpa: Guaymuras, 1991.

Caso, Nicole. «Totalizing Narratives Written from the Margin: Julio Escoto's *Rey de albor. Madrugada*». En: *Practicing Memory in Central American Literature,* de Caso, pp. 145–184. New York: Palgrave Macmillan, 2010.

Escoto, Julio. *Rey del albor. Madrugada*. San Pedro Sula: Centro Editorial, 1993.

Euraque, Dario A. «Antropólogos, arqueólogos, imperialismo y la mayanización de Honduras: 1890-1940». *Revista de Historia*, núm. 45, enero-junio 2002, pp. 73-103.

Euraque. *El golpe de Estado del 28 de junio del 2009, el patrimonio cultural y la identidad nacional de Honduras*. San Pedro Sula: Centro Editorial, 2010.

Foucault, Michel. «Society Must be Defended». Lectures at the College de France. New York: Editions de Seuil/Gallimard, Picador, 1997.

Pons, María Cristina. *Memorias del olvido. Del Paso, García Márquez, Saer y la novela histórica de fines del siglo XXI*. México, D.F.: Siglo XXI, 1996.

Quijano, Aníbal. «Colonialidad del poder, eurocentrismo y América Latina». En: *La Colonialidad del saber: eurocentrismo y ciencias sociales. Perspectivas latinoamericanas*, editado por Edgardo Lander, pp. 201-242. Buenos Aires: CLACSO, 2003.

Torres Maldonado, Nelson. «Sobre la colonialidad del ser: contribuciones al desarrollo de un concepto». En: *El giro decolonial: reflexiones para una diversidad epistémica más allá del capitalismo global*, editado por Santiago Castro-Gómez y Ramón Grosfoguel, pp. 127-168. Bogotá: Universidad Javeriana y Siglo del Hombre Editores, 2007.

Umaña, Helen, pp. 179-198. «Un corte transversal de la historia en *Rey del albor. Madrugada*». En: *Estudios de literatura hondureña*, de Umaña, Tegucigalpa: Guaymuras, 2000.

White, Hayden. *Tropics of Discourse: Essays in Cultural Criticism*. 1978. Baltimore: Johns Hopkins University Press, 1986.

## «Un Réquiem en la Madrugada por la "historia oficial" de América Latina: Dos novelas centroamericanas de los años 90»

### Emma Matute del Cid

**Fuente:** Publicado en 2020 en el sitio https://www.academia.edu.

**Autora:** Emma Matute del Cid. Profesora de la Universidad Pedagógica Nacional "Francisco Morazán" Tegucigalpa; obtuvo la maestría en letras en Tulane University, New Orleans, Estados Unidos.

La desmitificación, re-visión y re-escritura crítica de la historia latinoamericana se convirtió en las últimas décadas del siglo XX en una de las tareas fundamentales de un buen número de novelistas hispanoamericanos. El auge de lo que algunos críticos han denominado la «Nueva Novela Histórica» ha movido a los estudiosos a revisar los fundamentos teórico-críticos de la novela histórica tradicional y a proponer un corpus teórico-explicativo para la amplia variedad de novelas latinoamericanas que apuntan hacia la renovación del género novelístico que tuvo en Sir Walter Scott su mayor exponente. Seymour Menton en su texto *La novela histórica de la América latina, 1979-1992*, propone una serie de rasgos distintivos para la nueva novela histórica latinoamericana y sugiere además algunas de las posibles causas de su desarrollo y difusión. Sobre esto último, Menton señala que la aproximación del quinto centenario de la llegada de los españoles a América fue quizás el factor más influyente. Asimismo han ejercido su influencia la caída de los gobiernos comunistas en Europa del este, la derrota electoral de los sandinistas, el fin de la Guerra Fría, la implementación de políticas de privatización en los distintos países y el creciente aumento de los estudios de textos coloniales (48-54).

Abel Posse —uno de los novelistas que más ha ahondado en el terreno de esta nueva novela histórica— ha explicado los propósitos y razones de ésta: «Nuestra literatura llegó casi a los umbrales de este siglo intoxicada por la "historia oficial" de la Conquista. Hubo un "encubrimiento" consciente e inconsciente de la realidad del descubrimiento-encubrimiento. Fueron los poetas y novelistas quienes lanzarían sus carabelas de papel para des-cubrir la versión justa. La literatura latinoamericana, más allá de lo puramente estético cumplió una función desmitificadora. Nos toca descubrir. Descubrirnos» (253-254)

El entusiasmo por este «descubrimiento» histórico también ha sido explicado por algunos críticos como una expresión de la escritura posmoderna:

> The redefinition of the historical novel as a means for inquiring into the epistemological problems of historiography has proved to be modernism's most enduring legacy to succeeding writers of historical fiction. [...] Postmodernist writing does not work toward an escape from the flux of history into the stasis of myth, nor does it display much interest in the appropriation of monumental relics from the past as a means for acquiring a profound and coherent personality. It has inherited the critical attitude of the modernists, shorn of its mythical and metaphysical elements. (Wesseling, 89)

En el presente trabajo deseo explorar dos novelas centroamericanas publicadas en los años noventa: *Réquiem en Castilla del Oro* (1996) del nicaragüense Julio Valle-Castillo y *Rey del albor. Madrugada* (1993), del hondureño Julio Escoto. Ambas novelas comparten algunos de los rasgos de la nueva novela histórica propuestos por Menton y otros críticos, así como ciertos elementos fundamentales de la llamada escritura «posmoderna» a que se refiriera Wesseling. Sin embargo, más que encasillar estos textos dentro de una determinada estructura, me propongo identificar los mecanismos que libremente usan los autores para desmitificar, parodiar, desafiar y criticar el discurso histórico oficial. Mediante este proceso, los novelistas proponen lecturas alternativas a esa historia largamente aceptada como verdadera, confrontando al lector con los grandes silencios de ese pasado histórico que contiene claves elocuentes para entender el presente y el futuro. Uno de los rasgos sobresalientes de las nuevas novelas históricas —compartido en cierta medida por las dos novelas de nuestro estudio— es la ejercitación de los conceptos bajtinianos de lo dialógico, lo carnavalesco, la parodia y la heteroglosia (Menton, 44).

En *Réquiem en Castilla del Oro* pueden apreciarse especialmente las dos últimas nociones señaladas. La dimensión paródica la podemos advertir inicialmente en dos aspectos: la estructura misma de la novela y el lenguaje utilizado. Lo primero con lo que el lector se enfrenta en la lectura de *Réquiem* es con una serie de textos «legales» o protocolarios: relaciones, constancias, elogios y diatribas, muy a la usanza de los prólogos de las novelas renacentistas. A partir de aquí, el lector puede comprobar la intención de Valle-Castillo de parodiar o construir un texto paralelo a los discursos que sirvieron como medios legitimizadores del proceso de conquista y colonización, así como a los textos que alimentaron el imaginario de los conquistadores. El recurso paródico que usa Valle-Castillo nos recuerda al prólogo que escribió Cervantes a la primera parte de *Don Quijote*. Un prólogo que constituye una parodia burlesca de los prólogos de las novelas de caballería en el sentido que los textos que allí se encuentran son creados por el mismo Cervantes, firmados por otros personajes, reales o imaginarios; con sonetos que son —como señalara Bajtín— sonetos parodiados que fuera de la novela no podrían ser considerados como parte del género del soneto (Bakhtin, 51).

Los textos que forman el «prólogo» de *Réquiem*, en ese mismo sentido, son textos que suponen ser «legales», como la *Relación votiva* de Pedrarias y la constancia de cumplimiento del voto firmado por Fray Bobadilla; y requeridos por el canon literario: los elogios y diatribas, poemas (algunos de ellos «sonetos») supuestamente escritos por contemporáneos de Pedrarias o por poetas nicaragüenses del siglo XX como Coronel Urtecho y Ernesto Cardenal, entre otros.

A iniciativa propia de Valle-Castillo —que se firma como el «escribano real» y se incluye en la ficción— podemos desde el inicio de la novela, percibir su intención paródica, burlesca e irónica y «firmar» el contrato ficcional que el autor nos propone. Ese contrato presupone el entendimiento de que hay en esta novela la apropiación del discurso colonial con el objetivo de revertirlo, desmitificado. En esta apropiación estriba el cuestionamiento que desde la literatura se hace a la «historia oficial», la versión de la historia que por siglos fue manejada desde una sola perspectiva, la del poder imperial.

A lo largo de las cuatro partes en que está dividida la novela nos encontramos igualmente con evidencias de la apropiación formal y lingüística del discurso religioso-ideológico usado por conquistadores y colonizadores españoles. Las formas y lenguaje de la crónica, el requerimiento, el diario, la misa y otras, son usadas aquí —como hemos señalado antes— con propósitos paródicos. En ese contexto de parodia, el discurso «colonialista» se verá confrontado con otros discursos. A esta diversidad interactiva de lenguajes es a lo que Bajtín denominó heteroglosia, que es otro de los rasgos característicos de la nueva novela histórica. Bajtín ha señalado, además, la relación dialógica de esos distintos lenguajes como componente esencial de la parodia: «in parody two languages are crossed with each other, as well as two styles, two linguistic points of view, and in the final analysis two speaking subjects. Parody is an intentional hybrid, but usually it is an intra-linguistic one, one that nourishes itself on the stratification of the literary language into generic languages and languages of various specific tendencies» (Bakhtin, 76).

En *Réquiem* se pueden apreciar por lo menos tres distintas voces que vienen a enriquecer y ampliar la univocidad que la historia oficial o el discurso colonialista ofrece. Estos otros discursos aparecerán en algunas oportunidades señalados con letras cursivas —para hacer énfasis en el discurso paralelo— y en otras ocasiones como un otro discurso oficial. El primero de los discursos, que podríamos denominar el discurso «oficial» —que representa (de forma paródica) la perspectiva del conquistador y colonizador— es la forma de las crónicas, los requerimientos, los discursos religiosos justificadores de las acciones:

> Por ende, como mejor puedo, os ruego y requiero que entendáis bien lo que os he dicho, y toméis para entenderlo y deliberar sobre ello el tiempo que fuere justo. Pero si no os quisiérais convertir a nuestra santa fe católica y en ello maliciosamente dilación pusiereis, yo entraré poderosamente sobre vosotros, y os haré guerra por todas las partes y maneras, con la ayuda de Dios, y os sujetaré al yugo y obediencia de la iglesia y a sus Altezas, y tomaré vuestras personas y de vuestras mujeres y de vuestros hijos haré esclavos, y os tomaré vuestros bienes y haré todos los males y daños que pudiere. (209)

Un segundo discurso que participa en la polifonía de *Réquiem* es el que podría constituir el otro discurso, la versión «no oficial», la versión no publicada de la conquista, la versión de los indígenas. Este discurso, como señalamos antes, aparece en ciertos capítulos en letras cursivas, como una reacción a la versión oficial de los españoles o como cosmovisión paralela: «Todo es mentira entre estos señores principales. Nada es verdad entre los cristianos. Nada es cristiano entre los cristianos. El gobernador es vivo y va muerto. El tastuanes muerto es vivo. El difunto no es difunto. El descarnado tiene carnes. Nada es verdad entre los señores principales. Todo es mentira entre los cristianos» (177).

En otros momentos narrativos, este otro discurso no oficial o versión indígena aparece dominando capítulos enteros, sin necesidad de cursivas. El capítulo tres de la primera parte es un ejemplo de lo anterior. Aquí se nos presenta una narración de los orígenes de los primeros habitantes de Nicaragua y las profecías sobre la llegada de las «alimañas»: «Por esos días, un agá nuestro, de los nicaraguas, agonizando, dijo también: —Vosotros serviréis a unas alimañas que se adueñarán de toda esta tierra y los tratarán como ustedes han tratado a los chorotegas. Y quedamos muy tristes y nos preguntábamos los unos a los otros: ¿Tlein omopan mochiuh. Yuhquin, o mach yuhquin titlaocoxtica? Y esa tarde, acercamos las bocas lentamente y frunciendo los labios húmedos soplamos en las ocarinas» (60).

Un tercer discurso que puede apreciarse en *Réquiem* es el que podríamos denominar el discurso contemporáneo. Podrían incluirse aquí todas las voces que remiten de pronto a situaciones o personajes de la Nicaragua del siglo XX, que con toda la intencionalidad posible, Valle-Castillo liga con los efectos del colonialismo español: «—Aquellos son los caminos por donde antes íbamos a servir a los cristianos pero hoy vamos sin esperanza de volver. Prósperos repartimientos, ricas encomiendas que hoy son campos de concentración en la región norte y Atlántida del país. Nos trasladaron a esos campos bajo el cargo de pertenecer a la guerrilla —dice una familia entera. Pero es que no queremos vender las tierras heredadas de nuestros tatas y abuelos, a los oficiales de la Guardia Nacional» (229).

Es precisamente mediante esta heteroglosia que el autor logra presentar, por una parte, el desafío a la historia oficial, revirtiéndola, ficcionalizándola, desmitificándola, des-cubriéndola. Al mismo tiempo, encontrando en esas raíces históricas las claves para entender y desafiar el presente. En la última parte de la novela, se reúnen las distintas voces; el «Coro nacional y otras voces» hacen acto de presencia, con toda la fuerza de los tonos irónico, paródico, crítico e imprecativo.

El carácter paródico —esencialmente burlesco— de la novela puede también apreciarse en la manera en que es presentado el personaje de Pedrarias. El ambiente carnavalesco que rodea su caracterización nos remite a lo expresado por Bajtín en relación a la gran literatura paródica medieval, que surge precisamente en la atmósfera de festivales y fiestas sagradas donde «there was no genre, no text, no prayer, no saying that did not receive its parodic equivalent» (Bakhtin, 74). De ahí que es posible afirmar que la novela de Valle-Castillo retoma precisamente esa tradición; parodiando, «carnavalizando» y llevando hasta los límites más extremos del ridículo, el carácter solemne de uno de los ritos católicos como lo es la misa de cuerpo presente, celebrada además, en una de las fechas centrales de la cristiandad: la Semana Santa. De alguna manera, esta «irreverencia» hacia lo sacro, es también una manera de desenmascarar la justificación religiosa de la conquista y colonización española, así como el «mesianismo» que se adjudicaron muchos de los ejecutores de dichos proyectos colonialistas.

En cuanto a la construcción del personaje de Pedrarias, Carlos Midence ha señalado algunos de estos aspectos, entroncándolos con la teoría del barroco latinoamericano, postulado por Sarduy, Lezama, Carpentier y otros:

> El desdoblamiento, uno de los recursos barrocos por excelencia, está presente en el Pedrarias de Valle-Castillo, quien se vuelve muchos y como un espíritu vuelve a aparecer en sus hijas, en sus yernos, en Somoza y en 1985 fecha en que Valle no lo puede borrar de la memoria del computador. Nunca muere, se convierte en piedra eterna, sólo simula morir, disfraza la muerte, la enmascara. Pedrarias personaje barroco por su primigeneidad, por lo cíclico como constante y por lo simulativo y disfrazante de él mismo. (Midence, 5)

Aparte del desdoblamiento y carácter cíclico del personaje de Pedrarias —presentado en *Réquiem* como origen y sinécdoque de los dictadores nicaragüenses—, Valle-Castillo desmitifica totalmente al personaje histórico mediante la burla, la ironía y la exageración. Pedrarias es en *Réquiem* el «gigante», el «Fierabrás cristiano», que pese a la «grandeza» que se le adjudica, es presentado a los lectores en las expresiones más concretas de su humanidad, dándonos una imagen desnuda y decadente del Gobernador de Castilla del Oro: «Sánchez, Salcedo y los cargadores, jadeando y sudando a correntadas, observaban admirados a un Pedrarias desnudo, sólo cubierto sus vergüenzas con un paño empapado de orines a causa de sus constantes e incontrolables micciones, sumido en su invalidez y tristuras y tendido cuan largo era y era el hombre más alto de los reinos de Castilla y Aragón y de las Indias a todo lo largo de su amplio lecho» (151).

*Réquiem en Castilla del Oro*, como hemos visto hasta aquí, es pues una novela donde se parodia el discurso historiográfico oficial, contraponiendo a éste, diversos lenguajes o discursos y carnavalizando sus personajes y motivos sagrados. La novela de Valle-Castillo viene, sin lugar a dudas, a enriquecer el panorama de la novela centroamericana reciente por su riqueza narrativa, discursiva, dialógica, lingüístico-poética y simbólica, pero sobre todo, por su afán desmitificador, paródico y burlesco.

La novela del hondureño Julio Escoto merece también ser insertada en ese contexto. Publicada en 1993, *Rey del albor. Madrugada* comparte en cierto sentido los rasgos de la nueva novela histórica, aunque sus características generales impiden el encasillamiento dentro de una tendencia específica. Hay varios puntos de acercamiento que pueden sugerirse en relación a la lectura de *Madrugada*. Quiero mencionar los que a mi juicio son los más sobresalientes.

Por una parte, *Madrugada* bien podría ser considerada como una novela detectivesca, de misterio, de espionaje o de investigación. Conocemos a un personaje, el historiador Quentin H. Jones, que se enfrenta a una doble misión: la de re-escribir la historia de Honduras desde el punto de vista del gobierno, que desea eliminar cualquier dato que motive a la subversión y que, por el contrario, produzca «una imagen renovada del hombre hondureño: la de un ente de paz, la de una sociedad incapaz para la rebelión o la guerra, la de un continuo deslizamiento sin sobresaltos ni violencias hacia la tranquilidad y el orden» (21). Coincidentemente, el presidente que ha encargado este proyecto a Jones, requiere que el documento esté listo para las «celebraciones» de 1992 —el quinto centenario del «descubrimiento» de América—, con lo que Escoto subraya la perspectiva imperialista de dicha «Historia de Honduras». El proyecto Madrugada sin embargo, va a llevar a Quentin Jones a la otra vertiente imprevista de su misión, al descubrimiento de los misterios del verdadero Madrugada, uno de los últimos soberanos mayas de Copán, bajo cuyo símbolo y anhelos se inscribe un movimiento guerrillero en Honduras. El contacto con miembros de este grupo será lo que permitirá al investigador, conocer —contrario a lo que pretende su otro proyecto— una larga cadena de evidencias históricas de la resistencia sostenida por diversos grupos de hondureños, desde la conquista española hasta nuestros días.

En esta trama narrativa «detectivesca» sobresalen dos aspectos importantes. En primer lugar, la existencia del pasado como «documento» almacenable —y por ende susceptible de ser eliminado, modificado o borrado— en la «memoria» de una computadora. Como sabemos, la acción investigativa de Jones se desarrolla principalmente mediante la tecnología moderna, en una oficina apartada, con la asistencia de una secretaria hondureña educada en Estados Unidos. El manejo de información secreta, la amenaza constante de los virus o de la intrusión de los técnicos expertos que puedan robarse a Madrugada, rodean el proyecto de Jones. Al final de la novela, veremos que esta «historia-documento» será efectivamente puesta en manos de agentes israelíes de inteligencia y Jones tendrá que salir del país, sin haber cumplido con la misión encomendada. Escoto nos relata la «pérdida» de Madrugada así:

> Madrugada ya no estaba allí, quizás habría viajado por las ondas de un satélite hasta Jerusalem, un soberano Maya transportado por la tecnología espacial exactamente mil años después de su desaparición, de haber perecido en el holocausto desconocido de la guerra civil y el hambre de Copán. Madrugada era el único dios-rey Maya que entraba un milenio después de su muerte en el exilio y en la simbología de la revolución. Los dioses tenían la virtud de no morir o de morir exclusivamente cuando lo decidían. (499)

Por otra parte, en su proceso detectivesco, Jones se enfrenta a un pasado que no es un documento, sino herencia vital, algo que sobrevive en la memoria y en la conciencia humana y que da razón al presente y al futuro. Así lo expresa Jones en su momento:

> Ese era precisamente el problema de Latinoamérica, concluyó, todos los pasados estaban demasiado cercanos, no había nada lejano. Bolívar continuaba cabalgando en cada aprendiz de revolucionario, los frentes rebeldes se bautizaban con los apellidos de caudillos que nunca se habían extinguido del todo: Sandino, Tupac Amaru, Morazán, Farabundo Martí, los dictadores modernos exiliaban y tortu-

raban idénticamente a como lo había hecho Melgarejo y los indios continuaban retando con la misma mirada hosca y torva con que habían resentido a los conquistadores... Estas tierras, esos aires, estas gentes, ¿es que se dirigían al pasado o retornaban del porvenir? (108-109)

Este juego dinámico entre el pasado y el presente en el contexto de los símbolos de la modernidad, y especialmente la constante actitud crítica hacia la «historia oficial», inserta a *Madrugada* en lo que muchos críticos han estudiado como la escritura posmoderna, donde la historia —como observa Gullón— «sirve de planilla quasi fija sobre la que el escritor ensaya sus encuentros con la realidad, el cuerpo que justifica su existencia» (63).

En esa línea de «descubrimiento» de una verdadera identidad o de la verdadera historia de Honduras, *Madrugada* puede ser vista también como una nueva novela histórica que va a re-escribir muchos de los capítulos olvidados o silenciados por la historia oficial. De manera paralela o dialógica —para usar el término bajtiniano— la novela de Julio Escoto va a presentarnos una serie de anécdotas y reflexiones en torno a la historia de resistencia del hondureño —y del latinoamericano por extensión—, que es precisamente lo que quiere silenciarse.

Casi de manera visual podemos percibir ese paralelismo o dialogismo entre los dos discursos principales. Hay dos «H/historias» que se entrecruzan en *Madrugada*. Los capítulos 1-8 comienzan con el relato del proyecto original de Jones y también sus primeros encuentros con «el otro lado de la verdad». Todas las acciones narradas en esta sección —y en la trama narrativa que rodea a Jones— tienen lugar en un tiempo que marca los finales de la década de los ochenta e inicio de los noventa. Del capítulo 9 al 23 el lector se enfrenta con lo que podríamos denominar una «trenza» histórico-narrativa ideológica; los capítulos impares de este apartado serán una especie de relatos novelados de hechos históricos, ordenados retrospectivamente: 1974, 1963, 1924, 1821, 1785-1786, 1633, 1621, 1542. Estos capítulos se refieren a una amplia gama de personajes y situaciones: revolucionarios del siglo XX, presidentes reformistas, misquitos, esclavos africanos, corsarios, figuras de la independencia, etc. El propósito de los capítulos impares es mostrar, como dice uno de los personajes de la novela, que «Latinoamérica significa revolución permanente» (101). Los capítulos pares de este apartado continúan la línea de la historia detectivesca de Jones, así como los capítulos subsiguientes, 24–26, terminando la novela con otro capítulo impar, «La memoria de nosotros (1495)».

Este tejido de discursos, de personajes, de voces, de H/historias, de tiempos y espacios diversos, hacen de este texto —como bien han afirmado los editores en la contraportada de *Madrugada*— «probablemente la novela más ambiciosa y globalizadora de la narrativa hondureña de todos los tiempos».

La historia que Escoto nos está presentando en esta abarcadora novela busca, como diría Carmen Perilli, «una historia no monológica sino polifónica que enuncie un sujeto múltiple, fracturado, no el Sujeto del discurso aseverativo, sino el que busca registrar las ambivalencias de los participantes en los hechos» (167).

Uno de los aspectos más sobresalientes en esta novela de Escoto es precisamente la diversidad étnica de las distintas voces que participan en la construcción de la memoria o de la identidad del país. Linda Craft ha dicho al respecto: «Julio Escoto's *Rey del albor. Madrugada* literally picks up the pieces of colonialism's legacy of fragmentation and attempts to construct a poly-ethnic national narrative which defines Honduran identity and sets it against growing U.S. cultural intrusion» (5); «Escoto is proposing a national and international ethos based on acceptance, appreciation and celebration of diversity and poly-ethnic heritage» (7).

Para el lector hondureño y centroamericano, enseñado en la escuela de la historiografía oficial (en el caso privilegiado de que haya sido enseñado), esta novela es sin duda una revelación de la ignorada, olvidada o despreciada riqueza étnica. *Madrugada,* pues, comparte con la nueva novela histórica los rasgos de dialogismo y heteroglosia, así como el cuestionamiento al discurso historiográfico oficial.

Aparte de las perspectivas detectivesca e histórica, *Madrugada* puede leerse también como una novela de denuncia contra las nuevas formas de colonialismo y las entonces actuales circunstancias político-sociales de Centroamérica. Como señalara Linda Craft, la creciente injerencia de Estados Unidos —el nuevo colonizador— en la vida integral del país es uno de los motivos centrales de la novela. Es importante señalar que el período histórico en que se ubica la novela —en lo que a la trama principal se refiere— es el final de la década de los 80s y principios de los 90s, precisamente cuando están dándose una serie de cambios político-económicos en el área centroamericana.

En cuanto a la denuncia neocolonialista y sus expresiones concretas, la figura de Quentin Jones es central, ya que es a él a quien se le informa sobre la «verdadera historia» del país y de quien se espera una respuesta solidaria. El hecho de que sea un norteamericano y no un hondureño el encargado del proyecto de re-escribir la historia de Honduras tiene a mi juicio tres implicaciones importantes en la novela. En primer lugar, muestra la injerencia de Estados Unidos en la vida hondureña, incluso en la formación intelectual y en la construcción de la identidad. Por otra parte, también incluye en la novela la perspectiva de cómo es visto el hondureño por el otro, por el de afuera, y por ése que es precisamente el nuevo colonizador. Mediante Quentin Jones, conocemos los estereotipos que dominan la visión que esos otros tienen del hondureño y del latinoamericano. Pero además —y creo que es el aspecto más importante— el personaje de Jones señala la posibilidad de un trabajo solidario entre las naciones, incluso cuando haya entre ellas una relación dependiente. Como sabemos, en la novela, los intelectuales y activistas de la izquierda hondureña se encargan de presentarle a Jones, quien ha tenido relaciones con la New Left en su país, «el otro lado de la verdad» y consiguen de alguna forma hacer que su perspectiva cambie y que colabore en cierta medida con sus propósitos, manifestándole que ha sido gracias a las presiones internacionales que se ha podido hacer justicia o solucionar ciertos conflictos en el pasado. Este último aspecto puede verse claramente en la siguiente conversación entre Jones y Sheela, uno de sus «contactos» con la izquierda hondureña:

"A diferencia de hace nueve años hoy el país está ocupado por la Contra y por 1260 soldados yanquis estacionados en la base de Palmerola, y han reforzado la embajada norteamericana al grado de no haber otra igual, con excepción de México y Brasil, en toda Hispanoamérica. La que está aquí es más importante que la de Buenos Aires y la intervención estadounidense es palpable en toda la vida nacional, en la economía, la educación, la reforma agraria. Nos han ocupado y no lo pudimos evitar…". "¿A qué se debe que me confíes todo esto?" "Porque alguien que no seamos nosotros debe saber la verdad y explicársela al mundo". (223-224)

Esta confianza en la posibilidad de solidaridad hace que la perspectiva de la novela hacia Estados Unidos sea bastante equilibrada. «Nosotros no tenemos nada contra los norteamericanos» —seguirá explicando Sheela— «pero odiamos a los yanquis ¿comprende? El norteamericano es el pueblo honrado, sano y trabajador de su país; los yanquis son la escoria que exportan para acá, los gansters de las transnacionales, las cañoneras y la política de intervención de su gobierno, el neocolonialismo» (226).

En todos los capítulos donde se desarrolla la trama narrativa principal —la del proyecto Madrugada— vemos cómo va cambiando la perspectiva de Jones, gracias a sus encuentros con todos aquellos que se encargarán de «contarle» muchos de los capítulos no escritos o silenciados de la historia de Honduras y por extensión de América Latina. El narrador nos habla de los efectos de estas conversaciones:

> La conversación de anoche había derribado muchos árboles milenarios de su desconocimiento de Latinoamérica, tenía la cabeza saturada de grandes retumbos de tummm. No le era extraño lo que le hablaban pero el detalle, la minucia, el hechizo de la anécdota que los hondureños manejaban tan bien cuando se trataba de discurrir sobre ellos mismos era maravillosa y trascendente. La historia venía hilada en trenzas mínimas de cáñamo y mezcal, de cobre o de acero, de las que a veces sólo era posible a la distancia reconocer el color. (109-110)

Los lectores, hondureños o no, vamos junto a Jones, aprendiendo también esta versión de la historia, que causa en muchos —al igual que en el historiador norteamericano— el «derrumbamiento de árboles milenarios del desconocimiento». Al recorrer tanto los capítulos «pares» como los «impares» en esta narración, los lectores nos enfrentamos a personajes de nuestra historia, de nuestro pasado, pero también a situaciones del pasado cercano que, dada la manipulación informativa, no hemos visto con la claridad necesaria o sencillamente han sido encubiertas. *Madrugada* es, pues, un recorrido por esos silencios, haciéndolos elocuentes, trayéndolos a nuestra vista, con el objetivo de fijarlos en nuestra memoria.

*Madrugada* es, además, como hemos tratado de mostrar aquí, una novela —porque es ficción ante todo— que posee numerosos puntos de acercamiento que confluyen en «la memoria de nosotros», en quiénes somos

—los hondureños y latinoamericanos—, y cómo vemos nuestro pasado, qué versión sabemos de él, qué o quién define nuestra historia y finalmente, qué hacemos con esa «memoria de nosotros».

Julio Escoto, ha construido en *Madrugada* —y desde la literatura— un proyecto narrativo propio de la historia de Honduras, señalando las grandes líneas que deberían definir un proyecto historiográfico integral, donde las muchas voces sean escuchadas y tengan un espacio, donde se celebre la riqueza del mestizaje, donde las viejas y nuevas formas de colonialismo sean denunciadas, donde la memoria de resistencia que nos han legado los antepasados aporte a la manera en que vivimos nuestro presente y forjamos nuestro futuro y donde haya espacio también para la solidaridad internacional en proyectos comunes.

*Réquiem en Castilla del Oro* y *Rey del albor. Madrugada* vienen pues, a enriquecer la narrativa centroamericana de finales del siglo XX y principios del XXI y señalan con su presencia, las tendencias actuales de la narrativa centroamericana y latinoamericana. Como hemos demostrado en este trabajo, ambas novelas comparten algunos de los rasgos de la llamada «nueva novela histórica» por cuanto en ellas se observa un desafío hacia la historia tradicional y un afán por encontrar en los capítulos olvidados de esa historia las otras voces que den razón de nuestra verdadera identidad y que indiquen las claves para el entendimiento de nuestro pasado, presente y futuro. Tanto Julio Valle-Castillo como Julio Escoto apuestan, de alguna forma, por el poder revelador de la ficción y de la literatura en lo que a la construcción de la memoria, la historia y la identidad se refiere.

## Bibliografía

Bakhtin, M. M. *The Dialogic Imagination*. Editado por Michael Holquist. Traducido por Caryl Emerson y Michael Holquist. Austin: University of Texas Press, 1981.

Craft, Linda. «Ethnicity, Oral Tradition, and the Processed Word: Construction of a National Identity in Honduras». Ponencia presentada en la reunión de la Latin American Studies Association (LASA), 1995. http://www.lanic.utexas.edu/project/lasa95/craft.html. También: *Revista Hispánica Moderna*, vol. 51, no. 1, 1998, pp. 136–146.

Escoto, Julio. *Rey del albor. Madrugada*. San Pedro Sula: Centro Editorial, 1993.

Gullón, Germán. «El discurso histórico y la narración novelesca (Juan Benet)». En: *La novela histórica a finales del siglo XX*, editado por José Romera Castillo, Francisco Gutiérrez Carbajo y Mario García-Page, pp. 63-71. Madrid, Visor Libros, 1996

Menton, Seymour. *La nueva novela histórica de la América Latina, 1979-1992*. México: Fondo de Cultura Económica, 1993.

Midence, Carlos. «Lo barroco en *Réquiem en Castilla del Oro*». Ponencia presentada en el VII Congreso Internacional de Literatura Centroamericana (CILCA), marzo de 1999.

Perilli, Carmen. *Historiografía y ficción en la narrativa hispanoamericana*. Tucumán: Universidad Nacional de Tucumán, 1995.

Posse, Abel. «La novela como nueva crónica de América. Historia y mito». En: *De conquistadores y conquistados,* editado por Karl Kohut, pp. 249-255. Frankfurt am Main: Vervuert, 1992.

Valle-Castillo, Julio. *Réquiem en Castilla del Oro.* 1996. 2ª ed. Managua: Centro Nicaragüense de Escritores, 1999.

Wesseling, Elisabeth. *Writing History as a Prophet*. Amsterdam: John Benjamins Publishing, 1991.

## «Verdad tropical, verdad *kitsch* en *El Génesis en Santa Cariba* de Julio Escoto»

### Héctor M. Leyva

Fuente: Leyva, Héctor. «Verdad tropical, verdad *kitsch* en *El Génesis en Santa Cariba* de Julio Escoto». *Revista de la Academia Hondureña de la Lengua*, núm. 15, julio–diciembre 2006, pp. 149–163.

Pecado es la transgresión de un código, desobediencia de una de sus prescripciones que compromete en el acto el edificio de lo que se considera recto o justo. Así entendido, pecado no es sólo el de las religiones institucionalizadas sino el de cualquier feligresía apegada a un código que en un momento hubiera considerado moral (costumbre piadosa, verdad revelada, destino necesario). De un pecado trata la novela de Julio Escoto *El Génesis en Santa Cariba* y es el de la seducción por la sensualidad. Tal seducción no es un crimen pues no hay en ello falta a las leyes, sino propiamente al credo de muchas iglesias y a los modos austeros de entender la cultura, sobre todo la alta cultura. De acuerdo con los antiguos principios, lo que debe primar en el cultivo de las ciencias y las artes es la búsqueda del conocimiento, más que la del placer, el desinterés y el juicio equilibrado, más que el sentimentalismo y el caos pasional. Las desviaciones de estas normas (del todo comunes en los productos culturales de las sociedades actuales) son consideradas formas menores o sucedáneas de la actividad creativa e intelectual y atribuidas a los gustos de las masas incultas, aunque en casos como éste constituyen un gesto deliberado que burla la severidad de ciertos estilos culturales.

La novela de Julio Escoto, asumiendo el resquebrajamiento del paradigma tradicional, se entrega a una doble sensualidad: la del *kitsch* y la del trópico (aunque tal vez ambas cosas sean lo mismo). Su obra es la del disfrute de ese lenguaje neobarroco, propio del realismo maravilloso, capaz de fagocitar inagotables mundos imaginarios, y es también la seducción por la rotunda pasión sexual generalmente atribuida a los trópicos, que como sostiene la novela podría ser uno de los rasgos más profundos de su identidad y su impulso vital. En este sentido, la novela es un pecado y una provocación. Un entender la literatura como disfrute, que confronta la seriedad del arte difícil y del torturado realismo, y un celebrar la pasión libidinal tropical como aquello que le falta al mundo.

Puede aceptarse que una diferencia cultural escinde el planeta en dos siguiendo la línea de los trópicos. En uno de sus rincones se alberga el Caribe que es una región geográfica (un mar que abraza a un archipiélago que subsiste en condición poscolonial) pero del que sobre todo se ha dicho que es arrecife de sueños. Escollos y cordilleras semisumergidas poblados por ubicuos habitantes que han alentado el vuelo de un imaginario desarrendado, especialmente en la literatura. Imaginario del desorden y la autodestrucción, pero también del amor. La novela de Julio Escoto es entrega feliz a una de sus islas, Santa Cariba. Una isla imposible, construida en el mismo acto de contarla y que viene a ser más bien la proyección de un portentoso deseo de fecundidad y alegría.

«La costa se encendía con brillos fatuos —nos dice la novela— cuando las mantarayas anidaban en la playa y el viento oreaba a los cocoteros espumando la savia de sus frutos, que colgaban de los penachos como gárgolas de amor» (10). Las metáforas convocan el paisaje en el disfrute sensorial que provoca su dinamismo y su sustancia interior. La isla es un juego de reflejos («brillos fatuos», «espejos rotos»), un concierto de ruidos («bostezos de pelícanos», «ronquidos de peces») y especialmente es refluir de substancias (cocoteros que «espuman savia» en «gárgolas de amor», luz de mediodía que es «esperma de mercurio» [10]).

Como corresponde a una ilusión, todo en la isla está modelado por el sentimiento: «sus farallones» —dice el enigmático narrador (a quien se atribuye el lenguaje de la novela)— eran «redondos y con paisajes tan lúbricos que sólo provocaban echarse a la hamaca para hacer el amor o meditar», mientras las olas no resultaban inocentes sino que «cantaban melopeas en las alongadas playas» (40). La situación es tan idílica que algunos extranjeros que llegaban se echaban a dormir y se despertaban ancianos. Los propios caribanos vivían en tal armonía con su mundo que confundían lo que soñaban con lo que era real y solían soñar lo que iba a acontecer. Hambre no se padecía pues los frutos del mar y de la tierra se prodigaban en abundancia. Más que eso, añade el narrador: «los suelos eran tan fértiles que escupíamos y brotaban hongos contumaces» (41).

La pasión verbal del erudito local que hace las veces de narrador, es comparable a la pasión plástica de otro de los personajes, la adolescente pintora compulsiva Alfonsina Mucha, quien en un famoso mural recrea con tal verismo los frutos tropicales de la isla que a los espectadores se les hacía agua la boca de sólo verlos: «aguadeaban las encías ante el dulzor de las piñas, anonas, guayabas, caimitos, naranjas y mangos de la cornucopia tropical retratada» (217).

La idea de una prosa narrativa que se entrega a la incorporación de un imaginario Caribe como disfrute de un banquete suculento tal vez sea apropiada para describir la novela en su conjunto, aunque por la relevancia de los apetitos sexuales, quizá incluso pudiera entenderse como seducción por la orgía en sus dos sentidos de banquete y goce erótico. El narrador comulga con el pueblo caribano en la celebración de la eterna y sensual primavera que los alberga a todos. Dice el narrador:

> Cariba lucía entonces un prodigioso chal de aroma a guayaba y exhalaba un penetrante aliento a infusión de anona, cuyas mónadas ingresaban a la nariz y anidaban en la cabeza volviendo a hombres y mujeres gran árbol de ramas que se buscaban, perseguían y enlazaban como si sus raíces pulpares fueran una sola congestión vegetal. Pájaros de vuelos insospechados picoteaban los huertos y la imaginación haciendo del universo una maravilla inconclusa, gran tapiz, retablo feraz donde bastaba querer concebir para salir preñado. (134)

Los aromas de las frutas son afrodisíacos por compartir la misma sustancia amorosa de la isla que contagia a los hombres y mujeres que se buscan entre sí como las ramas de un gran árbol. La novela sorprende a los habitantes en un momento edénico, anterior al parto de la historia cuando eran una olvidada aldea de pescadores. En efecto ahí el tiempo no había sido descubierto y sin que se entendiera a cabalidad el por qué o el cómo, el hecho es que habían venido a juntarse hombres de distintas razas y de las más remotas procedencias. El pueblo había venido fraguándose por la mezcla fuerte de sus cuerpos: «fundíanse salivas, razas disímiles se hacían melaza de endulzar pan» (11).

En un momento, sin embargo, son visitados por los ingleses e *ipso facto* son sometidos por la fuerza de los cañones. La colonización los humilla y los presiona a dejar de ser lo que eran. Los ingleses arriban con costumbres antinaturales como la de controlar las emociones y también la de fingirlas; lo mismo que con ideas degradantes con respecto al sexo. Pronto desleales y rencorosos mestizos se suman como testaferros a las esferas del poder y aparecen prelados católicos y militares que llegan a conformar una oligarquía aún más tiránica para los caribanos. Bajo la influencia de los hombres de la iglesia se condena abiertamente toda forma de disfrute del placer y especialmente el sexual. El alma de los caribanos se ve así gravemente aherrojada. Ahora eran «una perla en el majestuoso anillo verde británico» (40), habían perdido la libertad y la inocencia, pero casi al mismo tiempo también habían comenzado la lucha por recuperarlas y recuperarse a sí mismos.

Al principio los caribanos yerran en sus esfuerzos libertadores y algunos líderes como Crista Meléndez (encarnación de Jesucristo en una mulata) caen muertos bajo la represión (Crista falla porque su prédica era quizás un punto pasada de moralizante y mística). No obstante, otro líder, Salvador Lejano, viene a dar con el secreto crucial del pueblo caribano y tal vez por ello consigue conducir al triunfo la revuelta antibritánica. Después de haber estudiado marxismo y otras ciencias materialistas, llegó a descubrir que «el motor de la especie radicaba en su centro sexual» (193):

> Se trabajaba para asegurar la manutención, cierto [pensaba Salvador Lejano], pero se escribía, pintaba, tallaba y musicaba con apetito sensual. El varón [decía], era máquina de poblar [...]. Codiciaba muslos, brazos y nalgas no por estéticas sino por anunciar fuerza, y las mamas que ellas traían enclavijadas al costillar eran, en la más pura conciencia animal, bastimento para la tribu, seguridad alimentaria. No nos equivocáramos, al fondo de la reproducción no quedaba sitio para poesías, nos amasábamos de la más cruda exigencia[...]. (193)

Descubierto el reclamo más íntimo de su ser por este lúcido líder, los caribanos obtendrán la independencia y lo entronizarán en el poder, aunque con él y con los infaltables enemigos surgirán nuevos peligros que deberán volver a ser enfrentados. Su verdad esencial, sin embargo, se les ha hecho perfectamente clara y esa será su principal esperanza.

La idea de que la sensualidad del trópico es cierta y de que podría abrazarse como una verdad (o de que debería alimentar como si lo fuera nuestros sueños), la comparte esta novela con otras corrientes del tropicalismo latinoamericano (si bien no con la hipersexualización de que hace gala la novela de Escoto). Vasos comunicantes la unen con el realismo maravilloso de Carpentier (en la palabra que no solo representa sino que disfruta el objeto de su deseo), tanto como con la cálida música del calypso o de la bossa nova (que no aspiran solo a la melodía sino a la flexión sentimental). Hay la misma invitación a encontrarse y autocomplacerse en este espejismo afectuoso de la propia identidad.

Sergio Ramírez, compañero de generación y centroamericano como Julio Escoto, escribía que el neobarroco que puso en boga Carpentier vino a convertirse en «la voz encontrada del continente latinoamericano», el lenguaje más apropiado —a su juicio— para esta tierra de la exageración, la voluptuosidad y la música. Ramírez, siendo de la costa del Pacífico, se da cuenta de que aquellas características han sido generalmente atribuidas al Caribe, pero sintiéndolas como propias y de su obra narrativa, no duda en atribuirlas al continente por entero. El Caribe —dice— somos todos: «todos quienes habitamos islas, meandros y la tierra firme, montes y llanuras que rodean este *mare nostrum* de la imaginación» (Ramírez, «Esplendor del Caribe»).

Un libro de Caetano Veloso titulado *Verdad tropical* (por analogía con la «vereda tropical» de la canción) viene a coincidir con los planteamientos de Escoto. Es un libro de memorias en el que el cantautor, reflexionando sobre las contribuciones de la música brasileña de su generación, concluye que ésta había participado con otras manifestaciones artísticas del planeta «en un gran movimiento que ha llevado la llama civilizatoria de las áreas calientes a las regiones del frío hemisferio norte» (citado por Sovik 5-6). Caetano Veloso habla de una «sutil pero crucial» (6) contribución de la música de su país, dos adjetivos que califican apropiadamente el delicado arreglo y la hondura sentimental de sus propias composiciones, que él considera que han tenido algo importante que decir aún en la confusa era de la globalización.

No puede dejar de decirse, sin embargo, que estas corrientes tropicalistas, que han sido tan ampliamente celebradas, han sido también duramente criticadas especialmente en los últimos tiempos en que se han llegado a considerar como una rendición a fáciles idealizaciones. Una vez dejado atrás su momento original, se ha considerado que los lenguajes y los estilos del tropicalismo se han convertido en estereotipos y se han canonizado. Si en un principio supusieron la emergencia de estructuras de sentimiento contraculturales, asociadas a movimientos políticos emancipatorios, ahora sus críticos consideran que no sólo han perdido su poder de subversión, sino que se han integrado al lenguaje del poder y del mercado como inofensivos lugares comunes que más ocultan que revelan los trópicos.

Liv Sovik dice por ejemplo del tropicalismo musical brasileño que ha dejado de hallarse asociado a los movimientos de izquierda para convertirse en el discurso estable de la identidad brasileña y en una fórmula de éxito en el mercado global de la cultura (1–7). Esto ocurre en detrimento de otras formas de expresión de la diversidad y alteridad musicales y políticas del país. J. Michael Dash, refiriéndose a las formas literarias del tropicalismo caribeñista, las ha acusado de perpetuar la visión colonizadora del continente, visión siempre proclive a dejarse llevar por una ensoñación que disfraza las realidades locales y que tiende a presentar a los habitantes de la región ya sea como salvajes violentos y libidinales, o como buenos salvajes, místicos y libres (26). Ernest Pepin llega más lejos al decir que esa literatura que mitifica al Caribe, al presentarlo con «aguas azules, arenas doradas, aves cantarinas, vegetación lujuriosa» y con «la gracia física» de las mujeres criollas, viene a ser «una maravilla fácil basada en la ilusión de un inocente paraíso» (2). A lo que añade que en su exceso, este exotismo anula toda posibilidad de referirse a la naturaleza o a la realidad e incluso «toda posibilidad de sentido». A su juicio, lo único que queda de estas formas de expresión literaria es «el vacío de un escenario de isla de fantasía acariciado por una brisa con aroma a vainilla» (2).

Aunque tales críticas encierran verdades que no pueden dejar de tenerse en cuenta, la novela de Escoto parece aferrarse a la suya con deliberada conciencia del gesto. No cabe duda que hay una entrega a la idealización y a los juegos de degustación del lenguaje, que es rendición de beligerancias, y que hay también un halago de lo placentero, que es comprometida aproximación a los productos más triviales de la cultura y el mercado. Pero en esas críticas parecen advertirse también los resabios de un viejo moralismo, que ahora como antes reclama a la literatura extrema seriedad y lucidez, sangre, sudor y lágrimas; sufrimiento y dolor como pruebas de la verdad. A fin de cuentas podría ser el antiguo y recalcitrante reclamo del realismo, ahora entendido mejor como hiperrealismo. Tal vez se piensa que los escritores están en la obligación de presentarnos la misma realidad que la prensa gráfica y televisiva, o tal vez otras realidades incluso más duras gracias a un estilo y a unos sentimientos más desgarrados. *Santa Cariba*, sin embargo, parece menos interesada en esas realidades que en los sueños, y más quizás en las verdades del corazón que en las verdades verdaderas.

La novela se desmarca de la estética que entiende la obra de arte como obra de conocimiento o de edificación moral. No quiere elevar a la mente una imagen que representara fielmente la realidad o que inculcara un valor normativo (de lo bueno, o de lo justo). En cambio se entrega y quiere invitar a entregarse a un lance pasional. Quiere unirse y que el lector se una a la sensualidad tropical como disfrute pleno de un algo que si no es verdad (si acaso lo inventa el escritor o lo ha inventado la gente) es algo que se desea y que bien pudiera ser. Es una verdad que contradice los hábitos del pensamiento eurocéntrico y la alta (aunque estrecha) cultura, en aras quizás de otra racionalidad y otros estilos de vida más bien sentimentales.

El gesto cruel del escritor, como sacerdote de la erudición y del lenguaje, que sacrifica la realidad a los sueños, se justifica así en esta estética kitsch que da la espalda a los valores puritanos del humanismo para reivindicar los más terrenales y también humanos de la benevolencia y la amabilidad. No cabe duda que *Santa Cariba* sin desdecir del anticolonialismo (como aspiración política típica del humanismo moderno, con el cual podría confluir la aventura de esa isla, que libra batallas antiimperialistas y antihegemónicas), lo sorprende en el ángulo inesperado de haber encerrado una represión del goce. La seriedad y la severidad de la acción política anticolonialista, se truecan aquí por humor y disfrute regocijados, comprometiendo ciertamente dicha acción (acaso empantanándola en cierta forma de cinismo), pero invitando a redescubrir y reapropiarse de vetas que quizás tuvieran también un potencial emancipatorio.

Las observaciones de Ludwig Giesz sobre la fenomenología del *kitsch* aportan elementos para comprender la experiencia estética que propone la novela: «Lo importante en este arte —dice— es poder bañarse, desahogarse en una disposición de ánimo agradable, homogénea» (52). Lo *kitsch* es lo cursi pero no porque sea necesariamente feo o pasado de moda, sino por su enganche sentimental, por la facilidad con que conmueve o con que instala al artista y al espectador en el disfrute. En el arte *kitsch* el sujeto se funde con el objeto, el artista o el espectador se unen con la emoción o el placer que suscita la obra; se relajan las serias actitudes y las severas distancias del arte clásico; el sujeto abandona su imparcialidad, el juicio se rinde al sentimiento; y el espíritu claudica su libertad: no quiere más conocer sino sentir. No se trata de una actividad del conocimiento o de una acción moral, sino del acto más crudamente material de satisfacer una necesidad emotiva, y en esto se halla más próximo al consumo de una mercancía cualquiera que a la contemplación desinteresada de la belleza o de la verdad (ver Giesz 52-72).

El *kitsch* es pecaminoso, tanto por su invitación al placer como por su implícito nihilismo que condena al descrédito los antiguos caminos del arte, la ciencia y la filosofía, que se consideraba debían ser tortuosos y ásperos para conducir a algo bueno. Más frívolo o quizás más emotivo e inmediatista, el kitsch quiere para ahora y en la mayor cantidad posible aquello que pueda dar felicidad. Desconfía de lo puramente intelectual como de los reclamos moralistas y descree de toda forma de trascendencia (o se resigna a la idea de que no existe).

Efectivamente la novela de Julio Escoto sacrifica el Caribe real para lograr una obra de arte seductora y acariciadora. El dilema moral que convoca, sin embargo, no es ajeno a la experiencia estética universal que desde antiguo se ha dicho que encuentra valores de belleza en el sufrimiento humano. San Agustín (pensando quizás en las tragedias griegas) hablaba de esta inclinación intelectual como de una abominable enfermedad por ser capaz de hallar placer emocional en el dolor (ver Giesz 80). Numerosos pasajes de la novela podrían citarse para hacerla ver como una piedra de sacrificios en la que la sangre de los caribanos, derramada en sus luchas por la libertad, es convertida en gemas preciosas de expresión verbal. Así, por ejemplo, después de una matanza que acaba con una revuelta, la sangre de los caídos se filtra por los resumideros de la plaza hacia los túneles subterráneos por donde huyen algunos protagonistas, quienes al verla gotear se maravillan pues les parece destellos materializados de luz solar:

> Sangre, había sangre por todas partes. Sangre pronta a cuajarse como lácteo vital. Sangre que empezaba a oxidarse con delgado esplendor mate y proseguía derramándose a impulsos, como descompensada de un hígado gigante, sangre de linfocitos aráctiles en camino a pu-

drirse y fraguar la plasta, torta o delirio de moscas y canes, sangre de presencia inesperada, estera de flogisto y estupefacción, sangre desconocida y anónima, curtida, vertida, incombustible sangre que cristalizaba al sol. Tanta era la sangre allí expuesta que debía provenir de un mártir ciclópeo o de una legión de soñadores. (123-124)

Terribles son también los pasajes de tormentos que los poderosos infligen a los rebeldes caribanos. A Crista Meléndez los británicos la cuelgan en un cadalso con trampa y su vida se escapa en un instante narrado con lujo de detalles: «un temblor agónico indicó haberse desalineado la traquea y los músculos deltoides se contrajeron dos veces en persecución de un oxígeno escaso» (80). El cuerpo de la lideresa, añade la novela, quedó tan rígidamente izado que semejaba «dedo irascible clamando al cielo» (80). A Chepito Martí (encarnación dudosa del independentista cubano) lo queman a «fuego rápido» sobre un tablado de ciprés y su cuerpo despide un «humo dulzón» comparable según el narrador al de la «grasa de pollo», la «chicharra de lechón» o el «aire de pato quemado» (209). A Salvador Lejano, cautivo en el despuntar de la revuelta, sus torturadores lo sientan en una «silla de patas imperiales» y lo golpean de todas las formas imaginables pero las marcas de violencia en su cuerpo cobran las formas de una rara belleza, así: «mostraba el ojo como carbunclo, de un rubí encendido por la serosidad nueva del tejido celular» (247).

Algunas de las torturas son psicológicas pero igualmente perversas y así convertidas en motivo de juego neobarroco en la novela, como las que aplican a un estilista homosexual, a quien en lugar de arrancarle las uñas se las pintan con simpáticos motivos («corazoncitos salmonados, culebritas vibrátiles, arañitas coquetas» [249]) y lo mismo hacen con su cuerpo que en lugar de golpearlo lo empolvan y perfuman, e incluso le pintan tatuajes (por ejemplo, «claveles de témpera en la nalga y las mejillas» [249]) —aunque al final todo esto termina con un balazo mortal.

Debe observarse que la transformación de la realidad en objeto estético está visiblemente tamizada por la ironía. La trivialización de lo narrado convoca la seriedad y el juicio moral ausentes. Esto comunica la sensación de una mala conciencia (la conciencia del pecado), pero también pone en suspenso el propio discurso narrativo que asume su condición ficticia o falsaria. De este modo, en el entrelineado de la novela puede apreciarse el fondo de la estética convencional (justa y buena) de la que la obra se aparta. Así, por ejemplo, cuando narra el proceso de degradación moral a que arrastra la colonización británica, lo que resalta es la celebración de los pormenores de la corrupción y el vicio que se extienden entre los caribanos, aunque tras ello pueda presumirse un lamento. Véase el caso de la descripción de la casa de placer reconocida por el nombre de Catedral Citroen:

> de la primigenia galera techada con palma y horcones creció y amplió luego su variedad coreográfica: champanes al inicio, aguardiente, chichas y marihuana al final; cantoras alsacianas y castrati de Italia, o púberes de Viena que viajaban para deleitarnos, a sifilíticas y transitadas garotas y anoréxicas de París encampanadas con vistosos revuelos o peladitas como venidas al mundo. Exuberantes tetonas de Marsella, sudanesas de cuello jiráfico, nalgudas garífunas, carnosas balletistas zutuhíles, gitanas de Hamburgo, cómicos de la legua y los más bellos travesti de la humanidad desfilaron por un escenario que al comienzo era un tablado de pino embreado con cola de buey pero que después fue un inmenso auditorio sembrado con bambalinas, candilejas y fresneles, dotado con cámaras de nieve, humo y vapor, flanqueado por bares de licores exóticos, pianos, orquestas, salas, combos, tragamonedas y el cubículo estrecho del mortuario, donde los quebrados por la ruleta se aplicaban el pistolazo fatal. Los meseros recorrían en patines de madera el estruendo cacofónico de la multitud depositando las órdenes y recogiendo a puños la propina mientras en las terrazas el espectáculo de la bahía encendida con farolas de yates y cruceros del mundo daba la sensación de contemplar a la urbe de la prosperidad. Gentes con curiosos aspectos y acentos transitaban vestidos en bermudas o frac pasando la larga noche del trópico en una orgía sin tiempo. (56)

En el trasfondo de pasajes como éste podría haber una cierta nostalgia por el placer natural que con la colonización se habría corrompido. Clara alusión a la transformación de las islas del Caribe en industrias del placer cosmopolita que trajo el siglo XX. Narración entonces del avatar de un apetito que intervenido por fuerzas y presencias exógenas se desarraiga de su matriz original, se artificializa y se multiplica en las formas más diversas al mismo tiempo que se vacía de humanidad y se degrada, como expresión de un alma quizás igualmente insaciable pero ahora extraviada o torturada.

Las notas de frivolidad y grotesco hedonismo, sin embargo, no consiguen aplacar la rutilante fuente de energía que emana del amor. Menos que una delectación solipsista, la novela parece más bien confesar un acto de fe. La escritura ama sus objetos como los personajes se aman entre sí, sabiéndose ficticios pero queriéndose verdaderos. Es el amor subido de tono de las representaciones que solemos llamar cursis, que son falsas y se quieren ciertas.

Como se destaca en la reseña de la contraportada, la novela está plagada de amores: la pintora adolescente desfallece de amor por el viril rebelde Salvador Lejano; dos apasionados homosexuales se aman bajo una montaña justo en el momento en que ésta se derrumba; un fervoroso sacerdote cae en el pecado de perder su virginidad en brazos de una hembra descomunal, para terminar horriblemente torturado por los remordimientos; etc.

El encuentro de Selva Madura, el personaje más plenamente sexual, con el cura Casto Medellín, podría pasar por un típico, acalorado y demorado capítulo de novela erótica. Siendo ambos vírgenes en ese momento el roce de sus cuerpos desata energías insospechadas para ellos: «Lo peor vendría luego, lo que ni sus fantasías más tiernas podían inventar y era el voltaico chispeado de los labios, roce de comisuras que para lo único que servía era para apetencia de más» (24).

Enamorada inútilmente de Salvador Lejano, Alfonsina Mucha (encarnación adolescente de Alfonsina Storni) va a soñar y a delirar por su amado hasta terminar en el fondo del mar, muerta de amor. Loca por pintar, pintará también el rostro de Salvador Lejano en las paredes de Santa Cariba, pero sobre todo se entregará a ensueños del todo literarios en los que se verá a sí misma recibiendo a su combatiente como las damas de los castillos a sus señores en las novelas de caballería:

> Y entonces ella vendría y le tiraría del dormán mientras él roncaba agotado, y le extraería las botas de cuero con pezuña de peltre y espuela de plata, y los guanteletes con resina de caucho y arenilla de sudor, los cinturones triples con gotas de mercurio y amaranto y oro, los escapularios santos y el suspensor húmedo para dejarle al aire las bolas reproductivas donde se le recluía la síntesis última del valor, aquel espécimen heroico de la raza tendido allí sobre el jergón cual amapola desecada, girasol desorientado mientras ella le sobaba

y repasaba grasa de danto y untos de cloroformo, restituía las partes y apujaba las hernias deformes, regaba el hervor de su saliva desesperada aquí y acullá y allá y de a poco el retoño despertaba. (241)

Selva Madura, la campeona sexual de la novela, tiene tan cautivadores encantos que según el narrador «sólo requería levantar los brazos, bostezar, abrir las piernas, únicamente respirar para que el planeta extraviara el rumbo atento al desplazamiento de sus deliciosas moléculas» (120). Desgraciadamente el verdadero amor, aquel de un hombre dispuesto a compartir su vida con ella, le será negado, hasta que ya sea muy tarde y ella se vuelva enormemente gorda. Uno de los momentos culminantes de la novela, sin embargo, será cuando ella se percate que tampoco Salvador Lejano, a quien acaba de tener entre sus brazos, querrá casarse con ella: «En el jardín un ebrio flautaba un turbio minueto y las notas espumaban y se perdían en la avenida líquida de la mar. El globo de la luna se alzaba al fondo de la retina rizando el agua, cercado por un abejeo de estrellas. Allí, recostada en el alféizar, engrudados sus muslos con la savia bendecida de Lejano, que daba a sus piernas un barniz de salmón, Selva Madura recapacitó sobre lo oblicuo de la felicidad» (334).

La escena es aquí de un exotismo utópico y ucrónico. El amor que resplandece se ha exagerado o sobredorado por el lenguaje y los escenarios irreales. Como se decía al principio parece más la proyección de un portentoso deseo o de un sueño que una cosa cierta. Como en el arte kitsch, mucho es el oropel y mucha la desconfianza con respecto a los sentimientos genuinos. Podría pensarse la novela por entero como un juego frívolo en el que el lenguaje maestro del neobarroco fagocitara el Caribe para entregarlo en despojos, pero esto tal vez sería del todo injusto con respecto a esa confesión sentimental que también parece albergar la novela. El amor en ella es algo en lo que se quisiera creer, y éste sería el resultado de ese raro encuentro (que no va a conocer Selva Madura) de la pasión carnal con la atracción espiritual. Amor romántico en el más cursi estilo, si bien aquí hiperestésico e hipersexual. El disfrute de los placeres materiales y carnales, lo mismo que de los sentimientos más exaltados del alma es algo que debería ser cierto aunque ya nada pueda darse por seguro con ingenuidad. La novela pareciera concederse una autoindulgencia, la de permitirse creer, si bien riéndose, que el amor es su verdad o al menos una verdad necesaria para los trópicos y para todos.

## Bibliografía

Dash, J. Michael. *The Other America: Caribbean Literature in a New World Context*. New World Studies. Charlottesville: University Press of Virginia, 1998.

Escoto, Julio. *El Génesis en Santa Cariba*. San Pedro Sula: Centro Editorial, 2007.

Giesz, Ludwig. *Fenomenología del kitsch. Una aportación a la estética antropológica*. Barcelona: Tusquets, 1973.

Pepin, Ernest. «The Place of Space in the Novels of the Créolité Movement». En: *Ici-la: Place and Displacement in Caribbean Writing in French*, editado por Mary Gallagher, pp. 1-24. Amsterdam: Rodopi, 2003.

Ramírez, Sergio. «Esplendor del Caribe. Homenaje a Alejo Carpentier». *Revista Carátula* núm. 3, diciembre 2004, http://www.caratula.net/archivo/N3-1204/secciones/ensayo-ramirez.htm.

Sovik, Liv. «Tropical Truth: a reading of contemporary debate on Tropicália». *Actas del XXI International Congress of the Latin American Studies Association, 24 al 26 de septiembre de 1998*, http://lasa.international.pitt.edu/LASA98/Sovik.pdf.

## «Veladas, veredas y verdades tropicales en *El Génesis en Santa Cariba* de Julio Escoto o el paradigma del Caribe desde Centroamérica»

### Werner Mackenbach

**Fuente:** Publicado en: *El Caribe como paradigma. Convivencias y coincidencias históricas, culturales y estéticas. Un simposio transareal*, editado por Ottmar Ette, Anne Kraume, Werner Mackenbach y Gesine Müller, pp. 220–241. Berlín: Verlag Walter Frey, 2012.

**Autor:** Dr. Werner Mackenbach. Profesor de la Escuela de Historia, investigador del Centro de Investigaciones Históricas de América Central (CIHAC), profesor en el Programa de Posgrado en Historia, Posgrado en Literatura y Programa de Doctorado en Estudios de la Sociedad y la Cultura de la Universidad de Costa Rica. Coordinador del Centro Regional Centroamérica y el Caribe del Maria Sibylla Merian Center for Advanced Latin American Studies (CALAS), San José, Costa Rica.

*Les mouvements de la découverte et de la colonisation du monde ont d'abord mis en contact des cultures ataviques, depuis longtemps établies chacune dans sa croyance et sur son territoire.*

*Cultures ataviques, parce qu'elles s'autorisaient et avaient su faire un Mythe, foyer de leur existence collective.*

Así escribe el escritor-intelectual martiniqueño Édouard Glissant en su libro *Traité du Tout-Monde* (35). En ese tomo IV de su *Poétique* publicado en 1997 el autor desarrolla —al igual que otros trabajos (ver, por ejemplo, *Introducción a una poética de lo diverso*, publicado en francés en 1996 y en español en 2002)— su teoría de la *créolisation* del mundo, proceso que está fuertemente marcado por los cambios a que están sujetas las culturas que él llama atávicas. Estas culturas se caracterizan por una relación muy estrecha entre tiempo, lugar y creencia (y narración). Tienen el privilegio de poder comunicarse directamente con lo Sagrado, de hablar con su(s) Dios(es) y de encomendarse a su Providencia. Estas comunidades o culturas engendran así una Génesis que por una sucesión de filiaciones absolutamente legítima (que no se puede cuestionar) se vincula con el primer día de la Creación y por ende afirma su Derecho sobre la tierra que ellas ocupan y que se convierte en su territorio. La filiación y la legitimidad son los dos pilares de este Derecho divino de propiedad que caracteriza las culturas europeas, pero también las árabes, africanas y amerindias (ver Glissant, *Traité*, 35-36).

Con la puesta en contacto de esas culturas atávicas a través del proceso de colonización se dan cambios profundos: «La mise en contact de ces cultures ataviques dans les espaces de la colonisation a donné par endroits des cultures et sociétés composites, qui n'ont pas généré de Genèse (adoptant les Mythes de Création venus d'ailleurs), et cela pour la raison que leur origine ne se perd pas dans la nuit, qu'elle est évidemment d'ordre historique et non mythique» (Glissant, *Traité*, 36; ver 194-195).

Para Glissant «la región del Caribe y la región de esta circularidad eclosiva a la que me he referido son parte de estas culturas compuestas» («Criollización», 14; ver 15)[1] —culturas que «tendent à se décomposer, à se créoliser, c'est-à-dire à remettre en question (ou à défendre de manière dramatique) leur légitimité. Elles le font sous la pression de la créolisation généralisée dont nous avons dit que la totalité-terre est l'objet» (*Traité*, 195).

\*\*\*

En 2006, el escritor hondureño Julio Escoto publica la novela *El Génesis en Santa Cariba*. Parece —así ya lo hace suponer el paratexto del título— que esta novela puede y debe ser leída como una antítesis del pensamiento del escritor martiniqueño. De hecho, en su artículo «*El Génesis en Santa Cariba*, la reinvención mítica cuarenta años después de Macondo» (nótese bien también el paratexto del título de este ensayo) el crítico hondureño

---

1. Con «circularidad eclosiva» Glissant se refiere a «la América que podríamos denominar "Neoamérica" y que es la de la criollización. La forman el Caribe, el nordeste de Brasil, las Guayanas y Curaçao, el sur de Estados Unidos, el litoral de Venezuela y Colombia y una parte considerable de América Central y México» («Criollización», 15) y en un sentido más amplio el «Caribe, Océano Índico, islas de Cabo Verde» («Criollización», 24).

residente en España Giovanni Rodríguez sostuvo que la novela de Escoto sintetizaba la historia de su país «en la invención de Cariba, en una fábula tipo Macondo, que no hace otra cosa que reinventar el mito, redimensionarlo, en un afán totalizador, propio más de la narrativa de los sesentas que de la contemporánea» (s.p.). Para Rodríguez, el proyecto narrativo de Escoto se caracterizaba «por la noble intención de ayudar a consolidar, a través de la literatura, un sentido de la identidad nacional en sus lectores». Critica la novela como un afán de construir una identidad fija, una identidad entre mito y nación, recurriendo a «algunas soluciones propias del realismo mágico y la así llamada "nueva novela histórica" con la que otros estudios etiquetaron el texto de Escoto».[2] El crítico hondureño reclama que mientras «la nueva novela histórica parte de lo no dicho en la historia oficial» y su «autor juega con las distintas versiones de la historia o con la historia no contada», la novela *El Génesis en Santa Cariba* «no parte de un hecho específico, sino de una serie de acontecimientos de la historia de América, que aquí se aluden vagamente a través de las analogías».

Propongo —y esta introducción contrapunteada lo insinúa— una lectura diferente de la hasta ahora penúltima novela de Julio Escoto. Voy a intentarlo en una especie de recorrido «archipiélico», una lectura cruzada y relacionada de fragmentos de la obra de Glissant (especialmente del *Traité du Tout-Monde*) y de la novela de Escoto, saltando de una isla textual a otra con la ilusión de que se relacionen, aunque sin concentrar sino manteniendo la difracción.

***

Nous avions su qu'on peut vivre non pas hors du temps mais sans lui, du moins le besoin de le mettre en ligne réglée, il s'était simplement démuni de la vie (et pourtant nous nous souvenions de tout, dans un désordre d'apparences) et la vie explosait non pas hors mais en travers du temps, en ces rameutements de soleil ou de pluie, de carême ou de rivière débordée où on attrapait à bons boulons et petites nasses les gros poissons noirs à tête carré ou bien on raclait les fonds de mare pour taquer l'eau, sous l' œil tout en œil des bajoues-crapauds (Glissant, *Traité*, 43–44).

---

2. Ver Umaña, «Un corte», y Menton.

La division du temps linéaire occidental en siècles répond à une pertinence. Elle s'intègre à l'inconscient des peuples de cette région de notre terre, elle est entrée dans la sensibilité commune, elle s'est imposée généralement, elle a marqué un rythme.

Elle est au principe de l'Histoire. Et capable même d'avaler, de digérer peut-être les intrusions des histoires des peuples, de les inscrire de force dans sa linéarité du temps, qu'on la détermine à partir de la naissance de Jésus-Christ ou du début de de l'Hégire ou de la première Pâque juive.

Mais du même coup, refuser ou questionner cette partition en siècles, c'est déjà récuser, peut-être sans le savoir ni le vouloir vraiment, la généralisation universalisante du temps judéo-chrétien. Rôle dévolu aux pensées diversifiantes, aux poètes fous et aux relativistes hérétiques. (Glissant, *Traité*, 105)

***

La novela *El Génesis en Santa Cariba* se caracteriza por sus dimensiones temporales particulares. Como ha señalado Giovanni Rodríguez, la novela se compone de unos relatos que parecen hacer referencia a acontecimientos de la historia de Honduras y/o de América Latina: las tradiciones indígenas, la conquista española, la invasión británica, el dominio de regímenes autoritario-dictatoriales, rebeliones-revoluciones fallidas y exitosas, así como degeneradas, contrarrevoluciones, catástrofes naturales, etc. Sin embargo, lo hace con alusiones vagas «a través de analogías» (Rodríguez). La novela carece de coordenadas temporales claras y fijas, es una novela sin tiempo (linear).

En primer lugar, no se refiere a sucesos históricos auténticos, identificables, los así llamados «hechos reales» en un momento y lugar histórico claramente definido y ubicable. Más bien mezcla de manera «sincrética» alusiones a muy diversos momentos de la historia de América Latina, de Honduras, de Europa, del mundo árabe, África, Asia que confluyen en un relato sin jerarquías temporales: «En Cariba las circunstancias ocurrían todas a la vez y se resistían a dejarse medir» (Escoto 37). La historia a que se refiere la novela (*l'histoire*) es trans y/o metahistórica.

En segundo lugar, el relato mismo (*le récit*) no obedece a relaciones temporales claras, por lo menos no a un ordenamiento lineal. Los once capítulos no presentan una progresión temporal, el relato puede (¿debe?) ser leído de una manera no lineal, el relato se narra de una manera antilineal. La crítica hondureña Helen Umaña («La clave», s.p.) habla de «dislocaciones temporales, el aparente caos y las mezclas más dispares». Ve la estructura de la novela cargada de sentido: «La falta de un ordenamiento cronológico y el discurso textual elegido devienen en una gran metáfora cuyo objetivo es traducir, por connotaciones, la complejidad del mundo caribe».[3]

Finalmente, a nivel de la trama, la diégesis de la novela gira alrededor de la no-existencia del tiempo (linear y medible). En la isla Santa Cariba no existe el reloj: «planear su construcción es un leimotiv que atraviesa todo el texto» (Umaña, «La clave») sin que se logre concluir este intento verdaderamente —un *leitmotiv* irónico y de recusación (en el sentido de Glissant): «Vivíamos obsesionados por el tiempo, lo tasábamos con las lluvias y las excrecencias del cuerpo pero carecíamos de tiempo calculado para existir y morir», dice el narrador y continúa: «Situación tal no podía continuar, para la pretendida longevidad del imperio semejante destiempo era sumarísimo contratiempo» (Escoto, *El Génesis*, 87).

> "Lo que necesitamos es un reloj" […] "Un reloj" expliqué "que dibuje el corazón del día en su calco íntimo y enseñe el momento a que vamos, no sólo en que estamos […] un elaborado autómata que no dependa de nosotros sino nosotros de él, supremo hacedor astronómico, y no el hombre buscando al tiempo sino este viniendo a su encuentro… Máquina sobria e inteligente será esa que anuncie si nacimos o morimos, la verdadera anécdota de la existencia, la naturaleza de nuestro interior gobernada por el gran ritmo estelar que yace arriba y cuyas manecillas, juntándose al Ángelus, dirán que también oran las manos de dios…". (*El Génesis*, 92–93)

---

3. La crítica argentino-hondureña Sara Rolla también señala que «este fenómeno de los "anacronismos" en la trama de *El Génesis*… admite diversas lecturas. Puede, por ejemplo, interpretarse como alusión a un rasgo cultural típico de las naciones del área, donde viven la carreta y el jet, el curanderismo con el láser, etc. […] A veces, los anacronismos suscitan otra lectura posible. Por ejemplo, cuando se narra la llegada e imposición sangrienta del colonialismo inglés, se incluyen ciertos detalles anacrónicos que, tras la broma de grueso calibre, nos muestran, en definitiva, un signo trágico: el carácter cíclico de los imperialismos, con las amputaciones y degradaciones que infligen en la cultura local» («El peso del Caribe»).

«Imaginar al reloj era tarea sencilla» (289) concluye el narrador, realizarla, sin embargo, imposible, aunque conocían las teorías de todas las civilizaciones sobre la huidiza sustancia del tiempo «y los conceptos y divagaciones de los más esmerados astrónomos, filósofos, cosmógrafos, teólogos, gnósticos, platónicos y aristotélicos de la humanidad» (289): «Lo impensado era echarlo a andar sin que agotara la energía de su inicial empuje [...]. Hacer el reloj implicaba hundir el arado en el humus de la evolución, modificar el pensamiento mágico de la gente, liberarle la servitud mental hacia las estaciones naturales» (289-290).

Definitivamente, la cultura compuesta de *Santa Cariba* carece del tiempo medible y calculable: «Tan reciente era que le faltaban señas de nacimiento, acta de fundación y bandera, menos efemérides y aniversarios, no los necesitaba» (167). Sin embargo, al final de la novela se logra echar a andar el reloj: «Fue entonces que despertó el reloj, pero ya no con tictic metálico sino con un tictac armónico y las agujas de la carátula se situaron espontáneamente arriba, una sobre otra, avivadas de magia imprevista. Marcaban ambas algo que empezaba o acababa, gemelas en la cúspide bellamente dibujada con caligrafía germánica» (399).

Con eso, el final del relato (*récit*) regresa al inicio de la historia (*histoire/Histoire*) y (de la imposición) del tiempo linear: «"¡Tierra... tierra!", gritaba alguien o algo moviendo desde carabelas invisibles, agitando banderas pintadas en cruz, pero debía ser sólo una ilusión, clamores de una lengua virgen que aún no sabíamos interpretar» (400).

Superposición de tiempos y culturas, experiencias y memorias, narraciones y narrativas —simultaneidad de lo no simultáneo.

\*\*\*

Les pays que j'habite s'étoilent en archipels. (Glissant, *Traité*, 43)

Le lieu. Il est incontournable, pour ce qu'on ne peut le remplacer, ni d'ailleurs en faire le tour. Mais si vous désirez profiter dans ce lieu qui vous a été donné, réfléchissez que désormais tous les lieux du monde se rencontrent, jusqu'aux espaces sidéraux. Ne projetez plus dans l'ailleurs l'incontrôlable de votre lieu.

Concevez l'étendue et son mystère si abordable. Ne partez pas de votre rive pour un voyage de découverte ou de conquête. Laissez faire au voyage[...].

N'allez pas croire à votre unicité, ni que votre fable est la meilleure, ou plus haute votre parole.

—Alors, tu en viendras à ceci, qui est de très forte connaissance: que le lieu s'agrandit de son centre irréductible, tout autant que de ses bordures incalculables. (Glissant, *Traité*, 59-60)

La "réalisation" de la totalité-terre a changé la perception ou l'imaginaire que chaque communauté humaine avait de "sa terre". Les frontières physiques des nations ont été rendues perméables aux échanges culturels et intellectuels, aux métissages des sensibilités, qui ont fait que l'État-nation désormais ne suffit plus à barricader de l'intérieur le rapport de chacun *à la terre*.

Cela ne provoque pas une dilution de la nationalité, mais une réduction des nationalismes, malgré les outrances actuelles qui, dans le monde, sont le signe véhément d'un retour du refoulé nationaliste.

*La Poétique de la Relation* permet d'approcher la différence entre une terre, que nous rapportons à l'ailleurs, et un territoire dont nous fermons les venteaux au vent qui court. La modernité balance en démesure, entre ces opposés de notre fréquentation du lieu. (Glissant, *Traité*, 193)

La novela de Julio Escoto —aunque ya en el título hace referencia al Caribe— se coloca en un lugar, en lugares no concretamente definidos: «el tiempo y el espacio se liberan de la causalidad y de la linealidad (razón de los anacronismos) y el color local (v. gr., la inserción de hondureñismos y del llamado «caliche» o jerga del más bajo nivel social) va de la mano con el planteamiento universalista (las elucubraciones sobre el tiempo o el amor)» (Umaña, «La clave»). Al igual que sus dimensiones temporales, también las espaciales se caracterizan por un sincretismo de «lo latinoamericano»: «En *El Génesis*... nos movemos en un espacio y un tiempo sincréticos, donde se funden los componentes geográficos e históricos reconocibles con los elementos míticos» (Rolla). La novela no hace referencia a lugares físicos extraliterarios concretos, no se basa en (re)presentaciones literarias/textuales de esos lugares y espacios. Aunque en la trama identifica los lugares con nombres topográficos propios —Santa Cariba, Liberty Town, Arttown, Newtown, «donde el Praphit» (394)— o con indicaciones locales y geográficas, estas denominaciones carecen de referencias locales y espaciales directas e identificables. Son nombres genéricos y sincréticos que representan lo local y lo continental, lo isleño y lo de archipiélago, el *petit monde* y el *tout-monde* al mismo tiempo.

Y es más: el nombre de Liberty Town se transforma —en una especie de juego de palabras— en «Lytown» negando así cualquier referencialidad directa con el mundo extraliterario-extratextual e insistiendo en el carácter ficticio de los lugares y espacios y el carácter ficcional del relato. En una especie de comentario metatextual el narrador intradiegético-homodiegético sostiene: «Vivíamos entre los alientos de la realidad y la fantasía, que eran lo mismo, y sólo estaba en nosotros gobernarnos por una u otra. Usualmente lo hacíamos con las dos» (42). El lugar del que (se) cuenta la novela es un no-lugar, he aquí su dimensión utópica a la que volveremos más adelante.

\*\*\*

J'ai tant de noms, et tant de pays, signifiés par le mien [...]. Les noms errent en nous, peut-être aussi en gardons-nous une foule en réserve, un pour la plaine, un pour l'archipel, un pour la trace ou un pour le désert. La ronde des noms s'accorde au défilé des paysages. On les dévale ou on en suit lentement le cours. Ils accumulent des terres et des mers autour, dont nous ne savons jamais si nous allons nous y enfouir pour y reposer, ou si d'un coup nous ne les raccorderons pas, errant et ouverts, à tant de sables et tant de fleuves au loin. (Glissant, *Traité*, 80)

\*\*\*

En un procedimiento intertextual abundante que linda con la exageración la novela nos presenta un sinnúmero de figuras que como sus dimensiones espacio-temporales se caracterizan por su sincretismo prolífico. A manera de ejemplo cito la descripción de la discoteca «Catedral Citroen» en Lytown en la novela:

Catedral Citroen aún existe, si bien no es ni la sombra del rumboso estado que alcanzó alguna vez pues de la primigenia galera techada con palma y horcones creció y amplió luego su variedad coreográfica: champanes al inicio, aguardiente, chichas y marihuana al final; cantoras alsacianas y castrati de Italia, o púberes de Viena que viajaban para deleitarnos, a sifilíticas y transitadas garotas y anoréxicas de París encampanadas con vistosos revuelos o peladitas como venidas al mundo. Exuberantes tetonas de Marsella, sudanesas de cuello jiráfico, nalgudas garífunas, carnosas balletistas zutuhiles, gitanas de Hamburgo, cómicos de la legua y los más bellos travesti de la humanidad desfilaron por un escenario que al comienzo era un tablado de pino embreado con cola de buey pero que después fue un inmenso auditorio sembrado con bambalinas, candilejas y fresneles, dotado con cámaras de nieve, humo y vapor, flanqueado por bares de licores exóticos, pianos, orquestas, salas, combos, tragamonedas y el cubículo estrecho del mortuorio, donde los quebrados por la ruleta se aplicaban el pistoletazo fatal. Los meseros recorrían en patines de madera el estruendo cacofónico de la multitud depositando las órdenes y recogiendo a puños la propina mientras en las terrazas el espectáculo de la bahía encendida con faroles de yates y cruceros del mundo daba la sensación de contemplar a la urbe de la prosperidad. Gentes con curiosos aspectos y acentos transitaban vestidos en bermudas o frac pasando la larga noche del trópico en una orgía sin tiempo. (56)

Las figuras de la novela no solamente se refieren —en la mayoría de los casos de manera lúdica y paródica— a personas y personajes de la historia (no solamente de Honduras, no solamente del Caribe, no solamente de América Latina),[4] sino la novela también dialoga con los

---

4. Sara Rolla escribe al respecto: «Véase esta muestra mínima de asociaciones sugeridas por algunos nombres de personajes: Chepito Martí (José Martí), Salvador Lejano (Salvador Allende), Monseñor Nobando (Monseñor Ovando), Alfonsina Mucha (Alfonsina Storni), coronel Diógenes Arellano (general López Arellano), comandante general Alvergue (lleva el apellido de la esposa del autor). También se incluyen referencias humorísticas directas a varios escritores contemporáneos, como el uruguayo Mario Benedetti, el hondureño Oscar Acosta y el nicaragüense Lizandro Chávez Alfaro (todos en la página 54)». Héctor Leyva señala que la figura de la novela Alfonsina Mucha alude a la escritora argentina Alfonsina Storni

conceptos, las ideas y el pensamiento de otros textos y autores.[5]

Sin embargo, estas figuras con muy pocas excepciones (como Selva Madura y el asistente del narrador, Recamier) no se convierten en representaciones verosímiles de personas concretas, más bien son seres sincréticos que refuerzan el carácter ficcional-construido-distanciado del relato —los lectores no se pueden identificar con estas figuras:

> Cada elemento recreado con un sentido lúdico del cual deriva el constante tono de farsa que destruye la verosimilitud mimética (suprema aspiración de la novela realista) y provoca el distanciamiento afectivo del lector respecto de los personajes. Por esta razón no nos conmovemos con la muerte de Alfonsina Mucha; con el fracaso de Salvador Lejano o con el vacío amoroso en que se resuelve la vida de Selva Madura. Escoto evade el sinfronismo y no propicia, con relación al lector, la identificación o empatía con los personajes, a los que no se siente "de carne y hueso" (como percibimos a Don Quijote, Sancho Panza, Otelo, Hamlet, Juan Pablo Castel o Pedro Páramo). (Umaña, «La clave»)

---

Martignoni (que se suicidó en 1938). Hay que mencionar también el uso humorístico y paródico de nombres inventados que no se refieren a personas históricas auténticas, sino a formaciones discursivas enteras como Crista Meléndez (la revolucionaria que lucha por la libertad de Santa Cariba) e Iscario (que la traiciona), o caracterizan una figura, como Selva Madura, la «seductora, macha fértil» que era «incapaz de soportar que la abrazasen sin que se le desatornillaran unos orgasmos epidérmicos revueltos con pudibundez», como dice la novela ya en la primera página (9). (Ver Leyva, 12; Umaña, «La clave»).

5. Helen Umaña («La clave») escribe: «Elemento constante es la intertextualidad. Un diálogo con otros textos o con el pensamiento de autores emblemáticos de América: José Vasconcelos («La raza cósmica»); Rubén Darío («la fanfarria de roncos olifantes»); José Martí («aire de pato quemado con que la rosa blanca de Chepito Martí se incineraba y despedía el ánima»); Antonio Machado («este que hacía camino al andar»); José Asunción Silva («en una sola sombra larga»); Pablo Neruda («mascarones nerudianos»); Silvio Rodríguez («rabo de nube»); Froylán Turcios («mágica rima de bronce»); Carlos Fuentes («trujamanos carlofuénticos de la realidad»). Generalmente, referencias como las indicadas funcionan con intención paródica. En este sentido, el objetivo lúdico o humorístico opera si el lector tiene presente el discurso evocado. El autor se mueve, con soltura, en el campo de la metaliteratura». Como ya mencioné arriba la novela hace también alusión intertextual a personajes fuera del ámbito latinoamericano, como por ejemplo, al lingüista judeo del siglo X Judah ben David Hayyuj.

Esto vale aún más para el narrador. Aunque es partícipe de la trama y la cuenta desde una posición de adentro, nunca se nos revela su identidad. Es un narrador del que solamente en la página 228 sabemos que es una narradora («el séquito de estas sus amigas que éramos nosotras»): «La narración nos llega a través de la voz de un personaje anónimo» (Rodríguez). También en este sentido, el lugar del que cuenta y desde donde se narra la novela es un no-lugar.

***

> Ce n'est pas distraire l'identité que de questionner l'identique [...]. Ils partagent, l'ancien maître opprimé, la croyance que l'identité est souche, que la souche est unique, et qu'elle doit à tout balan renchérir. Allez au-devant de tout ça. Allez!
>
> Nos identités se relaient, et par là tombent en vaine prétention ces hiérarchies cachées, ou qui forcent par subreptice à se maintenir sous l'éloge. Ne consentez pas à ces manoeuvres de l'identique.
>
> Ouvrez au monde le champ de votre identité. (Glissant, *Traité*, 67–68)

L'idée de l'identité comme racine unique donne la mesure au nom de laquelle ces communautés furent asservies par d'autres, et au nom de laquelle nombre d'entre elles menèrent leurs luttes de libération.

Mais à la racine unique, qui tue alentour, n'oserons-nous pas proposer par élargissement la racine en rhizome, que ouvre Relation? Elle n'est pas déracinée: mais elle n'usurpe pas alentour.

Sur l'imaginaire de l'identité racine-unique, boutons cet imaginaire de l'identité-rhizome. (Glissant, *Traité*, 21)

Nos identités-rhizomes en ont fini avec les essences, les exclusives, les rites du retirement. Entrons dans notre monde à nous, ce qui est aussi entrer au monde. Faisons place à elle reste une résultante et un imprévisible, et faisons place à tous les langages, de l'individu ou de la collectivité, d'un poète ou d'un artisan, qui envisagent et illustrent la diversité démesurée du monde. (Glissant, *Traité*, 229–230).

La novela de Julio Escoto nos ofrece una representación ficticia-ficcional del Caribe que se contrapone a las construcciones identitarias que se basan en el discurso del mestizaje. «Los mestizos eran nuestra más auténtica negación» sostiene el narrador (163). Son los que elevaron al poder al caudillo revolucionario-autoritario Salvador Lejano y después lo abandonaron. Son ellos, que además hacen zalamerías a los ingleses: «los mestizos, una generación que nacía cual hongos en las colinas de Cariba con ínfulas de vencedor pues no se sometía sino que adulaba, no eran achaparrados como sus madres sino que encandilaban con sus ojotes claros, aprendían más rápido que sus abuelos indígenas pero a la vez eran taimados y modosos, huraños e indiscretos, formados con barro de montaña y otro poco de sal de mar, mescolanza difusa» (63).

En las palabras del narrador se vuelven la «divergencia popular»:

Los mestizos pertenecían a ninguna parte, sus ojos claros de pómulos nivelados alumbraban la noche, venían paridos con virginal preponderancia y dominación, eran más ágiles, astutos y beligerantes y mostraban tempranamente una particular disposición para mandar, aunque ocasionalmente caían en depresiones insondables. En los mestizos crecía una materia viciada que no lográbamos apresar y que presentíamos tras sus voluntariosas interjecciones, sus apretados pujidos señoriales y aquel exótico afán gastronómico con que tragaban maíz para cagar virutas de pan. Los criollos, como comenzamos a nombrarlos, en cuanto nos llamaban daddy nos decían papá, eran pequeños monstruos de la conciencia, aborrecidos y amados, bastardos de padre y consentidos de la abuela, una nueva especie que amenazaba carcomer lo que restaba de la identidad. (52–53)

Contra el discurso del mestizaje la novela insiste en el carácter abierto y múltiple de las identidades caribeñas que se caracterizan por:

asociar vudú y rabinismo, desmanear las raíces conexas existentes entre la biblia y el Popol-Vuh —texto que se desconocía hasta que Miguel Esturio lo divulgó—, desposar a Changó con Jehová y Mahoma en una receta teomística potable, juntar la misa con el candombe ritual, escribir pentagramas para alinear la marimba con el armonio medieval, combinar el pretzel y la tortilla, globalizar en una sola tranca el cayado y la vara municipal indígena. Las propuestas del M16 eran maravillosas, geniales, tenían una concepción avanzadísima pero De Vita opinó que eso era prostitución: la Mishna no debía envilecerse, los eclecticismos retaban a dios, forma cobarde era de resolver el apuro y eligió la radicalización. (177)[6]

Es esta diversidad que la contrarrevolución intenta erradicar:

> La operación religiosa para degollar el brote rebelde de Cariba fue cumplida con meticulosidad instantánea. Mientras los senescales batían tambores en la calle para anunciar el nuevo decreto, y en tanto el puerto se estremecía con giros de campana, bombardas y traqueteo de matracas, los clérigos se lanzaron a ocupar la ciudad para entonar preces, encender sahumerios y pregonar sus exorcismos y devoción. Simultáneamente la Polis resolvió sus archivos y precisó los blancos: librepensadores que ocultaban bajo la sublimidad del amor un erotismo degenerado, putas que se nominaban terapeutas auxiliares, masajistas que bajaban apéndices y desobstruían el colon con una mamada descomunal, naturistas de polvos, gérmenes y talcos perfumados, filósofos, pedagogos y ambientalistas, adúlteros, anarquistas continentales, zoroastristas y budas, heresiarcas, compositores, cuentistas y en particular novelistas, suma hez esta de la hez, falsarios de la vida en proceso, trujamanes carlofuénticos de la

---

6. Helen Umaña («La clave») señala que la estructura y el lenguaje de la novela corresponden a esta diversidad contradictoria. «El autor, en el trazo de la obra que propone, carece de límites. En *El Génesis...*, se invierten las situaciones (el anunciado Mesías resulta ser una mujer); se deja de lado la rigidez racional que para todo demanda una explicación (en Cariba ocurren los hechos más insólitos como Alfonsina Mucha pintando su amor en cualquier espacio vacío, existencia de cabinas telefónicas aunque se carezca de sistema telefónico...); los cambios y las rupturas más imprevistas "degradan" las situaciones solemnes (el cura Casto Medellín, después del inmenso placer desflorando a Selva Madura, para aplacar su complejo de culpa, con un martillo se destroza el pene que, previamente, ha colocado sobre una piedra; logradas descripciones del acto sexual en donde una frase, colocada como al desgaire, lanza la situación al terreno de la risa y, con ello, destruye el efecto erótico...); se proscribe el acartonamiento y la seriedad (de ahí, la ironía, el humorismo, la parodia y lo hiperbólico); se privilegian las acciones burlescas (las sandías estibadas en las playas se confunden con municiones de reglamento); se practican las mezclas más dispares (lo sacro y lo profano, lo solemne y la burla, lo sabio y lo estúpido, lo heroico que deriva o remata en lo prosaico); el tiempo y el espacio se liberan de la causalidad y de la linealidad (razón de los anacronismos) y el color local (v. gr., la inserción de hondureñismos y del llamado "caliche" o jerga del más bajo nivel social) va de la mano con el planteamiento universalista (las elucubraciones sobre el tiempo o el amor)».

realidad, debíase arrasar con ellos salvando la patria, extirpando las codas independentistas para edificar —misión sagrada— a la persona caribeña en su idiosincrasia pura. (205-206)

Recordemos que Édouard Glissant contrapone a la *créolisation*:

> ¿Y por qué criollización y no mestizaje? Porque la criollización es imprevisible, mientras que los efectos del mestizaje son fácilmente determinables. Podemos determinar estos efectos en las plantas mediante esquejes y en los animales mediante cruces, podemos calcular que los guisantes rojos y los guisantes verdes cruzados mediante injertos darán en tal generación un determinado resultado, y en tal otra un resultado distinto. Pero la criollización es un mestizaje con un valor añadido, el que le confiere la imprevisibilidad. Del mismo modo es absolutamente imprevisible que los pensamientos del rastro lleven a las poblaciones de las Américas a la creación de lenguas o de formas artísticas tan absolutamente inéditas. Respecto del mestizaje, la criollización aporta lo imprevisible; genera en las Américas microclimas culturales y lingüísticos inesperados, espacios en los que la mutua interacción de las lenguas y de las culturas es de una gran brusquedad. (Glissant, «Criollización», 21; ver *Traité*, 26, 37)

En contraposición al juicio de Giovanni Rodríguez que ve en la novela *El Génesis en Santa Cariba* otro ejemplo del «eterno discurso de Escoto sobre la cuestión de la identidad nacional» sostengo que con esta novela Julio Escoto deconstruye y subvierte el discurso de la identidad nacional que en el caso de Honduras como en Centroamérica y el Caribe ha sido dominado por el paradigma del mestizaje/*le métissage*, para abrirlo a discursos múltiples de procesos de identificación no fijos, relacionados y entrecruzados: «La novela deja atrás el reduccionismo nacionalista y pone sobre el tapete la heterogeneidad (étnica y cultural) de un territorio más amplio: caribeño, en primera instancia y latinoamericano en un sentido más abarcador. Ciencia, Historia, mito e imaginación como ingredientes básicos de una obra absolutamente metaliteraria: parodia global de los grandes relatos fundacionales de los diferentes pueblos» (Umaña, «La clave»).[7]

---

7. Valeria Grinberg Pla escribe sobre los discursos de identidad en Centroamérica y su relación con el Caribe como paradigma: «En una palabra, podría decirse que por su naturaleza transnacional y por su diferencia étnica, lingüística, religiosa y cultural con respecto al discurso dominante de la nacionalidad moderna en el que se asientan las definiciones decimonónicas de Panamá, Costa Rica, Nicaragua, Guatemala

Es un Caribe, como lo describió Julio Escoto en su ensayo «Peso del Caribe en la literatura centroamericana», que es «más bien una polenta humana en permanente ebullición y cambio, un espacio en constante transición, tráfico de influjos e influencias, cuando no de expresiones directas o sutiles de los más grandes imperios del orbe durante todas las épocas» (ver también Rolla).

\*\*\*

Les avancées ou les hasardements des sciences, les plongées ou les errances de la création artistique ne vont certes pas "en continu". S'il se trouve, c'est là que la science et l'art partagent le plus sûrement. Mais le créateur ratifie et l'homme de science suppose: deux dimensions de la manière d'inventer. L'artiste a besoin d'avoir raison au moment qu'il pétrit sa création, le scientifique a besoin de douter, même quand il a prouvé. Ils investissent de la sorte l'inconnu, à partir du monde connaissable. Leurs rapports sont d'incertitude concertée, de

---

y Honduras, estas comunidades [las conformadas por los pueblos originarios y las de origen africano] han sido un permanente desafío para la definición de la nacionalidad en dichos países. Y esta puesta en cuestión del discurso de la nación moderna que va ligada a la transnacionalidad y a la experiencia migratoria, constituye a mi entender, otra importante categoría de análisis de las culturas del Caribe centroamericano [...]. Si la caribeñidad se puede definir por la experiencia o la memoria de la plantación, la diáspora, las posteriores migraciones circulares, y la consecuente transnacionalidad, no es por tanto una casualidad que las producciones culturales afrocentroamericanas articulen una relación conflictiva y contradictoria con los discursos dominantes de la nacionalidad.
En este contexto, y a los efectos de proponer un aparato crítico que nos permita reflexionar sobre las culturas del Caribe centroamericano, me parece necesario tener en cuenta la siguiente observación de Ángel Quintero Rivera: "En el Caribe antes del verbo fue el tambor, el ritmo y el movimiento" (*Salsa* 14). De modo que la música y el baile constituyen los modos discursivos, de comunicación y de resistencia por excelencia del Caribe. En tanto prácticas, ponen en circulación formas de sociabilidad y convivencia que implican el cuerpo, los sentidos y el goce, lo que no implica, sin embargo, una ausencia de racionalidad. Por el contrario, Quintero Rivera desarrolla más adelante una noción de la música y el baile en el Caribe que cuestiona la división moderna entre civilización/razón por un lado y barbarie/naturaleza (a la que pertenece el cuerpo) por el otro, evidenciando la mirada racista colonial que se esconde tras dicha escisión.
Al marcar la centralidad del cuerpo (como sede del goce y el dolor) en sus relaciones de poder, Quintero Rivera abre las puertas a una celebración del ritmo y la danza, que se distancia críticamente de las representaciones reduccionistas del Caribe como goce prerracional de los cuerpos» (4, 5, 6).

certitudes rêvées. "Ce qui existe, au-delà de l'apparence", tel pourrait être leur garant de rencontré, leur meilleur lieu commun. (Glissant, *Traité*, 218)

\*\*\*

El texto de Julio Escoto es una novela no real, no realista, de no tiempo y de no lugar. Recordemos que el narrador insiste en que Santa Cariba existe «entre los alientos de la realidad y la fantasía» y los dos «eran lo mismo»: «sólo estaba en nosotros gobernarnos por una u otra. Usualmente lo hacíamos con las dos» (42)

En la conversación entre el narrador, el asistente Recamier y Judah ibn Hayyuj, en el que se defiende su teoría de la no existencia del tiempo ya mencionada, el lingüista sostiene: «si lo piensas es que vive, que gravita en tu interior. Creamos las cosas cuando las pensamos» (169).

En su ensayo sobre la novela de Escoto el estudioso literario hondureño Héctor M. Leyva escribe:

> La novela se desmarca de la estética que entiende la obra de arte como obra de conocimiento o de edificación moral. No quiere elevar a la mente una imagen que representara fielmente la realidad o que inculcara un valor normativo (de lo bueno o de lo justo). En cambio se entrega y quiere invitar a entregarse a un lance pasional.
>
> Quiere unirse y que el lector se una a la sensualidad tropical como disfrute pleno de un algo que si no es verdad (si acaso lo inventa el escritor o lo ha inventado la gente) es algo que se desea y bien pudiera ser. Es una verdad que contradice los hábitos del pensamiento eurocéntrico y la alta (aunque estrecha) cultura, en aras quizás de otra nacionalidad y otros estilos de vida más bien sentimentales.

Santa Cariba es el lugar del no lugar, el lugar utópico, una novela de utopía.

\*\*\*

En «El caos-mundo: por una estética de la Relación» Édouard Glissant ve como vocación de la literatura actual una desmesura de la desmesura:

Desmesura no porque resulte anárquica, sino porque carece de la pretensión de profundidad, la pretensión de la universalidad, aspira únicamente a la diversidad [...]. Esta desmesura es la apertura total, que no es sino el todo-mundo. La literatura ha seguido esa senda. Y resulta completamente evidente que las literaturas francófonas se sitúan ahí, en la desmesura de la desmesura, literaturas que no aspiran a la negación que comporta el barroco, ni a la profundidad del clasicismo, porque experimentan la diversidad y la desmesura del todo-mundo. Si fuera un erudito, diría que he pasado de la medida de la medida a la desmesura de la medida, a la medida de la desmesura, a la desmesura de la desmesura y estaría formulando un quiasmo. («El caos-mundo», 94-95)[8]

*El Génesis en Santa Cariba* ocupa un lugar muy particular en el marco de la obra literaria de Julio Escoto. En la novelística del escritor hondureño la representación mimética —es decir, las reconocibles referencias a las realidades hondureñas / centroamericanas— han tenido una relevancia estratégica. El mismo autor señaló al respecto:

El imaginario de los escritores se sustenta en un imaginario "real", califiquémoslo así aunque parezca una contradicción.

---

8. Glissant distingue varios momentos de la literatura francesa contemporánea (como ejemplo de cualquier otra): un momento que llama «la medida de la medida»: «la medida de la medida es siempre un clasicismo. Medida de la medida, la medida por antonomasia, es la medida convertida en canon [...]. Y esta medida por antonomasia es el soplo original [...] con esta medida de la medida, todo clasicismo pretende conseguir que el mundo adopte sus valores particulares como universales. Para una cultura, el clasicismo es el momento en que está lo suficientemente segura de sus propios valores como para inscribirlos en la medida de la medida y proponerlos al mundo como valores universales [...]. Los clasicismos son seguidos por períodos barrocos. Y en estos períodos barrocos la desmesura termina por rebasar la medida [...]. Esta desmesura es una negación de la medida convertida en canon [...]. La función del barroco es la de sentar la opinión contraria a la pretensión clásica [...]. La pretensión clásica [...] es la profundidad. Si propongo al mundo mis valores particulares como valores universales es porque creo que me espera la profundidad [...]. El barroco es la extensión, de la proliferación, de la redundancia y de la reiteración. A este período le sigue otro que yo llamaría medida de la desmesura. Esta medida es nuevamente el aliento original, pero esta desmesura no es la desmesura de la medida convertida en canon, esta desmesura es el mundo, de la desmesura del mundo en formación. Un aprendizaje que a partir de un epicentro extiende el aliento original hacia la periferia [...]. Y a esto sigue lo que llamo una desmesura de la desmesura, que me parece que es la vocación de la literatura actual» (Glissant, «El caos-mundo», 93–94).

Con el retorno de la novela sustentada en alguna matriz histórica, como está ocurriendo actualmente [...], entender estas realidades contribuye, tanto en el autor como en el lector, para acceder dialógicamente al íntimo significado de los mensajes contenidos en la escritura literaria. Sin dominar ese trasfondo es imposible administrar los códigos contenidos en la obra y menos penetrar audazmente su propuesta[...].

Pues en Centroamérica, como desde luego en otras partes de América, parece ser que no hemos podido superar aún cierta propensión didáctica, llamémosle mejor exploratoria, en que concebimos a la obra literaria no sólo como un juego verbal, un efecto lúdico, sino bajo cierta responsabilidad, o lo que se llama en la postmodernidad el compromiso ético. («Peso»; ver Rolla)[9]

De hecho, la abundante obra narrativa (especialmente novelística) de Escoto[10] es caracterizada por lo que Helen Umaña comentó en relación con la

9. En su libro polémico *El insomnio de Bolívar. Cuatro consideraciones intempestivas sobre América Latina en el siglo XXI*, el escritor mexicano Jorge Volpi escribe que, a pesar de todo, «la mayor parte de los escritores nacidos a partir de 1960, incluso los aguerridos miembros de *McOndo* o del *Crack*, han escrito libros que ocurren en América Latina y que buscan explorar distintos aspectos de su realidad» (170).

10. Chacón: «Escoto, Julio (San Pedro Sula, 1944). Narrador, ensayista y editor hondureño. Egresado de la Escuela Superior del Profesorado Francisco Morazán. Obtuvo una maestría en Literatura por la Universidad de Costa Rica. Dirigió la Editorial Universitaria Centroamericana (EDUCA), fue director de Centro Editorial en San Pedro Sula y de *Imaginación*, revista de narrativa hondureña. Miembro fundador del Centro Cultural Infantil de San Pedro Sula [...]. Entre otros, ha recibido el Premio Nacional de Literatura Ramón Rosa (1974); el Premio Gabriel Miró de Cuento, en Alicante, España en 1983; el Premio de Ensayo José Cecilio del Valle en Tegucigalpa (1990); la Hoja Laurel de Oro y Pergamino de Honor del Ministerio de Cultura, Artes y Deportes en Tegucigalpa, 2000.
Escoto es uno de los iniciadores de la narrativa contemporánea en Honduras. Con una fuerte base histórica, su trabajo inquiere sobre la realidad del país y sobre la problemática de la identidad nacional. Con mesura, ha empleado lo real maravilloso y el elemento onírico.
Aunque no deja de lado el señalamiento crítico hacia el entorno social, en *Historias de Los Operantes*, su última publicación en cuento, da un fuerte viraje hacia una literatura predominantemente lúdica. Sus relatos no están exentos de humorismo y ha sabido sacarle provecho a los diversos registros del habla popular. Como ensayista se caracteriza por la mesura, el tono reflexivo y la profundidad en el concepto [...].
NOVELA: *Los guerreros de Hibueras* (1967); *El árbol de los pañuelos* (1972); *Días*

novela *Rey del albor. Madrugada* publicada en 1993 que hasta el momento ha sido considerada generalmente como su *opus magnum* (ver por ejemplo Menton): «El material informativo de índole histórica, Julio Escoto lo transforma, lo convierte en signo estético» («Un corte», 196). El *Génesis en Santa Cariba* representa en este aspecto —como la misma estudiosa sostiene— un cambio en la narrativa de Escoto: «Rotas las trabas miméticas, el autor dejó que el lenguaje lo invadiera. Permitió que la imaginación careciese de cortapisas y se enrumbara por los más intrincados laberintos del idioma para elaborar una novela que, aunque desconcierte por no acomodarse a patrones racionales y de contención lingüística, trasciende la problemática hondureña y se planta, con soltura y pleno dominio del arte narrativo, en un mundo tan amplio como el Caribe: cruce de mundos, confluencia de culturas» (Umaña, «La clave»).

Hay que insistir, sin embargo, que no se aleja completamente de la «urdimbre, el tejido, trasmallo o cantera, gran ciclorama original, de donde los escritores extraemos la rica materia para moldear los personajes y circunstancias de nuestras creaciones de "ficción"» (Escoto, «Peso»), no toma un camino «escapista» (Umaña, «La clave»), pero sí, cambia los procedimientos estéticos de su representación.

Con esto, la penúltima novela del autor hondureño se inscribe en una tendencia sumamente relevante de las literaturas caribeñas francófonas e hispanófonas (¿y también anglófonas?) bajo el signo de la «desmesura de la desmesura» evocado por Glissant. Las categorías fundacionales que armaron el concepto de identidad tan importante para la producción literaria del Caribe y América Latina están atravesando por una gran transformación en el discurso poscolonial(ista), especialmente en sus representaciones literarias, en las que proliferan identidades múltiples sin inclusión, marcadas por la hibridez, la heterogeneidad y la diferencia. Estos procesos se caracterizan, entre otros factores, por el abandono del concepto de Estado-nación y de la búsqueda de una identidad nacional; el abandono de la dicotomía entre centro y periferia; los entrecruzamientos y entretejidos transregionales y transculturales; las formas de vida *in-between*; la existencia de múltiples y diversas formas de producción literaria —la literatura del exilio, *ethnic literature, Cuban Americans, AmeRicans, dominicanyorks,*

---

*de ventisca y noches de huracán* (1980); *Bajo el almendro... junto al volcán* (1988); *El General Morazán marcha a batallar desde la muerte* (1992); *Rey del albor. Madrugada* (1993)» (Chacón 161-162). Además, de reciente publicación: *El Génesis en Santa Cariba* (2007) y *Magos Mayas Monjes Copán* (2009).

*Mexican Americans, Black Britons, négropolitains,* literaturas «sin residencia fija»; las escrituras en los idiomas de los países receptores (metropolitanos) (Ver Mackenbach, «¿De la nación...?»).[11]

\*\*\*

J'appelle *Chaos-monde* le choc actuel de tant de cultures qui s'embrasent, se repoussent, disparaissent, subsistent pourtant, s'endorment ou se transforment, lentement ou à vitesse foudroyante: ces éclats, ces éclatements dont nous n'avons pas commencé de saisir le principe ni l'économie et dont nous ne pouvons pas prévoir l'emportement. Le Tout-Monde, qui est totalisant, n'est pas (pour nous) total.

Et j'appelle *Poétique de la Relation* ce possible de l'imaginaire qui nous porte à concevoir la globalité insaisissable d'un tel chaos-monde, en même temps qu'il nous permet d'en relever quelque détail, et en particulier de chanter notre lieu, insondable et irréversible. L'imaginaire n'est pas le songe, ni l'évidé de l'illusion. (Glissant, *Traité,* 22).

La pensée archipélique convient à l'allure de nos mondes. Elle en emprunte l'ambigu, le fragile, le dérivé. Elle consent à la pratique du détour, qui n'est pas fuite ni renoncement. Elle reconnait la portée des imaginaires de la Trace, qu'elle ratifie. Est-ce là renoncer à se gouverner? Non, c'est s'accorder à ce qui du monde s'est diffusé en archipels précisément, ces sortes de diversités dans l'étendue, qui pourtant rallient des rives et marient des horizons. Nous nous apercevons de ce qu'il y avait de continental, d'épais et qui pesait sur nous, dans les somptueuses pensées de système qui jusqu'à ce jour ont régi l'Histoire des humanités, et qui ne sont plus adéquates à nos éclatements, à nos histoires ni à nos non moins somptueuses errances. La pensée de l'archipel, des archipels, nous ouvre ces mers. (Glissant, *Traité,* 31; ver también 83, 231)

\*\*\*

La novela de Escoto se zambulle en esta corriente, en este movimiento rizomático de coincidencias y convivencias tan características de los Caribes, «cruce de mundos, confluencia de culturas» (Umaña, «La clave») —expre-

---

11. Ver para la discusión de algunas de estas tendencias Mackenbach, «¿De la identidad...?».

sión de un pensamiento móvil, de archipiélago: «transitábamos por ese oscuro mar de nadie, archipiélago fantasma y subterrenal, campo de tiro sin memoria y tropezábamos con nosotros mismos, que es decir con nuestra soledad» (112) reza el narrador de la novela haciendo alusión a la resistencia de los isleños a la invasión y opresión británicas. Insiste en que:

> Así como el arte proveía de texturas, mediotonos y transiciones así también debía ser la vida, no con los monocromos de que hacía gala monseñor pues la idea de un solo canal teocrático resultaba repugnante: dios no debía ser autoritario so riesgo de negarse a sí mismo, la verdad no podía estar contenida en un solo libro, por sagrado que fuera, y ya era momento de que otras voces con otras tesituras, nacidas de otras pasiones, intuitivas del río ronco que éramos todos, parlaran. (203-204)

La verdad no está contenida en una isla, aunque se llame Santa, sino todas las islas la isla, su repetición-relación archipiélago, base y resultado cambiante de una poética de la relación.

En referencia al ensayo de Héctor M. Leyva, Valeria Grinberg Pla comenta acertadamente:

> El ensayo de Héctor Leyva, «Verdad tropical, verdad *kitsch* en *El Génesis en Santa Cariba* de Julio Escoto», nos propone abandonar la isla limonense para adentrarnos en una isla creada por la pluma del escritor hondureño en la que se condensa toda una teoría de la caribeñidad. La lectura de la novela de Escoto que hace Leyva empatiza con el placer del texto, resaltando el carácter subversivo de una escritura que festeja la sexualidad tropical y "el amor subido de tono de las representaciones que solemos llamar cursis, que son falsas y se quieren ciertas" porque en ella se pueden leer las claves de una sociabilidad caribeña basada en el amor como verdad. (10-11)

*El Génesis en Santa Cariba* —he aquí otra paradoja consciente de la narrativa de Julio Escoto— es un relato que subvierte y deconstruye el mito del origen, de la creación y del génesis. Es una novela de «digenèse» en el sentido de Glissant. Una novela que nos presenta el paradigma del Caribe/el Caribe como paradigma desde Centroamérica/una Centroamérica caribeña.

\*\*\*

Recordémonos: «La mise en contact de ces cultures ataviques dans les espaces de la colonisation a donné naissance par endroits à des cultures et sociétés composites, qui n'ont pas généré de Genèse», escribe Édouard Glissant en *Traité du Tout-Monde*, y continúa: «La Genèse des sociétés créoles des Amériques se fond à une autre obscurité, celle du ventre du bateau négrier. C'est ce que j'appelle une digenèse» (36; ver «Criollización», 24).

> Ces cultures [ataviques] ne génèrent pas de Création du monde, elles ne considèrent pas le mythe fondateur d'une Genèse. Leurs commencements procèdent de ce que j'appelle une digenèse. (Glissant, *Traité*, 195).

### Bibliografía

Chacón, Albino, ed. *Diccionario de la literatura centroamericana*. San José, Heredia: Editorial Costa Rica, Editorial de la Universidad Nacional, 2007.

Escoto, Julio. *El Génesis en Santa Cariba*. San Pedro Sula: Centro Editorial, 2007.

Escoto. «Peso del Caribe en la literatura centroamericana actual». *Istmo. Revista virtual de estudios literarios y culturales centroamericanos*, núm. 5, enero–junio 2003, http://istmo.denison.edu/n05/artículos/peso.html.

Escoto. *Rey del albor. Madrugada*. 1993. San Pedro Sula: Centro Editorial, 2006.

Glissant, Édouard. «El caos-mundo: por una estética de la Relación». En: *Introducción a una poética de lo diverso*, de Glissant, pp. 81–107.

Glissant. «Criollización en el Caribe y en las Américas». *Introducción a una poética de lo diverso*, de Glissant, pp. 13–14.

Glissant. *Introducción a una poética de lo diverso*. Barcelona: Editorial Planeta, 2002.

Glissant. *Introduction à une poétique du divers*. Paris: Gallimard, 1996.

Glissant. *Poétique de la Relation. Poétique III*. Paris: Gallimard, 1990.

Glissant. *Traité du Tout-Monde. Poétique IV*. París: Gallimard, 1997.

Grinberg Pla, Valeria. «Dossier: Las culturas del Caribe centroamericano. Una introducción». *Istmo. Revista virtual de estudios literarios y culturales centroamericanos,* núm. 21, julio-diciembre 2010, http://istmo.denison.edu/n21/artículos/0.html.

Leyva, Héctor M. «Verdad tropical, verdad *kitsch* en *El Génesis en Santa Cariba* de Julio Escoto». *Istmo. Revista virtual de estudios literarios y culturales centroamericanos,* núm. 21, julio–diciembre 2010. También en esta antología. http://istmo.denison.edu/n21/artículos/8html.

Mackenbach, Werner. «¿De la identidad a la sociabilidad? Representaciones de la convivencia en las literaturas centroamericanas y caribeñas». En: *Trans(it)Areas. Convivencias en Centroamérica y el Caribe. Un simposio transareal*, editado por Ottmar Ette, Werner Mackenbach, Gesine Müller y Alexandra Ortiz Walher, pp. 176–198. Berlín: 2011.

Mackenbach. «¿De la nación al *tout-monde*? Problemas, retos y perspectivas de los estudios regionales de Centroamérica y el Caribe». Ponencia en el Primer Coloquio Internacional sobre diversidad cultural y estudios regionales. Universidad de Costa Rica, Sede de Occidente, 21–23 de setiembre, 2011. Inédita.

Menton, Seymour. *Caminata por la narrativa hispanoamericana*. México: Fondo de Cultura Económica, 2002.

Rodríguez, Giovanni. «*El Génesis en Santa Cariba*. La reinvención mítica, cuarenta años después de Macondo». LitArt, 11 de septiembre, 2007, https://litart/mforos.com/1194896/68523558-el-genesis-en-santa-cariba-giovanni-rodriguez/

Rolla, Sara. «El peso del Caribe en la última novela de Julio Escoto». 17 de setiembre, 2006. Incluido en esta antología. http://julioescotodocumentos.blogspot.com/2009/el-peso-del-caribe-en-la-ultima-novela.html.

Umaña, Helen. «La clave está en el nombre *El Génesis en Santa Cariba*», book-Honduras-libros, 10 de abril, 2009. http://book-honduraslibros.blogspot.com/2009/07/la-clave-esta-en-el-nombre.html.

Umaña. «Un corte transversal de la historia en *Rey del albor. Madrugada*». En: *Estudios de literatura hondureña*, de Umaña, pp. 179-198. Tegucigalpa: Guaymuras, 2000.

Volpi, Jorge. *El insomnio de Bolívar. Cuatro consideraciones intempestivas sobre América Latina en el siglo XXI.* Barcelona, México: Debate/Random House Mondadori, 2009.

## «El peso del Caribe en la última novela de Julio Escoto»

### Sara Rolla

**Fuente:** Rolla, Sara. «El peso del Caribe en la última novela de Julio Escoto». *Revista de la Academia Hondureña de la Lengua*, núm. 16, 2007, pp. 195-203.

**Autora:** Sara Rolla: Licenciada en Letras. Profesora de la Universidad Nacional Autónoma de Honduras, San Pedro Sula. Actualmente jubilada.

> *pero esta no es saga o leyenda mediterránea,*
> *canto heráldico o rapsodia de raza civilizada*
> *sino recuento, copla bohemia de la realidad*
> –Escoto, El Génesis en Santa Cariba, 123

Es evidente que la región caribeña no suele ser ámbito propicio para los estilos fríos y descarnados, ni para la expresión de tormentos existenciales. Es, en general, territorio abierto para la imaginería desbordada y el desenfado sensual, tanto en la forma como en el contenido. Es un espacio ideal para la burla y la carcajada; en síntesis, para el carnaval (que, desde luego, no deja de ser, en gran medida, un desahogo catártico y una mascarada que encubre desengaños).

Estos criterios se corroboran al leer la última novela de Julio Escoto, *El Génesis en Santa Cariba* (2007; GSC en adelante). Toda su obra anterior ha manifestado una propensión temática a explorar los elementos constitutivos de su ámbito de origen.[1] No pocas veces ha pulsado también la cuerda del humor. Recordemos, al respecto, algunos de sus cuentos, como esa joya titulada «El gozo en el pozo» y el libro *Historias de Los Operantes*, un ejercicio de ludismo que prefigura ciertos rasgos de *El Génesis*.

Hay un documento que arroja luces para acercarse a esta novela: un ensayo de Escoto —que originariamente fue ponencia en un congreso

---

1. Cfr. Mario Gallardo. «Identidad e historia en Julio Escoto». Se incluye en esta antología.

literario internacional—, incluido en el libro *Literaturas centroamericanas hoy. Desde la dolorosa cintura de América*. Se titula «Peso del Caribe en la literatura centroamericana actual» (PC en adelante). Allí el escritor hace una síntesis muy amena y documentada del «paisaje cultural» del Caribe centroamericano. Y termina destacando una tendencia de la narrativa actual de esta zona geográfica, y aun del resto de América Latina: la de inspirarse en la «urdimbre histórica» o «imaginario real» de la región para componer sus ficciones. Arriba a esta importante conclusión:

> Pues en Centroamérica, como desde luego en todas partes de América, parece ser que no hemos podido superar aún cierta propensión didáctica, llamémosle mejor exploratoria, en que concebimos a la obra literaria no sólo como un juego verbal, un efecto lúdico, sino bajo cierta responsabilidad, o lo que se llama en la postmodernidad el compromiso ético.
>
> Los escritores [...] sentimos que no nos es llegado aún el tiempo del hedonismo de la palabra y que, como lo asevera el mayor novelista caribeño, aún no descubierto por los congresos literarios, el nicaragüense Lizandro Chávez Alfaro, «cierta misión se impone, la de facilitar un segundo descubrimiento, el de nosotros mismos» (PC, 34).

No nos engañan al respecto los juicios de la contratapa de este nuevo libro de Escoto, al decir que, detrás del enorme despliegue imaginativo de esta novela «divertida e intensa», está «la historia de América».

Planteado el marco general en que se sitúa la obra, enfoquemos ahora algunas de sus características resaltantes. Apuntábamos la idea de lo carnavalesco en el texto. En este sentido, resultan aplicables a *El Génesis* ciertos postulados de M. Bajtín,[2] ya que se advierte claramente ese sentido cómico popular, contrapuesto a la cultura del poder, que enfoca el mundo a través del filtro de un humor hiperbolizante, desprejuiciado y burlesco. Escoto abandona aquí la tesitura grave de la novela histórica e incursiona en una especie de *roman comique* que busca, creo, armonizar el desborde imaginativo con el enfoque referencial, evitando el riesgo del discurso claramente pedagógico, que es, por esencia, antiliterario.

---

2. Passim, Bajtín, *La cultura popular en la Edad Media y en el Renacimiento*.

El texto traza, desde ángulos paródicos a menudo desopilantes y pese a sus deliberados anacronismos, un panorama histórico del «subcontinente», centrado en la región caribeña, pero con indudables alusiones a Latinoamérica en general. Hay también claves que nos remiten al contexto nacional y ciertos guiños para los conocedores del ámbito local e, inclusive, familiar del escritor.[3] Queda claro, entonces, que en *El Génesis* nos movemos en un espacio y un tiempo sincréticos, donde se funden los componentes geográficos e históricos reconocibles con los elementos míticos. Surge así una ficción en la que conviven la actitud lúdica y esa propensión «exploratoria» de la que hablaba Escoto.

El tiempo, particularmente, es manejado en forma libérrima, además de constituir un motivo importante en la trama. El personaje narrador —que en ocasiones cede paso a una voz colectiva— es una especie de profeta y sabio caricaturesco, acompañado de un asistente inseparable de conducta no menos irrisoria. La misión que se ha propuesto es la de inventar el reloj, en un ámbito donde se ignora el tiempo y alternan o coexisten, con la mayor naturalidad, acontecimientos que, situados en la perspectiva del lector, no encajan en el eje histórico convencional. Al respecto, dice el narrador:

> Les inquietaba mi noción del tiempo, que en la isla era loco y errático. En Cariba las circunstancias ocurrían todas a la vez y se resistían a dejarse medir. Las noticias llegaban a veces disparatadas pero lo considerábamos un procedimiento normal de los espejismos del arcano del universo. Hoy moría el hijo de Vincenzo Galileo en Arcetri pero un verano después nos enterábamos de que el santo oficio lo juzgaba y lo obligaba a retractarse. Mañana los babilonios desvelaban inventando la manera de escribir los números y ayer los misiles de algún imperio estaban cayendo sobre Iraq. (GSC, 37)

Este fenómeno de los «anacronismos» en la trama de *El Génesis* admite diversas lecturas. Puede, por ejemplo, interpretarse como alusión a un rasgo

---

3. Véase esta muestra mínima de asociaciones sugeridas por algunos nombres de personajes: Chepito Martí (José Martí), Salvador Lejano (Salvador Allende), Monseñor Nobando (Monseñor Obando), Alfonsina Mucha (Alfonso Mucha y Alfonsina Storni), coronel Diógenes Arellano (general López Arellano), comandante general Alvergue (lleva el apellido de la esposa del autor). También se incluyen referencias humorísticas directas a varios escritores contemporáneos, como el uruguayo Mario Benedetti, el hondureño Óscar Acosta y el nicaragüense Lizandro Chávez Alfaro (todos en la página 54).

cultural típico de las naciones del área, donde conviven la carreta y el jet, el curanderismo con el láser, etc. Recordemos el estado de inocencia adánica, que García Márquez patentiza en las páginas iniciales de *Cien años de soledad*, respecto al «conocimiento del hielo» y los demás inventos traídos a Macondo por los gitanos. La actitud de Escoto, en ese sentido, tiende a incrementar el uso de la sátira hiperbólica y el juego temporal.

A veces, los anacronismos suscitan otra lectura posible. Por ejemplo, cuando se narra la llegada e imposición sangrienta del colonialismo inglés, se incluyen ciertos detalles anacrónicos que, tras la broma de grueso calibre, nos muestran, en definitiva, un signo trágico: el carácter cíclico de los imperialismos, con las amputaciones y degradaciones que infligen a la cultura local. Se describe de este modo la conducta lasciva de las «damas» inglesas, que persiguen a los nativos para dar rienda suelta a su voraz apetito sexual: «Jolgorios fáunicos escandalizaban el bosque, suitis y darlins alborotaban la floresta, acentos londinenses silbaban hasta la mañana en los pinares, cuando rastrillábamos los puchos de condones para que los niños no los soplaran. Cariba se hizo isla de putería y asimilábamos curiosas hablas del tipo *menage* y *voyeur*, propias de nobles habituados a la exquisita costumbre de hacerse los locos cuando sus mujeres les tallaban cuernos» (GSC, 50).

Más allá de la ficción hilarante y disparatada, la trama, insistimos, va mostrando el panorama histórico-cultural de la región caribeña, a la que (volvemos a auxiliarnos de «Peso del Caribe») el escritor juzga como una «polenta humana en permanente ebullición y cambio, un espacio en constante transición, tráfico de influjos e influencias, cuando no de expresiones directas o sutiles de los más grandes imperios del orbe durante todas las épocas» (PC, 25).

Cuando Escoto caracteriza los rasgos esenciales de la cultura caribeña en el ensayo, establece algunos parámetros fácilmente reconocibles en la temática de la novela. Habla, por ejemplo, de las «típicas rebeliones en Centroamérica», originadas en un «fervor caliente de oposición a todo régimen» (PC, 29), a raíz de la experiencia histórica de las distintas formas de esclavitud que han abatido a la población del área. La trama abunda en referencias a ese tipo de revueltas, todas con sangrientas consecuencias.

También habla el escritor, en «Peso del Caribe», de «una religiosidad abundantemente dispar» (29), y éste es otro aspecto resaltante en la ficción, donde se hace referencia a la práctica de los más variados cultos, por debajo de la preeminencia oficial del catolicismo en su variante más conservadora, la del Opus Dei.

Asimismo, se desprende de las apreciaciones de Escoto en el ensayo la idea de que, en medio de esa gama de creencias juegan un papel destacado en la visión del mundo los «elementos originarios de las profundas vivencias de la practicidad indígena local» (PC, 29). Esto es evidente en *El Génesis*, donde se pone de relieve la tendencia de la población de la isla a abordar el mundo desde la perspectiva de la conciencia mítica. La vida es gobernada por sueños y visiones: «sus habitantes habíamos aprendido, a fuerza de soliloquio, a navegar en el tránsito enmarañado de los sueños para compartir por la mañana las premoniciones nocturnas como si fuesen verdad, pues nada sustancial acontecía sin que lo percibiéramos, mientras desguarnecíamos dormidos» (GSC, 41).

Otro rasgo característico de los caribeños que menciona Escoto en «Peso del Caribe» es «una inclinación preferente hacia la sensualidad que a la meditación intelectual» (28). Esto se hace patente en la fuerte carga de erotismo desenfrenado que cubre muchas páginas de la novela.

El ensayo alude, además, citando fuentes documentales, al mestizo criollo como explotado y a la vez explotador (PC, 28). La novela presenta una visión muy crítica de este componente ambiguo de la «polenta humana» caribeña, al que el narrador define como «cancro de nuestra propia carne» (GSC, 162).

Todos estos contenidos que hemos enfocado aquí de un modo muy panorámico, se expresan en un lenguaje que se corresponde con esa tendencia general a fundir el ludismo y la referencialidad. A veces, la prosa nos impresiona como un puro artefacto verbal con el que el autor juega antojadizamente, siguiendo determinada línea melódica: «al mirar que la mirábamos con la mirada con que la estábamos mirando se abstuvo y sólo nos miró con desolación» (GSC, 129).

Pero, generalmente, el juego lingüístico resulta claramente satírico: «Monseñor Nobando de Vita era célibe por escogencia, incompetencia, inapetencia, abstinencia e impotencia» (GSC, 131). La comicidad verbal —importante para crear el tono de farsa que campea en el texto— se nutre de los más variados registros, como en este diálogo que involucra citas de conocidas canciones populares de orígenes culturalmente contrapuestos:

«"El cielo se está cayendo" insistió Recamier procurando contener el deslizamiento de Josué Jerusalem. "Let it be" ensayó ella un inglés británico que pronunció como ciclista galesa» (GSC, 153).

La esencia tragicómica del texto se hace evidente en el capítulo titulado precisamente «El cielo se está cayendo», en el que los personajes principales, huyendo de una matanza emprendida por las autoridades insulares, se encuentran con un espectáculo auténticamente dantesco, en cuya descripción se reitera obsesivamente, como espeluznante *leitmotiv*, la palabra «sangre». Citamos sólo el principio:

> Sangre, había sangre por todas partes. Sangre pronta a cuajarse como lácteo vital. Sangre que empezaba a oxidarse con delgado esplendor mate y proseguía derramándose a impulsos, como descompensada de un hígado gigante, sangre de linfocitos aráctiles en camino a pudrirse y fraguar la plasta, torta o delirio de moscas y canes, sangre de presencia inesperada, estera de flogisto y estupefacción, sangre desconocida y anónima, curtida, vertida, incombustible sangre que cristalizaba al sol. Tanta era la sangre allí expuesta que debía provenir de un mártir ciclópeo o de una legión de soñadores. (GSC, 123–124)

Pero ese tono de horror cede paso, en fuerte anticlímax, a un relax humorístico, al encontrarse los fugitivos con un grupo de hampones que se expresan en su cómica jerga o «caliche». Este pasaje (pp. 125 a 129) nos recuerda aquel cuento de Escoto titulado «Diálogo en la casa de las siete suelas» (de *La balada del herido pájaro y otros cuentos*). El autor parece establecer, así, un puente intertextual, con la complicidad de sus lectores.

Para concluir, recalcamos que ésta es una aproximación muy general al texto, como una ojeada panorámica que busca enmarcar la novela en la poética narrativa de Escoto. Otros analistas contribuirán sin duda, «con mejor pluma», a desmenuzar los múltiples aspectos que la configuran como un eslabón importante de la obra de este autor esencial en el panorama de la narrativa centroamericana contemporánea.

San Pedro Sula, 17 de septiembre de 2007

**Obras citadas**

Bajtín, Mijail. *La cultura popular en la Edad Media y en el Renacimiento. El contexto de François Rabelais.* Madrid: Alianza Editorial, 2003.

Escoto, Julio. *El Génesis en Santa Cariba.* San Pedro Sula: Centro Editorial, 2007.

Escoto. «Peso del Caribe en la literatura centroamericana actual». En: *Literaturas centroamericanas hoy. Desde la dolorosa cintura de América,* editado por Karl Kohut y Werner Mackenbach, pp. 25–36. Madrid: Iberoamericana / Frankfurt: Vervuert, 2005.

Gallardo, Mario. «Identidad e historia en Julio Escoto». Revista *CriticArte,* San Pedro Sula, junio 2006, pp. 4–5. También incluido en esta antología.

## «*Downtown Paraíso* de Julio Escoto»

### William Clary

**Fuente:** *Latin American Literature Today*, no. 17, febrero 2021. http://www.latinamericanliteraturetoday.org/es/2021/febrero/downtown-para%C3%ADso-de-julio-escoto

Las novelas del escritor hondureño Julio Escoto abarcan cuatro décadas, pero siguen siendo casi desconocidas fuera de Honduras. En su conjunto, los temas recurrentes en su narrativa han explorado la historia y la formación cultural de Honduras —desde la presencia maya en Copán hasta la problemática contemporánea—, la identidad étnica y la narcoviolencia y la corrupción estatal que han afectado el país en las últimas décadas. Entre estos temas, una característica medular de las novelas de Escoto se centra en su análisis del poder político y las variadas identidades que conforman las historias desconocidas del país. En novelas como *El General Morazán marcha a batallar desde la muerte* (1992), *Rey del albor. Madrugada* (1993), *El Génesis en Santa Cariba* (2007) y *Magos Mayas Monjes Copán* (2009), la novelística de Escoto transparenta un dominio extenso de las injerencias extranjeras, las fuerzas políticas y los procesos culturales que han formado la historia de Honduras.

En su novela *Rey del albor. Madrugada*, Escoto explora a fondo la complejidad histórica de las diversas etnicidades del país por medio de los esfuerzos del protagonista Quentin Jones, un académico norteamericano encargado de descifrar y elaborar un texto que desentrañe las claves de su historia. En la novela más reciente de Escoto, *Downtown Paraíso* (2018), el escritor crea un universo narrativo laberíntico de un alcance notable. Para lograrlo, la novela explora el lenguaje subterráneo y cibernético que evidencia y refleja las realidades actuales del istmo centroamericano. Las redes avanzadas y criminales que generan lucro ahora inundan las culturas políticas conforme éstas se enriquecen al suplir las sustancias que satisfacen la demanda insaciable proveniente de los Estados Unidos. Quentin Jones reaparece como un investigador político que pone al descubierto las densas capas de poder y corrupción que prevalecen en la actualidad en Honduras.

Tres hilos narrativos atraviesan la trama: un sondeo profundo del papel que ocupa Honduras en el narcotráfico internacional, el trasfondo étnico e histórico de la Costa de Mosquitia y los esfuerzos de Jones por brindarles una apariencia de coherencia a los problemas pasados y presentes que aquejan al país. Estas hebras narrativas aportan estructura a la novela y cada una resulta amplificada por digresiones extendidas que indagan en las particularidades culturales e históricas de Honduras. A lo largo de sus quinientas ochenta páginas de extensión, Escoto produce una urdimbre expansiva que pretende iluminar los andamiajes y estructuras de poder y venalidad contemporáneos en Honduras y Centroamérica.

Como investigador, Jones de repente se encuentra en el torbellino de San Pedro Sula, ciudad conocida por su alto nivel de violencia y sus vínculos con el narcotráfico internacional. Además, su investigación lo pone en contacto con los inmigrantes palestinos en la costa caribeña del país, cuya presencia se remonta al inicio del siglo veinte cuando establecieron enlaces con las fruteras Cuyamel y Standard que ayudaron a fortalecer el capitalismo transnacional en Honduras. La injerencia extranjera se remarca, como *leitmotiv* de la novela, primero con la presencia transnacional que se inicia con las fruteras y luego con la implantación del narcotráfico global en esta región del país.

La figura histórica de Constantino Nini, un comerciante que llegó a Honduras en 1893, representa el inicio de la importancia del empresariado palestino en La Ceiba y San Pedro Sula, cuya influencia en Honduras ayudó a estimular las inversiones extranjeras a comienzos del siglo XX. El sucesor contemporáneo de esta influencia en la novela es Don Vladi, cuyos extensos diálogos con Jones no solo aclaran su papel clave en el desarrollo del narcotráfico y lavado de fondos en Honduras sino también en el de la cooptación de las estructuras de poder desde la década de los ochenta hasta el presente. La empresa delictiva que lava fondos mal habidos se presenta repetidamente como el eje de la criminalización de la economía hondureña. La importancia de esto se hace evidente mediante una exposición detallada y amplia que deja al descubierto diversos aspectos relacionados con el narcotráfico: el impacto corrosivo de las transacciones ocultas, los intrincados movimientos de fondos y su dispersión en las instituciones y economías centroamericanas. Después de que Jones adquiere acceso electrónico a los detalles de los esquemas del lavado de dinero en San Pedro

Sula, tanto sus indagatorias por vía virtual como sus conocimientos del andamiaje ilícito que sostiene las economías de la costa resultan subversivos, al extremo de poner a Jones y a su amante Dasha en peligro de ser asesinados por los que salvaguardan la información.

En lo fundamental, el retrato en la novela de las fuerzas globales de inversión histórica en Honduras refleja un cuadro negativo e irremediable con escasas esperanzas de cambio. Y es aquí, dentro de estos sucesos históricos más recientes que se destaca una panoplia de iniquidades relacionadas al neoliberalismo que corroboran y refuerzan, en su conjunto, la denuncia narrativa que la novela expresa, tales como: un extractivismo desenfrenado, los femicidios de las ambientalistas Jeannette Kawas, Berta Cáceres y Lesbia Urquía, el derrocamiento —apoyado por los Estados Unidos— del presidente Mel Zelaya, las declaraciones de fraude abierto en las elecciones de 2018 y, finalmente, la condena reciente de Tony Hernández, el hermano del presidente actual Orlando Hernández.

En ciertas secciones de la novela la voz narrativa señala una conciencia aguda del papel de los textos, tanto historiográficos como literarios, en la fundación de las narrativas nacionales. Asimismo, la principal denuncia de la novela se encuentra en un ensayo extendido y periodístico que pormenoriza el origen del dinero oscuro, las complicadas tranzas que lo blanquean y su influencia profunda sobre San Pedro. Otras referencias se encauzan en la misma dirección al aludir a la novela *La guerra mortal de los sentidos* (2002) del hondureño Roberto Castillo y, como una autorreferencia crítica a la propia novela de Escoto, *Rey del albor. Madrugada,* así como a sus paralelos y coincidencias con *Downtown Paraíso*.

Esta dimensión autorreflexiva de la novela subraya el impacto que un texto literario puede producir en un pequeño país como Honduras. Los ejemplos más obvios se encuentran en la denuncia de la compañía de Standard Fruit en la novela *Prisión verde* (1945) de Ramón Amaya Amador y su impacto directo en la huelga de trabajadores de la compañía en 1954 en Olancho, y la posible influencia de *Rey del albor. Madrugada,* con su enfoque plurinacionalista, sobre la transformación de la Secretaría de Artes, Cultura y Deportes promovida por el Dr. Rodolfo Fasquelle antes del derrocamiento del presidente Zelaya en 2009.

En conclusión, me parece fundamental situar el universo narrativo de *Downtown Paraíso* dentro de las vertientes más amplias que han afectado a Centroamérica durante las últimas décadas. En este sentido, la novela supedita el papel de los personajes y la trama a una tendencia ensayística más amplia, a la vez que advierte al lector sobre la incapacidad que tuvo el fervor revolucionario de los ochenta para poder implementar reformas necesarias y duraderas. En este mismo marco, la novela configura el proceso de transformación del istmo desde una sociedad de postguerra a una regida por un nuevo orden de élites comprometidas con los imperativos del neoliberalismo para forjar economías dependientes y fortalecidas por los narcodólares, las fuerzas armadas y grupos evangélicos crecientemente cómplices de este nuevo orden político.

Por último, mientras el peso de la denuncia acérrima se indaga al máximo en la novela, también se ponen de manifiesto las amenazas que entraña la viabilidad del narcoestado y sus resultados: el aumento de una pobreza preexistente, los graves problemas de seguridad relacionados con las pandillas y la consecuencia inevitable de ambos: un incremento enorme de la migración de Honduras a los Estados Unidos. Las propuestas para soluciones quedan en espera, sin optimismo.

## «"Idea de Europa" desde el trópico centroamericano»

### Víctor Valembois

**Fuente**: Valembois, Víctor. «Idea de Europa desde el trópico centroamericano». En: *Puentes trasatlánticos, base literaria para un diálogo euro-centroamericano*, editado por Valembois, pp. 75-92. San José: Editorial de la Universidad de Costa Rica, 2009.

**Autor:** Dr. Víctor Valembois Verbiest. Nacido en Bélgica. Doctor en Filología Hispánica por la Universidad Complutense, Madrid. Licenciado en Filología Románica (énfasis: francés), Universidad de Lovaina (KUL), Bélgica. En Costa Rica ha sido Profesor de la Sección de «Comunicación y Lenguaje» en la Escuela de Estudios Generales («Humanidades»), desde 1974 y en el Programa de Maestría en Letras, entre 1978 y 1983. «Catedrático» desde 1998 nuevamente a tiempo completo, hasta retiro a fines del 2002.

*He recorrido las ciudades de Europa, he olvidado miles de páginas, miles de insustituibles caras humanas, pero suelo pensar que, esencialmente, nunca he salido de esa biblioteca y de ese jardín.*

–Jorge Luis Borges, «La biblioteca de Babel»

### 1. Lo local en lo universal: su descubrimiento por la palabra

Al hondureño Julio Escoto Borjas (1944) demasiado poco se le suele valorar, opacado como se encuentra entre los grandes, tanto en Europa, en Estados Unidos, como casi igual en la misma América Latina: basta ver los estantes de las librerías (¡donde las haya todavía!). Además, en todas partes se va imponiendo una oferta paralela, global está bien, pero por qué solo o casi, con tinte *the American way*? Pero peca también el mismo autor por demasiado modesto, allí donde, en términos jocosos de mi antiguo decano en Chile, entre creadores e investigadores «tenemos que autopromocionarnos y mutuo-promocionarnos...».

Para mi búsqueda de nexos con lo europeo (con énfasis en lo belga) en el quehacer histórico y artístico «circuncaribe», poco ofrecen de pasto varias creaciones de este literato, pese a su indudable interés intrínseco. Pienso en *El árbol de los pañuelos* (1972), hermético y ensoñador trabajo que no puede negar a sus padres artísticos, a no dudarlo, Rulfo y Asturias (entre otros). Distinto es el tono general en *La balada del herido pájaro y otros cuentos* (1969) y *Bajo el almendro… junto al volcán* (1988), narraciones que, sin ahondar en el sello indigenista, o casi, tal como prevalece en *El árbol de los pañuelos*, o reincidir en un costumbrismo decimonónico, por lo general se apegan más a lo regional. Un local con afán de «glocal», se entiende.

En cambio, en *El General Morazán marcha a batallar desde la muerte*[1] (1992) y en *Rey del albor. Madrugada*[2] (1993), he encontrado materia para mis reflexiones. En esas obras recientes, a pesar de una temática centrada siempre en el istmo centroamericano, el soplo artístico se vuelve más experimentado y el producto de entrada más universalista. Por otro lado, ¿por qué esconderlo?, a partir de esas obras aflora en mí una sutil afinidad con el autor por cuanto, en particular en la segunda novela, el filólogo que es (y que también uno pretende ser) asoma con regularidad las orejas. Ya en *Morazán* el narrador (el autor, literato, ensayista e historiador todo junto, nada menos, metido en la cabeza del General a punto de ser fusilado) afirma: «La mente del hombre no es un puente que se debe edificar, ya está allí, nos fue dado, y nuestro destino es conocerlo, aprender a transitarlo» (90). Con lo cual, Escoto subraya el papel adánico de la lengua en el nombrar y conocer, sublimado en este caso en portentoso ejercicio artístico, su re-creación por el verbo. ¡Digno aporte al conocimiento es la novela histórica!

Además, en *Madrugada* prevalece un marcado interés por el lenguaje. Curioso, lejos de caer en la tentación de cierta novelística *light* que ahora vuelve a servir todos los temas y procedimientos clásicos de lo policíaco (con variantes desde *Harry Potter* al *Código da Vinci*), el escritor lo hace desde una original perspectiva filológica: a lo largo de gran parte de la novela se cautiva la atención del lector con la búsqueda del código, la(s) palabra(s) clave(s) que darán acceso a información, digitalizada bajo el nombre

---

1. Utilizaré la edición de la misma casa del autor: Centro Editorial, San Pedro Sula, 1992 y por simplicidad abreviaré el título a *Morazán*.
2. Por comodidad, a partir de ahora abreviaré este título a *Madrugada*.

que también da título a la novela. La pregunta que, igual, nosotros nos formulamos es: «¿Qué relación podía existir entre la aspiración de los guerrilleros para identificarse con Madrugada y ser esta también la palabra con que el presidente había bautizado personalmente su proyecto, o la misma que había brotado de la Macintosh cuando había ocurrido aquel fortuito accidente con la computadora central de la embajada?» (341-342).

Abundan los ejemplos[3] para comprobar, en este centroamericano profundo como pocos, lo que en su día afirmaba Wittgenstein: «mi espíritu de investigación llega hasta donde llegan mis palabras». En Escoto, a cada rato el instinto investigativo, con resultado detectivesco, le surge entonces centrado en torno a la definición y las connotaciones de determinados términos, ciertas expresiones.

## 2. «Idea de Europa» en lo temático

El lector superficial (más interesado en intrigas al modo del Capitán Alatriste) argumentará que es casi nula o aparentemente mínima la presencia de lo europeo en las dos creaciones bajo la lupa. Si acostumbra leer con alguna frecuencia, cada vez más *rara avis*, invocará quizá por ejemplo cuán diferente es el peso de «allá» en Escoto y, tómese por caso las novelas de corte histórico, como las de Fuentes y de Carpentier, entre otros.[4] El cambio generacional y las respectivas biografías inciden: Escoto es bastante más joven y, por lo menos para la gente que se mueve en América Latina, a como lo europeo suele implicar evocación de un pasado relativamente lejano, en cambio el empuje y —para utilizar una palabra más precisa— la intromisión norteamericana constituye pan de cada día. Desde luego, si bien lo recreado en ambas novelas supone la autonomía de su creador, esos factores generacionales sin duda influyen para explicar el cambio cuantitativo en la presencia del Viejo Continente en los citados creadores.

---

3. Para no desviar del eje principal del presente trabajo, aquí van algunos ejemplos: su definición del concepto de «soledad» (83); las elucubraciones sobre el término «novio» (181) y el «quizá» (192); la codificación detrás de «dar café» a García Lorca (240); la reflexión sobre el valor del plural (298); todo sin olvidar por un lado el mismo título doble, un tanto tautológico, y la oposición Norte-Sur sobre la cual se ahondará más adelante.

4. A los dos les dedico cada vez varios trabajos sobre el mismo eje sustancial de aquí, cual es lo europeo, con énfasis en lo belga.

Pero veamos ya más en detalle el impacto de lo europeo en las dos obras apuntadas. Morazán se revela como un Napoleón subtropical, y al repasar el extenso elogio (*Morazán*, 7–8) que un general de éste, luchador también con el primero, hace de él, en realidad la comparación favorece a Napoleón. Morazán era europeísta, entre otros por el posible canal transístmico (veremos: con capital del «Reino Unido de los Países Bajos»). Otra cosa, por esta novela aprendemos que los dos generales tenían ascendiente corso (16). También en *Madrugada* (108, 130, 143, 406) escenifica a Morazán, porque como en su texto autobiográfico se apunta: «no se matan las ideas» (74).

El narrador señala jocosamente la alienación detrás del nombre y los apellidos, heterogéneos, en la secretaria de Jones. Allí está hasta el nombre alemán de Erika (37). Recurso de moda o de ascenso social de gente humilde, cierto, pero igual se usa en otra gente,[5] como ese político, de «estirada educación» (158–159), en este caso europea, sobre el que habrá que volver. Otros «detalles» *ma non troppo*: el Viejo Continente exportó su «política de reyes» (270) y por desgraciada hasta sus ominosas guerras mundiales (222). Por eso, en cierto sentido, tiene razón el personaje que postula, nada menos, que «hay que matar al europeo que llevan dentro» los mismos latinoamericanos (288).

En resumen y más allá de otras esporádicas alusiones a la idea, a veces no explícita de lo europeo, como sea, sutil e inherente en *Morazán* y en *Madrugada*, el Viejo Continente sigue presente, me atrevería a postular que tras cada página. ¿Acaso la evocada tensión por ambos lados del Río Bravo no representa variantes históricas de un mismo árbol europeo? Por arriba de esa línea: a la vista está el resultado de ciertos europeos (más bien del norte) desembarcados en el Mayflower, con sus implementos de culto y de trabajo; otro fue el proceder por debajo de ese aludido «espejo de cristal» (evoco naturalmente a Fuentes), donde otros europeos, (más bien del sur, hispanos en su mayoría[6]), desembarcaron con la cruz y la espada…

---

5. Hasta en eso asistimos a un traslape de fórmulas imperiales, de europeas a norteamericanas: el muy revolucionario sacerdote Miguel, quien, en tono positivo, comenta que los amigos lo llaman Miqui, a la gringa (93).

6. Hay excepciones notorias si uno piensa en el aporte portugués, en la colonización alemana en la futura Venezuela, etc. El interesado leerá con provecho mi ponencia para un congreso de historia en Tegucigalpa en el 2004: «Quién es quién entre flamencos en el área "circuncaribe" colonial».

## 3. «Idea de Europa», en lo formal

No está de más recordar aquí cierta cantidad de mecanismos artísticos de clara ascendencia europea, reproducidos en estas dos muy hondureñas novelas. Fueron escritas en idéntica lengua, muy hispana. ¿Acaso no se trata de la misma «lengua prestada» (y ahora, claro, evoco a Carpentier)? Es «la lengua del Papa y del imperio» (276), como se explica en *Madrugada*. Especialmente en su capítulo 23 provoca una tensión subliminal pero enorme el choque entre la lengua «castilla» (410), la del invasor europeo y la de los indígenas. Para el capítulo 27, al igual que el Asturias de *Hombres de maíz*, Escoto, obligado, no reproduce la visión de mundo indígena en el «güiriguay» (428) de ellos, sino mediante un vehículo expresivo que les fue impuesto: está bien, porque ahora es lengua apropiada, es decir, propia.

Otro factor: en *Morazán*, todo el relato nos golpea «desde la muerte» del héroe centroamericano, como reza el título, al tratarse de un monólogo interior, invento de allá, en el Viejo Continente. Por lo demás, relativamente «pobre» resulta la variación de narradores en *Madrugada*. Dos lindas salvedades en esta original «novela total»: el capítulo 17 («Aurelina»), en primera persona y el 27 («La memoria de nosotros»), desde la perspectiva «limitada», como se llama técnicamente, de los indígenas, ¡pero qué astutos! El resto figura siempre en tercera persona: forma tradicional dentro de la que nació la novela. Pero otros indicios revelan más herencia escondida.

Por último, fijémonos en que *Madrugada* se estructura al muy cervantino modo, con cuadros intercalados: en veintisiete capítulos, no menos de nueve a primera vista cortan radicalmente la intriga policíaca para dar paso a igual cantidad de ambientaciones, casi todas (la primera no) de clara incidencia europea.[7] Se podría aislar y hasta eliminar esas partes; pero lo mismo que en *Noticias del imperio*[8] de Fernando del Paso, al lector exigente que Escoto supone, para nada le resultan discursivos, evasivos, sino tan ilustrativos

---

7. En mi segundo trabajo sobre el mismo autor en esta colección, «De Honduras y "Países Bajos"», se explicará el por qué: por su afinidad con posturas eclesiales que en América Latina ha formado el arquetipo «Lovaina».

8. Se trata de una reconstrucción literaria de hechos históricos, tan audaz como brillante: el fallido implante de una monarquía en México, artimaña de Napoleón III de Francia con Maximiliano de Austria como monigote. En otro trabajo estudio cómo allí, en estricta alternancia de los capítulos, unos puestos en cabeza de la princesa belga Carlota, otros de la realidad, Fernando del Paso logra un efecto similar al que propugna aquí Escoto con nueve relatos intercalados.

como complementarios. De nuevo a riesgo de desviarme: desde luego el decodificador inquieto se preguntará por qué esos relatos interpuestos, casi sistemáticamente remontan en el tiempo hasta la Colonia, en sentido inversamente cronológico. Hasta cierto punto (y con la notable excepción del eje Bélgica-América Latina, lo veremos en el siguiente trabajo), todo sigue igual.

## 4. Cambio de imperio pero el mismo binomio opresión / alienación

Bellos trabajos artísticos constituyen *Morazán* y *Madrugada*, esfuerzo introspectivo, el primero, intento totalizador el segundo. En ambas, prevalece una búsqueda de identidad, para Honduras como para la región en que se inserta. En las dos obras, la búsqueda se confronta con la masiva imposición externa, pero si nos fijamos en los ciento cincuenta años que nos separan de los hechos evocados, el signo de dominación ha cambiado.

Hemos visto ya cómo, en lo temático, Morazán se vuelve novela totalmente condicionada por el eje este/oeste. En cambio, los personajes de *Madrugada*, si bien el Viejo Continente no ha desaparecido, ni mucho menos, obedecen más a la tensión norte/sur. Tampoco me puedo demorar en ello, a pesar de que representa otra coloración peculiar en lo detectivesco que, como vimos, caracteriza ambas creaciones de Escoto: en efecto, con frecuencia disfrazado de narrador, el filólogo viene flanqueado de una extraña, pero complementaria, mezcla también de sicólogo y antropólogo, todos juntos. Ello se logra sin que la novela se resienta. En *Madrugada* a cada rato afloran rasgos diferenciadores entre los habitantes a ambos lados del Río Bravo, en el mismo continente americano. Los casos abundan y por el énfasis, nuevamente en lo verbal, desenmascaran al estudioso de la semiología que con éxito trasladó esa ciencia a la práctica literaria.[9] Esta tensión N-S, a no dudarlo, constituye otro *leitmotiv* en la obra en cuestión. Hay que tomar en cuenta que en esa novela no por casualidad el protagonista es norteamericano, el único (o casi) rodeado de personajes cuya genética y cultura provienen más bien de la mezcla entre lo hispano y lo indígena.

---

9. En la p. 111, la oposición N-S se condensa en que «los latinoamericanos [...] todo lo quieren poetizar»; en la 228, el término *struggle*, así, en inglés, se revela el mejor para reflejar la tensión agónica en el hondureño y por extensión en el latinoamericano, lo que revela paralelismo antitético entre el americano del norte y el del sur. Punto interesante también en esa dicotomía es la reflexión sobre el «más o menos» (301). La diatriba de Jones contra la mentalidad de «más o menos» (que el suscrito en otras partes ha estudiado como una auténtica subcultura) colorea el mismo punto.

La tirantez bipolar este/oeste dominante en la «biografía» del a pesar de todo glorioso general hondureño, lucha binaria norte/sur en *Madrugada*, se resume en la secular búsqueda de identidad versus alienación. En tono de reconstrucción literaria, en *Morazán* el montaje se inspira de lleno en la realidad sociohistórica latinoamericana. Pese a la formal independencia de España, el peso económico y mental del Viejo Continente se mantiene muy fuerte todavía. *Madrugada* pareciera ser totalmente distinta, pero no lo es, en lo esencial. Dentro de lo ficticio, con tremenda verosimilitud con el acontecer de hace menos de tres décadas, ahora remite directamente a un eje geopolítico «vertical» a lo largo del hemisferio del Nuevo Mundo. La tensión N-S ha sustituido la de E-O. Pero como ya lo señalaba Richelieu: «plus ça change, plus ça reste égal».[10]

Por medio de las dos obras, hágase la prueba en cuanto a los mecanismos culturales presentes, en refuerzo de lo imperial: las dos potencias instrumentalizaron el factor religioso (ojo: ¿ha cambiado algo en el siglo XXI?). Lo vemos en el gran Bartolomé (evocado en las dos novelas) y el abuso de la religión está más que claro en *Madrugada*, por la provocada proliferación de las sectas. Igual pasa con otro aparato ideológico del Estado, en términos de Althusser: lo lingüístico. En *Morazán*, más allá de la independencia formal, todavía funcionaba el mecanismo hispanohablante como «ablandamiento conductual». Pero ya había empezado la transición. *Madrugada* muestra que pronto intervendría el «disposal» yankee como recurso ideológico y lingüístico sustitutivo (las dos expresiones entrecomilladas en p. 336). Total que para los dos casos «la lengua es compañera del imperio»: lo pronosticó Nebrija.[11] La razón profunda de la novelística de Escoto es luchar contra ese ominoso «cambiar para seguir igual».

La polaridad transandina («vertical», norte-sur) no resulta entonces sino una variación histórica sobre la tensión transatlántica («horizontal», este-oeste). En lucidez postrera (por cierto leyendo a Robespierre), el Bolívar centroamericano interpreta: «comencé a comprender que los imperios solo sobreviven gracias a nuestra diaria, a nuestra pequeña muerte [...]. Para Europa solo éramos su vasto e inacabable almacén» (*Morazán*, 26). Exactamente lo mismo lo deduce el lector de la otra novela, esta vez referido a los nuevos imperialistas. En el informe confidencial (*Madrugada*,

---

10. El hombre fuerte del Rey Sol estaba, quizá sin saberlo, en el inicio si no del decaimiento europeo, indudablemente del surgimiento de un gigante que serían los Estados Unidos de Norteamérica.

11. Sugiero la lectura de mi trabajo: «De Nebrija al anglicismo en América Latina».

capítulo 24), se comprueba lo depredador que es el norteamericano con los recursos mundiales.

**5. Cambios falaces vs. evoluciones verdaderas**

Los dos relatos en estudio aquí tienen sendos desarrollos detectivescos, en el sentido en que en *Morazán* asiste uno a la reconstrucción de los recovecos mentales que se le vienen al general en agonía: no es Artemio Cruz postrado en la cama sino un idealista, de pie, a punto de ser acribillado injustamente. Con fina sicología siempre, el inspector Escoto se afana en escudriñar tanto los motivos enaltecedores que tuvo el general, como los mezquinos intereses que lo llevaron frente al pelotón de fusilamiento: el relato en primera persona da autenticidad al rescate histórico y literario.

Al contrario, en *Madrugada* predomina el narrador omnisciente. Allí la permanente intriga se logra, no solo por la investigación de un código (asunto señalado), sino a través del acertado análisis y la exquisita descripción de personas en conflicto ideológico, con inclusión de pugnas amorosas tan maravillosamente sensuales, nunca pornográficas, plaga de tantas novelas policíacas baratas. Pero ya que en página 61 de esta novela se hace referencia a Agatha Christie, yo, de nacionalidad belga, como su principal personaje Poirot, a continuación sugiero cuatro pistas inexploradas para esclarecer y descifrar los enigmas planteadas por el astuto Sr. Escoto.

El primer surco lo constituyen los cruces en *Madrugada* respecto del eje norte-sur. Curiosa constatación: en esa novela de ambientación hondureña, el profesor norteamericano Jones es protagonista. Más raro todavía: este hombre se vuelve «meridional», cada vez más solidario con las penas y aspiraciones de los latinos, con el riesgo de perder su trabajo y hasta su vida. Bildungsroman con vino nuevo en odres viejos. En sus propias palabras, simpáticas e irónicas, casi, casi logra sustituir «el Gerber por la tortilla» (467). Distinta, opuesta, resulta su secretaria Erika: típica mestiza local de ascendencia, mentalmente se hace «septentrional». Absorbe con poco discernimiento el *way of life* norteamericano y, voluble, cambia hasta su práctica religiosa: ¡de un sincretismo indígena-católico a servil obediente del judaísmo, prácticamente del Mossad! Si él, dentro del cambio efectuado, se visualiza como el prototipo de lo auténtico, lo íntegro, ella, al contrario, proyecta la imagen de pérdida de identidad, de acomodaticia y de repente peor: oportunista.

Segundo tránsito extraño, digno del Sherlock Holmes que todos debemos tener adentro al leer este tipo de novelas de complejo andamiaje histórico: quizá no por casualidad (y no importa si el autor está de acuerdo o no) este personaje, Erika, catracha de pura cepa hispana, le cita, en inglés, a Shakespeare: «I am a fool of destiny» (97). Lo malo es que lo hace un tanto para ser *in*: típico «camaleonismo del mestizo» (228). Ahora bien, esta misma idea de lo fatal, la retoma y confirma Jones, hacia el final (en plena refriega con «la contra»). Solo que ha ocurrido un sintomático cruzamiento: él, por dos veces repite «no somos nada» (482, otro *leitmotiv*, también en 393 por otro personaje). Total que la sureña cita en inglés a un literato de Europa, y Jones, el nórdico, de habla inglesa, confirma en Honduras esta aseveración, pero la formula en español. Un cruce parecido ocurre con la frase *be my guest*, que figura al principio y al final de la novela (339, 504), contraste subrayado entre un hispanohablante y un anglosajón.

Tercer trillo para el cual, mi querido Watson, conviene abrir ojo: a las claras existe ósmosis entre dos campos en principio bien delimitados. Me refiero a la historia y al arte novelesco. Obedecen a sendas codificaciones y contextos independientes, desde luego. Lo cual no quita fructíferas interferencias. Para este punto, solo señalaré que los dos pueden ser tramposos y por ende retrógrados, cosa sumamente grave, cuando por ejemplo a una historiografía chauvinista se le aúna una literatura del mismo signo. Educado en la Europa de la posguerra (con ese término, de euforia y temor, que se ha dado en llamar «guerra fría»), me pregunto hasta qué punto las ciencias sociales y la literatura allá nos fueron servidas como preparación a lo bélico (*Arma virumque* cano, como tragamos de memoria) cuando podría, digo ¡debería!, ser exactamente al revés.

Precisamente, desde su rincón perdido en Centro-América, Escoto enseña que, a como surgen «versos comunicantes»,[12] también y por qué no, han de existir «novelas comunicantes»: sinceramente, ambos trabajos en estudio son muestras en este sentido. ¡Comunican historia verdadera! Por muy irreal-pero-verosímil que seguirán siendo, esos trabajos artísticos se transforman en instrumentos para aprender a ver la historia, la pasada y la contemporánea, en caminos de liberación, coincidente en ello con la función profunda de la historia *tout court*. Por último, a como Miqui interpreta de Jones que «para interpretar los pálpitos de la humanidad [...] se adiestra un

---

12. Debo la expresión al poemario *Canto continuo*, de David Mejía Velilla.

historiador» (403), ¿no podemos postular lo mismo del literato? Prueba es que, a como el novelista Escoto contribuye a escribir historia, Jones, el historiador, proyecta escribir una novela «cuando se retirara» (465).

Un cuarto tránsito donde, como lo expresó Borges, «los senderos se bifurcan» es la persistente temática religiosa que impregna las dos novelas. La religión, no en sí, sino manipulada, instrumentalizada, constituye aparato ideológico althusseriano. Fue verdad para el imperio español; ahora lo es para el gringo. En la primera novela, el infortunado protagonista se da cuenta: «así penetraron en mi entendimiento las viejas razones del Padre Bartolomé de las Casas, ante las Cortes reales, su solicitud para que no solo el alma, sino el cuerpo, los monarcas protegieran y salvaguardaran del indio americano» (*Morazán*, 26).

Lo mismo, en varias partes de la otra novela, donde de verdad el motivo religioso es crucial (y tendrá conexiones con «lo belga», veremos después). Dentro de la estricta línea «reaganiana» de entonces (ver los «Documentos de Santa Fe» a los que alude la novela en página 102) se trataba de: «sustituir el culto Católico por el anglo, particularmente el Mormón y al mismo tiempo impulsar ciertos efectos colaterales como […] la sustitución del modelo socialista o europeo de desarrollo por uno de desarrollo puramente mercantilista y de exportación» (*Madrugada*, 336).

¿Se trataba, dije? A estas alturas del siglo XXI, en la perspectiva yankee abordada convendría todavía poner aquello en presente, siempre en función de la meta de incorporar más fácilmente al latinoamericano. A luchar, entonces, propone Escoto, el hombre de carne y hueso, más allá del narrador, para que el lector, en primer lugar el latinoamericano, logre romper esta eterna cadena de dependencia y alienación: interesante la perspectiva, por cierto, correctiva del «simple» Cambio de piel histórico que analiza Carlos Fuentes,[13] cuando a través de sus personajes Escoto prueba que *la historia no viaja en círculos, se desplaza en espiral* (*Madrugada*, 466).

### 6. Europa, componente de una globalización más integral

Por muy históricas (en el sentido de referidas al pasado) que sean las novelas estudiadas, indudable resulta su actualidad: por ejemplo, entre lati-

---

13. En la gaveta, para publicación posterior tengo «*Cambio de piel*, con ojos de exaltación», por cierto uno de varios trabajos sobre claras interferencias belgas en la novelística de Fuentes.

noamericanos, empezando por los costarricenses, mantiene vigencia la pregunta acerca de muchas ideas civiles y federalistas de ese héroe que ejecutaron sin debido proceso (*Morazán*, 87 y otros). Solo así se explica el rico título de la recreación: *El General Morazán sigue batallando desde la muerte*. Involuntariamente brota en mi oreja la frase del narrador de *Madrugada:* «ningún pueblo de la tierra había intelectualizado más el terror de la supervivencia que el norteamericano» (468). De verdad, como sugiere el personaje, «hay que tener valor para averiguar lo que hay detrás del miedo» (296). ¡Y la novelística histórica, como estas que abordamos, ayuda con fuerza!

En la línea del gran argentino y universal Borges citado en epígrafe, defiendo el papel de una Europa, ahora marginada hasta en lo demográfico, purificada de sus propios errores, perenne por cantidad de valores milenarios que se originaron allá. Conviene que sea un componente deseable en una globalización bien entendida: la de la democracia, la de la tolerancia, la de la cultura y el humanismo integral. Por eso hasta norteamericanos honestos lucharon contra su propio gobierno: en *Madrugada,* el Padre McKenzie, del capítulo 9, intercalado, constituye un ejemplo.

### Bibliografía comentada

Nota: Confirmo una aseveración inicial: no solo resulta casi desconocida la novelística brillante de Escoto, sino que, por desgracia, son poquísimos los trabajos académicos sobre él. He utilizado con provecho lo siguiente:

Escoto, Julio. *El General Morazán marcha a batallar desde la muerte*. San Pedro Sula: Centro Editorial, 1992.

Escoto. *Rey del albor. Madrugada*. San Pedro Sula: Centro Editorial, 1993.

Mejía Velilla, David. *Canto continuo*. Ed. Helen Ospina. San José: Promesa, 2002.

Valembois, Víctor. «De Nebrija al anglicismo en América Latina». Revista *Comunicación*, del Instituto Tecnológico de Costa Rica, Cartago, vol. 8, núm. 2, diciembre 1995, pp. 26–32.

Valembois. «Los "Países Bajos" en la novelística de Julio Escoto», investigación, con ligeras modificaciones en esta misma antología («De Honduras y "Países Bajos"»), sobre tres modos de entender esta referencia geográfica en la novelística del hondureño; con énfasis en las relaciones con Bélgica. https://www.yumpu.com/es/document/read/ 14231672/los-paises-bajos-en-la-novelistica-de-julio-escoto.

Valembois. «Quien es quién entre flamencos en el área "circumcaribe" colonial». Ponencia en un congreso de historia, Tegucigalpa, 2004. https://www.vlrom.be/pdf/052valembois.pdf

«De Honduras y "Países Bajos"»

Víctor Valembois

**Fuente:** Valembois, Víctor. «De Honduras y "Países Bajos"», en *Puentes trasatlánticos, base literaria para un diálogo euro-centroamericano*, compilado por Valembois, 75-92. San José: Editorial de la Universidad de Costa Rica, 2009.

> *había estado introduciendo en la computadora nuevas señales,*
> *[...] abridoras de cerrojos hechos de palabras.*
> —Julio Escoto, *Madrugada*, 64

## 1. Signos de color

Para sendas novelas del hondureño Julio Escoto, en concreto *El General Morazán marcha a batallar desde la muerte*[1] (1992) y *Rey del albor. Madrugada*[2] (1993), he trazado líneas principales sobre interferencia europea en este escritor contemporáneo, vigentes, como no, para el presente trabajo.[3] Este nuevo enfoque tiene con el anterior una relación de complementariedad. He destacado ya la indudable huella que dejaron en su producción artística sus estudios en filología. Conviene no solo confirmar esta aseveración sino precisarla.

¡Grande el arte que contribuye a trascender! Con mayor razón si en el caso particular, como también vimos, Escoto aúne acertadamente tres ciencias, constato. Claro esta ciencia, ¡*sapientia*!, del arte novelesco y, además, siempre la sirve como su personaje: «Uniendo la semiótica con la historia (para llegar) a entender el colorido de los signos y la trascendencia

---

1. Utilizaré la edición de la misma casa del autor: Centro Editorial, San Pedro Sula, 1992 y por simplicidad abreviaré el título a *Morazán*.
2. Por comodidad, a partir de ahora abreviaré este título a *Madrugada*.
3. Ver mi «"Idea de Europa" desde el trópico centroamericano» (2009), en este tomo.

de los lenguajes con que el ser humano metamorfoseaba sus sentimientos e intenciones, encuadernándolos tras la apariencia de las máscaras y la simulación» (*Madrugada*, 63).

De allí que, en especial en *Madrugada*, el tema de la «máscara» sea otra columna vertebral (ver, entre otros 187, 342, 487). Tarea vital del novelista, asistido del receptor (Holmes y Watson, recordemos) es la de des-enmascarar. En efecto, «el lenguaje [es] la materia más sutil e importante que existe sobre el mundo» (497).

Pero no se crea que solo en esta novela florece el interés por la palabra, porque cuando en Morazán el desdichado protagonista señala que «solamente los caminos del amor conducen a la perfección, pero todavía no están empedrados» (59), de seguro piensa en la dificultad de la comunicación, por esas connotaciones, ese «colorido de los signos», como con poesía lo expresa Escoto. Igual, cuando el mismo personaje afirma que «entre las islas de la teoría y el continente de la práctica habría que tender un puente de inteligencia y realidad» (62), o cuando, más abajo reflexiona sobre «la mente no es un puente [...], hay que aprender a transitarlo» (90), allí siempre está el instrumento de las palabras,[4] don mágico a veces, obstáculo maldito, otras...

## 2. Esos "Países Bajos" de tiempos de Carlos V

Un personaje nunca aparece en escena, por no estar o no haber estado en Honduras sino a miles de kilómetros, en Europa, y sin embargo se le alude a cada rato en las dos novelas: es el padre de «Felipe-dos-palitos», como de manera ingenua lo llama el esclavo, narrador limitado, capítulo 21 en *Madrugada*. Desde luego refiere a Carlos V, Rey de España. No está demás recordar que este jefe de Estado, aparte de la madre, la famosa «Juana la loca», como pasaría tristemente a la historia, poco o nada tenía de hispano originalmente. Nacido en Gante (actual Bélgica), en 1500, sobre todo en los primeros años de reinado, anduvo muy condicionado por asesores fla-

---

4. Y con riesgo de importunar: cuando Morazán señala con el dedo a «los costarricenses, prestos a halagar y alabar cuando lo necesitaran» (80), alude igual a un uso determinado de la lengua. Lo mismo pasa cuando, hacia el final, observa que «desde mi arribo a Costa Rica [he] tenido que moverme cuidadosamente entre un anillo creciente de círculos de traición», siempre estamos confrontados con usos peculiares, esta vez sibilinos, del lenguaje.

mencos,[5] valga la redundancia, gente de Flandes,[6] cuya conducta en nada favoreció a los súbditos peninsulares. Además, cuando Cortés conquista México, el rey andaba más preocupado por afianzar su corona imperial en el norte europeo. Cantidad de veces, tanto antes de ser proclamado rey como después, éste se ausentó de España, entre otros por andar de nuevo en Flandes y finalmente, en 1555, será en Bruselas (en sus queridos «Países Bajos» de entonces y en la parte que actualmente sería Bélgica), no en Madrid, España, donde abdica a favor del hijo. Se trata de los históricos «Países Bajos», los dominios nórdicos que la casa unificada de los burgundios y los habsburgos poseía, reunidos esos anhelos dinásticos en su persona.

En las dos novelas Carlos V resulta un semidios: ubicuo pero nunca visto. En *Madrugada*, cualquier cantidad de veces, por ejemplo, en el capítulo último, intercalado, en orden cronológico el primero, donde incluso en 1497 y para la mente indígena, representaba una realidad ineludible: es «el poderoso Señor de mares y tierras, un rey de reyes llamado Carlo y algo más» (510). En la cosmovisión local se entiende que era «algún pobre pues pedía» (511). En paralelismo antitético se visualiza en el capítulo 23, ubicado en 1542, y narrado desde la perspectiva de Antonio Fuentes y Guzmán, súbdito español. Allí, como en otras novelas centroamericanas sobre la época,[7] se reverencia al monarca con toda retórica: «Príncipe cristiano», «Su Majestad», «el Emperador cesáreo y Católico», «el rey, nuestro señor», etc. Así, aunque no se le nombre explícitamente, está claro que es el imperio español de su época (como en 238). En definitiva, desde el epígrafe

---

5. Es curioso que Escoto no alude a ellos. Tengo en preparación al respecto un trabajo. En opinión de Unamuno, todos los malos seculares de España, poco menos, venían de ellos; ver mi trabajo «Unamuno y Bélgica (a partir del *Repertorio Americano*)».

6. «Flamenco» es gentilicio legítimo para los de Flandes, mucho antes de que, por simple homonimia, surgiera aquella referencia a músicos andaluces. Ver mi trabajo «Ensalada flamenca para todos los gustos» (Ensayo sobre la palabra "flamenco").

7. Pienso en otras dos buenas novelas centroamericanas sobre las cuales van mis sendos trabajos en la medida en que contienen cantidad de interferencias flamencas. Remito entonces, en primer lugar a «Lectura "flamenca" de *El Burdel de las Pedrarias*». En segundo lugar: «*Réquiem por Castilla del Oro*: cobija política nicaragüense con ribetes trasatlánticos y flecos hasta nuestros días». Trabajos sobre interferencias belgas en Ricardo Pasos y Julio Valle-Castillo respectivamente.

de Bartolomé de las Casas,[8] dirigido a un «Muy Soberano Señor» hasta la penúltima página, cuando es calificado como «príncipe de Castilla», este Carlos V de Flandes está tras bambalinas.

Incluso en *Morazán*, la otra novela que se sitúa exclusivamente en el siglo XIX, no puede faltar la referencia a Carlos V de manera reiterada. Lo es en forma explícita (27), como implícita varias veces (42, 48, 76 y 78), en relación con la búsqueda, desde entonces y por mandato del emperador, de un canal interoceánico (volveré sobre el asunto). Pero el lector atento encontrará en *Madrugada* otros «puentes» a veces sutiles, o tan evidentes como sorprendentes con esos «Países Bajos» en su primera acepción. Por ejemplo, y siempre en orden cronológico, aquí van dos:

Uno: en referencia explícita al mismo rey y a sus inmensos gastos, en 1542 Fuentes se refiere al financiamiento fuera de España, al inicio de la conquista, entre otros con los Fugger, banqueros alemanes,[9] pero también se menciona la ciudad de Amberes (445), en Flandes, puerto floreciente en el siglo XVI hasta que las tropas del Duque de Alba incendiaron la ciudad.

Dos: el mismo Fuentes comenta el tiempo antes de 1542 y lo que les aconteció a Fray Blas de Castillo y otros, quienes quisieron ascender al volcán Masaya, para lo cual «aconsejáronse con un padre flamenco, quien también quería saber el secreto del volcán, el que les dijo que no podía ser aquello sino metal de oro o plata, y de la mayor riqueza en el mundo» (438), todo según un texto no ubicado, leído por el personaje Fuentes. No logro ubicar a este compatriota.[10]

---

8. En la p. 427 de la novela, don Antonio Fuentes y Guzmán arremete fuertemente contra don Bartolomé: no es para menos: ya mucho antes de las Nuevas Leyes de Indias, impulsadas por Carlos V en 1492, el Padre Las Casas, con buen éxito había tomado contacto con los asesores flamencos del rey. Remito especialmente al excelente trabajo de Juan Durán: *Bartolomé de las Casas ante la conquista de América* (34).

9. ¡Benditos términos! A lo largo del presente me he referido varias veces a «Alemania», para realidades también muy evolutivas. En tiempos de Carlos V, sería difícil tomar un solo término para un conjunto de estados dispersos al este del Rin: tienen en común la ascendencia germánica; para el siglo XIX y hasta 1918, habría que poner «Prusia»; para la segunda guerra mundial: «Alemania».

10. Partiendo de mi investigación «Quién es quién entre flamencos en el área "circuncaribe" colonial», ponencia para un congreso de historia en Honduras, 2004, ¡sigo en busca de la identidad de ese curioso flamenco geólogo! Una de las fuentes de Escoto puede haber sido el relato de «Juan Sánchez Portero: entrada y descubrimiento del volcán Masaya», que figura en el Archivo de Indias en Sevilla, reproducido en *Descubrimiento, conquista y exploración de Nicaragua*, crónicas seleccionadas por Jaime Incer Barquero, pero allí no hay rastro de ningún padre flamenco.

## 3. Esos «Países Bajos» de los holandeses

Por grandiosa que haya sido la circunstancia en que al emperador flamenco y español le tocó reinar (¡una primera verdadera mundialización,[11] nada menos, anterior a la actual globalización!), por mucho que se empeñó en mantener un imperio unitario bajo la fe cristiana, su abdicación tres años antes de morir, en 1558, revela que se dio cuenta de su fracaso. Durante el mandato de su hijo, totalmente «españolizado» y «antiflamenco», se prendió la mecha, tanto del fraccionamiento territorial como religioso de «este regalito, sus Países Bajos» que sin embargo Carlos V le había encomendado. Esta división prefigura un tanto lo que, siglos después, serían lo que en terminología dudosa se conoce como Holanda y Bélgica.

Ahora, la frontera norte de Bélgica y sur de los «Países Bajos», bastante guarda de la línea divisoria entre catolicismo (al sur) y el protestantismo, sobre todo calvinista (al norte), a raíz de la comentada y violenta «reconquista» (sí, así, con el mismo término utilizado contra los moros) del Duque de Alba.[12] ¡Tiempos aquellos! Lástima, no todas las manos fabricaban inocentes «encajes de Flandes» (389), como secular producto de exportación como consta en tantas obras literarias; otras, entre españolas y mercenarias, sostenían las «picas»:[13] son los «piqueros de Flandes» (293), a los que alude también la novela. Pese a su superioridad en armas, los españoles no pudieron con la guerrilla flamenca.

En su *Madrugada*, Escoto reconstruye más bien eventos referidos a la parte que logró escabullirse a la bota española: el norte de la comentada línea divisoria. Con el aporte de tanto capital flamenco, humano y financiero en exilio, allí fue surgiendo una nueva nación empresarial (el «holandés errante») y progresista (que lo diga Descartes). Inicialmente, a fines del siglo XVI, se llamaba «las XVII Provincias Unidas», que la misma España

---

11. En su día, he elaborado un esquema de no menos de siete «mundializaciones». Ver: «La incidencia idiomática de diversas globalizaciones».

12. A esos hechos refiere el cuadro «Las lanzas» de Velázquez, quizá más conocido como «La rendición de Breda», ciudad entonces reconquistada pero que por avatares históricos, pertenece a esa nueva entidad de los «Países Bajos», como fue surgiendo en segunda acepción, también mal llamados «Holanda».

13. Eran unas lanzas largas con un hierro corto y agudo en la punta: no por nada, a los dos lados del Atlántico prevalece todavía la frase de «una pica en Flandes», como «empresa muy difícil, imposible».

fue reconociendo mucho después, con los Acuerdos de Utrecht[14] en 1713.

Ahora bien, por comodidad, por desconocimiento sobre todo y dentro de un típico mecanismo de «la parte por el todo», a este conjunto de provincias, sobre todo afuera, se le fue dando muchas veces el nombre de «Holanda». Este error geográfico se generalizó de tal manera al mismo tiempo que la parte de «Holanda» (con Ámsterdam y Róterdam,[15] entre otros) y adquirió tal preeminencia que los nombres se confundieron (a nivel de lengua, también se liaron los nombres de castellano, por la provincia de Castilla, y español, por toda España). El resto de esos dominios nórdicos de Carlos V quedó como «los Países Bajos Meridionales» (o «del Sur») o «los Países Bajos Españoles».

Explicado el «colorido» nuevo, tan importante, de la expresión combinada («Países Bajos») que aquí sirve de guía, queda por averiguar su uso en las dos novelas de Escoto. No se observan rastros de este segundo uso en *Morazán*. En cambio abundan las aplicaciones en *Madrugada*. Pasa que el autor «peca» por retomar la equiparación, en realidad incorrecta, de Holanda y holandeses. Nunca, en esta novela, figuran los «Países Bajos» según la segunda acepción señalada; en cambio, son legión las alusiones a «los holandeses», las más de las veces metidos dentro de un grupo, entre otros nacientes imperialistas europeos (24, 100, 279, 286, 293, 333, 351, 445). Pero se detectan dos casos específicos de «holandeses» individuales, cuya importancia resulta crucial para el sentido global de la novela y su proyección hacia casos futuros.

El primero es ese capítulo 19, intercalado también, llamado «Reunión en Omoa» que Escoto sitúa en 1633. En ese puerto dando al Golfo de Hondu-

---

14. Pongo este topónimo con una «t» final, como debe ser y no me explico por qué tanta historiografía, sobre todo hispana, se empeña en seguir truncando esta ciudad, de donde era originario también el único Papa que aportaron los Países Bajos (en su acepción inicial): Adrian VI de Utrecht.

15. Por su nacimiento allá, ilegítimo, por cierto, a Erasmo se le fue conociendo internacionalmente como «de Róterdam», cosa correcta si se quiere, si no se olvida que desde 1502 en adelante enseñó sobre todo fuera de allí, más bien en la Flandes anterior al Duque de Alba, con su universidad en Lovaina, tantos años y con su casa, ahora museo, en Anderlecht, cerca. Como sea, cuando uno lee con cuidado el «Elogio de la locura», cuando el autor refiere a «la lengua popular», a las claras se da uno cuenta que se refiere al neerlandés, la lengua común (con algunas divergencias regionales) de «Holanda» (con el «holandés») y «Flandes» (con el «flamenco»).

ras, en reconstrucción literaria un puñado de europeos acude a una cita. Uno proviene de esos nuevos «Países Bajos» recién descritos y es holandés de pura sangre: Abraham Blauvelt (identificado por otros, ignorantes del neerlandés, como Bleevelt o Blewfields). Pues bien, ese nombre, traducido en español, significa «campo azul», lo cual da Bluefields (en plural) en inglés. Como se sabe, refiere a un puerto en el Caribe nicaragüense, creado por ese corsario. Por cierto, uno de los temas de conversación es «el paso» (322), la travesía interoceánica o estrecho dudoso que hace rato se buscaba.

Paso a un segundo corsario o filibustero (por de pronto, palabra neerlandesa, esta última), no por completo invento literario, menos interesante. En claro montaje detectivesco, al principio de la novela y por un trecho apenas, aparece. Se identifica a sí mismo como Frank Hollander (73), norteamericano. Pues bien, más de cuatrocientas páginas más tarde vuelve, en una balacera, donde muere. El astuto Escoto, por medio de su narrador omnisciente, solo sugiere que «[Jones] solo recordaba [...] como que el apellido [del otro] tenía algo que ver con Holanda» (481). ¡Con eso basta! Resulta totalmente coherente el apellido de ese gringo con la reminiscencia. Funciona el *nomen est omen* del latín por el que se rompe la gratuidad o arbitrariedad del signo: al contrario, se vuelve indicio, pista. En este caso, en buena semiología que le encanta a Escoto, este agente norteamericano de la «Contra» (la contrarrevolución norteamericana para tumbar el sandinismo), Frank Hollander en persona, viene a significar un corsario de nuevo cuño, más allá del siglo XVII que fue su época de gloria. Con lo cual, increíble pero cierto, entre «holandeses» le dan continuidad a la novela y refuerzan el argumento de la citada espiral histórica. El signo anodino, vuelto metáfora y hasta símbolo, nos advierte incluso, a principios del siglo XXI, que la especie de los corsarios no ha muerto: al contrario, ahora actúa a nivel global.

### 4. Los «Países Bajos» en tiempos de Morazán

En 1814 surgió un tercer significado histórico a la expresión «Países Bajos», muy a tomar en cuenta para la correcta decodificación de las novelas históricas aquí bajo la lupa. Al ser derrotado Napoleón la primera vez (la segunda sería en Waterloo, al sureste de Bruselas), el Congreso de Viena, bajo el impulso del Canciller Metternich, decide crear un Estado suficientemente grande y fuerte, un «Estado-tapón»,[16] contra el expansionismo francés. Lo malo es que, sin consultar a los interesados, decidieron juntar lo que ahora son Bélgica y los Países Bajos.

Así se fabricó el «Reino Unido de los Países Bajos», construcción artificial, con el Rey Guillermo I como jefe del nuevo Estado, cosa que era ya de «Holanda». Regiría el principio de ambulancia de capital (entre La Haya y Bruselas) que fracasó igual en la región centroamericana. Por lo menos en esta parte valía una sola lengua, la de Cervantes, mientras en esas «tierras bajas», los antiguos dominios de Carlos V, existía (y existe) un corte horizontal de oeste a este, al sur de Bruselas, con el idioma neerlandés (mayoritario entonces y ahora), arriba de esta línea y el francés abajo. Cabe tomar en cuenta además el empuje económico, minero e industrial que predominaba en Valonia (el sur) y no en Flandes (el norte), de manera que ese parto de los montes apenas duró quince años: en 1831 nació Bélgica sobre un territorio que, simplificando, corresponde a los antiguos «Países Bajos Meridionales».

En su región, Francisco Morazán (1792–1842) luchó, a precio de su vida, contra el «autonomismo ancestral» (*Morazán*, 41) que también prevalecía en el comentado norte europeo. Pese a que se le conoce como un hombre de armas tomar, su vía preferencial de acción era el civilismo: por su educación y lecturas basadas principalmente en la Ilustración europea (ver en el trabajo anterior), era un Bolívar centroamericano. Repasando mentalmente hechos ocurridos en todo caso antes del previsible divorcio señalado entre esos «cónyuges» tan disímiles y reunidos a la fuerza por el viejo Metternich, el ahora todavía tan mal conocido unionista hondureño pensó: «Dediqué [diversos esfuerzos] a evitar que se continuara derramando sangre centroamericana y facilité que el Ministro de los Países Bajos organizara en Abril pláticas de paz» (37).

¡Este Ministro de los Países Bajos no era el Ministro de Holanda, como

---

16. Traduzco de lo que me enseñaron en mis clases de historia. En la documentación que manejo (ver Kossmann) se habla de «una fortaleza contra Francia», con el término «bolwerk» que, curiosamente, pasó al francés y después al español como «bulevar». Ver mi texto, inédito: «El neerlandés, la lengua de más de veinte millones de europeos. Ejercicio intelectual en tres partes: 1) Precisiones terminológicas para uso "circuncaribe"; 2) Puentes curiosos con el español y el área "circuncaribe"; 3) Pasado, presente y futuro en contexto global».

entenderíamos ahora! Él era el General Jan Verveer:[17] holandés, sí, y Ministro Plenipotenciario, sí, pero del «Reino Unido de los Países Bajos» en esa Guatemala que en esa década aludida formaba parte de otro «Reino Unido», el de Centroamérica. Cometer la confusión, como lo hacen Escoto y Rafael Leiva[18] es tan grave —lo mismo que tan inocente— como cuando un europeo, por ignorancia, mete a todos los países de la región ístmica en el mismo saco. Verveer estaba allá desde por lo menos 1825, cuando empezaron las conversaciones con miras a un contrato.

En 1825, solo dos potencias europeas tenían un representante consular en Centroamérica: Inglaterra y los «Países Bajos», es decir el Reino Unido respectivo. Francia no tenía agente diplomático sino desde México. Ahora bien, los dos «Reinos Unidos» (el de «Inglaterra» como reza la también engañosa fuente centroamericana, y el de los «Países Bajos», como explicamos recién) tenían intereses imperiales en la zona. Bastante documentación existe sobre los desmanes del terrible Chatfield inglés, pero poco se ha estudiado el claro interés del llamado «holandés errante», construyendo su imperio marítimo. Entonces abríamos nuevas relaciones con Europa y América (48), señala Morazán, con el resultado de solo dos embajadores: uno en Estados Unidos y el otro en Europa, concretamente ante esos «Países Bajos». Pero ya se quería liberar de ese «América para los americanos»[19] al estilo de Monroe. Al ser entonces todavía jefe de facto de Centroamérica, a Morazán le sale interés por el contrapeso europeo, partiendo de las exploraciones de Humboldt, que entreveía posibilidades interoceánicas por diversos lugares del istmo. Pero como vimos, el sueño viene de antes: esos corsarios europeos del Siglo XVIII, evocados en *Madrugada*, conversan sobre el mismo hipotético «paso» (322).

---

17. Tanto Clotilde Obregón (p. 91) como Jorge Sáenz Carbonell (p. 6) refieren a firmas de contrato, pero como si fuera entre Morazán y «Holanda» (clásico error en la historiografía centroamericana) para la construcción de un canal interoceánico del lado de Costa Rica y Nicaragua.

18. Entiendo que el primer citado sigue al segundo en su libro *Francisco Morazán y sus relaciones con Francia*. Ver especialmente pp. 54-56.

19. La fórmula implica otra confusión terminológica que perdura hasta ahora: siendo que el término «americano» originalmente más bien refería a la actual América Latina, ahora en el norte pretenden ser dueños de un destino manifiesto y de esa misma palabra. Pero, honor a quien honor merece, el imperialismo no americano, sino norteamericano (y no me refiero a México ni a Canadá) llevó a cabo ese objetivo del canal. Ahora en manos panameñas, esperemos que sea para el bien de toda la humanidad.

La erección de una embajada en los «Países Bajos» se inscribe entonces en este contexto. Ahora bien, al poner Escoto en boca de Morazán «negociábamos la construcción del canal oceánico con los holandeses» (48), caben dos comentarios por la precisión en ciertas palabras que aquí hemos emprendido. Primero, constatemos el mismo error frecuente en toda la historiografía de América Central, de confundir esos «holandeses» con todo el «Reino Unido de los Países Bajos». Segundo, está por ver si aquello de «negociábamos» no tira demasiado la cobija de la iniciativa del lado de Morazán. Bien puede el General haber declarado la cuestión del canal como «el primer objeto»[20] de su misión gubernamental, pero otra cosa es la cuestión de los medios, que no serían ciertamente centroamericanos.

Al respecto, se sabe que en ese Reino, y más concretamente vía Bruselas, hubo entonces y después todavía por lo menos en tres oportunidades perspectivas transístmicas.[21] Para este anhelo compartido, un triste obstáculo fue la proclama e independencia de Bélgica en julio de 1831. Cuando en setiembre de ese mismo año aciago Morazán es proclamado Presidente de la República Federal de Centro-América, ya el Reino Unido de los Países Bajos había pasado a mejor vida. Lo cual no quita que a este auténtico jefe de Estado que fue Francisco Morazán se le evoca con respeto y hasta con cariño en cantidad de lugares también de *Madrugada* (108, 130, 143, 406), la otra novela de Escoto.

### 5. «Este "País Bajo" que es el mío»

Por lo explicado queda más claro ya cómo «los Países Bajos», en el uso actual, contiene cierto contrasentido, porque a una nación única se le da un nombre en plural. Desde 1831 el término compuesto quedó más reservado al norte de los originales dominios de Carlos V. Ahora bien, no por el cambio de nombre, al sur, de «Países Bajos Españoles» a «Bélgica», estos 32.000 kilómetros cuadrados dejan de tener mucho de «tierra baja»: el término se justifica en lo geológico y en muchos aspectos, cierto estereotipo de «Holanda» (con los tulipanes, los quesos, los molinos…), forman parte, igual, de la realidad en todo el conjunto. No es de extrañar por ello que una de las canciones más conocidas, a nivel nacional e internacional respecto de ese

---

20. Cito por Leiva, «Las relaciones diplomáticas», 149.

21. Refiero al libro de Robert A. Naylor: en p. 88 comete el mismo error que Leiva y otros historiadores, al referirse al «gobierno holandés [que] realizó negociaciones con el presidente Morazán», debiéndose entender el «Reino Unido de los Países Bajos», como expliqué.

territorio, en su letra recalca aquello del «llano país que es el mío», evocado por el cantante belga Jacques Brel.[22]

Nunca se menciona la palabra «Bélgica» o algún término afín en las dos novelas en consideración de Escoto: en *Morazán* no habría tenido sentido, porque los hechos evocados se sitúan antes de existir este estado como entidad independiente; tampoco en *Madrugada* figura como tal. Y sin embargo, en esta compleja creación existe todo un eje estructurante entre el allá y el acá, entre una idea de Bélgica (más que una realidad, a veces) y lo latinoamericano, incluyendo lo hondureño. Es curioso, si en el trabajo anterior, hemos demostrado a partir de lo literario un vuelco, en los últimos dos siglos, de la orientación este-oeste a lo norte-sur predominante, confirmo aquí esta perspectiva, pero con una notable excepción: en su búsqueda de identidad y de desalienación, varios personajes de la última novela miran hacia el este y concretamente: ¡Bélgica!

Vía este país hubo por lo menos tres intentos posteriores a Morazán, todos frustrados, para un canal en Centroamérica:[23] el nuevo estado belga resultó sumamente dinámico hasta la Primera Guerra Mundial.[24] Pasa que, siempre dentro de lo verosímil artístico, conviene subrayar que se recoge y hasta aviva una visión estereotipada de este país, la cual, a su vez se apoya en cierta realidad. Me explico: desde las últimas décadas del siglo XIX hasta la Segunda Guerra Mundial, tremenda es la cantidad de estudiosos

---

22. Reza así la letra de una estrofa, traducida para la ocasión: «Con sus catedrales como únicas montañas/ y negros campanarios como mástiles/ donde diablos en piedra arrancan nubes/ con el hilo de los días como único viaje/ y caminos de lluvia como único buenas noches/ con el viento del oeste escuche cómo se empeña en querer ser/ el llano país que es el mío».

23. Refiero nuevamente al libro de Naylor: 1) en p. 67 y otras alude a la colonización belga en Santo Tomás de Castilla, Guatemala, trampolín para un canal; 2) en p. 88 señala un tratado de 1844, entre Bélgica y Nicaragua, para un canal. Entiendo que estaban fondos comprometidos de la Société Générale de Bruselas, por cierto un banco creado por el rey holandés; 3) p. 89: Napoleón III de Francia intentó finalmente lo mismo vía su proyecto imperial, con Maximiliano de Austria y Carlota de Bélgica.

24. Ver entre otros: *Cent ans de démocratie bourgeoise,* estudio con abundante documentación en cifras, de mano de Lode Craeybekx. Para los efectos del presente estudio, consta el dato que al principio, la unidad monetaria en Bélgica eran los florines (18–19), como ahora todavía en los Países Bajos y que son los ingleses, en la línea del divide et impera, los que estimularon la ruptura del Reino Unido de los Países Bajos (74–75)

latinoamericanos que acude a universidades europeas. Es lo que pasa, a todas luces con Ramón Soto, Canciller hondureño evocado en *Madrugada*. Escoto lo describe así: «conservador de arrugada estirpe y estirada educación europea, [...] abogado [...] luciendo el más acabado diseño de la moda sobre el anticuado deslumbre de sus zapatillas protocolarias de charol [...]. Debía reconocérsele el registro enciclopédico de su dominio en el área diplomática, la disciplina de poseso que lo infestaba, [...] su voluminosa voluntad de estudio» (158-159).

Aun sin explicitar el autor dónde supuestamente aprendió su oficio este personaje, el lector familiarizado con el mundo educativo y cultural de hace un siglo, o casi, siente que ese modelo escrito obedece al perfil de educación rigurosa, sí, pero memorística, amplia sí, pero poco evolutiva, como se daba en las viejas metrópolis europeas. No interesa si esta descripción obedece a una figura real. Se visualiza como prototipo de un individuo eficiente, pero enajenado, producto de una educación alienante. Uno siente que el narrador, detrás del cual apenas se disfraza el mismo Escoto, se refiere a ese tipo de educación universitaria con cierta ironía si no desprecio.

Todo lo contrario se respira al palpar la nueva enseñanza superior que se perfila, sobre todo a partir de conversaciones entre Jones y Miqui, dos personajes principales, siempre de *Madrugada*. El primero es norteamericano, pero prueba ser capaz de pensar en forma independiente, hasta en contra de su propio gobierno; el segundo es salvadoreño, en la línea, adivinamos, de Monseñor Romero (que no se menciona). Felizmente para ciertos centros de educación superior en Europa, en particular después de los eventos «revolucionarios» de mayo 1968, cambió el paradigma. Se trataba de formar alumnos pensantes por sí mismos, siempre con gran cantidad de materiales de estudio, con mucha importancia de la memoria, pero también con la garantía de que fuesen capaces después de reinterpretar lo aprendido en aplicación a la realidad de su nuevo entorno. A no dudarlo, para la defensa de la identidad profunda, nacional e individual, como la que se destila en la novela, es el modelo anhelado.Un tanto a contrapelo de lo que se vería como normal aquí, no partiré de la literatura sino de la historia. En otras investigaciones mías he podido confrontar grupos de estudiosos costarricenses en Europa, para llegar al mismo contraste de dos grupos. En efecto, he detectado en los hechos, por un lado, la existencia de una verdadera generación que obtuvo sus títulos, sobre todo de medicina, en Bruselas en los años veinte del siglo pasado,[25] y por otro lado, también he demostrado la existencia, medio siglo más tarde, de otra generación sobre todo de doctores en filosofía de la Universidad de Lovaina[26] de esa misma nacionalidad. Para las dos remesas hubo grandes exigencias de estudio, saliendo todos buenos profesionales quienes aguantaron hasta la meta del título, pero el primer equipo obedece más a un esquema europeizado, mientras los del otro, por su desempeño, se mostraron claramente latinoamericanistas. Con lo cual la realidad confirma lo desplegado en la novela: el modelo de la torre de marfil versus el de estudio como medio para el compromiso.

Frente a la educación «de pulcros modales y afectada resolución» (158) con la que Escoto caracteriza al Ministro de Relaciones Exteriores de su tierra, con desdeño, ningún lector negará que, siempre en la misma *Madrugada*, el narrador estila simpatía por una buena moza que estudió también en Europa. Sheela es un personaje mucho más importante que ese leguleyo acucioso. Es clave la narración y buen ejemplo respecto de la nueva educación universitaria que se requiere. Ella aflora en el ambiente desde el final del capítulo 10, pero como cruel Simenon que resulta Escoto (buenos escritores en lo detectivesco los dos) demora su identificación a lo largo de seis capítulos. Para llegar al conocimiento de que ella estudió y trabajó en la Universidad de Lovaina (247), Jones y el lector fueron informados gota a gota (que sabe francés, que estudió marxismo, que entiende de *Weltanschauung*: 220, 224, 229).

En acertado *suspense* policiaco en la novela asistimos a un montaje arquetípico de la idea de universidad progresista dentro de un país, Bélgica, que se presenta con la misma imagen falaz. Se observa una cadena de simplificaciones en torno a «Lovaina» como de izquierda (223, 243), en estrecha asociación además con revolucionarios latinoamericanos (243,

---

25. Ver mi trabajo: «Una generación única de profesionales ticos, formados en Bélgica». A estas promociones pertenecen también cantidad de profesionales de otras nacionalidades. En el caso de los colombianos eso explica la repercusión de esta realidad en la novelística de García Márquez y Álvaro Mutis, como he demostrado en otras investigaciones.

26. Refiero a mi estudio: «"La Maison Saint Jean" y otra generación de estudiosos costarricenses en Bélgica». El escritor nicaragüense Ricardo Pasos pertenece a este mismo grupo. También su novelística se ve fuertemente condicionado por «lo belga», pero por otras razones, que ponderé en el trabajo «Lectura "flamenca" de *El Burdel de las Pedrarias*».

344, 396, 401). Es un estereotipo, pero que como tal, siempre parte de la realidad. Por otro lado, justamente tampoco se podrá negar que esa «idea de Bélgica» y concretamente de su universidad más vieja obedece también a lo histórico: en esos históricos años sesenta, allí estudiaron el Camilo Torres y el Gustavo Gutiérrez aludidos en la novela (101). Y esa guerrilla de Dios (111) a la que refiere Miqui pareciera contar con la simpatía del narrador.

Para terminar, dos puntos, de otros extraños cruces entre la realidad y la ficción: Resulta primero que este «país bajo que es mío» según canta Brel, lo es también para el suscrito; segundo, entre las brumas del tiempo, vivencia azarosa en Centroamérica en época de lluvias, consta que el escritor Escoto fue mi alumno,[27] formado yo en esa Lovaina en esos precisos años agitados y no niego gran simpatía y hasta afinidad intelectual por el personaje del colega Jones... Todo, no sé si por destino manifiesto o de circunstancia enteramente fortuita. Feliz coincidencia.

### 6. Cosmopolitismo en acción

He estimado necesario ahondar, no en chauvinismo trasnochado, sino en esos «colorcitos» de connotaciones, sobre todo respecto del campo semántico «Países Bajos», cosa de evitar lo que el agudo Escoto identifica como un conciliábulo sin palabras (452). Confío que con base en esta novela total, resulta y resultará un conversar profundo, escritor-lector. Hay que ponerle ganas, evitando los escollos que los mismos términos, en su evolución, a veces esconden. Es una dificultad salvable. Ahora contemplamos todo el tremendo edificio verbal que se construyó: también Seymour Menton aplaudió *Madrugada*.

A partir de dos novelas muy diferentes, más allá de cantidad industrial de eventos por lo general muy bien narrados, Escoto siembra magistralmente inquietudes superiores, de tipo profundamente humanista y universal, con base en el mestizaje regenerador, la tolerancia de credos y costumbres y la paz construida entre todos. No tiene relevancia si Julio Escoto conoce personalmente Bélgica, si le gusta y si tiene planes por allá. Interesa su

---

[27]. Para obtener la Maestría en Letras, por la Universidad de Costa Rica, allá por los años ochenta. Ver su tesis, «Modelos operacionales y semiótica de la ideología».

línea de novelística histórica, conectando lo centroamericano con Europa, por lo que el pasado, aun muchas veces doloroso e injusto pueda tener de lecciones para el futuro. Respecto de Bélgica, ojalá retome y amplíe la presencia imaginaria, artística, del país, que como vimos, en lo decimonónico correspondía a una potencialidad que no se mantuvo. Sobre todo con el advenimiento de la (relativa) paz en Centroamérica a raíz de los Acuerdos de Esquipulas y con la reorientación geopolítica europea hacia su propio *Hinterland* al este, después de la caída del Muro de Berlín, son prácticamente inexistentes ya los lazos históricos entre la región ístmica y este pequeño pero dinámico país del norte europeo.

Confío en el valor del arte, aquí de la novela, en su función cognoscitiva y crítica, complementaria, no sustitutiva de la tarea del historiador. A pesar de que las dos novelas, en el fondo implican fracasos de los respectivos personajes, el lector no puede quedar indiferente, en ninguno de los dos casos. Confío en que la espiral un tanto pesimista con la que Escoto interpreta el devenir del hombre, más allá de errores y tanteos por lo menos logre avanzar: ¿no distinguía Carpentier en el sentido que «el hombre no avanza, pero la humanidad sí»? ¿*Wishful thinking*, profesor Jones-Escoto? No creo. Luchemos, el artista por su lado, el crítico por otro y los lectores conscientes por todos lados para que se haga realidad ese pensamiento barroco: «sueños hay que verdad son». Adelante, Julio, (y no me refiero a las vías propuestas ni por Julio Iglesias ni por Julio César), sino a este demasiado reservado hondureño que construye por el camino, todavía no empedrado, del arte. Como su personaje perseverante, afirmemos: «Construya sus sueños... métase en ellos, despelléjese haciéndolos verdad, si no ¿de qué sirve todo?» (393).

## Bibliografía

Craeybekx, Lode. *Cent ans de démocratie bourgeoise*. Bruselas: Ed. L'Églantine, 1931.

Durán, Juan. *Bartolomé de las Casas ante la conquista de América*. Heredia: Editorial de la Universidad Nacional, 1992.

Escoto, Julio. *El General Morazán marcha a batallar desde la muerte*. San Pedro Sula: Centro Editorial, 1992.

Escoto. «Modelos operacionales y semiótica de la ideología», tesis inédita para la Maestría en Letras, Universidad de Costa Rica, 1984. Cito este trabajo porque en cierto sentido a partir de este estudio teórico, Escoto sigue luchando, ahora por la vía literaria, contra tantas imposiciones ideológicas.

Escoto. *Rey del albor. Madrugada*. San Pedro Sula: Centro Editorial, 1993.

Incer Barquero, Jaime, comp. *Descubrimiento, conquista y exploración de Nicaragua*. Colección Cultural de Centro-América. Managua: Fundación Vida, 2002.

Kossmann, J. A. *De Lage Landen, Geschiedenis van de Noordelijke en Zuidelijke Nederlanden (Historia de los Países Bajos del Norte y del Sur)*. Ed. Ons Erfdeel. Bélgica: Rekkem, 1988.

Leiva Vivas, Rafael. *Francisco Morazán y sus relaciones con Francia*. Tegucigalpa: Editorial UNAH, 1988.

Leiva Vivas. «Las relaciones diplomáticas en la obra de Francisco Morazán». *Paraninfo*, revista del Instituto de Ciencias del Hombre Rafael Heliodoro del Valle, Tegucigalpa, pp. 145–155. Recogido en su libro, *Francisco Morazán y sus relaciones con Francia*.

Naylor, Robert A. *Influencia británica en el comercio centroamericano durante las primeras décadas de la Independencia (1821-1851)*. Antigua, Guatemala: Plumsock Mesoamerican Studies y Centro de Investigaciones Regionales de Mesoamérica, 1988.

Obregón, Clotilde. *Costa Rica. Relaciones exteriores de una república en formación 1847-1849*. San José: Editorial Costa Rica, 1988.

Sáenz Carbonell, Jorge. «Las relaciones entre los Países Bajos y Costa Rica».

En: *Costa Rica – los Países Bajos, 150 años de relaciones diplomáticas*, pp. 4-27. San José: Embajada de los Países Bajos y el Instituto del Servicio Exterior Manuel María Peralta, 2002.

Valembois, Víctor. «Ensalada flamenca para todos los gustos». Ensayo sobre la palabra "flamenco". Inédito.

Valembois. «"Idea de Europa" desde el trópico centroamericano». En: *Puentes trasatlánticos, base literaria para un diálogo euro-centroamericano*, editado por Valembois, pp. 75-92. San José: Editorial de la Universidad de Costa Rica, 2009. También en este tomo.

Valembois. «La incidencia idiomática de diversas globalizaciones». *Estudios Filológicos*, Universidad Austral, Valdivia, Chile, núm. 37, 2002, pp. 151-167.

Valembois. «Lectura "flamenca" de *El Burdel de las Pedrarias*». *Romaneske* (revista de la Universidad de Lovaina), año 26, no. 1, 2001, pp. 58-65.

Valembois. «"La Maison Saint Jean" y otra generación de estudiosos costarricenses en Bélgica». *Revista de Filosofía*, UCR, vol. 60, núm. 103, julio-diciembre 2003, pp. 147-155.

Valembois. «El neerlandés, la lengua de más de veinte millones de europeos. Ejercicio intelectual en tres partes: 1) Precisiones terminológicas para uso "circuncaribe"; 2) Puentes curiosos con el español y el área "circuncaribe"; 3) Pasado, presente y futuro en contexto global». Inédito.

Valembois. «Quién es quién entre flamencos en el área "circuncaribe" colonial». Ponencia para un congreso de historia en Honduras, 2004. Inédito.

Valembois. «*Réquiem por Castilla del Oro*: cobija política nicaragüense con ribetes trasatlánticos y flecos hasta nuestros días». Inédito.

Valembois. «Una generación única de profesionales ticos, formados en Bélgica». *Herencia*, vols. 7-8, núms. 1-2, 1995-96, pp. 15-26.

Valembois. «Unamuno y Bélgica (a partir del *Repertorio Americano*)». En: *Actas del simposio hacia la comprensión del 98*, editado por Jorge Chen Sham, pp. 163-178. San José: Editorial Universidad de Costa Rica, 2001.

«Un acercamiento a distintos trabajos de Julio Escoto»

Helen Umaña

## 1. *Historias de Los Operantes* (2000)

Desde su primera obra (1967), Julio Escoto ha hecho del humorismo un elemento constante de su narrativa como mecanismo para atemperar o equilibrar momentos de tensión dramática. Su aplicación era, pues, complementaria. Pero en 2000 el autor realizó un importante cambio. El humorismo —el tratamiento desmesurado o hiperbólico de situaciones cotidianas para provocar una sonrisa de complacencia y también de humana comprensión— pasó a primer plano en *Historias de Los Operantes* (2000), obra que contiene quince deliciosos relatos sobre Los Operantes, sui géneris habitantes de La Mosquitia cuya vida y costumbres se van desdoblando en historias completas en sí mismas, pero que, en conjunto, conforman un espacio único en donde prima la libertad: un mundo sin cadenas ni sanciones regido por costumbres y tradiciones milenarias que no entran en contradicción con la naturaleza humana y cuyo resguardo corresponde a las mujeres.

Sus costumbres íntimas son totalmente libérrimas. Sin asomo de violencia, los varones pueden poseer a cualquier mujer de la tribu y el gozo se comparte. Siendo niños «se les traba un sartal de sonajas en el miembro para hacer que el peso apresure la prolongación de las nervaduras, solidifique el músculo y denuncie el paso del hombre». Al crecer, sonajas de cristal sustituyen a las de cobre y deberá tintinearlas sin quebrarlas en una carrera por montes y valles; con ello acreditará «el dominio total de la fuerza y el equilibrio de los movimientos». Es apto, pues, para el ejercicio sexual. También se asegura «la increíble utilización de una avispa ahorcadora que se monta sobre el espolón del hombre para hincharlo y engrandecerlo a la hora del ajuste» (49). Las jóvenes «son educadas en una gimnasia corporal» intensa; «por dos años deberán ejercitarse en las contracciones melódicas de su vientre».

A las mujeres, los epítetos metafóricos que otros les aplican proclaman su pericia, evidentemente, en el ejercicio sexual. Una es «entraña donde el viento no reposa»; otra, «almena de los tormentos» o «refugio del vértigo».

Los de los varones son igualmente sugestivos: «sentón de rayo», «torrente precipitoso», «mazo de lava». Escoto elude la descripción agresiva y juega con el lector para que descifre su significado con pícaro ingenio de refinado corte. También se subraya la explosividad hormonal de la juventud con la repetición de ciertas expresiones: «entre las vegas de maizales floridos, [...] las jóvenes de la pubertad ansiosa dispensaban sus bienes naturales» (24); «dos amantes de la pubertad ansiosa regalaban su lengua en la miel de sus cuerpos» (53), etc. Su filosofía amatoria se concentra en la frase: «El verdadero amor es móvil» (17, 20): se transforma; se acrecienta. No se detiene. Va en búsqueda constante del placer.

En un ámbito en donde lo sexual es tan natural como respirar, una voz discordante que traduce los prejuicios contra lo sexual es la del Abate Jesús de la Espada, quien predica el «¡No fornicar!». Lógico: su palabra no convence a las jóvenes cuya réplica es contundente: «lo que dios ha dado no es para andar desperdiciándolo». Los Operantes bromean con «júbilo y alborozo» ante cada explicación del austero religioso. Cuando plantea la idea de la omnipresencia divina, objetan: «Si [Dios] está aquí pero de veras no está, y si anda por allá pero a lo mejor está acá». Sobre la Santísima Trinidad, la burla es cáustica: «"Dos hombres y una paloma [...] ¿qué se hacen cuando sólo uno quiere volar?"». El Abate, al advertir su fracaso, monta en cólera lanzando anatemas contra los incrédulos: «"¡Irredentos! ¡Sacrílegos catrachos lombricientos! [...] ¡Antípodas satánicos!, ¡caribes demónicos!, ¡luzbélicos necrófagos centroamericanos! [...] ¡diarréicos...!"; "¡Os he expulsado del imperio del Señor!"», dice. «"Somos ajenos a todo imperialismo"» responde el más joven de los viejos «"porque es indigno a la razón"». «"Y también el padrecito es muy esdrujulario" —intervino un niño», bastante perspicaz con relación al idioma (23–26).

Julio Escoto no gasta palabra en vano. En el ensayo *El ojo santo. La ideología en las religiones y la televisión* (1990), con datos y argumentos, puso en entredicho las falacias y manejos que las grandes religiones han institucionalizado como una forma de control sobre la población. Trasfondo teórico que explica la perspectiva asumida en *Historias de Los Operantes*. Evidente, la presencia de ideas que ha sustentado en casi toda su obra: cuestionamiento a las imposiciones arbitrarias y antinaturales que imponen las religiones; el rechazo a cualquier imperialismo, autoritarismo e irracionalidad. Sin faltar —en este caso adecuándose al requerimiento humorístico— el llamar la atención sobre aspectos lingüísticos.

Los Operantes no son incrédulos, pero su dios carece de los atributos que suelen darse a la divinidad: «Su dios de la cosecha es un pájaro estúpido, carnoso y arbitrario, que nació con la particularidad de no poder transformarse en caballo [...]. Para hacer que la bendición de su huella permanezca por siempre en los sembradíos, lo quiebran de una pedrada en la nuca y lo desmantelan sobre el maíz» (13). La sangre del «pájaro santo» asegura, pues, la cosecha del mítico, indispensable y popolvuhiano maíz. Importante: se puntualiza que su único dios es un abrazo solidario representado en dicho pájaro.[1]

En «La mancha negra», a la región llega el señor Otto Berbote, germano bienintencionado, aunque un tanto presuntuoso frente a la supuesta ignorancia de los nativos. El «chane» de Berbote es un árabe que introduce sus dedos en cuanto agujero encuentra.[2] Gracias a ello se descubre la existencia de petróleo, lo cual suscita una discusión con el Abate Jesús de la Espada, quien, aparentando desinterés, alude a los edificios, carreteras, iglesias, etc. que se podrían construir con esa riqueza. Berbote intuye que la ambición dicta sus palabras. Para Los Operantes el petróleo debería ser bendición, no fuente de sufrimiento: «Lo que la tierra da que sea para el que la posea», dice uno de ellos. Berbote reconoce poseer «"la soberbia del conocimiento"» y admite que Los Operantes tienen razón en el cuido de sus bienes: «"He arribado aquí prometiéndome extraeros de la ignorancia y habéis revelado la mía. Sólo el hombre que sabe la conveniencia de su pueblo es sabio, no el que acumula tesoros... Hacéis bien, y guardad vuestros oros y riquezas sin envilecerlos hasta que estéis preparados para disfrutarlos sin sujeción..."» (45).

En «Los contras y Los Operantes», al más viejo de los viejos lo encuentran los contras y, después de torturarlo, le preguntan cómo llegar a Tegucigalpa. Al proporcionar el dato correcto, los invasores no le creen y toman

---

1. Lo insólito de las características de tal divinidad implica que cualquier pueblo está en su derecho a erigir al dios que quieran o necesitan. Puede ser que al escogerlo, el autor haya tenido presente la representación católica del Espíritu Santo.

2. Berbote y el Abate discuten sobre la divinidad. El primero dice: «"El hombre, Abate, [...] tiene derecho a las creencias de su particular individualidad, siempre que no dañe el cuerpo social a que pertenece. Los hombres creen en Dios no porque exista sino porque lo necesitan para llenar su vacío de solidaridad... Ante el infinito de la eternidad algunos encuentran a sus semejantes a través de la idea de dios"». El chane agrega: «"Este pobre diablo... Dejadlo imaginar que le aguarda una recompensa en el trasfondo de la muerte, que por esa esperanza encontrará la verdad de que sólo siendo muchos será uno..."» (41–42). Los planteamientos de El ojo santo... se perciben con nitidez en dichos juicios.

el rumbo equivocado.[3] Un joven Operante murmura «"Sólo la verdad, sólo debe decirse la verdad…"». Con sabiduría, el anciano le recuerda que todo es relativo: «"no te olvides que también hay que prever de qué manera interpreta cada uno la verdad"» (74). Con duros epítetos el anciano muestra su aversión a los contras: «sombras de la historia», «cosas, equivocaciones del destino, nota al pie de un libro olvidado que todavía falta por escribir» (70).

Escoto, tanto en sus ensayos como en su narrativa, ha sido alérgico a toda política imperial. Según apuntamos, ello se sugiere en la respuesta de un Operante cuando el Abate alude al imperio divino. Ese rechazo se explaya con una parafernalia mágica en «De la mitología de Los Operantes (El reinicio del mundo)» que describe la descomunal lucha ocurrida hace miles de años entre el Suquia (chamán, sacerdote) Tara y el Suquia Ronald (o Suquia Ron), quien resultó vencedor e inició «la era del imperio», etapa oscura y nefasta que culmina tres mil años después:

> Recurriendo a su más íntima maldad, el Suquia Ron tejió en las entretelas finas del aire la imagen de un hombre maduro, rubio y galán que hablaba con la sedosidad de la serpiente y que adormecía los latidos del corazón hasta hacerlo morir, provocando el sueño permanente. "Ronald, amo de la maldad" parlaba su lengua bífida […]. Plantó sobre el cielo una miríada de satélites de guerra, acorazados con espejos luminosos de láser, que comenzaron a calcinar los bosques y las sabanas, a desecar los ríos y evaporar los lagos, a derretir las retinas de los hombres […]. Sobre el mundo reinó el imperio de la soledad, […] la era del imperio: […] gobernó sobre la faz de la tierra el poder de las armas […]. Después de tres mil años, "el hombre recordó el dominio del fuego pero el imperio provocó entonces un monstruoso diluvio de cuatro siglos que ahogó todas las brasas, excepto las recientemente nacidas en el corazón". (29–30)

---

3. Uno de los contras, desorientado, dice: «"Si tan sólo tuviéramos aquí a nuestros asesores con sus mapas aéreos, o a la mujer más detestable del mundo, a la Juana Kirpatrick, para que con su presencia nos espantara lejos los colmillos metálicos de los coyotes…"» (73). Aunque el nombre de la mujer es castizo y al apellido le falta una letra, es previsible que el lector la asocie con la conocida embajadora norteamericana ante las Naciones Unidas durante el gobierno de Ronald Reagan. Un nombre utilizado, pues, con clara intención política…

Los Operantes reviven esos sentimientos —ese fuego casi apagado— pero el imperio nuevamente se defiende provocando «un inmenso apagón glacial» y ellos se refugian en las cavernas en donde se originó su filosofía:[4] «Desde entonces aprendieron a callar lo innombrable y a decir la verdad, a comulgar con las angustias de cada uno y a hacer que cada hombre fuera el respaldo del otro. Supieron germinar floridamente todos los retoños del amor y no tener más dios que el abrazo entre ellos mismos, simbolizado por un pájaro tonto, ingenuo y desgarbado como el alcaraván» (31-34).

Al imperio y a esa filosofía solidaria se vuelve en el último texto que se consigna en el índice: «El ángel que bajó ante Los Operantes». Cuando el mensajero divino aparece, le preguntan cuál es el pecado que no se perdona y él responde: «"La intolerancia […], la explotación de unos hombres por otros, los goces depravados de los imperialismos y la injusticia"» (78).

*Historias de Los Operantes* cuenta de dos escritores. En «Cuestiones íntimas de Los Operantes» se dice que el Abate Jesús de la Espada es un cronista autor de «cuadernos miniados» que guardan la memoria de sus costumbres (19). ¿El libro que tenemos en las manos, que habla justamente de esas costumbres, es copia de esos cuadernos? Asimismo, en «El libro de Los Operantes», se indica que el más viejo de Los Operantes le entregó al joven viejo un gran libro advirtiéndole que solo leería una página cada día. Al abrirlo, la única frase escrita es «Sé tú sin ilusiones pero también sin errores». Cada noche solo encuentra una página en blanco. Con los años decidió escribir y llenaba hoja tras hoja. Al principio señalaba defectos; después, escribió sus ilusiones (deseaba ser un gran personaje) y, finalmente se ocupó «con la descripción de las mariposas, la convergencia cíclica de un pensamiento amoroso o con la idea del rayo». Aspectos identificables o similares a los de otras historias. A punto de morir solo alcanzó a escribir «"Sé que las ilusiones son errores"» y, en el instante de su muerte, tuvo una revelación que ya no pudo escribir: «el libro era él».[5] ¿El libro que el lector tiene entre sus manos transcribió algo de ese escrito? La sombra de Don Miguel de Cervantes Saavedra y el ejercicio de la metaliteratura se perciben en los artificios expositivos utilizados por Escoto.

---

4. Evidente alusión a la caverna platónica desde la cual el ser humano puede vislumbrar el mundo de las ideas, aunque estas se proyecten como evasivas sombras. Sutil manera de validar la filosofía de Los Operantes insinuando un paralelismo con el pensamiento de Platón, punto de partida de la filosofía occidental.

5. ¿Se alude a la vida como un gran libro en el que cada día se escribe una nueva página?

Además, hay un tercer escritor al cual se refiere el cuento número 16 que, por cierto, no está en el índice. Simula ser un paratexto comentando *Historias de Los Operantes*. Lo escribió nada menos que Otto Verbote (sic). El acre comentario (con denuestos contra Escoto) se ubica en la segunda portada y, por ello, adquiere la categoría de signo proxémico de particular importancia. Verbote (personaje ficticio), con prepotencia, inclusive contradice al «verdadero autor».[6] Por esa razón anota un dato cierto sobre él (no conocer La Mosquitia). Con este mecanismo, Julio Escoto se introduce como un personaje más del libro que todavía estamos leyendo. La estimulante sombra de Cervantes de nuevo se proyecta en el texto. Copio íntegro tal cuento disfrazado de comentario en el que también hay un eco del estilo cervantino:[7]

"Libro más digesto de falsedades, inventos, marrullerías y mentiras, ingratamente detestable— jamás he visto otro que no sea este, escrito con prosa simplona, aparente y engañosa que con trapera inocencia lo conduce a uno haciéndolo devorarlo y desvelar".

"El autor —numen acalenturado, mercenario de la palabra, príncipe de la ficción— jamás puso un pie en La Mosquitia..." (...)[8]

"...nunca conoció a Los Operantes como yo..." (...)

"Don maléfico ha de tener este narrador (que afirma que la ciencia no salva) para haber aprendido a componer tan bien sus semejantes desbarates literarios..." (...)

"Miente, miente, miente: en Talgua es donde encontré a Los Operantes, y el Abate Jesús no era un milenarista sino un Dominico teósofo y solitario..." (...)

"Este legajo hiperbolario fue compuesto para seducirle el sueño a todos mis días y mis noches..."

---

6. Afirma que Los Operantes él los encontró en Talgua y en uno de los relatos se consigna que habitan Dulce Nombre de Culmí (9) y agrega datos del Abate.

7. Especialmente cuando ocurre el célebre escrutinio sobre las novelas de caballería.

8. Los paréntesis simulan haber sido realizados por el editor quien seleccionó los distintos fragmentos de un libro publicado en Alemania. Ello implica, inclusive, la presencia de un nuevo personaje: el editor supuesto que realizó esos cortes. Todo, parte de la atmósfera lúdica que se mantiene desde el principio hasta el final.

Otto Verbote.⁹
Die Liebe und das Fahrrad.¹⁰

Goettingen, 1999.

Aunque independientes, los diferentes textos establecen interrelaciones. Los enlaces pueden darse por la reiteración de ciertas expresiones que tienden hilos de cuento a cuento («el más joven de los viejos», «un medio viejo de los viejos»). En un cuento se dice que su dios es un «pájaro estúpido, carnoso y arbitrario» y en otros solo se habla del «pájaro santo». En un texto se cuenta que a los niños y jóvenes se les colocaba en el pene «un sartal de sonajas» y en otros únicamente se alude a un «rintintín de sonajas» y el lector supone a qué se refiere el gozoso sonido. Cada historia, ofrece, pues, una faceta del microuniverso de Los Operantes.

Un recurso básico para crear la atmósfera de juego es la construcción de frases de aparente enjundia pero que, generalmente, entrañan una simpleza, una cuestión obvia, o un evidente absurdo: «Jamás inventan algo que no sea la verdad, pero si bien todo lo que dicen es cierto, es más cierto lo que no dicen. [...] Los Operantes pueden reducir el ritmo de su respiración

---

9. En «La mancha negra», el nombre del germano está con "b". Un error achacable a la impericia del narrador supuesto, tal vez un Operante. En el paratexto, aparece con uve: en la supuesta edición alemana ello se corrige, razón por la cual aparece en forma correcta.

10. «El amor y la bicicleta», nombre de la supuesta editorial que publicó el libro de Otto Verbote. Este apellido se deriva de «verboten» que significa «prohibido». Ambos aspectos se interrelacionan. La frase primera conlleva un doble sentido de tipo sexual, generalmente atribuido a las mujeres a quienes —se supone— ese deporte, por el roce físico, origina auténticos orgasmos que, tratándose de mujeres, todavía se cuestionan (recuérdese la terrible práctica de la infibulación en algunas culturas). Esto, desde el punto de vista del idioma alemán. Si lo miramos desde el punto de vista del español, en el nombre del alemán —por la repetición de un fonema (el de la t)— el nombre completo constituye un caso de aliteración que proporciona un sentido de fortaleza o poderío, estereotipo muy ligado a la «raza» germana. Además, «Verbote» combina la idea del verbo (la palabra) y de un sufijo aumentativo: un apellido que le calza muy bien al descomunal y engreído alemán, muy dado a la verborrea como se ve en los fragmentos de su libro. Detalles en apariencia nimios, pero que no lo son. En arte y literatura cualquier elemento, por pequeño que sea, adquiere la categoría de signo. Así, la situación humorística se potencia mediante los juegos con la palabra, esencia misma del ejercicio literario. Julio Escoto sostuvo, hasta el final, la atmósfera lúdica que hace de *Historias de Los Operantes* un libro de deliciosa lectura y, como señala Sara Rolla, presagia *El Génesis en Santa Cariba*.

cuando sueñan, y su vulgaridad es tal que se emborrachan cuando beben» (14). «Según ellos las buganvilias son detestables porque poseen un color determinado, pero también pregonan la existencia inaudita de una planta parásita que tiene la virtud de adormecerse bajo el agua» (13) y otras por el estilo.

Los Operantes son personajes que destilan satisfacción y gozo de vivir. Toman la vida despojados de prejuicios y se guían por una sana consciencia producto de la reflexión y la sabiduría acumulada. Los «viejos» no son improductivos. Señalan caminos con ecuanimidad y respeto. La solidaridad es el sentimiento que privilegian. No conocen la explotación de unos sobre otros. Valoran a las mujeres de la tribu. No aceptan imposiciones de culturas extranjeras, defienden las riquezas de su tierra como propiedad colectiva.

Aunque teñidas de un humorismo desenfado, en el trasfondo de las diferentes historias, el autor no varía en cuanto a la perspectiva ideológica que ha mantenido a lo largo de su extensa carrera literaria. La actitud política se muestra en forma transparente y responde a una determinación ética anclada en valores de equidad, justicia y respeto a los derechos inherentes a la persona humana. Esto, sin perder de vista los intereses colectivos. Aspectos formulados en la voz de sus personajes y en historias inteligentemente concebidas y expresadas con la soltura de un auténtico maestro de la lengua.[11]

## 2. La faceta lírica en el trabajo de Julio Escoto: *Del tiempo y el trópico* (2002)

En *Del tiempo y el trópico* (2002), además de Julio Escoto, autor de la sección escrita, participaron Guillermo Ánderson y el fotógrafo europeo Hannes Wallrafen. El primero con la inclusión de la letra de algunas de sus canciones y un CD en donde las interpreta.[12] El segundo como autor de coloridas y dicentes imágenes de la costa caribeña de Honduras con la cual, en mayor o menor medida, se relacionan los escritos de Escoto, quien, sin abandonar lo informativo y descriptivo, formula un mensaje que permite percibir su entrañable afecto por esa región.

---

11. Es importante señalar que el libro ostenta magníficas ilustraciones que interpretan, según la sensibilidad artística del maestro Allan Caicedo, aspectos sugeridos por el libro.

12. Hannes Wallrafen, Julio Escoto y Guillermo Ánderson. *Del tiempo y el trópico*.

Los breves textos revelan, así, una «actitud lírica», tal como George Steiner —cuestionando la tajante división en la tradicional teoría de los géneros literarios— denomina la propensión hacia la expresión del yo. Necesidad vital que, en diferente proporción, se hace sentir en los llamados géneros épico y dramático y también enriquece al ensayo, aspecto que Julio Escoto casi nunca evade en sus textos, lo cual les da una calidad humana vivificante.

Veamos una muestra en «Ah, el mar» que, por la inclusión de una interjección encabezando el título, desde el principio, revela una perspectiva personal. Y, en el lector, el breve título puede desencadenar una reacción inmediata que lo hará evocar vivencias en donde el mar fue detonante protagónico: testigo de un momento mágico que se añora; sensación de perplejidad y asombro por la polimorfa vastedad que dio origen al primer brote de la vida. Efecto sedante cuando se ve en calma, aún sabiendo de sus insondables abismos. Metáfora de lo inalcanzable que se anhela. Símbolo del absoluto que todo lo abarca:

> El mar es espera infinita, cartero que naufragó o vendrá, otra esquina del horizonte, la acera de enfrente, bazar de griegos y árabes con alfombras verdes y milagros. Para conocer el mundo basta observar el mar: respira hondo, se nubla de algodones tormentosos como a veces pasa con el corazón, tiene calmas intensas después que llueve, está lleno de deseos y su cadera no cesa de bailar. El mar es anuncio de confidencias perpetuas, le hablamos sin hablar, responde sin contestar, su savia náutica envuelve nuestro cuerpo en velos de espuma, despierta sensaciones propias para la mesa y la cama, los de tierra adentro lo califican de masculino, los costeños la sabemos una dama difícil de conquistar. La mar, la mar. (38)[13]

No es casual que el segundo texto del libro —por aquello de que las montoneras o guerras civiles se alimentaron con aguerrida gente del occidente y del norte del país— sea un sentido retrato —como emoción contenida— que transparenta valoración, respeto y, sobre todo, amor a su padre, don Pedro Escoto López, quien, al final de su vida, castigado por inesperados silencios y preguntas sin respuesta, se olvidó del mar, simbólica manera de

---

13. Reduplicación de un término que implica cierta nostalgia, como sensación que queda vibrando en el ambiente para provocar similar sentimiento en el lector. La mar: sustantivo femenino. Tal vez sea válido preguntarse por qué muchas mujeres, quizá como proyección anímica, preferimos pensarlo como 'el mar'.

aludir al desmoronamiento de los sueños y esperanzas que los avatares de la vida le fueron provocando:

> A inicios del siglo XX mi padre fue el telegrafista más veloz de Santa Bárbara, allá en las montañas de Occidente. Hijo de mestizo y madre Lenca —una etnia indígena— medía un metro ochenta y cinco y era de constitución sólida, pero también celoso y marrullero [...]. En camino a la ciudad lo reclutó otra revolución y con ella entró triunfante a la capital [...]. Fue cuando usó zapatos por primera vez. Pero insatisfecho con alguna pregunta del alma, que no hallaba lo que buscaba, lo dejó todo y regresó a la costa. En el tránsito se hizo comerciante, hábil tirador, as de billar, activista político, oficinista, director de una prisión, empleado de gobierno, importador, periodista y coleccionador de estampillas, novelas románticas, sombreros y monedas.
>
> Luego apostó toda su fortuna a un candidato presidencial y la perdió. Con los años, la soledad y la desilusión, se olvidó del mar. (22)

En «Locura de cuaresma», Escoto entrega una imagen de amplitud significativa al evocar la gama de pasiones que estalla en la fiesta popular: «Ah, la catedral sensual del carnaval, la carne temblando de locura, las sangres haciéndose calientes y rítmicas —diapasón, trompeta, güiro y tambor—, humanas flores que danzan invocando a la diosa de la reproducción [...]. Los carnavales fueron, son, molienda lúbrica, gran olla de cocción, carnet comunal, es decir maquillaje o máscara, antifaz de la infelicidad» (33-34).

«El futuro del pasado» visualiza el olvido —la verdadera muerte— que generalmente alcanza a los inmediatos ancestros. Los que, desafiando contratiempos, la hicieron de padres y madres de los hijos de sus hijos. Contadores de historias que alimentaron la imaginación y abrieron ventanas hacia los distintos rumbos del universo. Sabiduría acumulada que develó secretos y enigmas. Generación tras generación, sembradores de las semillas de las que nacerán —en los infantes a su cargo— los hombres y mujeres del futuro. En un mundo que, por consignas económicas, infravalora a los ancianos, el emotivo recordatorio del autor se torna necesario:

> No hay historia personal sin abuelas y abuelos [...]. Por ellos descubrimos nuestras raíces, empolvadas bajo un manto de historia que

seguimos abonando con nuestra vida. Saben de luceros y cometas, de caballeros y villanos, su cerebro es el único que entiende cuán breve es un siglo [...]. Por los abuelos sabemos de misterios permanentes como raza, patria y nación entre los que son como puentes que se tienden para juntarlos y evitar que los perdamos [...]. Un día los abuelos abandonan discretamente el espacio de la memoria, dicen adiós sus manos juntas, sus lentes opacos, sus canas lucientes, el silbo de su voz que no volverá, pequeño y suave, y se van tibios y dulces como humo de café, como una manzana que ya no está, cual brisa en la mar. Los abuelos son el futuro del pasado, dignos y solemnes en su imperfección. (72, 75)

La fuerza fecundante del amor y su capacidad de generar acciones de toda índole que inciden en el ascenso hacia estados de mayor bienestar ha sido tema constante en Escoto, quien no tiene libro en donde no explaye innúmeras reflexiones que, en conjunto, constituyen una enriquecedora perspectiva de conceptualizar las distintas aristas del sentimiento amoroso. Asimismo, como la mítica (o el estereotipo) popular le asigna al trópico un lugar de privilegio, propicio siempre al desborde afectivo, Escoto se adscribe a esta idea, tal como lo pregona «La casa del amor»:

En el trópico el amor habita en todas las casas. Es el amor caliente de las razas mezcladas a través de largos mestizajes de siglos, y que se refleja en la picardía de una mirada o en un gesto otoñal [...]. En esta democracia del amor tropical todos tenemos derecho al amor, pero es el amor quien nos elige y nos hace sus reyes o esclavos. El trópico —sus selvas, sus lagos, sus bosques, sus aves y sus peces— invitan siempre a visitar la casa del amor, aunque a veces extraviamos la dirección. (104)

Las facetas del Caribe son múltiples y el libro aborda un buen número. La práctica adaptación de términos en inglés que se transformaron en vocablos españolizados (machangai, machingas, daime, yarderos, etc.). La referencia a La Mosquitia con los sambo-misquitos y sus avatares silenciados e ignorados por el resto de la población y en donde «No hay nombres que recordar [...] historia de pasiones desatadas [...] aún por escribirse» (43). Sin ningún adjetivo o verbo, la acumulación de nombres de frutas para decir de su variada abundancia. Un homenaje a la imponente ceiba, «el árbol del más allá» que, a la vez, es amorosa referencia a la sabiduría maya. La «compañía», palabra repetida 18 veces en 37 líneas, para subrayar, desde el plano formal, su omnipresencia y omnipotencia. El Caribe como exuberante escenario propicio a la «ambición de imperios» (80). Sin olvidar que, en esa región, pese a la infame depredación perpetrada por tentáculos siniestros, hay «Música en el aire», «llueve música» ya que «África llama desde la otra cara del espejo del mar» (63).[14]

En conjunto, una zona de Honduras que Julio Escoto visualizó a través de una mirada afectiva y abarcadora: de un paisaje humano pleno de vitalidad, a una naturaleza de verdor perenne y árboles de deslumbrante florescencia. Energía creadora avanzando desde las chozas de manaca, a las viejas construcciones de madera, hasta llegar al frío e impersonal cemento. Del troco y la carreta arrastrada por semovientes, a los avances de la tecnología moderna. Pero también mirada crítica e indignada que no pasa de largo frente a la llaga que, como herida enconada, nunca deja de supurar sustancias malolientes. «La Patria» comporta una visión cargada con el duro fardo de una historia en donde se obliteró el mandato ético y se dio paso libre a la corrupción y a la injusticia. Mirada escudriñadora que no puede pasar por alto que las raíces del cáncer social siguen intactas. Por no decir, acrecidas:

> A veces pasan los años, y las décadas, y los siglos, y nada o poco cambia en la humedad continua de estos países del trópico, sobre todo en la condición de sus gentes. Sentimos entonces que la existencia es un manto de arena impreso en nuestras huellas, sobre el que unos pocos hombres se reparten a despojos la patria.
>
> Juegan ellos y apuestan al azar nuestras vidas, transan nuestras riquezas, venden los bosques e hipotecan las aguas, obedecen a voces distantes y ajenas, enarbolan banderas de colores airados, nos adormecen con promesas de géiseres suaves. Es un insolente sopor. Pero también comenzamos a comprender que si nos juntamos en puño o gavilla, y si les arrancamos las fichas y las monedas de las manos, la patria se puede salvar. (30)

Por su gran afición a la historia, confesada en frecuentes entrevistas, el bagaje de información que Julio Escoto atesora es formidable. Pocas per-

---

14. Es tan fuerte esta idea que Escoto le ha consagrado extensa novela: *El Génesis en Santa Cariba* (2007).

sonas no profesionales de esa disciplina tienen una conciencia tan clara de una realidad social degradada cuyos responsables han sido aquellos que han ocupado puestos de decisión en el engranaje gubernamental, situación que a través de diversos mecanismos, se tergiversa o esconde. Pese a saberlo (o justamente por ello), en cada escrito calzado con su firma, cuando el tema lo amerita, nunca ha dejado de lado el señalamiento de las acciones deleznables que, en cadena, han ocurrido a lo largo del proceso histórico del país, incluida la época actual. Certezas infames y dolorosas que no han erosionado su fe en el ser humano, siempre capaz de salvar escollos. Esta perspectiva al observar y reflexionar sobre la realidad permite que en sus textos narrativos se deslice con frecuencia ese matiz subjetivo que empapa de cierto lirismo el tema trabajado. Buen ejemplo es *Del tiempo y el trópico*, libro que revela su entusiasmo, su afecto por la zona norteña del país.

### 3. *Downtown Paraíso* (2018): ¿ironía o presagio del futuro?

La novela *Rey del albor. Madrugada* (1993) permitió que se refrescara, se conociese y se reflexionara sobre momentos cruciales de la historia hondureña. Sus páginas cubren desde los lejanos días de la conquista hasta las últimas décadas del siglo XX cuando, vía armada, se pretendió impulsar una revolución que lograse instalar cambios estructurales para enderezar el rumbo del devenir nacional. Novela que reveló, en cada etapa, con sus específicas particularidades, la presencia de profundos antagonismos sociales.

Para Escoto, la revisión de la historia no es gratuita ni meramente repetitiva. Generalmente trata de develar el pliegue oculto y la intención subterránea de hechos que se dan por sabidos. Tampoco se ancla en el pasado. Matiza los acontecimientos en su relación con situaciones ulteriores, inclusive las de posible realización. Su mirada nace tanto del balance histórico como de una sensibilidad artística que le permite suponer, intuir o sospechar determinadas motivaciones en los actores reales que, en sus novelas, se encarnan en personajes revestidos de elementos ficticios pero verosímiles si el planteamiento realista se lo demanda. Esto último sufre un cambio casi total en *El Génesis en Santa Cariba* (2007) e *Historias de Los Operantes* (2000) en donde las marcas metalingüísticas, desde el principio, imponen una óptica diferente de lectura e interpretación.

Cada novela y cuento de Escoto es un ejercicio de dilucidación de la realidad. Por esta razón, como en el siglo XXI el cáncer de la narcoactividad (que ya anunciaba su virulencia en las últimas décadas del siglo anterior) infestó y corrompió casi todas las instancias de la vida nacional, escudriñó y trató de ver hasta dónde llegaban sus tentáculos. Con el necesario aditamento ficcional, el resultado de su búsqueda se expresa en *Downtown Paraíso* (2018), novela que, conectando con *Madrugada*, actualiza situaciones persistentes en el país o que han ganado protagonismo en las dos primeras décadas del siglo XXI. En este nuevo trabajo sigue un esquema realista cuyos pivotes son: ventilar la actividad narca —neologismo probablemente ideado por el autor—, revisar temas que siguen inquietándolo como la conformación étnica del país (con la reveladora incursión en la problemática árabe-palestina) y volver a un tema imprescindible que, tratándose de humanos, no puede marginarse: la siempre atractiva relación de pareja.

Sin estridencias, intercalando momentos de distensión humorística, amorosa o de interés anecdótico, Escoto expone algunas facetas de una nueva etapa social en donde la violencia —constante en el devenir histórico del país— se expresa, sobre todo, con la presencia oscura y corrosiva del trasnacional negocio de las drogas. En esa forma, cada hilo del entramado novelístico es una ventana que permite atisbar alguna faceta de interés: la sofisticación y alcances de la narcoactividad; su enquistamiento en las más altas esferas del poder político y económico; sus vínculos con la banca nacional e internacional; la injerencia extranjera en las decisiones políticas al más alto nivel estatal; la inserción de la comunidad árabe (palestina) —y en menor grado la italiana, especialmente en las primeras décadas del siglo XX— en la vida nacional; los métodos criminales de algunos migrantes con propósitos de enriquecimiento rápido; el racismo o rechazo al Otro como ideología de común aceptación y la generalizada corrupción que ha permeado a personas e instituciones de toda índole. Sin olvidar que Escoto nunca descuida la otra cara de la moneda: la lograda descripción de la relación amorosa; la solidaridad al margen del interés personal, el generoso trabajo que desempeñan sectores minusvalorados de la sociedad y el atisbo de una sociedad equitativa, menos egoísta. Buena parte de los acontecimientos se enmarcan en el espléndido y, a veces, apabullante ambiente de La Mosquitia.

En Tegucigalpa, el Ministro de Defensa convoca a su grupo de confianza para analizar la situación del narcotráfico. Entre otros, el general Maximiliano Hernández López,[15] jefe de Islas de la Bahía, y el general Gámez asignado a La Mosquitia. Comentan que «la narca» superó la manera tradicional de operar y trabaja con filiales «compartimentadas» *(Downtown,* 17) lo cual dificulta la labor de control, razón por la cual contratan a un técnico en informática capaz de contactar a un grupo delincuencial y generar datos para combatirlos. Para realizar el proyecto, eligen a Julio Escoto. [16]

Previamente, un consultor español, Atanasio Serrano, en reunión en donde está presente un miembro de la DEA, como parte de una «"operación secretísima que ya ha sido diseñada"» (101), aconseja realizar una campaña de desinformación para provocar enfrentamientos entre facciones narcas. La misma consiste en difundir la noticia que, desde Colombia, se envió a un restaurador («Comendador» o «destripador») de raza negra para «"terminar con los caudillos narcos locales y forjar un imperio nuevo, controlado exclusivamente desde Isle of Man, de Luxemburgo o Panamá"» (577).

Logrando que las autoridades actúen con mayor eficacia, el equipo liderado por Escoto contacta con un enlace narco y diseña una manera de propagar, en dicha red, la supuesta llegada del emisario colombiano. Se calculó que las mafias locales —alarmadas— proporcionarían indicios reveladores: «"el resultado sería un perfecto cuadro leído, un diseño u ho-

---

15. La inclusión de estos apellidos —como suele ocurrir en *El Génesis en Santa Cariba* y en otros personajes de *Downtown*— puede apuntar hacia varios objetivos: Maximiliano Hernández Martínez de El Salvador, responsable, en 1932, de un auténtico genocidio (treinta mil campesinos muertos) en El Salvador. También hace pensar en el actual presidente del país (Juan Orlando Hernández) en cuyo haber cuenta con un número aún indeterminado de víctimas. Igualmente, el López está contaminado de corrupción. Jefe de Gobierno y después presidente del país fue Oswaldo López Arellano, célebre por el «soborno bananero» dado por la United Brands. El «Maximiliano» sugiere la idea de «máximo», quien, además, es «jefe» de un departamento hondureño. Escoto no deja nada al azar.

16. Se piensa en Eduardo Bähr, Rafael Murillo Selva y Marcos Carías. La ficcionalización del propio autor la encontramos ya en Don Quijote de la Mancha. En *Downtown* varios son los datos que se relacionan con Escoto. Quentin opina y cuestiona aspectos de *Rey del albor. Madrugada* (151, 287). Al platicar Hernández y Gámez, este le dice: «"El narrador quiere que le permitamos contar en una novela su experiencia de desinformación. No hemos consentido". "Con los artistas jamás se sabe", contestó el primero» (347). Al ver al escritor en un establecimiento comercial, Quentin lo reconoce: «"es Escoto, el que imaginó una novela burda sobre mis andanzas en Tegucigalpa"» (481): crítica de una novela desde otra novela. Escoto se ubica en el terreno de la metaliteratura.

lografía, red nítida de esa interacción"» (503).[17] Con lenguaje críptico el equipo había advertido sobre el arribo del emisario:

> en sus perifonías [decían] que se acercaban querubes de muerte, arribaba el ángel de la destrucción, el munafiquín o hipócrita que habría de restaurar los equilibrios heridos, portar azada de fuego y castigar a los indecisos e incongruentes, sacudir bajo su hoz al infiel. Todo cristiano, arguyeron debía apoyar la causa […] para ayudar al divino enviado, que estaba por llegar. Este, incluyeron en apresurada acotación, era además sombra de sombras, párpado ténebre, el devoto arcángel negro que residía a espaldas de dios y que cumplía sus […] instrucciones, como eran las de arreglar la disensión y la discordia entre los hombres. (267)

Con propósitos de investigación, a La Mosquitia llega el Dr. Cirilo Malson, científico negro que los tripulantes de un helicóptero secuestran.[18] En Alemania, la Universidad de Berlín contrata al Dr. Quentin H. Jones para que escriba un informe sobre Honduras. Al llegar a El Salvador lo secuestran y lo mantienen cautivo. Después lo colocan en la frontera con Honduras. Arriba a San Pedro Sula y entra en contacto con el negro Armando Garcés, Arcadio Bueno y Manco Túpac, amigos dicharacheros que lo conducen al club árabe. En mesa cercana está un hombre ya mayor. Garcés le pregunta a Quentin: «¿Qué fortuna le calcula a semejante concentrado de mierda?» y Túpac apuntala: «la forma en que multiplica los negocios daría envidia a Bill Gates […] "jamás se enrede con él"» (176).[19]

---

17. Un plan tan exitoso que Vladi lo califica de «dimanor»: «"Usted echa raíz de barbasco a la poza y los peces salen a curiosear, se revelan y muestran, se enseñan"» (500). El maquiavélico plan incluía el envío de nueve personas negras, incluida una mujer. Para eliminar el supuesto peligro, los narcos asesinaron a seis de ellas.

18. «"Yo soy orgullosamente negro y a mí nadie me envió"», dice (576).

19. Una secuencia muy lograda es la de los tres amigos tarambanas y dicharacheros. Hay vivaz captación de la «jodedera lingüística» y del comportamiento desprejuiciado, al margen de las «buenas maneras» cuando ellos se reúnen. Para los lectores del país son fácilmente identificables. Armando Garcés (o Armando García), escritor que privilegia el humorismo, ducho en cabriolas lingüísticas y sumo conocedor de la costa norte. El «Garcés» remite a un actor mexicano famoso por las picantes comedias en las que actuó. Arcadio Bueno (Luis García Bueno): bondadoso como su nombre (la Arcadia mítica) y apellido lo proclaman: pese a graves problemas de salud, es el que, solidariamente, lleva a Quentin y a su novia a La Ceiba cuando huyen de San Pedro Sula. Manco Túpac (Mario Berríos): cono-

Es Vladimir Rachid Ilich Hándal Canahuati o don Vladi ("V"), el hombre más acaudalado del país. Quentin provoca un diálogo con el magnate. Le interesa conocer la trayectoria y el modo de pensar y actuar de los árabes, aspecto que Vladi satisface y que se complementa con los datos de los tres «cancerberos» sampedranos. Al poco tiempo, indicándole que es para proteger su vida, V instala a Jones en una residencia situada en el Merendón. Sospecha que puede ser el negro enviado desde Colombia. Cuando Dasha, la novia de Jones, llega de Europa, se convierte en obligada huésped del empresario. Estando en Omoa, Vladi y Quentin sufren un atentado que casi les cuesta la vida. Procede de la narca que ha infiltrado a uno de sus miembros en el personal al servicio de Vladi, quien posee una estación de escucha para conocer las operaciones de los narcos.

Quentin sospecha que maneja la información a su conveniencia. V le proporciona la clave de su computadora en la que encuentra un informe de la situación del narcotráfico en Honduras y Centroamérica.[20] Dasha localiza otro documento sobre los tentáculos de la mafia a nivel mundial (lavado de activos, involucramiento de la banca, paraísos fiscales, papel primordial de las fuerzas armadas como cerebro del tinglado criminal, etc.) del cual envía copia electrónica a Europa.[21] Registrando su bolsa, Quentin descubre su alta formación en criminología, detalle que lo desconcierta. Él se siente prisionero de Vladi y, cuando visitan un mercado, la pareja escapa. Llegan a La Ceiba y se dirigen a La Mosquitia en donde sicarios narcos los secuestran y recluyen en un lugar en donde está el Dr. Malson. Provocando un incendio, los tres escapan.

En la selva se refugian en un helicóptero suspendido entre los árboles. Quentin enferma gravemente y Malson sale en busca de hierbas medicinales. Después de superar un incidente con un grupo de misquitos y gracias a que llegan el teniente Guarima y su gente, rescatan a Dasha y a Quentin, quien está en estado de coma; lo atienden en un hospital de New Orleans, adonde llega Moses, su hermano gemelo. Dasha le confiesa a Malson que, aunque ama a Quentin, su encuentro y seducción no fueron casuales. A

---

cedor de interioridades de alta tensión política por sus vínculos profesionales de abogado, escritor y exmilitar.

20. Documento auténtico. La obra señala la fuente.

21. En el último párrafo se alude a Honduras y fue escrito por Vladi, quien solicita agilizar la investigación sobre el lavado de activos realizado por sus hijos (454). El informe está en Internet y su título es revelador: «La criminalidad trasnacional, otra cara abominable de la globalización» (436).

ella la contrató el profesor Werner Felber para que lo vigilara. Era sospechoso de ideas socialistas, especialmente por los contactos que tuvo con la guerrilla en su anterior viaje a Honduras.[22] También comenta que, opuesto a los grupos violentos de la mafia, está NSV (Negocios sin Violencia) cuyos planificadores son los hijos de Vladi, un «cártel de negocios [...] mezcla de militares e industriales» en alianza con la narca.[23] Esperando que Quentin pueda recuperarse y asegurándose la futura ayuda de Malson, traza un plan para organizar «el cártel de la paz y las finanzas» (579). Exponiendo sus principales líneas de trabajo concluye la historia.

Con relación a la caracterización de los personajes centrales, compleja, ambigua y casi maquiavélica es la personalidad de Vladi, quien, además de ponderar a algunos miembros de la comunidad árabe (palestina), también revela la corrupción en la que se movió un sector de ellos que, poco a poco, se empoderó de las líneas principales de la economía del país.[24] Él está tras el secuestro de Quentin en El Salvador. Según Armando Garcés, «"Se le atribuye el crimen de una ecologista en La Ceiba [...].[25] Fue el único que escapó del asalto a la Cámara de Comercio en 1982, minutos antes, porque conocía lo que venía, financiaba al ejército y a la guerrilla, jugaba con los dos"» (194). Inclusive se le acusa del asesinato de dos extranjeros en 1957 cuando, para librarse de una sentencia de muerte dictada por el Mossad, «quemó [traicionó] a dos agentes del Frente Popular para la Liberación de Palestina, o sea, los vendió, y así conciliaron cuentas... [...] Es la maldad misma..."» (199) y lo cataloga como «un capo industrial. Dueño de maquilas, bancos, periódicos, radiodifusoras y televisión» (348). Es decir, un hombre que pertenece a otro tipo de mafia. Quentin duda de las intenciones que mueven su actuar. Pese a ello formula una valoración más comprensiva, quizá más cercana a la verdad porque la dicta el entender qué es en realidad la condición humana. Inclusive se percibe una dosis de piedad por la soledad interior del poderoso empresario:

---

22. Alusión a *Rey del albor. Madrugada* en donde es uno de los personajes principales.

23. Ello explica por qué Vladi espía a los narcos.

24. V dice: «"los árabes somos muchos [...]. No por número pues los migrantes o de ascendencia apenas si sumamos 0.8% de la población, pero sí por poder..."» (237). La primera oración trae un eco del poema «Los pobres» de Roberto Sosa. En boca del hombre más rico de Honduras —según lo califican los tres amigos sampedranos— la tácita referencia posee una cínica inflexión.

25. Probable alusión a Jeannette Kawas, ecologista asesinada en 1995.

> El anciano dipsómano y conspirador, que quizás lo único que buscaba era hacerle creer que existía una vertiente noble de su raza palestina en Honduras, que no sólo por ser árabe o descendiente de árabe significaba ser expoliador, o que los consideraran dominadores extranjeros, debía ser un hombre terriblemente solitario que apartaba a sus contemporáneos del intento de quererlo y amarlo, pero que sobre todo se descentraba, confundía y erraba en desbalance frente a quienes ni lo temían ni lo veneraban sino que se le plantaban al mismo nivel, no monetario desde luego sino de luces e integridad. Era el síndrome de acaudalados, poderosos e ignorantes, de reyes y gobernadores absolutos, de sátrapas e inestables mentales, de los que triunfaban tanto en lo material que se suponían a ellos mismos caquita divina. Todo eso, reconocía Jones, procedía de un solo sufrimiento, de una irredenta carencia y una congénita imposibilidad: jamás, ni con los tesoros enteros del mundo, ascenderían al rango de los justos, los talentosos y los puros. El áureo metal sacrificaba al niño que llevaban dentro. (464–465)

De sus pláticas con Vladi va surgiendo una imagen en claroscuro de los árabes. Como él la define, es una historia de empeño, trabajo y dedicación; pero con aristas malolientes: «"Absolutamente todos los patrimonios antiguos de Honduras y que nos pertenecen [...] están embarrados de ilegalidad y sangre..."», dice (237–238). Trae a colación una triquiñuela realizada por Don Rosendo Ictech, quien vino al país en 1919. Su familia había ya rebasado las cuotas de migración:

> Así es que ideó, con otros compinches, prenderle gasolina al registro municipal, que quedó destruido, y quince días después se presentó con tres notables a la alcaldía, a reclamar reposición de documentos. Por entonces bastaba que dos testigos de calidad aseguraran conocer a alguien desde la infancia para que le extendieran partida de nacimiento. "¿Dónde le quedó el ombligo?", consultó el secretario, sabedor de lo cierto pero igual parte de la maquinación. "Soy baisano, lumbrado en Gofradía y natural del baís, de la barrio candelaria y gatólico por venia del Señor"... obvio que consiguió lo que quería» (240).[26]

---

26. Transcripción de la fonética empleada por los palestinos, especialmente por los que, ya mayores, se aposentaron en el país.

Corrupto él, pero el calificativo también se extiende a los tres honorables del pueblo y al funcionario municipal que le proporcionaron documentos apócrifos. Asimismo, aludiendo al punzante humor con el cual el hondureño revela que no acepta tan fácilmente los engaños, aporta otros datos: «"Fuera de los incendios que provocamos en los bazares para cobrar seguros, y que en los años treinta dieron lugar a un hondureñismo gracioso, los turcocircuitos, las batallas más fieras ocurrieron entre los competidores del comercio costanero, los Mussallam y los Soghbi. Sus jefes de familia, Adnan y Selim, llegaron a tener bandas de cuatrocientos hombres cada uno, que recorrían los campos distribuyendo y cobrando mercancía, la que ingresaba oscura desde Belice"» (244).

Vladi también elogia a ciertas familias árabes y las contrasta con grupos indígenas y mestizos a los que aplica estereotipos denigrantes o muy severos:

"No somos maleantes [...], mis paisanos son mayormente honrados... Los Salem, Kawas, parte de los Hándal, bastantes Ictech, muchos Saybe y Larach, medio Canahuati, una porción de los Jaar [...].[27] Que no por ser palestinos, sirios, libaneses o jordanos enmascaramos lo corrupto". [...] Hay árabes con honradez. Todo ocurre en la viña del Señor. De cualquier forma" ejemplificó, "¿qué pureza blasonan otras etnias?... Los garinagu pregonan de impolutos y el Sida los acaba junto al alcohol y la promiscuidad. Los indígenas son haraganes, desfasados cámara lenta, si de ellos dependiera el país estaría entrando al siglo dieciocho. Y si tratamos de los mestizos, ninguna otra capa se mueve con mayor doblez y ambigüedad". (70-71)

También revela que los inmigrantes italianos que lograron amasar una fortuna (Vaccaro y D'Antoni) tampoco actuaron de forma honesta. Inclusive fueron culpables de actos criminales:

"se las arreglaron para adueñarse de las tierras de los poquiteros y los pobladores caribes [...]. Dado que los negros rehusaban vender y que la mafia había ensayado todos los medios, desde la borrachera para hacerlos firmar hasta la amenaza, la promesa y la seducción, se les ocurrió borrar la historia, hacerla desaparecer, un recurso desde entonces frecuente en Honduras para todo lo que se relacione con lo gubernativo... El siete de marzo de 1914 le ordenaron [a un médi-

---

27. Todos los apellidos mencionados corresponden a las familias más acaudaladas del país y su centro de acción preferido se ubica en San Pedro Sula.

co sobornado] rociar con kerosene su vivienda y farmacia, preparar una coartada y callar. [...] Fue una conflagración horrorosa, de las más criminales. Deben haber sucumbido unas doce familias del rededor, asfixiadas mientras dormían. Medio año más tarde la bananera empezó a reclamar títulos supletorios [...] para los que bastaba tres testigos de calidad. [...] Fue como se adueñaron de La Ceiba...". "El doctor Reynolds era un alcohólico [...]. Así es que tras el incendio, La Unión, que es decir la hermética de palestinos de la costa, se confabuló para forzarlo a testificar contra los italianos. Primero le mataron al perro, luego a un caballo, más tarde al capataz y así lo fueron cercando y amedrentando, no podía huir, la mafia no lo consentiría y nosotros tampoco. Al fin lo atrapamos y contó todo, está escrito allí, en algún armario de los pliegos históricos de aquella sociedad". (240-242)

Vladi admite que esos hechos fueron acciones violentas, pero las visualiza dentro de un contexto asolado por múltiples conflictos y las califica de «pocas para una nación casi salvaje entonces». Cuestionarlas sería «"un ataque injusto para la octava etnia..."». Frente a la extrañeza de Jones que solo conoce de lencas, chortís, tolupanes, misquitos, tawakas y garífunas, Vladi reivindica la validez de su vinculación con Honduras en términos de patria:

"Nosotros [...] somos parte de aquí... Mezclamos la saliva, la sangre y la semilla con los otros, con los nativos e incluso con ajenos. [...] Nos hemos investido, nos hemos subsumido en esa gran espiral que es lo hondureño. [...] Le echamos ingredientes orientales a la redoma, a esta jícara donde revolutan apellidos, se disuelven las procedencias y cuajan capitales... ¿De qué color es mañana, Jones?... Mi tercera nieta se nombra Suyapa Soad Portillo Hándal" suspiró "combinación inusual, ¿no piensa así?" (239).[28]

Vladi habla de un sincretismo biológico y cultural. Considera que los árabes conforman una nación, un conglomerado específico: «"de lo que yo converso es de Hondurabia, de Habibiland» (246), términos que identifican a una tierra querida que fusiona con su raíz ancestral. Simbiosis afectiva entre la patria originaria y la que adquirieron por necesidad, unión que

---

28. Al mestizaje se alude en otro detalle: Erika Chac Alvarado, personaje de *Rey del albor. Madrugada*, solicita que Jones reconozca como hija al producto de un episodio amoroso cuando él estuvo en Tegucigalpa (281 y ss.). A la triple mezcla de la joven, en el hijo de ambos, se suma el ingrediente afro de Jones.

determinó, en algunos, el surgimiento de un vínculo o identificación con la tierra que los vio nacer y el cual se construyó poco a poco. Tierra en la cual viven, aman, trabajan: Hondurabia. Por ello habla del primer árabe que vino al país, como «el fundador [...] de nuestra presencia nacional. Mejor, de nuestra integración nacional» (186).

Integración nacional implica diálogo y aceptación igualitaria del Otro. No obstante, el narrador supuesto plantea la existencia de una Honduras fraccionada en donde falta la plena aceptación del que es diferente. De ahí, las manifestaciones de odio e incomprensión entre diversos grupos étnicos. Quentin recibe una llamada anónima que lo amenaza de muerte y lo insulta diciéndole «"negro hijueputa"». Una secretaria, para calmarlo, le dice: «Don Vladi [árabe] tiene armarios con esa colección. Si fueran ciertas ya lo habrían matado 365 veces» (282). Profundos son, pues, los antagonismos y la peor parte la llevan los pueblos originarios y los de origen africano, según plática de Bea Foxx, negro inglés, y Salazar Guarima «dudoso encarne de mesticidad»:

> "No la durmás, negro", voceó Guarima esforzando la garganta sobre el monorrimo del motor. Reconoció que había empleado el "negro" y el "vos" centroamericanos con todo propósito, imponía autoridad.
>
> Según los sociólogos en Honduras había discriminación racial pero era poco cierto, más bien menguada ya que lo que sí existía era reprobación histórica, económica y política. Las variantes de piel no importaban o muy raramente: a lo que se insultaba, y en lo que alguno se ensañaba, era en las culpas de ancestros, en los heroísmos y traiciones que a lo sucesivo de las épocas habían protagonizado, nombrándose a eso «la sangre». El indígena aborrecía a mulatos y pardos porque estos habían sido lanza homicida, ballesta fácil y trabuco cargado con que los castellanos componían regularmente sus tropas de represión. Los negros resentían del blanco, soberano manipulador y expoliador. Los criollos y mestizos quedaban al medio, despreciados por unos y otros. Los peninsulares, venidos directamente del continente europeo, usaban de artificios y halaban hilos de títeres para conformar rostros severos y diálogos de sordos que obligaban a las partes a sométerseles. Un caldo de odio dificultosamente menguado envenenaba a las almas haciéndolas verterse y

desbordarse contra ellas mismas a la primera ocasión. Nadie podía prever lo que cada individuo llevaba dentro, pudiendo ese reconocimiento desatarse a veces sin causa.

> Robinson se sujetó a la borda y tornó a ver reprobatorio: él también era negro. Había negros y negros, negros constructivos y negros malosos, morenos patriotas y morenos apátridas, lo que parte de ambos —Bea y él— eran. Fuera de las cochinadas mentales con que se alimentaban los mestizos. […] Ahora formaban parte de una sola república y usar tales compuestos divisionistas lo que mostraba era una irrespetuosa ausencia de calidad, prejuicios obscenos, deudas propias sin saldo. […] "En Honduras todos tenemos un dieciséis de negro" dijo pero nadie rió. (223-224)

Escoto no idealiza a los grupos minoritarios;[29] pero, contrastándolos con la falta de ética y la magnitud de las acciones de los más altos sectores del poder económico y político, los primeros ofrecen una imagen de cierta integridad, más en consonancia con los dictados de la naturaleza humana. En La Mosquitia, negros, garífunas, misquitos y mestizos, que el autor individualiza mediante un nombre, desempeñan su trabajo en forma honesta y responsable. Se preocupan por sus compañeros de oficio y se arriesgan cuando se trata de evitar que los sicarios secuestren a Dasha y a Quentin. Inclusive, la esposa de Killer Suazo es una mujer instruida, decidida y valiente. Pese a que solo se relacionan cuando van en el pipante, hay una corriente de simpatía con Dasha, mujer fuera de lo común. Además son físicamente hermosos:

> "El macho entre todos, el Hombre que señoreaba con pericia las aguas y conocía su cambiante diversidad, […] Killer así, entonces, se había acostumbrado a considerar a la especie humana desafío, un ámbito dispuesto para lo otro, para verter su carisma y don sensual: Killer jamás decía no. Su perfil misquito —que era combinación confusa de ojos azules matreros, quijada corta, pómulos salientes, nariz aguileña aunque sobrada, labios duchos en lamer— exhibía inveteradas sonrisas lacustres de conquista. A ello se agregaba cierta línea balletista de la musculatura, consecuencia de la disciplina a que sometía el cuerpo —enhiesto, nalgas tensas, abdomen reducido,

---

29. Esporádicamente se sugiere algún vínculo con la narca: los negros de la costa «ocultaban teléfonos satelitales que jamás podrían sufragarse ellos mismos» (16).

pectorales alzados— y a la cual conducía con poses marinas de experto capitán. Las referencias misquitas —mezcla de antiguas concepciones británicas y locales— catalogaban al avezado piloto como astuto navegante, todo un conocedor de la selva y caballero de lo que prometía, que era la excelencia cuando guiaba al pipante por meandros, golfos, canales, radas y sendas fluviales de que estaba cruzada La Mosquitia, territorio extenso y complejo, asombro permanente a causa de su diversidad natural. (70)

A proa del pipante oteaba al cauce ribereño un moreno acostumbrado a lidiar con la sorpresa de los turistas, quienes por hábito cargaban preguntas inusuales: "¿existían sirenas?", "¿comían gente los lagartos?" [...] Wilmor, con veinte años, había aprendido a rascarse el pecho arisco cada vez que surgía esto y a las damas ello las incomodaba, dejaban de consultar o se excitaban. No escasas habían sido las veces en que la noche lo encontraba liado entre piernas alemanas, danesas o bolivianas [...]. (69)

De las tres etnias que en Mosquitia residían, pech, misquitos y gariganu —había una cuarta menor, sumos o tawahka— los últimos se imponían a pesar de ser recién avecindados, bueno, desde 1800, por su habilidad de mando, sus reglas universales y su regular administración de tres lenguas: francés, español y modos de inglés. Cuando una indígena pech se matrimoniaba con misquito este gobernaba el hogar, pero cuando una misquita o un pech formaban nido con garífuna —por la anchedad cultural de estos, por su mayor comprensión de mundo al provenir de experiencias galas y británicas adquiridas en las Antillas menores de San Vicente dos siglos atrás, cierto residuo colonialista ventilaba al clan. Las otras lenguas se opacaban y dejaban de hablarse, se insertaba a la prole en la visión garífuna, el esposo o esposa autóctonos se reeducaban y abandonando el maíz aprendían las culinarias de yuca y coco, destilaban guífiti de amargo licor, cocinaban casabe, concluían por preferir los frutos de mar. En esa autoestima imperial residía la causa de la propensión engreída de Wilmor, ciudadano garífuna. (77)

Quentin compra varios libros sobre la historia hondureña. Descarta algunos y le interesan los que revelan «las fuerzas o conciencias internas del poder»:

*La Indagación*, escrita por Darío Euraque, y que exploraba desde el socavón de las minas el interior de la conciencia africana traída por el imperio para lavar oro en los ríos de Olancho, la que había dejado unas chaconas o cantos miniados. [...] Desde allí, de tales zarabandas medievales [...] en cuyos gestos insubordinados, en sus carátulas de mestizaje temprano se sembraba una raíz discorde, pero raíz al fin, de la causa extraviada de la identidad. [...] Era increíble cómo lo mismo que asediaba a los modernos —esto es las desventuras de la pobreza y la miseria, el llanto de madres y cautivos, de los esclavizados y sujetos que ya portaban el germen, detritus y agar, fermento de lo que habría de ser posteriormente la historia— manaba también de tales himnos. "Hacemos lugar para hermanos que vienen..." rimaba el canto interpretado por tambores, "de nuestra íntima desgracia no nos arrepentimos" proseguía "ya que es camino para otros, que somos los mismos".

No podía creer, cuatrocientos años antes del presente, en lengua yoruba, y entre las riberas doradas del río Guayape ya alguien había aislado la corriente del decurso americano y había imaginado su flujo de continuidad. [...] Las etnias clásicas de Honduras, arrinconadas por el hombre blanco en reservas naturales y en reservas de discriminación, [...] luchaban desesperadamente por no contaminarse pero era inútil, se las había metamorfoseado en folklore. [...] Vocablos como "los indios", "los negros" suplantaban a "nosotros los hondureños". (284-285)

El racismo y la discriminación existen y la visión de Escoto es mesurada. No se ha llegado al extremo presente en otros ámbitos. Quentin considera que, aunque muchos hondureños suelen quejarse, eran ignorantes

de la crueldad de la segregación en el mundo. Si supieran que en Quito ser pintado, achocolatado, imponía de inmediato e irreversiblemente una cuota de prejuicio racial; que en los elegantes bares de Texcoco popof, es decir clase alta, los guardias calificaban a sus clientes, y su ingreso, por el tono de la piel; que en el mísero Vidor, de Louisiana, sede "secreta" del Ku-Klux-Klan, se aceptaba hacer alianzas con el diablo pero no con los negros; que en Miraflores, Perú, ser cholo era pecado mortal, calidad de sirviente; que en Ultraland, Caracas, las reglas para adquirir condominios exigían acompañar una biografía pura de familia antes de concretar la venta; que en Santa Cruz, Bolivia, sobraban dedos de una mano para contabilizar gerentes indios; y que en un rascacielos multifamiliar de ciudad Panamá, el Ocean View, exclusivamente se aceptaban judíos. (285-286)

El espacio dentro del cual transcurren los acontecimientos es otro aspecto que destaca. El paisaje es espléndido. De La Mosquitia sabemos de sus canales, esteros, ciénagas y de su vasta cercanía al mar. El fragmento siguiente entrevera otro rasgo que aparece con frecuencia: la alusión a las antiguas culturas del país:

> De lejos visualizábanse mangas bellísimas, exquisitas cornetas verticales que soplaban brisas y dispersaban orvallos y gotas de oro, como en el génesis de la humanidad, para volverse luego trombas de ira, incansable turbión, inagotable pecho de la naturaleza que amamanta sin cesar los retoños —afluentes, cascadas, quebradas presentes en Mosquitia [...]. Y finalmente estaba el rocío por mañana y tarde, una transparente garúa de yeso blando que se disolvía previo a tocar suelo y que enharinaba todo, arenaba las articulaciones con cierta y delgada placidez de hielo pues era contrapunto del calor [...].
>
> La mañana asomaba bajo cierto hiriente goteo de mercurio, mísera hilacha bordada de oro que amarillaba el firmamento queriendo amanecer; hoy otra vez los dioses amparaban al hombre ofreciéndole el don de Paz. Para los antiguos Mayas cada albor era un albur, posibilidades que el padre Formador se decidiera o no a desarroparse y emerger de entre las sombras siniestras, apartara de su cama a la noche o se tendiera con ella por todo el prolongado invierno. Debía rogarse por su presencia cada día, incendiar redomas de copal, carbón y sahumerio, martillar oraciones y elevar preces, de dioses más volubles que estos, coquetos e inexpertos, apenas si guardaban memoria los humanos. (161-163)

*Downtown Paraíso* —casi en forma contraria a su hermoso título— ofrece la visión de un mundo saturado de carencias. Plagado de hechos que riñen con la ética y con elementales cuestiones de respeto a la dignidad humana. Funcionarios estatales y empresarios que mueven los hilos de la vida económica y social permeados por el narcotráfico del cual es gran aliado un importante sector del ejército nacional. El general destinado a guardar el orden en La Mosquitia es un infiltrado de la narca y encabeza una conspiración narcoterrorista encaminada a adquirir el control de la zona. Mata al ministro de Defensa, pese a que fue su alumno preferido cuando fue su maestro. La trayectoria que se presenta de los árabes (o palestinos), el sector más poderoso de la economía nacional, aunque con aspectos encomiables relacionados con el esfuerzo y el trabajo enaltecedor, está saturada de engaño y sangre. La soberanía nacional es un mito. El proyecto para acabar con la narca lo formulan fuera del país agentes internacionales que irrespetan la vida de los otros.[30] Para las autoridades y los técnicos en computación, el fin justifica los medios. Poco les importó enviar al matadero a varios negros que arribaron al país en misiones personales.[31] Escoger negros como señuelos implica una buena dosis de racismo que también se manifiesta en el lenguaje.[32] El capítulo 29 desnuda el nivel de corrupción, el ansia de riqueza y el desprecio por lo humano ya que es una disección completa del oscuro negocio de los paraísos fiscales que hacen del narcotráfico el verdadero agente del poder económico a nivel mundial.

Pero quizá por tratarse de un personaje que ha sido trabajado con un conjunto de características enaltecedoras, la faceta que revela el fondo más oscuro del espíritu humano descansa en la angelical figura de Dasha. Antes de despedirse de Malson le pide su colaboración para echar a caminar un gran proyecto y lo hace no porque aprecie su calidad profesional sino porque, con mentalidad pragmática, piensa que, dado su prestigio, conseguiría múltiples apoyos: su alianza «convenía a los que buscábamos negocios, no guerra, al cártel nuestro de la paz y las finanzas» y, para tener éxito, «Debíase extirpar de allá [La Mosquitia] el clan de capos que se hacía rebelde, tropa de bajo instinto, escaso intelecto y que pensaba incluso en contiendas armadas ajenas a la globalidad, la cual era hoy, más para riquezas e inversión.[33] Hartos estábamos de las intemperancias tropicales».[34]

---

30. La agencia extranjera que envió a Dasha no intentó nada para salvarla cuando estuvo en peligro de muerte. Siempre supieron en dónde estaba ya que, aparentando un lunar, le habían colocado un chip.

31. Cuando el ministro le pide ayuda a V para localizar y salvar a Jones, contesta: «"El oficio en que estoy sumido, detectar cada flete, cada despacho de la narca, no me permite caer en sentimentalidades humanistas o de solidaridad con individuos. Es inmensamente peligroso... Lo que yo salvo son pueblos, naciones, sociedades, masas enteras, conglomerados y multitudes, no detiene la batalla un peón que cae..."» (505). Traducción literaria de la expresión «daños colaterales», eufemismo utilizado para callar las matanzas de civiles en guerras e invasiones a otros pueblos.

32. Cuando Jones está secuestrado en El Salvador, la enfermera le dirige frases como estás: «¿Amaneció bien carboncito?»; «Ay mi amor, no mi chorrito de humo»; «Mi negrito del batey, ¿va a cenar?» (39, 50). Por la misma razón, con prepotencia, el español Serrano califica a los funcionarios estatales de Honduras como «incapaces, indígenamente incapaces» (66).

33. No le importa el papel que la globalización ha jugado en la explosión de la narcoactividad, según el documento que ella misma envió a Europa.

34. Frase que alude a los que achacan al temperamento revoltoso de los latinoamericanos los estallidos de malestar e ira popular. No se piensa, como causal determinante, en las injusticias de toda índole que los acosan.

También habría que lograr el apoyo de castas del intelecto, de los artistas y la sociedad civil, [...] indirectamente debíamos penetrarlas y financiarlas. Sugeriría en primera instancia asociaciones y fundaciones de notables, ratificadas por ONU, que activaran para mantener a Mosquitia —pero igual a Amazonas, Darién, a Yucatán y Lacandón— como regiones intocadas, inmensos parques naturales, [...] instilar una conciencia sacra en las gentes, entre gobierno y populacho, sobre la misión redentora de la empresa privada, la que debía aparecer como vía única para empleo, progreso y bienestar. Sabiendo dirigir ese pensamiento nadie se fijaría, nadie atendería lo ocurrido detrás; nuestras planeadas tareas de limpieza de dinero. La campaña alentaría miedos: de desastre climatológico, de amenazante subversión, de ateos y socializantes, abundante recurso se destinaría a las sectas religiosas, que comenzaban a incidir en estos lares, quien quita que los yanquis se unieran, contribuyeran a delinear el programa. Y por fin, requisito y corolario, había que mantener a la gente constantemente estresada y preocupada, Bin Laden podía residir aquí, vigilara a posibles vecinos terroristas, confiara en nadie, la delincuencia era presencia universal, concéntrese en urgencias particulares, desatienda a la crisis de la nación, que otros peleen para que el orbe no se hunda... (580)

Un plan realmente maquiavélico. La penúltima oración de la obra dice: «El arco labial de Dasha era bellísimo. Eva debió ser así» (580). La comparación con el personaje mítico que, desde el punto de vista occidental introdujo el mal en la conciencia humana, augura un futuro papel, no de cambio, sino de formación de una paz a la medida de los grandes negocios. Paz engendradora de más violencia ya que seguiría cultivando la inseguridad social, los temores, los mitos, la compra de conciencias, el contubernio con iglesias espurias, y la intransigencia con disidentes. Alude, pues, a la paz de la clase empresarial. Manson, cuando ella le cuenta que por mil euros aceptó seducir a Quentin, se siente hastiado y desilusionado: «La figura preciosa y contorneada de la dama, su exquisita presencia educada, las gracias que manaba como ícono de amor, [...] se molía a trancos, se deshacía entre milésimas partes hoy. Dasha lo había decepcionado y timado. Fue más allá en la nómina de adjetivos y no pudo sino, callándolo, concluir: "nueva puta, cariño convertido en mercancía"» (574-575). Justamente ese capítulo se llama «Soy Judas».

Los apuntes anteriores no agotan el rico material que Escoto expone a lo largo de las páginas de *Downtown Paraíso*. Algunas traducen una entrega amorosa mutuamente satisfactoria. Otras recuerdan hechos que marcaron un determinado momento en la historia del país. Hay estadísticas fidedignas que dicen de la desigualdad económica y una crítica severa a San Pedro Sula como ciudad carente de una fisonomía propia y singular. No falta el recordatorio de los cementerios clandestinos, ignorados testimonios de la violencia represiva. Infaltables, los señalamientos que evocan y enaltecen el pasado indígena de América. Esto, sin omitir el reconocimiento al esfuerzo de sobrevivencia de las etnias que integran la nación hondureña, especialmente las de la olvidada Mosquitia. En conjunto, el panorama evidencia lo lejos que estamos de vivir en un país de equilibrada atmósfera social. Y, como sustrato ideológico, en todo el engranaje de la novela, una idea-fuerza: solo la vuelta a una visión de mundo equitativa y solidaria podrá conducir al reencuentro con el simbólico y ansiado paraíso.

### 4. ¿Julio Escoto poeta?

> «La poesía también me ha influido bastante; no la escribo, le tengo miedo, pero sí me maravilla la capacidad de algunos autores como Álvaro Mutis, por ejemplo; esa capacidad tan grande para la sombra del mundo, qué belleza, quisiera poder hacerlo algún día, pero supongo que por no poder hacerlo en poesía es que algunas veces hay elementos nostálgicos, idílicos o poéticos en alguna de las novelas. Supongo también que por eso la incapacidad se vuelve caricia. Esos son los influjos mayores que yo reconozco».
>
> –Julio Escoto, en entrevista realizada por Rosario Buezo

En las obras narrativas y ensayísticas de Julio Escoto hay páginas enteras en las que se percibe el ramalazo lírico. Momentos en los que el autor parece dirigir la atención hacia sí mismo y no vacila en mostrar el resguardado filón de su propia subjetividad. Además, desde hace muchos años, en una especie de enclaustramiento personal, pergeña versos. Y lo hace empleando moldes que no tienen nada que envidiarle a la mejor poesía contemporánea.

Ignoro si Escoto ha publicado con anterioridad algún texto versificado; pero la primera señal que advertí de esa actividad cuasi clandestina, se produjo en 1991 con la publicación de «Recuerdos», poema de sesentaicinco versos que explayan el sentimiento amoroso y en el cual a la persona amada se la coloca en un pedestal como arquetipo de lo que el término «mujer» lleva consigo. Ella encarna en sí misma esa condición. Prototipo o clave ontológica que le da sentido a la vida. Suma y síntesis de las diferentes mujeres que se han cruzado por su camino:

> La que tendió el mosquitero sobre mi cuna/ de cedro a las seis de la tarde. La que espió/ mis soledades de niño en un patio/ florecido de acacias y buganvilias. La que/ fue mi madre y lee el silabario de mis silencios./ [...] La adolescente/ húmeda y cetrina que hizo volcar/ mi pubertad sobre los abismos del sexo/ dejándome ciego para la ingenuidad. La/ negra inglesa que percudía mis camisas/ y hablaba una lengua mágica. [...]/ [...] La brasileña cuyos párpados refulgían en la/ oscuridad y la sudanesa que nunca tocó/ mi mano para no contagiarse de/ mi locura. La que modelaba mis sueños y la/ que emergió del sueño para hacerse realidad./ La que me espera/ y la que ya cruzó la página del tiempo/ [...] La que está/ por nacer y transitará vestida de rojo una calle/ [...] Esas mujeres/ son la misma. [...]/ Supe/ que me pertenecieron pero el/ desengaño me instruye que sólo soy su/ recuerdo. Soy un alga adherida a su memoria./ [...] Desaparecerán [las otras mujeres]/ cuando se apague la luz y volveré a la misma./ Todos seremos ella.[35]

El encabalgamiento de los versos que, en este caso, obliga a una lectura rápida, intensa y precipitada, cumple un propósito expresivo: recalcar al máximo lo impetuoso del sentimiento. A ello se suma la fórmula anafórica que se aplica en cada verso. Repetir las mismas palabras para que no quede duda de la intensidad de un sentimiento que, en una mujer, sintetiza lo mejor que encontró en otras a las que se acercó o se le acercaron.

Conceptos vertidos y recursos retóricos que elevan a la mujer amada a la categoría de mito personal, siempre en un presente permanente, actualizándose en cada evocación y, además, presentada en los días por venir. Ser que desde recónditas pulsiones del ser —carne y espíritu— se torna eje alrededor

---

35. «Recuerdos», en «Cronopios», diario *Tiempo*, San Pedro Sula, 31 de enero de 1991, p. 19.

del cual gira su vida. Fuerza centrípeta que todo lo absorbe. Esa absolutización, sin lugar a dudas, se alimenta de una tradición que, al margen de escuelas o movimientos literarios, ha idealizado a la mujer colocándola en un lugar de privilegio (recuérdese la suprema sacralización que Dante hizo de Beatriz, el perfil de suma belleza con el cual Petrarca inmortalizó a Laura y el elevado estatus que la mujer alcanza en la poesía provenzal), un camino que recorre toda la poesía erótica y amorosa a lo largo de los siglos.

Un poema cuya factura indica que, en cuanto a manejo del verso, Julio Escoto no es un principiante.[36] Tampoco improvisa cuando, basándose en muchas lecturas, reflexiona sobre lo que el amor, el erotismo y la sexualidad significan en la vida de cada ser humano. Conceptos interrelacionados que explicita en varios ensayos[37] y que proyecta o encarna en los personajes de sus diferentes textos de ficción y también en el yo poético o hablante lírico, tal como observamos en «Recuerdos» y en los dos poemas siguientes.

Al libro *Danza del rayo y del venado* (inédito)[38] pertenece «Canto del guerrero sagrado», otro poema cuyo título implica fuerza, arrojo y determinación. Inclusive, poderío masculino llevado al extremo de la sacralización en el cual, en 88 versos divididos en seis momentos, traza el proceso que lleva a la conquista de una mujer. Los pasos que conducirán a la apoteosis del amor se marcan en forma nítida.

1. El guerrero inicia el combate amoroso:

> Conquistas esta noche/ el silencio/ con que parto a la batalla de la soledad.

2. Los resquemores que, en otros, provoca la mutua atracción de los amantes:

> Fuera circundan insomnes enemigos/ […] gruñen/ con sus dientes de perro/ arcana voz de sigilo y tormenta.

3. Triunfo sobre las fuerzas de oposición que también pueden cobijarse en el mismo objeto del deseo:

---

36. La calidad de los versos permite sospechar en numerosos borradores y ejercicios previos.

37. Entre otros, véase el ensayo que constituye la introducción de la *Antología de la poesía amorosa en Honduras* de la cual fue compilador.

38. Adviértase la implicación erótico-amorosa del sugestivo título.

Ha vencido el milenio/ y a mis espaldas sobrevuela el canto de la hora/ [...] Cien mil guerreros/ —que son uno—/ desclavan con su lengua los torreones./ En mis brazos anida el reino de la soledad.

4. Encuentro, consentimiento y participación activa de la mujer, emisora de los primeros signos que permiten e intensifican el avance amoroso:

Tú has venido entonces bruna,/ desnuda en el silencio/ a espiarme tendido sobre el lecho/ [...]// Tus pisadas convocan mi sangre de legiones.// Luego deshojas/ tan amorosamente/ mis hebillas y arreos/ de amaranto/ mis acerados costillares de plata/ mi casco de oros entorchados/ y plumarias/ mis cotas de malla/ mis avarientas espadas de sangre/ mis puñales transparentes/ mis espuelas de garfios y cristales/ como si la muerte se contemplara/ en el espejo de la libertad.

5. Incondicional entrega de la amada:

Luego anidas la cal de tus palomas en mi pecho/ para que la ciencia del hombre/ realice su contento/ o reconcilie su dulce alevosía./ Tras el portón cien mil guerreros braman/ enloquecidos/ por tu olor de conejo arrepentido.

6. Clímax amoroso en conjunción de voluntades, euforia paradisíaca por la mutua conquista:

Despierto, suelto mi puño, emerjo./ Hacia tu fruto maduro/ va la sal de mi labio y te persigna/ como si relampagueara en el mar./ Entre tus muslos de delfín amado/ surcan las algas y los remolinos/ tan presentida y obligada herida/ con que te avienes al consentimiento./ En el silencio/ tu queja es la ventisca de aquel pasado día./ Yo, tu enemigo/ amalgamado rayo/ te tiendo, te esparzo y me alimento [...] Sé por tu cuello/ que la sangre enrosca/ tus más apetecidas lejanías/ mojando su apacible distancia sumergida./ El sol/ te amanece las pestañas y es una/ manaza de lava tu respiración./ Yo, el guerrero, el amado, el consagrado/ a la muerte y el llanto/ me resisto a partir. Contra tu abrazo/ me desvanezco como una cruz tienta el aire.

Adviértase que, en la selección de términos y en las frases que con ellos se hilvanan, afloran significados de fortísima vibración erótica. Versos que no se podrían explicar porque, en poesía, corresponde al lector encontrar las connotaciones que el autor supo impregnarle al texto. Solo así, casi por ósmosis, por una especie de estremecimiento íntimo y personal, se podrá acceder —comulgar— con el verso leído.

En 1995, perteneciente al libro mencionado, Escoto publicó «Mi dama, la eterna desposada» con ciento cuarentaiséis versos divididos en seis segmentos.

1. Orgullosa presentación de la amada y manifestación de los recursos empleados para obtener un afecto que no admite competencia:

> Ella es mi dama, la joven, la eterna desposada./ La que robé/ del delirio ingrávido de los hombres/ para rodear su corazón con una vívida niebla de tenazas indoloras y amarillas.// Cantos dancé tras sus oídos/ y apacenté frente a sus ojos el espejo ahumado del amor.

2. Comparándola con la diosa del amor, se pregona el poder de absorción y atrape que tiene la amada:

> Pero ave hermosa transitaba. Venus seminal/ que ni el ojo la aparta ni se engaña.// Celdas de viento alrededor tendía,/ redes para estancar la luz/ que agita la risa. Nace tan alegre el amor que el día/ es una esponja en que se vierte el mar// [...] El aura del volcán se presentía/ en su mirada fugaz y apaciguada.

3. Expresa un satisfactorio estado de complementación amorosa:

> Una lanza de luz que se bifurca, el/ paso del silencio que se anuda y retrocede, la/ palabra que no enturbia la saliva compartida o el perdón.// Gracia de amor hubimos, gracia en el encuentro de/ nuestro desvarío ancestral./ Es tan sabia la mujer que el hombre/ recobra la fe y se decepciona de sí mismo.

4. Gozo en plenitud amorosa que transforma al amado:

> Vivo el poro invisible de tu piel y no me sacia/ la extensión de la noche y su contorno/ [...] Un hombre que desconozco y me visita emerge/ entre tus manos como en el silencio de la enunciación virginal. Este que te ha de amar en bien está naciendo/ [...] Entre el dulcísimo rescoldo de tus piernas el universo piensa/ lo inútil de la

sed y el abandono y sobre tu seno/ de gemelas diferencias me descubro/ abochornado y confundido/ como una ave magra que ausculta la oscuridad.

5. Certeza del amor que se recibe y confianza en una permanencia que no necesita ni siquiera formularse en palabras:

¿A dónde va el calor de tu profunda piel, cuál/ el alcance con que me posesionas y me avanzas/ como diciendo mío con avorazada propiedad? Nada/ ha de invalidar tus pergaminos. […]/ Dice tu gozo lo que nunca/ ensombrecen los abismos de la palabra: siete lunas/ en que nos desvestimos, tu rostro luminoso en/ la oscuridad y mi mano que palpa y que se incendia/ sobre el espejismo de tu seno solar que transparenta/ y se agiganta. Navegará mi labio tu cintura sin el asombro/ del naufragio o el rechazo de la tempestad/ pues hércules proteico me tiene transformado.

6. Ratificación de la entrega en el amor y ruego a la mujer para que nunca los cerque el silencio. Inclusive, el tratamiento inicial connota el arribo a un estadio del amor que solo llega con los años cuando ocurre una superación del apasionamiento inicial para dar paso a un afecto, tal vez más calmo, pero de raíces más sólidas y profundas:

Hermana, compañera, […]/ Afuera nos espera el vacío la/ eternidad angosta y solitaria. […]/ No todo ha de acabar cuando se anuncien/ la soledad, la muerte y el hastío. Aciago sino/ asecha en descampado a los enamorados./ No dejes al silencio/ que angustie la palabra o adormezca/ esa tibieza de caricia fraternal que guardas/ […] Adoba y perfecciona la pregunta. […] Habrás de ser mi dama, la joven, la/ eterna desposada, compañera fugaz de lo que entrego/ y me demando como si el universo rompiera a nacer./ Sobre tu suave epidermis de venado he de poner/ este eléctrico tajo de tormenta, esta súbita búsqueda de rayo/ que ya me nace por tu compañía. Cierra los ojos:/ El que no soy te busca para enhebrar los caminos sobre el mar.

Ratificación de un sentimiento que va más allá de los estragos físicos que indefectiblemente trae el tiempo. Certeza de que el amor va más allá de la pulsión de la carne.

En enero de 2020, Escoto —sabiendo de mi interés por su poesía— me remitió el original de «El amalgamado rayo (Episodio del haz final)», título en donde los dos términos de la enunciación forman una sinonimia que implica el dos en uno: «la llama doble» en la dicente metáfora de Octavio Paz. El poema contiene sesentaisiete versos en los que el autor continúa explorando la veta amorosa. A continuación, los núcleos del poema.

1. El yo poético no sabe qué camino lo conducirá al tálamo anhelado cuando ella lance el casi imperceptible llamado, signo primero de su poderío al brindarse solo cuando ella lo decide:

> ¿Cómo he de manejar a este encantado rayo?/ […] relámpago insensato, aluvión de miel, cuando en esmeril/ su quebrada arquitectura convoque y llame.// […] Con cuáles razones suplicar a tal radiancia/ […] su ciencia/ que desbarata a la de los hombres/ trenza cristalinas pantallas de ausencia/ […] Su liviandad anilla y almoneda, promete el sueño de volar.

2. Con anticipación —síntoma del anhelo o del gozo que ya corre por sus venas— el enamorado visualiza lo que vendrá la tarde que esté frente a ella. La mujer elevada a nivel supremo y el yo graficando lo especial y único del momento amoroso aún solo presentido:

> la daga de sus cantos insensibles/ el filo de esperma caliente, rígida espada vertical/ cayendo a las aguas del río sacro.

3. Visualización de los dones que le depara la mujer:

> Del rayo contemplaré sólo las piritas azules/ […] la vista/ de tus manos blancas que acarician entre blancas sábanas mi rostro/ Los erizados temblores de trueno/ que para entonces habitarán mi arisca piel de venado.

4. El haz ha quedado establecido. Clímax del encuentro. Satisfacción plena que hace prescindible todo lo demás:

> Residirán así del íntimo venado/ en mí/ sus ansiosas galopas a la cima de la montaña/ el olfato con que hiende pastos y océano/ […] los perros cíclopes del deseo/ y aquello que no siendo tuyo no llegaba./ Ya no más pregonar que no siendo tuyo no llegaba.// […] El

ciervo intenso/ que se adentra a la inmensa bocana del solicitado horizonte/ palpa desde su húmedo lo innombrable.

Julio Escoto ha escrito varios ensayos en donde analiza los variables aspectos de la pasión amorosa. Ha realizado solventes críticas de poemas que han sido justamente celebrados por su capacidad de expresar aspectos de un sentimiento que ha generado miles y miles de cantos. Por esa razón le tiene un gran respeto a la poesía. Por ello niega ser poeta; pero los textos comentados comprueban que sus versos han dejado atrás la categoría de «intentos». No son los de un hombre enamorado que, como desahogo, versifica. Sus trabajos revelan un largo trasegar buscándole a la palabra sus infinitas posibilidades de decir. Y, con sabio y actualizado manejo del verso, sabe engarzar una palabra con otra para traducir las distintas variantes del amor y del erotismo.

Lo amoroso, lo erótico y lo sexual —en amalgama— se conjugan en los textos comentados. El vuelo imaginativo y la connotación implícita en términos que velan y a la vez descubren toda la gama del ejercicio amoroso, ratifican la vitalidad del viejo tema que ya conjugaron los más grandes poetas de la historia. También demuestran que un poeta lo es, porque sabe darle vestiduras nuevas y deslumbrantes a las gastadas palabras. La solidez de sus poemas —comprobable en los fragmentos seleccionados— evidencia que, además de narrador y ensayista, Julio Escoto también merece agregar el nombre de poeta a su magnífica trayectoria. No lo he imaginado poeta, como él dice. Realmente lo es.

## 5. Julio Escoto y el cuento breve

Desde hace muchos años, el cuento breve (minicuento, microrrelato, cuento súbito, etc.) ha ganado un espacio de respeto en el mundo literario. No es un género menor y, en su brevedad, por la condensación conceptual y capacidad de sugerencia, descansa su riqueza. Una cápsula de concentrado poder, capaz de despertar en el lector una emoción, una reflexión y una lección de vida. Julio Escoto también ha ensayado sus posibilidades literarias. Lo evidencian «Eva» y «Biografía».[39] Transcribo íntegramente el segundo:

---

39. «Dos cuentos de Julio Escoto», en "Cronopios", diario *Tiempo*, 23 de noviembre de 1989, p, 17. En *Historias de Los Operantes* también ofrece dos o tres muestras al respecto.

Esta es una experiencia personal. Me tendí en el lecho y dormí, desamparado y desnudo. Soñé que podía controlar mi permanencia y vagué, en sueños, hasta la casa de mi padre, Él podaba los laureles del huerto pero mi corporeidad era invisible. Me aproximé y él percibió una onda extraña entre las rosas. Tendió la mano y la pasó sobre los bordes de mi transparencia.

—¿Quién está aquí? —preguntó sin asombro.

—Yo, padre, que visito— dije, pero él no podía escucharme o yo comunicarme con él.

—Hay algo extraño en esto— murmuró y fue a su habitación. Se tendió en el lecho, desamparado y anciano. Soñó que podía controlar su permanencia y vagó en sueños hasta mi casa. En ese momento yo no estaba allí y aunque me llamó no pudo despertar mi cuerpo porque su corporeidad era invisible y él no podía comunicarse conmigo o yo escucharle.

Dos situaciones oníricas que se repiten. Una como espejo de la otra. Sueños que objetivan o simbolizan el desencuentro y la angustia existencial derivada de la imposibilidad de la comunicación plena y total con el Otro que siempre será un enigma. El Yo profundo de acceso imposible marcando una especie de soledad cósmica. Lo onírico como un mundo paralelo y siempre perturbador, tema preferido en múltiples relatos breves.

En «Eva» —tres veces la dimensión que tiene «Biografía»— el narrador supuesto se remonta a la etapa mítica de la creación de la pareja humana. Él ha de ser un religioso o una persona muy vinculada al Vaticano en cuyas resguardadas estancias, en un Evangelio Secreto, leyó la historia de Adán y Eva. Datos que no permiten dudar de su veracidad. Contexto que lo hace irrefutable. Lo transcribo en forma fragmentaria:

Dicen los Evangelios Secretos —que yo penitencialmente estudio cada día y cada noche en las habitaciones ocultas de El Vaticano— que Eva, en el Génesis, habiendo alcanzado los últimos círculos de la exasperación y el insomnio que provoca el deseo, partió, desesperada y envuelta en una luminosa estela de ardor que diluye las sombras, hacia el Jardín Sexto del Paraíso Terrenal, en la sección del silencio y los conocimientos súbitos. Estaba el tiempo en la primavera inicial de la Creación [...]. Eva quería conocer el secreto de las manos de Adán —que la estremecían y le cortaban la voz— y el por qué, cuando en las aguas lo doraba el reflejo de la luz, se volvía deseable, tiernamente atractivo y obsesivamente carnal. [...]

Una bífida conversación la sacó del estupor de la ingenuidad y le hizo despertar la astucia femenina y el convencimiento de que era ella quien debía seducir a Adán.

"El tiempo de nuestra vida —reflexionó sibilina la serpiente— es egoístamente breve en comparación con la longevidad fértil de Dios. ¿Cuánto vivirás? [...] Goza mejor los placeres que se te prohíben y los haces de fuego que levanten vuestros cuerpos incendiarán el Paraíso y vivificarán para siempre. Nuestra existencia —concluyó— es en la eternidad como el rasguño de un gorrión en una montaña de granito".

¡Oh, Eva! —exclamó Adán al amanecer de la mañana siguiente— como el mar escondes tus placeres en el fondo de tu vientre, y uno siente que se ahoga. Has hecho más hermoso el aire y más dulce el trino de los pájaros; hoy es más leve el agua y mi cuerpo ha recibido la inspiración de la naturaleza. Sé ahora que es maravillosa la curvatura de tus senos y que tus piernas llevan el calor del fuego del hogar [...]. Lo que me has enseñado con el susurro de tu aliento y en el arco de tus brazos es como el rasguño del ala de un gorrión en una montaña de granito, que no la altera pero la conmueve —suspiró.

Desde su lecho, Eva sonrió felinamente.

Un texto en el cual lo erótico-amoroso se trata con finura extrema y en el cual el autor expone una idea constante en su narrativa: el poderoso rol que la mujer juega en la relación de pareja. Ella como factor desencadenante de la respuesta amorosa del varón. La oración «sonrió felinamente» implica triunfo, seguridad en sí misma. Consciencia de su poderío. Adán —indudablemente el espíritu del mal se las susurró al oído— repite las últimas palabras del «Consejero Matrimonial»: la bíblica serpiente. Palabras que corroboran el cumplimiento —en la plenitud amorosa— del paraíso anunciado. Julio Escoto también maneja el cuento breve con maestría.

## 6. El afán pedagógico de Julio Escoto

El Dr. Víctor Valembois destaca que en la obra narrativa de Julio Escoto con frecuencia este realiza observaciones de tipo lingüístico.[40] Un hábito de antigua incubación. Niño aún, le intrigaban la peculiar fonética y el léxico desconocido, propio del argot de los zapateros y afiladores de cuchillos salvadoreños que ofrecían sus servicios gritando desde la calle. Siendo adolescente, en el colegio, detectó que su buen desempeño en materia de redacción le había ganado respeto entre sus profesores y compañeros.

Asimismo, en diversas entrevistas, ha manifestado que, desde que empezó a escribir, buscó un mayor conocimiento de la lengua y de los recursos técnicos y formales que sus autores predilectos habían sabido esgrimir para atrapar el interés del lector. Desde entonces, estudiar la lengua y captar sus posibilidades semánticas y expresivas ha sido una especie de hábito o mandato cotidiano.

Por ese interés y partiendo de su propia experiencia, en ensayos, charlas y entrevistas ha formulado una serie de reflexiones sobre la necesidad de la formación integral de la persona que quiera dedicarse a la escritura. Y ello incluye, en primer término, el conocimiento exhaustivo del lenguaje, principal instrumento con el cual se trabaja.

Estimo que —como maestro que es, profesión confesada varias veces con sano orgullo— ello lo motivó a escribir y publicar una breve página que lleva el significativo pretítulo de «Ejercicio No. 232», número que indica que lo han precedido 231 trabajos previos que, por supuesto, no existen. Un subterfugio lingüístico que, en sí mismo, conlleva la primera lección: indicar que el entrenamiento es constante y que la tarea de ejercitarse con el lenguaje nunca termina porque este es dinámico, siempre está renovándose y adquiriendo nuevas aristas según las circunstancias históricas demanden. Pero esta lección se da mediante la sugerencia. Un método quizá más efectivo que la lección directa. Eso es parte del maravilloso funcionamiento del lenguaje: connotar, decir en claroscuro, para incentivar las neuronas del lector.

Con la segunda lección el maestro Escoto quiere demostrar cómo, con imaginación y capacidad de hacer analogías, se puede graficar y hacer tangible lo que se desea. Selecciona al espectacular, ruidoso y popular cohete de vara para construir, en torno a él, una cadena de imágenes y metáforas.[41]

---
40. Véanse sus ensayos en la sección de críticas de este libro.
41. Cohete de vara: juego pirotécnico fabricado artesanalmente que consta de un

Azuzando el ingenio, convocando el concurso de recursos paralingüísticos como las onomatopeyas y estimulando todas las sensopercepciones posibles, Escoto ofrece un ejemplo de cómo exprimir el lenguaje hasta lograr el máximo posible. Demuestra, así, que las posibilidades de la metáfora —por algo es uno de los tropos más antiguos, ya estudiados por el viejo Aristóteles— no tienen límites. Publicamos el texto en forma íntegra.

### «El cohete de vara»

Géiser de plata; cerbatana de luz; dardo de ceniza; flauta testicular; amígdala del viento; narciso en eclosión; suicida en el horizonte; cañuto municipal; aldeano gozo; alzarrostros; escupitajo de la tierra; en mi niñez memoria; aguijón silbador fugaz; silbido pum-pum; pedo aéreo; tos de Dios; escándalo rural; solitaria matutina; hipo de feria; bífida campana del aire; gemelo eco; aldeano gonfalón; en el valle zig-zag; tumbo montañés; kamikaze tropical; gloria artesana; sacabuche de Dios: alcaraván interruptus; saeta cósmica; salitre al azar.

Considerado ventoso de la revolución; súbito esplendor; ronco cacareo del albor; celebración de pastores; respingo monjil; imprecisa saeta; dardo al azar; ssshiss; teponaztle mineral; eyaculatoria de salitre y carbón; Beethoven lenca; falo ascensional; sierpe infértil; sierpe fugaz; serpiente de oro; reventado escroto; cráneo escindido; partición de la oscuridad; gemelo de la expectación; mitad del susto; guato solitario; semisemblanza de la rosa; gemido inconcluso; puerta en el cielo: tam tam.

Pólvora para zopilotes; infarto de la gaviota; jolote estilizado; garza elástica; delgada tartamudez; caricatura del trueno; se pide la palabra; revólver del viento; petimento a la aurora; muy tímido poeta; carraspeo espacial; narrador de suspenso; arma la alarma; ginecólogo atmosférico; secreto exhibicionista; oval luminoso; bicéfala alegría; guitarra torpe; borracho dúo; tenor frustrado; dueto sindical; periscopio lunar.

---

envoltorio que contiene una mezcla de pólvora y de otras sustancias que pueden darle un colorido especial. Va unido a una vara (caña brava) y tiene una mecha para encenderlo. Al ocurrir esto último, en medio de un estruendo, haciendo cabriolas luminosas, sube al cielo. Es infaltable en las fiestas religiosas y populares en varias regiones de Centroamérica.

**Referencias bibliográficas**

Escoto, Julio. «El amalgamado rayo (Episodio del haz final)». Inédito. Enviado por el autor en enero 2020.

Escoto. «Canto del guerrero sagrado», en «Cronopios», diario *Tiempo*, San Pedro Sula, 25 de febrero de 1993.

Escoto. «Cohete de vara», en «Cronopios», diario *La Prensa*, San Pedro Sula, 5 de marzo de 1995.

Escoto. *Danza del rayo y del venado*. Inédito. Enviado por el autor.

Escoto. «Dos cuentos de Julio Escoto», en «Cronopios», diario *Tiempo*, San Pedro Sula, 23 de noviembre de 1989, p. 17.

Escoto. *Downtown Paraíso*. San Pedro Sula: Centro Editorial, 2018.

Escoto. *Historias de Los Operantes*. San Pedro Sula: Centro Editorial, 2000.

Escoto. Introducción. *Antología de la poesía amorosa en Honduras*, compilado por Escoto. Tegucigalpa: Banco Central de Honduras, 1975.

Escoto. «Mi dama, la eterna desposada», en «Cronopios», diario *La Prensa*, San Pedro Sula, 23 de abril de 1995, p. 25A.

Escoto. *El ojo santo la ideología en las religiones y la televisión*. Tegucigalpa: Editorial de la Universidad Nacional Autónoma de Honduras, 1990; 2ª ed. ampliada, 2015.

Escoto. «Recuerdos», en «Cronopios», diario *Tiempo*, San Pedro Sula, 31 de enero de 1991, p. 9.

Rolla, Sara. «El peso del Caribe en la última novela de Julio Escoto». *Revista de la Academia Hondureña de la Lengua*, núm 16, 2007, pp. 195–203. También incluido en esta antología.

Wallrafen, Hannes, Julio Escoto y Guillermo Ánderson. *Del tiempo y el trópico – Honduras / Of Time and the Tropics – Honduras*. Edición bilingüe. San Pedro Sula: Centro Editorial, 2002.

## Capítulo 5. Entrevistas a Julio Escoto

Una entrevista —diálogo o conversación entre una persona que inquiere y otra que responde, entrevistador y entrevistado, respectivamente— es un instrumento sumamente útil para conocer distintos aspectos del tema que se investiga, cualquiera que este sea. La orientación al formular las preguntas se relaciona con el objetivo que se persigue. El responsable de llevarla a cabo puede interrogar sobre detalles biográficos, acceder a facetas de lo que el entrevistado piensa y siente, conocer sus opiniones sobre acontecimientos cotidianos, etc. La interacción pregunta-respuesta contribuye a calar hondo en la personalidad del entrevistado y, a la vez, convertirse en una plataforma para acceder a cuestiones que iluminan su trabajo.

Ubicándonos en el terreno literario, en sentido estricto, lo que se ventile en una entrevista o el conocimiento biográfico no son requisito indispensable para disfrutar de una novela, un cuento o un poema. Tampoco inciden en el balance o el juicio crítico que sobre ellos se realice. Un producto literario se basta a sí mismo. Todas sus facetas están pulidas al extremo. Por su propia naturaleza, posee un valor fundamentalmente intransitivo y, a la hora del balance, solo cuenta su coherencia interna. Sin embargo, desde el punto de vista de la pragmática, un código estético implica una relación con los usuarios (autor-receptor) y con el contexto (el ámbito, la «realidad real» cuya naturaleza es múltiple), razón por la cual es tan valioso el análisis integral de las distintas piezas en juego, ángulo de estudio en el cual las entrevistas aportan datos de interés.

Tomando en cuenta esos elementos, lo que ellas revelan puede ser un mecanismo eficaz para redimensionar aspectos y detalles ventilados en el producto literario. Lo alumbran desde un ángulo vivencial y humano. Agregan detalles sobre la visión de mundo, la ideología y la relación con el contexto que tiene el autor. Una labor que, en buena medida, desbroza el camino de lectores, críticos e investigadores sociales.

Esas son las razones por las cuales incluimos varias entrevistas que exploran aspectos de la vida y de la actividad literaria, cultural, y política (no partidaria sino como visión de lo social en relación con los asuntos del Estado) realizada por Julio Escoto. Ellas se orientan en distintas direcciones y permiten conocer las múltiples facetas de su personalidad. Hacen visibles rasgos específicos de su tarea escrituraria y ayudan a calibrar la congruencia que existe entre lo que expresa en el conjunto de su obra y su actividad ciudadana, constantemente orientada hacia un accionar ideológico-político que beneficie a toda la sociedad.

## 1. Entrevista realizada por Osmán Perdomo y Helen Umaña (1985)[*]

**Julio, según sabemos, tú resides desde hace varios años fuera del país. Sin lugar a dudas, esto te da la oportunidad de valorar, con la perspectiva que da la distancia, lo que actualmente se está haciendo en nuestro país en materia literaria. ¿Qué nos puedes decir al respecto?**

Es un poco preocupante en un sentido, y satisfactorio en otro el desarrollo de la literatura hondureña actual. Preocupante en cuanto no hay en el exterior resonancia del trabajo que se está haciendo en el interior de Honduras. Y satisfactorio porque, al arribar al país, uno se da cuenta de que hay muchísimas inquietudes e interés por desarrollar una literatura propiamente hondureña. Y, sobre todo, un grupo bastante nutrido de jóvenes que intentan escribir. Otro que ya está logrando sus primeras armas brillantes en el campo de la literatura. Y, finalmente, algunos autores ya consagrados que afortunadamente continúan trabajando en sus obras.

En la actualidad se puede palpar la existencia de grupos de escritores que están tratando de introducir una obra propia que, si bien utilizan elementos artísticos, estéticos y técnicos de otras culturas, poco a poco, van tratando de utilizar los temas nacionales y, en este sentido, la narrativa tiene un desarrollo interesante. Pero, desde luego, es en la poesía donde se ve que hay una mayor inquietud y un mayor interés por alcanzar estadios y niveles de calidad superior.

Pero, para volver a mis primeras palabras, también es preocupante, decía, que el trabajo realizado en nuestro país, es poco, si no escasamente, conocido en el exterior. Fuera de la producción de algunos autores consagrados como Roberto Sosa y Rigoberto Paredes, el resto de escritores hondureños es rarísimamente mencionado en las revistas literarias, en los suplementos

---

[*] Entrevista en el programa cultural que el Centro Universitario Regional del Norte mantuvo en HRVW, La Voz de Centroamérica, radiodifusora de San Pedro Sula Se publicó con el título «Julio Escoto realiza un balance general de la literatura hondureña» en la revista *Tragaluz*, Núm. 5, Tegucigalpa, noviembre de 1985: 9-12. Osmán Perdomo fue coordinador de la Carrera de Letras y Director del Departamento de Letras en el Centro Universitario Regional del Norte, posteriormente, Universidad Nacional Autónoma de Honduras del Valle de Sula.

culturales de los periódicos de otras naciones, incluso centroamericanas, para no ir muy lejos. Por lo tanto, creo que habría que comenzar a analizar cuál es la razón de que nuestro país no se manifieste y no se proyecte en el exterior. No es por falta de calidad, definitivamente, o por la falta de canales y de medios que puedan contribuir a que Honduras sea conocido en el campo literario, más allá de sus fronteras.

**¿A qué atribuyes el hecho de que la narrativa, si la comparamos con la poesía, tiene un menor grado de desarrollo en nuestro país?**

Probablemente, a la mayor exigencia técnica que tiene la narrativa. La poesía puede ser creada en un momento breve, circunstancial, de «inspiración», para usar este término ya un poco anticuado; mientras que la narrativa, y dentro de la narrativa, básicamente la novela, exige un trabajo mucho más lento, cuidadoso, meticuloso y de gran dedicación para poder producir una obra de trascendencia. En la literatura hondureña este fenómeno se ha dado constantemente durante décadas. Hemos tenido destacados poetas, pero hemos tenido muy pocos narradores. La poesía, como ya lo sabemos, puede surgir por una impresión sensorial, por una impresión vital en la existencia del poeta. Con cierto manejo, con la destreza de ciertas habilidades, puede llegar a crearse un buen poema, incluso, un cuaderno, o un grupo extenso de poemas.

Pero, en el caso de la narrativa, se presenta una perspectiva totalmente diferente. Si hay un grado alto de imaginación, el autor debe tener la capacidad técnica, esencial para poder dosificar este material imaginativo. La forma en que las ideas se presentan dentro de la narrativa, en desarrollo continuo y prolongando es absoluta y diametralmente opuesta a la de la poesía donde la característica principal es la síntesis. Mientras que, en la narrativa, el autor debe trabajar a marchas forzadas durante largos kilómetros de inspiración y de trabajo. En la poesía es el golpe instantáneo, el momento de lucidez, la brillantez de una idea que puede desarrollarse en pocas palabras lo que cuenta.

La narrativa exige, además, algo que es mucho más complejo, que es el conocimiento en profundidad de la esencia humana. El escritor de un cuento y mayormente el escritor de una novela debe tener un poder de concentración tal que logre plasmar en un personaje, no solamente lo que ese personaje es en forma individual, sino lo que él es en cuanto a representación de otros miles y miles de individuos que existen en el mundo o, para ser más estrictos, que existen en nuestro país.

Es aquí en donde yo creo que se encuentra la falla principal en cuanto al desarrollo de la narrativa hondureña. Los hondureños tenemos una capacidad sumamente amplia, rica y grande para fabular, para imaginar. Vemos cómo en los cuentos de pueblo, en el folklore, en las narraciones orales, el campesino, el ciudadano corriente son capaces de imaginar grandes aventuras y desarrollarlas en forma verbal; pero, y aquí es donde viene el caso del escritor, traducir toda esta experiencia imaginativa, todo ese caudal a una expresión coherente que el lector pueda ir entendiendo en forma de desarrollo ordenado.

Eso es mucho más difícil y exige un gran conocimiento de las técnicas en cuanto a la forma de escribir la situación ambiental de una novela; conocimiento de la técnica en cuanto a describir el interior y el exterior de los personajes; conocimiento de la técnica para dosificar la intriga, el suspenso que pueda tener, como deba tenerlo, toda novela y además un dominio alto de la técnica para poder ordenar todo el material, toda la información que requiere la novela; para ordenarla —repito—, en un texto que el autor pueda ir digiriendo paso a paso, asimilando y, básicamente, gozándolo, que es uno de los aspectos que los escritores hondureños olvidamos frecuentemente: una narración, un texto literario, debe ser no solo transporte de una idea, de un mensaje, de una presencia de superación para el individuo, sino que, repito, olvidamos también que la novela debe ser también motivo de gozo, de ser juego, efecto lúdico que haga que el lector vaya, poco a poco, construyendo él también aquella historia, haciéndose parte de ella identificándose con los personajes, entendiendo cómo es ese otro mundo que le propone al escritor y haciéndose partícipe de él.

En síntesis, entonces, creo que la razón de que la narrativa hondureña tenga un desarrollo menor que el de la poesía, se debe a que somos esencialmente, en mayor parte, sino en totalidad, escritores improvisados en cuanto al desarrollo de las técnicas. Ninguno de nosotros, o muy escasamente alguno, ha estudiado en las universidades el desarrollo técnico en las características literarias narrativas. Y mientras no nos dediquemos a estudiar a profundidad cómo se hace una obra literaria, cómo se hace una novela o un cuento, es muy difícil que los podamos construir.

**¿Crees que en el exterior, en alguna medida, se conocen los aspectos fundamentales de nuestra literatura?**

En el exterior es corriente que se hable de la literatura hondureña como un ente unitario, como un sistema de producción que sigue ciertas coordenadas más o menos ordenadas, más o menos sistemáticas, pero es muy poco conocida en su desarrollo actual y moderno. Generalmente, la impresión que tiene el analista extranjero es muy esquemática y, básicamente, muy intermitente. Esquemática en cuanto a que no hay un conocimiento del desarrollo de toda la literatura hondureña. Intermitentemente, en cuanto a que lo que se conoce son ciertos nombres aislados, únicamente las figuras prominentes de José Cecilio del Valle, Ramón Rosa, Juan Ramón Molina y Froylán Turcios, pilares de la imagen de la literatura hondureña en el exterior. Pero toda literatura es así, toda producción que ha habido es escasamente conocida en el exterior.

Creo que en ese sentido, nosotros tenemos que realizar una tarea de mayor difusión, de mayor protección de lo que es la literatura hondureña. Pero no tanto en el sentido de difusión turística, como se acostumbra en algunos países, sino más bien en el sentido de la calidad. Es inútil que un país intente difundir una literatura que no tiene valor estético. Lo único que se hace es vender ejemplares, hacer circular nombres, pero no se está produciendo una literatura que verdaderamente tenga un valor trascendental y un valor latinoamericano. Entonces, la mejor difusión que nosotros podemos intentar para la literatura hondureña de todas las épocas, es la extracción de sus mejores obras y la divulgación de ellas en el extranjero. Y en el presente, producción de mejores obras, ya que teniendo libros de calidad superior, ellos solos tendrán el suficiente valor para hacerse circular por el resto del mundo.

**Si comparamos la literatura de los países centroamericanos con la nuestra, ¿cuál es el balance general que tú haces?**

A pesar de las comparaciones, es absolutamente válido hacerlo. Es válido porque a pesar de que Centroamérica es una zona con tantos elementos de homogeneidad, hay diferencias profundas en el trabajo que se está dando en una u otra nación del Istmo. Creo que en este momento la literatura más creativa en cuanto al descubrimiento de lo nacional se está dando en Nicaragua. No en el sentido político que normalmente se atribuye —esto lo dejamos aparte— sino en el sentido de que los escritores, narradores, poetas y ensayistas nicaragüenses tienen años, tienen ya una tradición en que se han dedicado a buscar qué es lo que hay en su país de diferente al resto del mundo para destacarlo, para exaltarlo y presentarlo a este mundo como un principio de identidad nacional. Sorprendentemente, esto no solo se da en la parte literaria sino también en el trabajo plástico. La pintura nicaragüense, en este momento, es una de las más agresivas y está circulando por el resto del mundo con muy buen éxito. La poesía de este país tiene, además, una incorporación valiosísima de términos, de vocablos del folklor nicaragüense que la hace ser identificada casi inmediatamente. Aparte de ello se ha dado la circunstancia histórica de estar reunidos un fuerte grupo de buenos poetas que hacen mucho más valiosa la producción literaria de ese país.

Luego, creo que es en Guatemala «en el exilio» en donde se está dando el segundo bastión de la literatura centroamericana. Y digo Guatemala en el exilio porque la mayor parte de los autores relacionados con la Universidad de San Carlos con la producción de obras literarias, se encuentran en México y en otros países latinoamericanos, cuando no muertos. El trabajo de la literatura guatemalteca, sin embargo, en este momento, aparte de Cardoza y Aragón, es mayormente en el desarrollo y en el análisis. Es muy interesante ver cómo la mayor parte de los textos de análisis sociológico y socioeconómico de Centroamérica parten de autores guatemaltecos.

En El Salvador, fuera de Manlio Argueta y de algún otro par de autores que están también la mayoría en el exilio, el desarrollo literario es escaso. Es un país en guerra abierta y allí se ha destruido no solamente la infraestructura sino también la estructura artística y estética del país. Costa Rica tiene una alta producción de obras literarias, pero lastimosamente, la calidad es escasa. Muy pocos autores se destacan, a pesar de que hay una circulación muy amplia de libros. Y en Panamá, fuera de Rogelio Sinán en narrativa, de Jesús Martínez en poesía y de Gloria Guardia en novela, el desarrollo literario es también muy escaso.

Creo que en comparación, nuestro país alcanza un punto medio en su producción literaria. Pero, insisto: en el campo de su producción literaria, en su divulgación literaria Honduras se encuentra en el punto más bajo. Nuestros libros no circulan fuera del país. Los libros no se presentan a otros públicos a pesar de que hay buenos textos que se están produciendo.

**Dada tu experiencia en el extranjero ¿qué crees que se debería hacer en nuestro país en materia de política cultural?**

Creo que en el plano de promoción y de política cultural, nosotros estamos siguiendo un patrón errado, un patrón equivocado. Todavía se da en nuestro país la realización de actividades culturales un poco a nivel de velada escolar: la conferencia aislada que se presenta en una municipalidad; la entrega de un libro que se ofrece en la Biblioteca Nacional en Tegucigalpa, una pequeña obra que se presenta en forma literaria en cualquiera de las municipalidades. Actividades de cierta importancia pero que, sin embargo, no tienen una coherencia; es decir, que no apuntan hacia un objetivo común y que se da dispersa, sin concatenación.

Creo firmemente que la promoción cultural que se debe dar en Honduras tiene que ser forzosamente a través de los medios masivos de comunicación. Nuestro país sufre actualmente una crisis profunda de valores. Es innecesario mencionar cómo se ha desvirtuado lo que es la personalidad hondureña. Cómo se ha hecho correr los valores de nuestros antepasados hacia otro tipo de valores que más bien contribuyen a enajenarnos, y nosotros tenemos que retomar los principios de nuestra nacionalidad para enseñarlos a nuestros descendientes. En este sentido, entonces, las campañas más profundas de promoción cultural deben ser aquellas que lleguen a una mayor cantidad de público y los medios de comunicación son los únicos que en la época moderna pueden alcanzar esa gran cantidad de público.

Eso, en primer lugar; en segundo lugar, creo que definitivamente las políticas culturales hondureñas, si es que estas existen, tienen que cambiar de orientación. Nosotros continuamos entendiendo la cultura como un producto para élites. Continuamos entendiendo la cultura como un producto que se otorga a las clases superiores, a las clases medias con capacidad de lectura y escritura, pero nos olvidamos de que la mayor parte de la población hondureña es analfabeta. Nos olvidamos que la mayor parte de la población hondureña carece de los medios elementales de subsistencia y que, por lo tanto, el alcance de la literatura es una más de sus privaciones, aparte de las del alimento, el vestuario, la salud y la educación.

Tenemos, entonces, que cambiar esa orientación y comenzar a entender que la cultura no es un producto elitista. La literatura es simplemente la integración de valores dentro de un estado, dentro de un país, que hace que todos sus ciudadanos apunten hacia unos mismos objetivos vitales. La producción de literatura o la producción artística en general pueden perfectamente contribuir a presentar y a diseminar esos valores dentro de una población mucho más amplia que la que se obtiene actualmente. Produzcamos entonces un tipo de literatura y un tipo de cultura en general que sea para toda la población y no solo para consumo de aquellos que puedan pagarla.

**A tu juicio, Julio, ¿qué función cumple la literatura en nuestra sociedad?**

Creo que debe cumplir una función esencialmente crítica. Creo que toda la literatura, sin que elimine lo que tiene de gozoso, lúdico, de festivo sobre la vida, debe ser también constructiva en el sentido de criticar aquello que está dañando a la sociedad y exaltar aquello que puede perfeccionarla. En el caso de la literatura de nuestro país, se da esa función crítica definitivamente. En muchas situaciones con una alta calidad, como es el caso, decía, de Roberto Sosa. En otros casos con una profundidad interesante, aunque todavía no tan clara, como es el caso de *Una función con móbiles y tentetiesos* de Marcos Carías Zapata. Lastimosamente, en otras situaciones, ese sentido crítico que debe tener toda literatura no está bien dosificado, sino que se hace más bien panfletario y creo que ahí es donde el escritor tiene que detenerse un poco para analizar con cuidado y entender que, si bien la literatura es crítica, no tiene que ser propagandística, excepto, desde luego, si es para hacer literatura partidaria, dedicada a objetivos específicos, orientados hacia un grupo, en cuyo caso ya no es literatura.

**Julio, pasando al terreno de lo personal, ¿cuál de tus libros te ha proporcionado mayor satisfacción y qué balance personal tienes del conjunto de tu obra?**

Yo tengo una insatisfacción constante con mi trabajo. Es, sin embargo, una insatisfacción de tipo literario, de tipo estético. Es bien importante destacar esto. No es una insatisfacción de tipo personal. Si fuera de tipo personal se debería a que no he intentado durante tantos años escribir una obra seria. Por lo tanto, me estaría acusando de indisciplinado, de haber desperdiciado mi tiempo, lo cual no es así. Mi insatisfacción es más bien de carácter literario, estético en general. Yo creo que hasta el momento lo único que he estado realizando es el ensayo y los borradores hacia lo que va a ser mi verdadera obra.

Me preocupa muchísimo el tiempo. A mi edad ya no puedo darme el lujo de continuar ensayando. Ha llegado el momento en que para ser honesto conmigo mismo debo escribir una, varias, buenas y excelentes obras literarias o desaparecer del campo literario. Y creo que este es un principio de honestidad que debemos seguir todos los escritores. Saber el momento en que la vena creativa está madura y hay que hacerla temblar y producir el máximo posible de calidad o bien el momento en que esa vena creativa se ha agotado y hay que retirarse. En ese sentido, creo que, en este momento, estoy en capacidad de producir obras con una mayor madurez y con mayor trascendencia. Las obras que he producido anteriormente tienen cierto valor, desde luego. Han sido producto de investigación, como por ejemplo, los ensayos; han sido producto de imaginación como las novelas, los cuentos, algunos de ellos con reconocimiento internacional. Pero, repito, para mí son sólo pasos de un proceso.

Personalmente considero estar alcanzando cierto logro. Y digo esto con sentido totalmente objetivo porque entiendo que, con raras excepciones, el escritor lo que sufre en su vida es todo un proceso de maduración, un proceso en que tiene que ir aprendiendo a manejar el material, a desarrollar las técnicas, a encontrar nuevos elementos con que trabajar su obra. Es un proceso continuo que el escritor vive día a día, si se quiere llamar así. Y, afortunadamente, yo lo he tenido en todos estos años. Muchas lecturas, mucha experiencia en diversos países a nivel personal. Mucha comunicación con seres humanos, mucha observación de lo que es la realidad centroamericana, que es la que más me interesa. Admiración por aquello virtuoso y noble que hay en nuestros pueblos. Sufrimiento por aquello que hay de negativo y vicioso en ellos.

Creo que toda esa serie de elementos están, por fin, entrando en una elaboración propia interna que, probablemente, a muy corto tiempo, porque ya tengo producto de ello aún sin publicar, a muy corto tiempo, podrán producir una obra más elaborada y seria. Digo que ya tengo muestra de ello porque el año pasado terminé una pequeña novela que quedó finalista en el premio «Sésamo» de novela breve en España, que es el decano de los premios de novela breve. En esta obra de malos y villanos, hay un trabajo muy distinto a lo que había elaborado anteriormente. Muy distinto en cuanto a una calidad más exigente, a una síntesis más apretada, una elaboración mas acuciosa y mucho más cuidadosa y sobre todo, una obra en donde también se toma en cuenta al público lector. A este le doy ahí las claves suficientes para que pueda entender y desarrollar la obra, entendiendo que él es parte también de mi trabajo y no como se hace normalmente cuando uno comienza a escribir y que escribe una obra con cierta oscuridad, con cierta reticencia de expresar y de comunicar, lo que, desde luego, hace que el lector se aleje del gozo del texto.

**Para finalizar nuestra conversación, ¿qué aconsejarías a los jóvenes con inquietudes literarias?**

Siempre tengo temor de una pregunta así porque significa el riesgo de un consejo y una orientación equivocada. Sin embargo, a partir de mi experiencia personal, yo considero que, en un medio en donde las ofertas culturales son escasas como es el nuestro, un medio en donde no tenemos la oportunidad de ver las mejores obras de la cultura universal, en donde no podemos asistir a espectáculos en que se presente lo más alto de la calidad estética, yo creo, repito, que en un medio así, el mejor vehículo que puede tener un escritor con inquietudes literarias es el de la lectura. Absorber como lo hacía Juan Ramón Molina, todos los productos literarios que puedan llegar a sus manos. No en una forma desordenada, como desgraciadamente lo hizo nuestro poeta, sino en forma sistemática. Si un joven aspira a ser un narrador, que comience por estudiar a aquellos autores que se han destacado dentro del campo clásico, por ejemplo, y avance hasta la época moderna, para conocer cuál es la producción actual con la referencia de los productos anteriores.

En primer lugar, entonces, yo aconsejaría a un joven escritor que lea y lea, insistente, continua y sistemáticamente con sentido crítico. Que aprenda de los buenos aquello que hizo de ellos valores excepcionales. Y en segundo lugar, aunque esto es un poco más difícil por razones económicas, yo le aconsejaría que viaje. Que haga todo lo posible por salir del país. No existe un mejor antídoto contra los vicios nacionales y no existe un mejor refuerzo para las virtudes nacionales que ver el país en la distancia y la perspectiva de otras latitudes. Cuando uno logra desprenderse del medio propio, comienza a verlo con cierta relativa objetividad, con amor al propio país, pero al mismo tiempo con un sentido crítico de verdadero amor descarnado. Cuando llega ese momento, uno comienza entonces a apreciar qué es lo negativo para poder superarlo y qué es lo que este pueblo tiene de virtuoso para poder reforzarlo.

Por último, habría una idea fundamental que yo quisiera recalcar y es la idea de que no se desespere por la situación histórica que vive Honduras actualmente o que ha vivido en los últimos años. Que entienda que lo que está ocurriendo en nuestro país es consecuencia del estado de subdesarrollo en que nos encontramos y que la forma en que nosotros tenemos de superar ese estado de subdesarrollo es luchando cada uno con nuestro propio trabajo individual y colectivo. Eso incluye no solamente el trabajo económico, el trabajo social que se realiza, sino también el trabajo literario. Nosotros nos encontramos dentro de esa gran esfera del subdesarrollo latinoamericano que tenemos que romper. Y la mejor forma de lograrlo es dedicándonos a aquellas funciones que nos interesan, en este caso, la literatura, con el mayor ahínco posible, con la mayor voluntad, como la más amplia de las inspiraciones y con la más grande fe.

Son mecanismos complicadísimos e incluso pueden llegar a sutiles pero existen, se accionan y funcionan.

**Ante la entrada en vigor del nuevo Código Penal, que reduce las sanciones contra corruptos y violadores, ¿cómo podría eso desencadenar nuevas crisis en el país?**

Diré poco sobre este tema pues estoy poco informado; no he estudiado la materia. Pero sí deduzco que donde hay una falla legal o del sistema, o donde radica una mentira, ya existe también una semilla de crisis.

## 2. Entrevista realizada por Juan Ramón Saravia y Helen Umaña (1991)*

**Julio, ¿qué lo motivó a organizar las Jornadas de Identidad Nacional?**

La necesidad de profundizar el proceso de reflexión sobre identidad colectiva ahora que nos invade con más fuerza la avalancha de culturas externas, ajenas a nuestra idiosincrasia. Después de la lucha de la década de los 80, en el plano cívico, los 90 anuncian el combate frontal e intelectual contra el avasallamiento extranjero. Es urgente restituir el culto comprensivo a los valores nacionales. A la juventud no puede evitársele identificarse con los estilos de Madonna —porque no podemos sustraernos del contexto mundial— pero es imprescindible sembrar también en su corazón el recuerdo heroico de Visitación Padilla o el patriotismo inocente, visceral de Lempira. No importa tanto que Chayanne imponga la moda de la vincha al cabello, eso es exterior. Lo esencial es que formemos una nueva generación profundamente orgullosa del más noble, digno y lúcido varón de Centroamérica, Francisco Morazán, y de su ideal democrático.

Tenemos también que mostrar a la juventud cómo expandir el pensamiento y darse cuenta de que aún dentro de la crisis actual hay que continuar viendo hacia adelante y proponiéndose grandes retos históricos, sin perder de vista nuestro sentido de integración de nacionalidad, así como supo hacerlo José Cecilio del Valle. Debemos darles modelos de honradez y virilidad, y en ello José Trinidad Reyes es un extraordinario paradigma.

Lo esencial, como señalaba previamente, es entender que sin descuidar la lucha por la soberanía territorial —hoy un poco menos humillada— se hace urgente volcar fuerzas hacia la consecución de la soberanía cultural y la identidad nacional, es decir el campo cerebral de la gente. Este es un esfuerzo en que no debemos desacoplarnos del acontecer del mundo, pero también en que debemos aprender a diferenciarnos de él. Estos son los motivos básicos para haber organizado las Jornadas de Identidad Nacional «Hacia el Año 2000».

---

* Se publicó con el nombre de «Julio Escoto y las Jornadas de Identidad Nacional», «Cronopios», sección cultural de diario *Tiempo*, 30 de mayo, 1991, p. 17. Juan Ramón Saravia, poeta y narrador. Codirector de «Cronopios».

### ¿Por qué se llama «Hacia el Año 2000»?

Porque es buen momento para integrar las reflexiones que muchos estudiosos han hecho sobre el pasado histórico hondureño, con una definición del futuro que anhelamos. Hasta ahora nos hemos concentrado en encontrar el supuesto momento pasado en que el hondureño perdió su auténtica forma de ser para pasar a adoptar patrones extraños, ajenos a su naturaleza territorial y comunal. Pero la reflexión parece —sólo parece— haberse quedado ahí, en cierta obsesión por encontrar el «cuándo» de nuestro enigma histórico (habrá que ver también si perdimos identidad o si sólo hemos disfrazado nuestros rasgos colectivos).

Nosotros estamos ahora proponiendo el puente del salto conceptual, el eslabón de la integración, el «y ahora, ¿hacia dónde?»; es decir, girar 180 grados desde la teorización a la realización, del estudio de escritorio a la práctica diaria y pública, que es lo que más comprende el hombre de la calle. En cierto sentido podría decir que estamos pidiendo, por fin aterrizar.

El mundo está sufriendo profundos y trascendentales cambios que van a transformar, en menos de 20 años, la estructura actual de la humanidad. Hacia allí quiero que tornemos la mirada, porque sólo así vamos a poder desarrollar una estrategia propia de fortalecimiento de la identidad, una en que ensamblemos lo que conocemos de nuestro traumático pasado con lo que vivimos al presente y con el tránsito que debemos recorrer para recuperar el futuro y mañana ser nosotros mismos. De esta forma podremos trazar rumbos, definir pautas con las cuales aglutinarnos y orientar nosotros, el pueblo, en vez de ser malamente orientados por criterios abusivos, improvisados o externos de los supuestos líderes nacionales. Lo que subyace en el fondo de este evento es la raíz misma de nuestro destino nacional, que es decir de nuestro futuro. Por eso lo hemos denominado «Hacia el Año 2000».

### ¿Qué objetivos se pretende lograr?

Objetivos claros, precisos y concretos en su alcance. Sabemos que con una reunión no vamos a cambiar el espíritu nacional en su totalidad, ni siquiera en gran parte. Somos, pues, humildes en nuestra pretensión. Deseamos en primer lugar despertar la reflexión organizada, científica y no panfletaria sobre el tema de identidad nacional. Queremos, además, descubrir la posibilidad de desarrollar un nuevo lenguaje, un nuevo discurso en torno a nuestra soberanía cultural: el actual está manido, abusado violentamente y ya no despierta resonancia alguna en el público. Buscamos también realizar una exploración multifacial sobre identidad nacional, atacar el problema desde todos los ángulos posibles para después efectuar síntesis. Esa es la razón por la cual el evento es pluralista, con intelectuales de diversas corrientes, porque no queremos manipular al público recetándole el mismo mensaje y para el cual ya está no sólo sobresaturado sino hartamente vacunado.

Deseamos un evento honesto y de altura, apartándonos de lo tendencioso y reconociendo que si bien no lo sabemos todo, estamos aptos para ventilar, para explorar todo. Esto fue unánimemente acordado por los copatrocinadores de la Jornada, Lic. Katty Sosa e Ing. Yamal Yibrín, quienes, junto con las instituciones de apoyo, han optado toda su colaboración, incluso financiera, para que las Jornadas sean un foro de apertura, no de reificación de conceptos, una búsqueda conscientemente asumida para la que ya incluso el público olvidó las preguntas.

Pero, esencialmente, hay un objetivo magno en el evento: introducir una hendidura de luz en la mente y el alma de nuestros jóvenes mostrándoles —hasta donde podamos— los caminos que conducen al encuentro con nuestra propia, rica y auténtica nacionalidad. Queremos extraerlos de su confusión y su descreimiento de Honduras, romperles a pedacitos la idea de que la corrupción, el subdesarrollo, la dependencia son fatales y eternos. Deseamos pasarles la antorcha y que ellos la robustezcan y la vivifiquen. Si lo logramos, siquiera con un pequeño grupo, las Jornadas serán un éxito.

**¿A qué tipo de público van dirigidas?**

Particularmente a los jóvenes. Pero no sólo a los jóvenes físicos sino de espíritu, no importando su edad cronológica. Está invitado a las Jornadas todo aquel que crea que en alguna forma puede contribuir a construir una patria mejor.

**¿Cuál fue el criterio en la selección de los temas?**

Dado que no podíamos abarcar todo el espectro que merecería una agenda sobre identidad nacional, escogimos aquellos temas que fueran más polares e incisivos en forma inmediata, esto es la relación de medios de comunicación e identidad (a cargo de Amílcar Santamaría), valores cívicos e identidad (Joaquín Portillo) y el arte y la literatura en el marco de la identidad (Helen Umaña). Pero, además, en el foro del 7 de junio, van a surgir, indudablemente, otros aspectos similarmente fundamentales, por ejemplo, ¿cómo se integran religiosidad e identidad nacional?, o bien, ¿cuál es la aproximación de modernidad con que debemos encarar la búsqueda de nuestra idiosincrasia?, o quizás discutir la perspectiva con que vamos a participar en las celebraciones del quinto centenario de América, que será el momento de retrotraer al presente el pasado de nuestra personalidad colectiva. Hemos lanzado una convocatoria abierta no solo al interesado directamente en la materia de identidad nacional sino al espíritu constructivo de la nación. En cierta forma esto es para nosotros, un desafío, un reto ineludible: descubrir si el hondureño está realmente interesado en asumir y redefinir su propio futuro.

## 3. Entrevista realizada por Rosario Buezo (2005)*

**¿Por qué tanta insistencia en el tema de la identidad en su novela *Rey del albor. Madrugada*?**

Fue una reacción totalmente personal y subjetiva. [...] Fui un niño muy consentido, pero al llegar a la adolescencia leía mucho y de tanto leer me pregunté quién era yo, y por qué estaba aquí. Al comenzar a estudiar Letras en el año de 1961, [...] el buen influjo del maestro [...] Andrés Morris [...] me hizo concebir que podría aprovechar esa búsqueda personal en un plano social y en el plano de país. Honduras estaba en la situación más crítica y terrible; más honda de la desesperación por tratar de orientar al país y a la nación, acababa de entrar el gobierno de Villeda Morales, que se suponía respondía a una serie de ambiciones nacionales, pero que en el año de 1963 fue cortado totalmente por un golpe de Estado. Entonces esta situación nos llevó a la desesperación y pensé que este no iba llegar a ninguna parte, pues venía saliendo de una larga dictadura de 16 años.

De 1961 a 1964 tuve muchas lecturas de tipo social y político, además de que tras la revolución cubana en ese momento era un hervidero de búsqueda de respuestas políticas y de tantas lecturas, de tantas inquietudes, de tantos llamamientos, gritos, que había en Latinoamérica para hacer algo a favor del continente, desde luego en cada uno de nuestros países. Yo comencé también a estudiar que podía elaborar una literatura que no me diera gusto a mí mismo en el trabajo literario, en el trabajo estético o en el goce estético, sino que además tuviera un beneficio social, una proyección social, y para no entrar en la literatura de panfleto, la literatura política cruda, entonces me fui más por la orientación hacia la teoría de la identidad. Creo que aquí, al comenzar a escribir, hallé el camino que podría seguir y que es muy rico, y que al mismo tiempo que es rico de explotar me puede servir para ayudar a otros a entender el proceso en que estamos viviendo. Esas son las verdaderas causas de que haya tanto tema de identidad en mis novelas.

---

* Entrevista del 18 de enero de 2005 en San Pedro Sula. La Dra. Buezo realizó tres entrevistas. Contando con su anuencia se publican en forma fragmentaria.

**¿Por qué la insistencia de trasladar el pasado al presente actual? ¿Cómo la literatura en Honduras deja de tener importancia por la falta de claridad?**

He allí otro elemento importante, de que la obra mía vaya siguiendo como una necesidad de formar conciencia para que haya acción, yo creo que eso sí fue intencional, fue más o menos aceptado desde un principio, el tratar de que la gente a través del conocimiento de su pasado pueda compararlo con su presente y pueda entonces construir a partir de allí un futuro; si hay definitivamente una intención, es una intencionalidad política, absolutamente política, algo que también aprendí muy temprano, gracias a algunos maestros, que era a no dejarme llevar por los políticos del momento. Algo que aprendí muy temprano también fue diferenciar entre la política y la literatura y, entonces, a tratar de hacer que, aunque hubiera contenido político dentro de un cuento, una novela, etc., ello no fuera lo que condujera a la literatura. Quiero decir con esto que se dio un momento en los años sesenta y setenta en Honduras que se produjo mucha literatura proletaria, mucha literatura política, que era muy política, pero no era literatura; en cambio yo siento que a través de esas experiencias, a través de esas enseñanzas de mis maestros, particularmente Andrés Morris, que significó mucho en mi vida, y sobre todo la coincidencia de que en ese momento entrara el movimiento del boom en la literatura hispanoamericana, los autores del boom manejaban la política sin que la literatura fuera política directamente; entonces yo creo que eso ayudó mucho para no confundir los dos elementos, pero sí una intencionalidad muy clara y definitivamente política de hacer que la gente conociera quién es, dónde está, de manera que a través de ese saber, de ese conocimiento, se impulsara la acción al cambio.

Yo soy una persona [...] con una necesidad de cambio constante, yo no puedo quedarme una semana haciendo lo mismo, quiero decir, sin tratar de renovarlo, puede ser que esté haciendo novela desde hace treinta años, pero en cada uno de los libros estoy tratando de dar un salto más arriba, más adelante, y lo mismo también en el plano de la opinión pública, en los artículos, en los ensayos, etc.; trato cada vez de ir buscando más explicación en las cosas para impulsar la acción en la gente. Quiero decir que, en el fondo, la actitud ha sido política todo el tiempo, eso no lo puedo negar, definitivamente.

**¿Por qué manejó el mismo tema de la guerra por separado en sus novelas:** *Días de ventisca y noches de huracán* **y** *Bajo el almendro... junto al volcán***?**

Por la experiencia inmediata directa y personal que alimenta a veces una reflexión, [...] lo que he hecho en mis libros es ser un saqueador de hechos reales, porque en esas dos novelas estoy hablando de una guerra que yo viví, pues yo residía en Tegucigalpa en 1969, y el 14 de julio en la tarde que estaba apenas entrando a mi casa empezó el bombardeo, tuve que ir a esconder a mis hijos, a protegerlos, guardarlos y todo lo demás, y al día siguiente en la madrugada lo mismo, el 14 y el 15 de julio. Pero lo viví no solamente en cuanto a la experiencia inmediata que estaba ocurriendo, sino en cuanto a los temores y los miedos que es de lo que se alimenta muchísimo un escritor.

Después de haber pasado esa experiencia, a mí lo que me quedó fueron dos elementos, que fue el recuerdo de lo que efectivamente e históricamente, periodísticamente, había ocurrido, o sea, el bombardeo, los disparos, la gente corriendo, los voluntarios para apoyar el barrio, me quedó eso, pero también me quedó una experiencia extraordinaria que fue aprender a conocer las diferentes circunstancias del ser humano en el miedo, la incertidumbre, la soledad, el peligro de la extinción, o sea, esa es una riqueza de un escritor, maravillosa.

Voy a hacer un paréntesis, pues quiero explicarle cómo nació mi primer cuento, porque se relaciona definitivamente con mi persona: resulta que yo estaba en el cuarto año de secundaria (si no me equivoco) en La Salle de San Pedro Sula cuando el director, un excelente maestro, don Carlos Pineda, dijo que el colegio iba a publicar una revista hacia noviembre o diciembre donde se hablaría del colegio y donde iba a haber textos de alumnos que quisieran hacerlo, y como mi papá era periodista, ellos suponían que por generación espontánea o por derivación genética iba a tener algo de conocimiento de letras o inspiración, entonces me pidieron que por qué no escribía algo, y yo que ya andaba por ese tiempo queriendo averiguar qué era la literatura y me leía cantidades de novelitas de vaqueros, de amor y de guerra, pensé, puedo escribir algo de versos para la revista, un cuento probablemente, yo encantado por la posibilidad, pero no sabía sobre qué escribir, además nunca había escrito un cuento en mi vida, desde luego en ese tiempo —estamos hablando que tenía quince años— estaba yo aprendiendo a manejar automóvil, pero nadie me enseñó, simplemente mi padre me dijo un día, bueno allí está, vea cómo hace y aprendí a manejar de alguna manera o viendo a los otros, y venía una noche, ya tarde, nueve y pico de la noche de estudiar con algunos compañeros, en el automóvil de mi padre, y de repente sentí que el automóvil había pasado encima de algo y recuerdo que inmediatamente lo que pensé es que había atropellado a alguien y como un hermano mío había muerto, años antes, atropellado por un automóvil, lógico, la primera impresión fue esa. Detuve el automóvil y fui a ver alrededor y no había nada, pudo haber sido algún bulto, alguna piedra, pero como no sabía manejar, no entendía eso, pues recuerdo que lo que sentí fue terror, pero un terror no porque pudiera ir a la cárcel, no porque me iban a regañar o por lo que fuera, sino el terror de la posibilidad de haber acabado con una vida humana, mi terror era ético básicamente, pues no era por miedo a un castigo sino que era estrictamente ético. Entonces, el haber vivido esa experiencia del temor, de la posibilidad de haber matado a alguien, me sirvió porque me di cuenta que tenía un tema excelente para escribir un cuento y escribí el cuento y salió en el colegio y Dios quiera que nunca nadie lo encuentre porque ha de ser muy malo definitivamente, ha de ser pésimo, ojalá que nadie lo halle.

Retomo nuevamente el tema de la guerra porque durante la del 69 con El Salvador aprendí la vivencia humana que es, realmente, con lo que trabaja un escritor. Uno puede viajar mucho, conocer mucho, conocer personas, pero no son los casos sino que son las personalidades lo que uno trata de reflejar, su vivencia interior, eso es lo que uno trata de rescatar; entonces, en el caso de los dos libros, *Días de ventisca* y *Bajo el almendro*, que tratan sobre la guerra de El Salvador, probablemente respondan a dos emociones diferentes, o sea, a dos reflexiones diferentes. En ambos hay un elemento común y es el poder, el poder casi omnímodo, en […] *Días de ventisca* son los poderes fácticos, el poder real, el gobierno, la embajada norteamericana, los militares que están haciendo lo que ellos quieren absolutamente; en la otra, *Bajo el almendro*, es el mismo ejército hondureño el que llega a invadir el pueblo, lo que nos está diciendo es que es imposible luchar con ese poder, porque está aquí dentro del mismo país. En ambos casos fue un intento por clarificar desde dos ángulos o ángulos distintos, un mismo fenómeno o una misma experiencia.

**Existe en *Bajo el almendro... junto al volcán* una especie de circo. ¿Puede tener alguna influencia de la novela histórica de Carpentier, o es una forma de representar lo carnavalesco?**

En este caso no es para nada forzado, es totalmente real y lógico, después de la admiración enorme que yo desarrollé por Juan Rulfo y que se refleja en *El árbol de los pañuelos*. Desde luego también existe admiración por los otros autores del *boom*, y [...] me cuidé mucho siempre de no caer, como ocurrió con algunos autores centroamericanos, en la copia del estilo de García Márquez, un autor muy abundante, rico, exuberante, muy explosivo, pero existen ciertas técnicas que se aprenden y ciertos elementos conceptuales que uno aprende a manejar de otros autores y, efectivamente, Carpentier es uno de los autores que más he admirado toda la vida, no solo por la riqueza del lenguaje, [...] su trabajo barroco sobre la palabra; pero además, su capacidad de dosificar el humor es muy importante. Son sus libros de un humor bien trabajado, bien administrado, bien manejado, es un humor casi sin humor; aunque yo no tenga nada que ver con Carpentier de modo directo, sí hay definitivamente un influjo, [...] además [...] la entrada del circo, también ayuda un poco a romper la tensión, aligerarla, a suavizarla, a hacer que los personajes experimenten un dramatismo distinto y se relajen y reflexionen, sospecho que por eso entra el circo [...], aunque si usted hace una comparación verá que de una u otra manera hay una comparsa parecida en *Madrugada*, cuando llega al palenque el esclavo, Mateo Casanga, hay también un desfile parecido, puede ser también una obsesión infantil con el circo, no lo sé.

**Es una constante en sus obras aludir a Madrugada como personaje, y por otra parte a la madrugada tiempo. ¿Cómo explica esta forma en particular?**

Tiene que haber un elemento desde luego, ahora, cuál podría ser en mi experiencia personal. Yo conozco la madrugada, conozco el amanecer muy poco, porque desde que me independicé y puse mi propia editorial, pude también regular mi horario porque por eso fue que me independicé, porque no quería seguir asistiendo a una oficina a las siete o a las ocho de la mañana, sino que quería hacer realmente lo que quisiera y al independizar mi horario decidí trabajar por las noches hasta muy tarde y dormir por la mañana hasta las siete. Desde esa época yo no conozco el amanecer por mi propia voluntad definitivamente, sino que porque tenga que ir a dejar a alguien al aeropuerto o que tenga que hacer alguna tarea, para mí el ver el amanecer alguna vez tiene mucho de maravilloso. [...] Supongo que es también como un signo de esperanza de alguna forma, como que el mundo despierta y vuelve. Recuerde que los mayas cada vez que aparecía el sol daban gracias de que había aparecido porque no estaban seguros de que iba a aparecer al día siguiente; entonces supongo que ha de ser así también, como que renace todo, como que rearranca todo, como que todo vuelve a comenzar y que tomaron fuerzas y vuelve la lucha otra vez, sospecho que puede haber algo de eso, pero qué interesante no me había fijado en eso.

**¿Por qué el tema de los imperios recorre tan fuertemente las novelas *Rey del albor. Madrugada* y *Morazán marcha a batallar desde la muerte*, aunque finalmente se cuestiona más al imperialismo norteamericano?**

El énfasis sobre lo norteamericano se debe a lo inmediato, pero en la novela recuerde que hay varias menciones donde se habla de todos los imperios, se habla del imperio español y del imperio inglés, porque la tesis mía es esa de que no son las naciones o los individuos, sino que es el sistema o el imperio en sí el malo definitivamente. También me interesaba, ya que la novela se publicó en 1993, no participar en aumentos o engrosar la leyenda negra desde luego sino en tratar de establecer un equilibrio, un balance, qué es lo que es, lo que hubo de bueno y qué es lo que hubo de malo.

**¿Cuál es la importancia que para usted tiene el documento histórico en sus novelas?**

En *El General Morazán marcha a batallar desde la muerte*, allí yo me sometí mucho al documento histórico, respetándolo totalmente, incluso tanto fue así que cuando terminé la novela se la pasé a seis historiadores que me ayudaron a revisarla [...] para que no hubiera errores históricos porque era muy delicado. Yo allí trabajé sobre un documento y un hecho histórico, pero no recreé personajes, sino que lo que hice fue crear ambiente, pensamiento, circunstancias, nada más, no movimientos, eso es lo único que hay, no hay ningún personaje inventado; en *El General Morazán*, sí, desde luego, sus reacciones, forma de aproximarse a tal suceso o a tal otro, sus sentimientos, dolores, amores, con eso fue que jugué en esa novela. [...] Sí hay una idealización de Morazán [...]. Esa idealización [...] no se da como figura política, como figura incluso individual humana, sino que se da más como figura revolucionaria y como figura romántica. En la idealización revolucionaria [...] está ese anhelo de cambio permanente, y él fue un adalid en esto, eso es innegable en lo histórico y lo romántico [...]. Yo tenía más o menos año y medio de estar haciendo investigación sobre Morazán, porque ya venía el período de sus doscientos años de nacimiento y quería escribir algo sobre Morazán, además creo que ya algunos amigos me habían dicho: vamos a hacer actos, vamos a publicar libros, conferencias y todo y quería prepararme, es por ello que me leí todo lo que había sobre Morazán, todos los libros, pero no había comenzado a escribir, primero porque después de leer todo quise digerir y olvidarme del dato histórico. [...]

En abril de 1990 murió mi esposa, con quien teníamos una relación extraordinaria, fuera de serie, y yo recuerdo que después de pasar un período de duelo, que no habrá sido tal vez meses, quizás menos, me di cuenta de que si no me sometía a una disciplina muy dura, personal, casi impactada, entonces yo podría desbandarme un poco, yo podía perderme, porque en búsqueda de concentración podía hacerme alcohólico, borracho, ebrio y no era muy difícil; [...] yo necesitaba anestesiarme, yo me tomaba media botella de ron todas las noches, definitivamente yo no me podía dormir si no era así, luego me di cuenta de que ya a los meses mis necesidades amorosas, espirituales, físicas, se estaban incrementando, pero también sabía que si empezaba por allí, me iba a perder definitivamente, entonces dije no, tengo que someterme a una disciplina, pasar esta etapa, reordenarme, por lo que me pasó, que fue terrible, y después ver cómo salgo del hoyo, del agujero, y lo único que me puede ayudar a pasar este gran abismo es dedicarme a escribir y como tenía año y medio de estar estudiando a Morazán, entonces me sembré, no voy a utilizar la palabra senté, sino que me sembré durante 45 días a escribir.

Entonces la novela tiene mucho elemento dolido, mucho hilo de nostalgia, muchísimo realismo, me doy cuenta de eso cuando la veo de nuevo porque estaba no solamente la circunstancia histórica, real de Morazán, un romántico en el fondo, pues eso fue, sino que también estaba mi propia circunstancia personal y unidas las dos dieron esa novela. Cuando uno trabaja el elemento histórico, claro que tiene allí una base, un fundamento, una plataforma que puede trabajarla de mil maneras, lógico no tomar ese hecho, romperlo y crear hechos ficticios, imaginarios totalmente. En *Madrugada* es tomar un hecho histórico, olvidarme del documento después de haberlo leído, porque sí me tuve que leer miles de libros y folletos y todo lo demás sobre historia, y a partir de un dato histórico, crear una supuesta historia, una derivación de la historia. Después de haber leído 20 libros sobre el descubrimiento y la conquista, olvidarlo totalmente, y al ir a escribir decir que solamente hubo una conquista y esta fue así, entonces ya uno se inventa el resto y es más imaginativa, digamos que por algunos procesos que ocurrieron allí, probablemente.

**Para desarrollar sus obras ¿prefiere hechos lejanos o hechos que en algún momento también ha vivido, es decir, hechos cercanos a su presente histórico?**

Qué interesante, porque no me lo había planteado, pero creo que parece que cuando trabajo hechos lejanos sospecho que soy más apegado a la historia, y cuando son hechos históricos cercanos, como la guerra del 69, sospecho que soy más imaginativo que histórico, me parece que hay por allí una tendencia en los libros, porque el hecho histórico pasado, está ya, entre comillas, certificado, es decir, ya está casi hasta fosilizado, entonces uno lo que hace es explorarlo un poco más, pero el hecho histórico [reciente] no tiene todavía palabra final, todavía está en discusión, falta escribirlo, asentarlo, falta que se condense y se deposite, y entonces, mejor uno no se mete en el lío de dar respuestas finales definitivas, sino que solo juega con él, lo explora. [...] En *Madrugada* trabajo con hechos históricos pasados hasta el golpe de Estado de Villeda Morales, igual en *El General Morazán*, allí se siente mucho el peso de la historia como ciencia; en cambio, en *Bajo el almendro* y *Días de ventisca* hay como más cuento, la historia está menos presente como documento y como hecho.

**¿El mundo maya representa el tema de la identidad en sus novelas?**

Hace cuatro años hubo un importante congreso sobre la cultura maya en las Ruinas de Copán organizado por el arqueólogo Ricardo Argucia Fasquelle. Ese congreso tuvo una característica particular, no era de especialistas mayas sino que era de personas interesadas en los mayas y me invitaron a conversar, y uno de los elementos que nos llamó mucho la atención en casi todas las conclusiones era cómo nosotros los concebimos durante muchos años, y lo tiene Darío Euraque en su último libro, cómo hemos tomado a los mayas como base de nuestra nacionalidad; pero es falso, porque la cultura maya comprendió solamente un territorio mínimo o un sitio mínimo del territorio nacional y su proyección racial en Honduras es casi nula, no existen las razas, pero bueno, llamémosle así, su proyección racial en Honduras es muy escasa, fuera de los chortís y los lencas que tienen un poco de mezcla maya, en el resto del país no existe. Sin embargo, debido a que siempre hemos creído que aquello fue una civilización esplendorosa, sabia, científica y todo lo demás, nos apegamos a ella, es una intensa necesidad de fortalecer, de encontrar respaldo para la identidad nacional, estamos buscando dónde anclarnos históricamente para de allí crecer en adelante.

Lógico, las nuevas investigaciones históricas y sociológicas nos dicen que nosotros no somos una cultura, no como sociedad unicultural sino pluricultural que tenemos siete u ocho etnias diferentes y que tenemos que aprender a aceptar eso. En el caso de mis novelas tomo a Copán un poco al estilo antiguo como base de la nacionalidad; pero cuando tomo algunos elementos, algunos personajes, nunca digo que los mayas son nuestra base, sino que hay ciertos individuos allí que podríamos tomar como elementos de nuestra base cultural. En el caso específico de los mayas hay dos personajes que a mí siempre me han llamado la atención muchísimo que son 18 Conejo y Madrugada. 18 Conejo realizó una labor cultural arquitectónica, estilística, paisajista, de todo tipo extraordinario, un hombre dedicado a la creación cultural, maravillosa.

Volvemos a la pregunta anterior, allí está otra vez el amanecer, allí está Madrugada de nuevo, entonces este hombre es el último rey, a él se le cae el imperio, pero no a él directamente sino a su hijo […] U-Cit Took' […] es al que se le cae todo porque incluso hay un monumento en Copán dedicado a él que se estaba comenzando a tallar y queda inconcluso, porque allí se acabó absolutamente el estado maya de Copán. La circunstancia humana, el sufrimiento que ha de haber tenido este hombre, el trauma histórico que él ha vivido, su impotencia, […] creer que los dioses lo habían abandonado, para mí es maravilloso literalmente, aparte de lo que representa en la forma histórica. Pero ese sufrimiento del hombre, esa búsqueda de la gloria a pesar de que sabe que el suelo se le está hundiendo, a mí me parece extraordinaria esa epopeya, en sí no es el personaje que combate al mundo, aun cuando sepa que el mundo ya se va a acabar, supongo que por eso hay mucho interés allí en Madrugada.

### ¿A qué obedece la representación de la raza misquita y la multiculturalidad en *Rey del albor. Madrugada*?

Sí, son como decía antes distintos ojos con los cuales ver una realidad X, un proceso de la realidad, son iluminaciones, distintos enfoques. Me ha mencionado muchas cosas y es muy difícil acordarme de todo, pero hay ciertos elementos que pueden ser tal vez interesantes. Como pura biografía yo he tenido una admiración enorme por La Mosquitia, que no conocí hasta hace cinco o seis años, toda La Mosquitia que aparece en mis libros es imaginaria; a partir de lecturas, desde luego, pues también publiqué un libro bellísimo de Troy S. Floyd que se llama *La lucha anglo hispana por La Mosquitia* que es uno de los libros más bellos que existe sobre el tema y algo sabía, por supuesto, tan poco para no decir que hay elefantes y jirafas, pero no la conocí hasta hace cinco años que estuve allá casi diez días, sobre todo en las Marías, y mi impresión se confirmó en muchísimas cosas como la tenía en mi imaginación, pero sobre todo creció más, es un territorio maravilloso, esplendoroso, lindísimo. Me sentí muy congratulado de haber reconocido en la realidad algo que yo había tenido en la mente, muy contento en ese sentido, pero como digo, no la conocí hasta hace cinco años, más o menos. Entonces, si uno quisiera elaborar una metáfora yo diría que es La Mosquitia, por ser territorio tal vez un poco virgen, representativo de algo bueno que tenemos todos nosotros dentro y que habrá que cuidar, cultivar para que no se deteriore, para que no se muera.

Pero en el caso de los otros personajes en sí ha habido una intención definitivamente de desenfocar el hecho histórico hondureño y el proceso de identidad únicamente con ojos diferentes y ojos de razas incluso diferentes, en el caso del Dr. Jones, por ejemplo, uno de los personajes principales de *Madrugada*, cuando yo estaba comenzando a trabajarlo me di cuenta de que si tenía un gringo, un gringo normal, que no hubiera sufrido racialmente, [...] que no hubiera sufrido ancestralmente, podría no tener la misma sensibilidad que uno que sí la hubiera sufrido, como es un negro, allí fue escogido absolutamente por esa intención, incluso, qué curioso, al tiempo que yo estaba definiendo ese personaje sentado frente a la computadora, tratando de definir cómo era ese personaje físicamente, [...] recuerdo que salía a veces a la ventana en mi casa y miraba fuera y en eso un día vi salir a mi vecino, el doctor Quintín Máximo, somos grandes amigos y admiro mucho a Quintín; entonces sí lo hice con intención de que fuera alguien con una visión humana diferente a la del gringo típico, tradicional, despreciativo de otra raza. Al ser él históricamente un sometido puede entender mejor a los sometidos que somos nosotros, al haber sufrido, entiende mejor el sufrimiento y al sufrido, eso fue bien intencional. Y luego lo otro, por qué tenía que ser gringo, porque no podía ser que el presidente llamara a un hondureño, por lo mismo exactamente, enfoques distintos, ver nuestra realidad desde fuera y eso es lo que enriquece a la novela. Y si yo hubiera puesto a un hondureño a hablar de la situación propia, me hubiera faltado capacidad de admiración, que eso es lo que ayuda a que la novela de repente enceste cosas que son rutinarias, diarias; uno no se fija en un tacho de basura que está allí desde hace una semana, nadie lo ve porque pasamos enfrente de él; un extranjero sí se da cuenta de que no debe estar allí, esa capacidad de admiración es la que va empujando, haciendo que la novela avance, y fue también muy intencional. […]

**En *Rey del albor. Madrugada* se refleja el desencanto hacia los grupos revolucionarios y a la izquierda en general. ¿Por qué?**

[…] En *Madrugada* hay crítica a ella, efectivamente usted lo dijo, fue desorganizada, muy egoísta, muy centrada sobre ella misma y no sobre el proceso que quería desarrollar, cuando hay algún tipo de conmiseración o de elogio, de alabanza, esta es la causa. Sí hay, en general, no solo en ese libro sino en otros, una elevación del hecho revolucionario me parece, sí hay una intención siempre. Yo nunca lo he negado, personalmente, soy una persona de izquierda, también lo he dicho públicamente, mi concepto de izquierda es el de una persona que construya un mundo mejor.

**Usted decía que no puede negar la intencionalidad de la izquierda, además de su interés por la construcción de un mundo mejor. ¿Cree que el mensaje de su obra influye en la población hondureña?**

Vamos a ver, yo regresé a Honduras, después de vivir fuera mucho tiempo, en 1986, y recuerdo que en los ochenta era muy terrible la situación política hondureña y vergonzosa, incluso en tiempo de Suazo Córdoba en el 82. Mi esposa y yo nos preguntábamos cómo podemos nosotros ayudar a cambiar la situación de Honduras, cómo podemos motivar a la gente, despertar a la gente, qué hacemos, leer revistas, libros, periódicos o radio, no teníamos idea, pero teníamos un gran deseo de ayudar a cambiar las cosas en Honduras. Nos angustiamos tanto y nos vimos tan apabullados, porque la tarea era enorme, que incluso hasta formamos un grupo revolucionario llamado

ALFA, que no pasó más bien del papel, del manifiesto, y abrumados hasta que llegamos a una conclusión: no podemos con todo, tampoco nos corresponde cargar con todo, lo mejor que podemos hacer es tratar de convencer a otros de nuestras ideas o cambios y que este acepte la responsabilidad de convencer a otros más, esa es una tarea de progresión muy lenta, muy despaciosa, pero que al fin puede tener algún resultado.

Una segunda reflexión fue que en algún momento me di cuenta que en Honduras no estaba ocurriendo como en otros países en donde la fuerza transformadora en lo social, en lo histórico, era el campesinado o el obrerismo; aquí no estaba ocurriendo porque los círculos de poder nunca permitieron el ascenso de ninguna de estas fuerzas para cambiar la situación. Hubieran podido hacer un movimiento revolucionario, pero aquí no se dio ningún movimiento revolucionario como en Guatemala, Nicaragua y El Salvador.

En conclusión, fue bueno escribir un mensaje para aquellos que algún día tengan la posibilidad de acceder al poder, que es clase media, tal vez no lo debería decir porque estoy autoetiquetándome. O quizás no es así, pero sospecho yo que para los escritos míos hay un público meta, como un público ideal, que es el que tiene la capacidad media de cultura, porque entiendo que ese no solamente entiende los mensajes, puede efectivamente decodificar algunos elementos que no están tan precisos y claros, pero también es aquel que tiene mayor posibilidad de fuerza y acceso al poder. Entonces, quizás por eso, el tipo de literatura mía no es una literatura exactamente popular, aunque desde luego no es que no ambicione tenerla, yo desearía más que bajar mi literatura a nivel popular, más bien que el pueblo ascendiera a mi capacidad de literatura, es muy pretencioso, pero es un derecho igual que cualquier otro.

**Existe una intención política en su literatura y es evidente, pero el manejo de la violencia de la historia, del interés por la educación, la preocupación por los niveles de corrupción —sobre todo en *Rey del albor. Madrugada*— están plasmados de manera cruda y descarnada y evita referirse a la religión.**

Supongo que quedé saturado de tratar el tema en un libro mío, que no es narrativa y que se llama *El ojo santo. La ideología en las religiones y la televisión*. Lo publicó la Universidad en el noventa o el noventa y dos, y

Guaymuras lo va a publicar este año (2005). Entré tanto en ese tema que supongo que quedé saturado de ello, por eso quizás aparecen alusiones; pero la novela mía no entra directamente al tema, es un tema tan denso, tan intenso, incluso tan profundo el manejo de la conciencia humana con relación a un futuro que se promete y nadie puede asegurar que existe, que eso puede convertirse en una promesa de felicidad, o en un engaño terrible, espantoso, porque es referirse a la ilusión del ser humano. Digo, es tan intenso, tan profundo, que tal vez merecería trabajarlo en una novela completa.

**¿Interpolar otras historias en *Rey del albor. Madrugada* podría representar la influencia de Cervantes y de *El Quijote*?**

Sí, esa es la trampa de la manipulación del escritor, olvidé totalmente quién es el autor o cómo se titula el cuento, pero recuerdo que hace muchos años leí un cuento, en la revista del cuento de Valender en México, bellísimo, y que después me sirvió a mí de modelo para narrar esta imaginación; un cuento donde un hombre de mediana edad, de 30-40 años, visita a una joven más o menos de esta misma edad y ambos se atreven, pero no se dicen nada, los dos están en el sofá, uno frente al otro. Todo este cuento transcurre en esta plática y luego él sale y se va y no ocurre nada; pero la atmosfera de deseo que hay en esa sala es atrofiante, inunda todo el cuento, no pasa absolutamente nada. Es uno de los trucos de manipulación que uno hace intencionalmente como escritor. [...]

*Madrugada* se escribió en doce años, hace mucho tiempo; pero sí recuerdo que la parte moderna se escribió más seguido, en cuatro años más o menos. En los capítulos históricos yo estaba manejando esa circunstancia de atracción y de coqueteo entre él y ella, [...] y lo que estoy haciendo es jugando allí otra vez con esa atmosfera, ese ambiente de que aquí va ocurrir algo. Todo para que el lector, desde luego, siga leyendo y de pronto manteniéndolo en ese ambiente de idilio, así le estoy dando lo que él esperaba y quería lógicamente, mejor le doy otro idilio con otro personaje, entonces sale lo de la relación física con Erika, con su secretaria, son maneras de manejo intencional, pero más que todo seguir.

Voy a sacar una conclusión que tal vez sea muy presuntuosa, pero lo hago con una intención didáctica que significa haber aprendido a administrar una paciencia para narrar, y que eso exige desde luego cierto grado de madurez personal, individual, histórica, física; no se logra a los veinte años esa paciencia, esa tranquilidad para llevar al lector paso a paso hasta donde uno quiere llevarlo, pero se puede aprender, por eso decía una intención didáctica. Un escritor joven puede aprenderlo si reflexiona sobre ello, si ve cómo lo hacen otros, pero sí, son formas distintas de hacer literatura.

**¿Qué intención le lleva a hacer a los héroes personajes más humanos y más reales?**

El miedo de caer en la pancarta, honestamente es como si se escribiera sobre el Che, no creo que pudiera escribir directamente, ha habido tantos libros sobre él que ya no aportaría nada nuevo. Es el miedo de caer en la pancarta, en lo repetitivo, en lo que otros han trabajado, repetir una información que ya todo el mundo conoce. En el caso de Morazán repetí información que existe, pero no todo el mundo conoce, esa es una diferencia, porque el Morazán que nosotros hemos manejado durante muchísimo tiempo es un Morazán hiperliterario, ultra literario; los libros que me leí convierten a Morazán en un Dios, en un semi Dios de la historia como lo llama precisamente uno de los biógrafos, y además, poseen un lenguaje empalagoso, altísimo, cultísimo. El resultado, el hombre envuelto en una neblina literaria de la cual no lo podemos sacar; entonces me propuse sacar al Morazán de carne y hueso que quizás debió haber existido; es como un deseo de explorar campos que existen pero que otros no han explorado, y en el momento en que me topo con un elemento que sí ha sido suficientemente explorado, paso de lado, paso al lado de él, eso sí creo que es intencional definitivamente. […]

**¿Podría reseñar las influencias más representativas, aquellas que usted considera más valiosas?**

Yo estoy bien claro en eso, […] como por ejemplo, la maravilla de la espontaneidad literaria en la novela *El gran discípulo* de Longo, del siglo IV. Recuerdo que cuando leí esa novela dije, cómo puede alguien escribir sobre el amor en una forma tan inocente y tan bella. Había venido por línea religiosa en donde el amor era pecaminoso, entonces, cómo es posible que el amor sea sublime y bello si allá me acaban de enseñar, hace cinco años, que el amor era pecaminoso, es todo un espectáculo ese libro. El otro individuo fue Alejandro Dumas, sobre todo por la técnica, es capaz de mantenerlo a uno aferrado al libro, aunque tenga que ir a comer o salir a trabajar, no puede desprenderse del libro porque él domina la técnica de tal manera que el lector cae al texto y es capaz de hacernos saltar del capítulo tres al capítulo siete sin contarnos en medio lo que había ocurrido y entrar con otra historia; la técnica de Dumas la absorbí intencionalmente, también inconscientemente. Otro libro que para mí tuvo un impacto, quizás el que más me ha impactado de todos, porque fíjese qué curioso que yo he estado hablando más de libros que de personas, o de movimientos literarios, yo no siento que el *boom* haya tenido la influencia de un movimiento literario sino más bien han sido libros específicos.

Y otro libro, decía, que a mí me causó un impacto terrible y que probablemente definió mucho de mi deseo de ser escritor es *Por quién doblan las campanas* de Ernest Hemingway. Yo recuerdo que comencé a leerlo a los dos de la tarde y ya no pude parar hasta las cuatro o cinco de la mañana siguiente; hasta que lo terminé, no pude parar, porque allí aprendí que el autor lo que hace es sacar al lector de su equilibrio de la vida normal e introducirlo en un nuevo equilibrio, con sus propias leyes, que es el de la obra literaria, girarlo allí, darle vueltas, hacerlo rebotar y luego volverlo a sacar; es maravilloso, como él lo hace es increíble. Recuerdo que esa novela la leí y decía, pero este hombre cómo puede describir esto, hilar esto, ponerme todas estas circunstancias tan armadas y, al mismo tiempo, tan distantes, tan chocantes, y, sin embargo, yo moverme en medio de ellas.

Recuerdo que ese libro me influyó muchísimo y también Carpentier, desde luego; pero no el Carpentier de las novelas grandes, junto con *Aura* de Carlos Fuentes. Desde los años ochenta, otro norteamericano —aparte de John Steinbeck—, es un autor moderno que a mí me llamó la atención por su gran capacidad para estructurar la novela, para construir y armar las grandes corrientes de la novela, incluso *Madrugada* tiene un influjo directo de una novela de él que se llama *Los orígenes / The Source* de James Michener. En esta novela Michener comienza abriendo la prospección arqueológica en Israel, los arqueólogos abren un agujero y comienzan a estudiar desde abajo lo que hay, y lo primero que se encuentran es un objeto del tiempo de los judíos, y Michener se traslada a contar una historia de la época bíblica; más adelante, o sea, un pie más arriba, ellos se encuentran una moneda romana entonces Michener corta otra vez la realidad inmediata y se va a contar una historia de Roma, que es lo que hay en *Madrugada*. Digamos que esos son los autores, más que movimientos, los que me han influido definitivamente. La poesía también me ha influido bastante; no la escribo, le tengo miedo, pero sí me maravilla la capacidad de algunos autores como Álvaro Mutis, por ejemplo; esa capacidad tan grande para la sombra del mundo, qué belleza, quisiera poder hacerlo algún día, pero supongo que por no poder hacerlo en poesía es que algunas veces hay elementos nostálgicos, idílicos o poéticos en alguna de las novelas. Supongo también que por eso la incapacidad se vuelve caricia. Esos son los influjos mayores que yo reconozco.

**¿Por qué esa manera tan particular del uso de los signos de puntuación en *Rey del albor. Madrugada*?**

Se dice en la novela que este es un país donde parece que todo está construyéndose; sospecho que esa pudo haber sido una conducta inconsciente en la búsqueda del suspenso. Las dos terceras partes de la novela transcurren buscando una respuesta, y la manera de acentuar el suspenso tenía que ser a través de ciertos signos y ciertas formas de construcción del lenguaje. Uno de los temores más grandes míos es que el lector que entre al libro se aburra y lo bote, eso golpearía mucho mi capacidad de seducción; para decirlo drásticamente, que un lector me diga: mire, no pude pasar de la página 16, de la página 60; porque lo que el autor está haciendo es conquistando fríamente a alguien que no conoce; y para utilizar esta palabra correcta, uno está tratando de seducir a alguien que no conoce para volcarlo hacia uno [...].

**Existe una entrevista en la que varios escritores centroamericanos opinan que la falta de crecimiento de la literatura centroamericana es debida a que cada escritor está en su propio mundo. ¿Qué opinión le merece tal afirmación?**

Sí, esta es la queja que se tiene desde hace ochenta o cien años. Estamos balcanizados, efectivamente, excepto los que anclamos en este oficio, en este negocio; pero con el público no conocemos lo que está ocurriendo. Hubo un periodo, en el año sesenta y cinco o por allí, en que cada país emitía cinco minutos de lo que estaba ocurriendo en su país, entonces empezaba Guatemala, Honduras, El Salvador, Nicaragua; era lindo porque de repente se hablaba de forma sencilla de lo que le pasaba a un señor en Guatemala, a un señor en Costa Rica; de esta manera se estaba provocando la integración desde la base misma del pensamiento, desde la conciencia de la trilogía común, sin embargo desapareció. Y los escritores, en los congresos, en los encuentros o en las reuniones, nos intercambiamos direcciones, nos conocemos, pero a nivel público no sabemos en general qué es lo que se está haciendo en otro lado. Existe un aislamiento terrible, esto ocurre desde hace muchísimo tiempo.

Internet está ayudando a romper eso, porque ya no solamente se facilita la comunicación entre escritores-creadores, sino que también hay revistas virtuales para ayudar un poco. El público tiene acceso a la computación primero, después tiene acceso a Internet y en ocasiones interés por la cultura. Todo se mejorará cuando aprendamos a manejar esos temas de cultura con un lenguaje más accesible al gran público, lo cual no quiere decir que haya pérdida de calidad, quiere decir simplemente saber dosificar, administrar el lenguaje que pertenece a unos expertos en un campo para que pueda ser entendido por todo el público, lo cual ya se ha hecho en muchos lugares del mundo. Usted puede encontrar revistas de ciencia que no son de especialistas sino que están dirigidas para el gran público, y que tienen una gran venta. Usted llega a una librería X en Estados Unidos y allí encuentra revistas de todo tipo, revistas de astrología para novatos, para especializados, revistas de matemáticas, de arte, de todo lo que quiera. Esto va a parecer un sacrilegio pero yo agradezco el interés de algunas revistas que consideramos siempre vanas y pueriles, como *Vanidades* y *Bohemia*, les agradezco que hayan difundido tanto arte y conocimiento como a figuras como García Márquez, como Borges, como Botero. Usted puede llegar a cualquier reunión y hablar de Botero, quizás no le van a decir mire yo sé que es un colombiano, pintor y escultor; pero le van a decir, el que pinta las mujeres gordas; ya saben que existe Botero y se logró a través de esas revistas.

## 4. Entrevista realizada por Jéssica Cruz (2011)

**¿Cómo surge la idea de escribir *Madrugada* y hacia qué año?**

Tras la escritura de mi novela *Bajo el almendro... junto al volcán* en 1980 entré en un proceso interno de reflexión en torno a lo que estaba yo haciendo en literatura. Me di cuenta que no estaba, según yo mismo, aportando algo excepcional, sino que mi obra seguía cánones predecibles de desarrollo y que lo que podía advertirse era una línea de trabajo con mediano aliento (novelas de 100 páginas promedio) o bien de relativa profundidad (nada que quedara impreso en la historia). Esta reflexión fue vivamente acompañada por quien entonces era mi esposa, Gypsy Silverthorne, voraz lectora en varios idiomas, quien me alentó a conocer textos modernos en inglés, que ella manejaba perfectamente, y a analizar las técnicas, métodos y aproximaciones con que sus autores trabajaban la literatura.

Asimismo me preocupaba escapar del folklorismo, del realismo mágico, la literatura como juego y entrar a una literatura más intelectual y de provocación, más ética (aunque no políticamente) comprometida con la sociedad. El escritor, pues, como transcriptor de las vibraciones del momento, no sólo su distractor.

Desde luego que yo conocía mucho de literatura española e hispanoamericana, por mi Maestría universitaria en ese campo, pero era otro reto entrar al mundo de la literatura sajona y aprender de ella lo necesario.

Así es que me embarqué en novelas más o menos recientes que me enseñaran otras artes de contar y leí (o releí) sobre todo a Steinbeck, Michener, Dos Passos, Hemingway, otros igual franceses, excepto que en este caso por traducciones ya que no domino el francés literario.

Un libro entre ellos me sorprendió por la técnica empleada: *The Source*, de James Michener. Allí unos arqueólogos estudian el pasado de Israel en un foso de prospección de vestigios y conforme van subiendo se acercan a lo moderno. Esas como capas de acción me motivaron a ensayar una novela donde hubiera una situación presente pero que esta fuera remitiendo constantemente a hechos pasados relacionados o sugeridamente relacionados, como en un etéreo foso de prospección intelectual.

Sin embargo, para escribir sobre la historia de Honduras y Centroamérica había que conocer esa historia y de allí que dedicara tres años a leer todo tipo de libros de economía, sociología, agricultura, fuerzas armadas, subversión, ideologías, credos (terminaba entonces mi tesis de Maestría, titulada: «El ojo santo: la ideología en las religiones y la televisión»), política, en fin, todo el universo cultural de mi país y el Istmo. Luego empecé a escribir la novela. Así fue como comenzó.

**¿En qué momento escoge el nombre de la novela y por qué?**

Creo que ya bien avanzada la escritura, la que comenzó hacia 1980 y concluyó en 1992. Desde luego que buscaba un título desde el inicio, y algunos debí tener que ahora no recuerdo. El nombre surgió probablemente cuando observé que la figura del gobernante Maya Madrugada ó Yax Pasah tenía mucha relevancia en la trama y el relato. Entonces comencé a jugar con su nombre para incorporarlo al título. Cuando vi que Madrugada se volvía clave en la construcción e interpretación del texto (en la trama) supe que debía titular a partir de allí.

Así es que empleando el nivel de sugerencia que siempre aplico en mis títulos laboré y elaboré muchos días en torno a la palabra madrugada pero no salía nada poético (otro de mis vicios personales) hasta que decidí la reiteración, casi la redundancia, y pre-titulé «Rey del albor» (que a veces en colegios y universidades leen los muchachos «rey del árbol»), esto es, otro término para madrugada: albor, alba. En el título hay, pues, una repetición intencional del concepto «amanecer», que son albor y madrugada, y que al colocársele «rey» genera ligera confusión poética, hace pensar —que es lo que busca la técnica de la sugerencia— y que el lector no pase de lado al ver el título, sino que se detenga, siquiera dos segundos, en él.

Hay en el título otras implicaciones no dichas sino sugeridas. Poner punto al final de la primera parte del título («Rey del albor.») da la sensación de que es doble punto (:) y que por tanto lo que viene a continuación (la palabra Madrugada) es una explicación, o ampliación, de lo primero. Esto resta nivel informativo pero aumenta nivel de sugerencia, prestando lógica armónica al título. Asimismo la palabra Rey trae a la mente conceptos de poder y realeza, o de orden y crueldad, o de pompa y riqueza, los reyes tienen de todo lo material. Pero cuando a continuación se dice que es rey de la mañana, de la madrugada, entonces se descubre que no es propietario de objetos sino de elementos etéreos, imposibles de cuantificar. Es pues enorme rey, el más grande rey y a la vez rey de nada propio. Son juegos que se buscó integrar en el título.

**¿Cuál es su estilo literario?**

No sé, determinar eso es oficio de los críticos. Supongo que una combinación de realismo y nostalgia, hay mucha nostalgia en mis textos, hablo siempre del pretérito perfecto en sus detalles, lo que es un oficio de novela. Asimismo un estilo con uso constante de información, con particularidad en lo social, no puedo quitarme de encima la conciencia social. Y al final de cada texto, aunque no lo exprese ni lo clarifique, mensajes de rebeldía, insatisfacción, protesta, búsqueda de cambiar al malhecho mundo.

**Siendo esta una novela de abundante temática y características muy diversas, en las que se encuentran rasgos de nueva novela histórica, novela detectivesca o de espionaje, de aventuras, novela de ensayo, ¿dentro de qué clasificación la ubicaría por su contenido?**

En principio pertenece al género de novela histórica moderna (no la del pasado ruso, desde luego). El resto de adjetivos (detectivesca, etc.) indican sólo técnicas interiores a la novela histórica, no géneros en sí (en cuyo caso serían subclasificaciones), excepto cuando se declaran como tal. Quiero decir que el eje que concentra estos artificios novelísticos es el de la intención de una novela histórica.

Novela de ensayo no sé, tengo mis dudas, creo que eso ya no existe. Hay mucha información científica, sociológica, histórica en la novela, desde luego, pero su intención es exclusivamente de apoyo a la ficción, no al revés, no de primer protagonismo.

**Sobre la estructura de la obra, me llama mucho la atención y me interesa el por qué de los nueve capítulos intercalados en la trama original de la novela, y el por qué todos son números impares y en orden regresivo. ¿Cuál es el objetivo?**

Que son nueve no recuerdo, apenas si he releído algunas páginas de *Madrugada* desde que se publicó la primera vez. Tampoco si cayeron en impares, eso debió ser un accidente, el que de las dos grandes historias (grandes ejes) que cuenta la novela y que son el presente y el pasado, da la casualidad que tuve que dedicar el 1 y el 2 al presente, cuando el presidente va al teatro y cuando llega Jones a Tegucigalpa y lo recibe el presidente. A continuación, a fin de no seguir con el presente sino indicar al lector que iba a haber también un eje pretérito, debí escribir un capítulo sobre el pasado y dio la suerte que cayó en número impar. Como de allí en delante hay una secuencia de paridad o binaria estructural (capítulo de presente + capítulo de pasado + capítulo de presente, y así) los pasados son impares.

El orden regresivo sí es importante en la novela, en mi intención y en la deseada secuencia de lectura.

Pues resulta que si el eje narrativo de la obra es una visión de la historia, el eje filosófico es en verdad el tiempo. La novela compara situaciones de presente y pasado y trata de mostrar al lector que el comportamiento de los hombres es siempre conflictivo y muchas veces injusto. Muestra asimismo que el hombre nunca pierde la esperanza de superación ya que los ideales de una persona de ayer coinciden con los de una persona de hoy. La intención de la novela es por tanto exhibir al ser humano en su forma de actuar, de relacionarse con otros, de emplear el poder para bien o para mal.

Debo insistir, sin embargo, que mi primera intención al escribir no fue política ni moralista sino literaria. Ante todo privilegio lo estético, la búsqueda de creación de una obra con belleza. El relato es lo esencial. En segundo plano va el contenido.

**En cuanto a los signos de puntuación utilizados en los diálogos ¿se encuentra algún propósito?**

Favor explicarme mejor esta pregunta, no logro captar la sustancia, no recuerdo haber usado los signos con otra intención que la que les corresponde.

**¿Cuál son las influencias literarias que han marcado su manera de escribir?**

Muchas, pero afortunadamente he buscado asimilarlas y no copiarlas. Desde luego que la literatura española que estudié sistemáticamente me dejó huellas, particularmente la poesía de la Edad de Oro y de modernos como Miguel Hernández. Mi segundo influjo mayor proviene de la literatura en inglés, desde John Donne a Whitman, a Hemingway, Dos Passos, Steinbeck, Orwell, de quienes admiro su fuerza creativa, su dominio del arte de crear personajes creíbles y su capacidad para "dosificar" la historia parte a parte, haciéndola atractiva al lector. Mi aprendizaje tuvo asimismo una etapa muy rica con la lectura de la literatura hispanoamericana, desde los clásicos (Martí, José Cecilio del Valle, Asturias) a los autores del *boom*, de quienes aproveché su búsqueda de innovación y experimentación técnica, así como el empleo de temas locales nuestros.

No debo, sin embargo, dejar de citar a un escritor que me enseñó mucho en el manejo de la historia y que es Alejandro Dumas. Pocos novelistas como él logran atrapar al lector en forma tan subyugante y por ello lo estudié a fondo a fin de descubrir sus técnicas, entre ellas especialmente la de la interrupción del relato en un momento crítico para introducir una segunda historia y luego volver a la primera, forjando así una trama que «agarra» al lector desde varios ángulos. Y finalmente extiendo reconocimiento a Alejo Carpentier, cuya ambición en el uso del idioma me impresionó siempre y que sí me influyó. De él aprendí el concepto de que la literatura es ante todo perfección de la palabra.

**¿Cómo logra equilibrar hechos reales con hechos de ficción?**

Para ambientar mis novelas realizo siempre un largo proceso de estudio de la realidad del momento en que ocurre la historia. Si por ejemplo escribo acerca de Francisco Morazán, mi primera tarea es localizar todo el material posible (y cuando digo todo es todo) acerca de él y su época. Dedico mucho estudio a los detalles ambientales. Así, por ejemplo, compro libros especializados en relojes para conocer qué tipo de reloj usaba Morazán, si es que usaba uno, como desde luego lo hacían todos los señores de su siglo. Pero para no cometer error me aseguro que no llevaba reloj de puño ya que no se le conocía en 1840, por ejemplo, sino el de bolsillo. Igual hago con todos los otros elementos descriptivos de la trama.

El capítulo de Mateu Casanga en *Madrugada*, por ejemplo, exigió la lectura de por lo menos 30 libros y revistas sobre el esclavismo, la esclavitud, las rebeldías de esclavos, los palenques, etcétera, antes de escribir la primera línea. La idea central de lo que iba a contar ya estaba allí —la lucha de un hombre africano por rescatar su libertad, no importa con qué sacrificio— pero para ello había que conocer cómo era un esclavo africano en 1600, de dónde venía, como actuaba y operaba, que dominio tecnológico tenía, y así.

El capítulo sobre Omoa y la reunión de piratas fue otro de mucha investigación y estudio. La escena final, donde un pirata entierra al otro el cuchillo en la hamaca la tomé de una foto de revista *Time*, de un jefe Contra nicaragüense asesinando a un sandinista, y que dio la vuelta al mundo. Pero igual debí estudiar la geografía de Omoa, visitar de noche la playa para imaginar cómo es que llegaría allí el pirata, cómo vestía, etc. No menos fue el último capítulo, el del indígena contando su derrota y a la vez esperanza, pero allí me ayudó mi título ya que yo había estudiado por años los libros de los Cronistas de Indias, sobre todo Bernal Díaz del Castillo, así como *Visión de los vencidos*, de Portilla en México. Si hiciera el esfuerzo de contar cuántos libros consulté para escribir *Madrugada* (entonces no existía el buen recurso de Internet) sumarán quizás 700 en forma directa.

**¿Qué pretende manifestar al lector al momento que éste lee la novela?**

En realidad no hay un «mensaje» subyacente en la obra sino la vigencia de algunos principios que forman parte de mi vida. Creo, por ejemplo, en que el ser humano asciende siempre, a pesar de retrocesos como las guerras y las masacres; que los recursos materiales deben ser dedicados para mejorar a la humanidad; que son necesarias la solidaridad, la justicia, la hermandad, y que sobre todo debemos contribuir a que el bien impere sobre el mal. Con esto no me refiero a demonios y cosas así, sino a que sobre el egoísmo impere la fraternidad.

Ese es el tipo de «mensaje en aerosol» que se da dentro de mis libros y particularmente en *Madrugada*. Si logro que el lector lo asuma y lo tome como suyo, que lo incorpore a su configuración mental, eso será bueno para todos.

**En el capítulo cinco, información clasificada, los códigos y frecuencias, ¿tienen un significado o son producto de su invención creadora?**

La información tecnológica contenida en la novela es real en su mayoría. Por ejemplo, el auto de la embajada americana que circula por la colonia Los Ángeles tiene un número de placa que era verdaderamente esa, la copié una vez que vi el auto frente a la embajada. Las calles son en general las reales, como las frecuencias de radio y otros elementos de ambientación. En eso me ayudaron personas expertas en los temas, en particular un hermano mío que maneja tal tipo de documentación.

La cueva donde Jones se entrevista con los guerrilleros existe en Tegucigalpa y hasta hace dos décadas se podía visitar; la secuencia litúrgica de la misa del sacerdote asesinado es exacta, fui donde un cura a certificarla; cada dato está muy íntimamente relacionado con lo real. Pero insisto: esa es información de ambiente; la otra información de qué son, piensan y reflexionan los personajes es imaginativa.

Hay pues una técnica o efecto de «validación de verosimilitud» continuamente usado en la novela, cual es dar la apariencia de realidad usando información real, sobre la que se monta el producto de la invención, la historia contada. En mi novela sobre Morazán, verbigracia, absolutamente todos los datos acerca de él son verdaderos (le pedí a 6 historiadores que leyeran el texto y corrigieran errores si había), pero lo que él piensa, y sobre todo su forma de pensar, adaptada a su época y según sus escritos, es mi creación literaria ya que no existe ningún documento que nos diga con intimidad cómo era él.

**En la novela en el capítulo número veinticuatro, «Shalom», se encuentran muchos datos, cantidades y porcentajes. Estas cifras que presenta, ¿son reales?**

Todo el «Plan Centroamérica» norteamericano que se «descubre» en la novela es inventado, si bien sigue patrones dibujados por expertos. Recuerdo que para escribirlo estudié obras como «Desafío Mundial» y otras, que son predictivas. Los datos de petróleo, minerales, ejércitos, otros, son reales, extraídos de libros y de reportes como por ejemplo del Sipri inglés, que maneja datos sobre armamentos. Amigos me han dicho que todo lo que ese Plan «revela» ha sucedido en estas décadas y que se sorprenden por ello.

Seymour Menton dice en su ensayo que él no comprende bien qué tiene que ver el Mossad en esa sección, pero era una manera mía de introducir suspenso y espionaje en la obra, relacionar a los actores con una agencia espía internacional, en este caso hebrea. Cuando se lea la novela que terminé hace dos años (digamos que su título es *Paraíso*), se verá la relación, pues esta es una prolongación de *Madrugada*. Allí se explica qué ocurre al final del viaje en avión entre Sheela y Jones y en qué termina ella, así como el hijo que supuestamente él tiene con Érika Chac Alvarado. Sé que a quien leyó *Madrugada* le va a agradar conocer esta segunda parte, si bien reconozco que «segundas partes nunca son buenas».

**En la novela se evidencia la denuncia sociopolítica, la preocupación por establecer una identidad nacional y la necesidad de informar sobre acontecimientos históricos. ¿Cuál es su posición personal frente a estos temas?**

Bueno, la que está allí, en la novela, eso es esencialmente en lo que creo. Uno de los problemas principales al escribir este libro fue dosificar mis principios de manera que no parecieran un manual, una agenda, un prontuario o postulado ético. Tenía que distribuir esas ideas a través de la obra completa y creo que se logró. De una u otra forma al desenlace el lector emerge sintiendo que se le ha «bañado» con un intento moral pero que a la vez ha sido hecho sin forzar el género narrativo, ya que es una novela, no ensayo.

Lo mismo ocurrió con la información técnica (histórica, tecnológica, etc.) que debía quedar allí sin ser demasiado obvia, estar pero no verse demasiado, aflorar pero no ser sobresaliente.

La novela toda es en efecto una forma de explayar lo que el hondureño es (y por consecuencia el centroamericano) y que a veces él mismo no sabe, de forma que el lector una los puntos separados y conforme un panorama más coherente, es decir que se dé cuenta de que aunque dicen que no tenemos identidad colectiva, en verdad sí la hay y existe; ningún pueblo de la tierra carece de ella, sino que unas son más condensadas, más estructuradas que otras.

Explorando la historia centroamericana se viene a ver que hay coincidencias interesantes entre pueblos y dentro de los pueblos mismos, y que son por cierto su manera de identidad. La novela aspira a recalcar esa idea, de la misma manera que insiste en que sólo conociendo la historia, como señaló Fukuyama, se puede evitar el error de repetirla.

**Algunos de los acontecimientos posibles que usted nos imprime en la obra, ¿llegaron a suceder o están sucediendo actualmente en nuestro país?**

Los del Plan Centroamérica han ocurrido inevitablemente, pero eso era predecible pues es la forma de actuar en todos los imperios, absorber a otros o por lo menos sus recursos naturales. Ciertos detalles de las guerrillas y de la reacción militar contra las guerrillas fueron tomados de la realidad histórica y diaria; la polémica en torno a Gorbachov y sus *glásnost* y *perestroika* afectó a todos los movimientos de izquierda en el mundo y trajo discusiones enormes y horribles entre intelectuales y guerrilleros, cosa que refleja la novela; las invasiones norteamericanas a territorios de América son fidedignas; los personajes históricos de Honduras que cita la novela fueron reales y la distorsión que se origina al recrearlos es baja. Es decir, en síntesis, como ya se explicó, que se aprovechó material real, como base, para sustentar la imaginación, para darle coherencia y apariencia de verdad.

**Dentro de la obra también se cuenta con la técnica literaria del uso del diario en el capítulo trece, «El Diario de la guerra 1924». ¿En que porcentaje podría decir que es ficción y qué porcentaje historia o realidad?**

Ese diario es 100% auténtico, lo escribió el periodista Ribas de Cantruy en 1924 y yo sólo lo copié como si lo hubiera reproducido la revista *Imaginación*, que por 1990 yo dirigía. Usé allí un recurso real para ambientar la ficción. Una técnica, por otra parte, muy común en la novela histórica, sea por medio de cartas o epístolas, documentos secretos o no, fragmentos periodísticos, otros. Imagine qué vieja será esa técnica que ya Cervantes la empleó en *El Quijote* al decir que la biografía de su héroe había sido redactada en árabe por Cide Hamete Benengeli…

**Sobre el personaje de Jones, ¿hay alguna relación con un personaje real?**

No la hay pero ocurre una anécdota interesante desde el punto de vista del escritor. Cuando estaba describiendo a Jones me di cuenta de que en realidad yo no sabía cómo era el físico, la musculatura, el caminar, de un hombre negro, eso estaba totalmente ausente de mi comprensión por ser hombre blanco. Tenía idea, por haberlas admirado, de cómo era una mujer negra, pero no un varón, y ahora debía retratarlo precisamente.

Así es que me levanté y fui a la ventana pensando cómo sería el Dr. Jones. En eso salió del apartamento contiguo en San Pedro Sula un amigo doctor de origen garífuna y al verlo descubrí exactamente cómo quería que fuera mi personaje: alto, grueso de hombros, no de rasgos faciales exageradamente fuertes sino armónicos (el héroe debe ser preferentemente guapo) y firme, seguro al andar, a pesar de que tiene otras inseguridades interiores. Debía, además, ser un intelectual y parecerlo, un profesor emérito de universidad, y no un obrero, por lo que debía vestirlo y calzarlo apropiadamente. Así surgió Jones ante mis ojos, es la única relación que tiene con la realidad.

Pero, ¿por qué un negro y extranjero gringo en una novela hondureña? Porque era la única forma de hacer que él viera a Honduras con ojos de extraño y advirtiera cosas buenas y malas. Como nosotros ya estamos habituados en extremo al ambiente, perdemos de vista detalles: la suciedad en las calles, el enredo del alambrado sobre nuestras cabezas, el polvo y el ruido, el calor y el sudor, la manera en que se viste la gente, cosas que uno inmediatamente capta, si es observador, al arribar a otro lugar ajeno. Si hubiera creado a un protagonista hondureño hubiera sido muy difícil hacerle ver esto para criticarlo, «distanciarlo» de su propia inmediatez.

**En sus novelas y en algunos ensayos usted hace alusión a nuestros antepasados Mayas. ¿Cuál es la visión que tiene sobre esta civilización?**

La admiro mucho y he cubierto varios estudios al respecto de los Mayas, particularmente por haber sido editor durante diez años de los libros de la Asociación Copán. Igual, para estudiar el tema de identidad nacional se debe definir antes la materia Maya, ya que se da el error de que nos creamos descendientes de ellos, lo que no es así. Para escribir *Madrugada* debí leer casi todo lo principal publicado en inglés y español, así como conocí a varios arqueólogos: los Fash, Agurcia, Véliz, otros. Siempre ha sido un tema de fascinación y ahora se ha fijado un balance entre lo que fueron y lo que se creía que fueron: pueblo conquistador y guerrero que sin embargo practicó la ciencia y se dedicó a las matemáticas y la filosofía.

**¿Qué es para usted literatura? ¿Cómo concibe su trabajo?**

La concibo como forma de comunicación muy íntima entre el escritor y sus lectores, puente intelectual que sin embargo explota las emociones, que recrea a la realidad desde la óptica de la imaginación y que sin trasladar mensajes concretos incita a cambios de pensamiento y de forma de vida en las personas. Es asimismo el registro de la vibración espiritual de una época, de un momento o una civilización, de un hombre o de masas ya que graba, esculpe, el sentimiento global de la humanidad. La literatura, como todas las artes, se dirige a lo más profundo del intelecto y del alma humanos a fin de provocar allí el temblor estético, que sólo puede redundar en efectos buenos o positivos, raramente en maldad.

**¿Sí cree en el poder de la literatura para transformar el mundo?**

Relativamente sí, o a muy largo plazo. Dado que los escritores, o los artistas en general, apuntamos a la conciencia humana, a la que buscamos de alguna forma conquistar, al cabo de milenios hará algún efecto de cambio, ojalá constructivo. Pero no creo, por ejemplo, que la literatura haga revoluciones, cambie sistemas, eleve drásticamente al hombre a una escala superior. No la literatura de ficción.

**¿Qué dificultades plantea la invención de mundos ficcionales?**

No deja de sorprenderme la disponibilidad infinita que hay de mundos de ficción. Uno podría tomar un tema ya tratado —Otelo, por ejemplo, de Shakespeare— y jamás rehacerlo igual, la individualidad es una fuente enorme de ficción. El problema que enfrenta el autor es crear esos mundos en forma creíble, que atraigan y convenzan al lector, para lo cual debe disponer —y saber manejar— un conjunto amplio de técnicas. De allí que la crítica literaria dedique espacios especiales a la forma en que un autor escribe, no sólo a lo que escribe.

Es además una experiencia llena de trampas que deben ser evitadas y salvadas. Una de ellas es la saturación de información. El escritor, como en mi caso, investiga todo lo posible las características del ambiente en que va a depositar a sus personajes, particularmente en la novela histórica, pero a la vez debe evitar que esa información aparezca cruda, sin procesar, debe impedir que la página se llene de datos que aplasten al factor humano. El personaje o carácter es lo principal, el resto, o sea la información conseguida, debe sólo rodearlo sin ser obviamente fundamental.

Otro error posible, y en que se cae con frecuencia, se da cuando el autor coloca en mente y boca de sus personajes conceptos más adelantados que su época. En mi libro sobre Morazán, ejemplo, yo hubiera deseado llenarle la cabeza con ideas pro-feministas y de libertad de género, de respeto y consideración a la mujer en tanto que ser humano, pero me di cuenta de que, al revés de lo deseado en un héroe, su momento estaba lleno de prejuicios contra la mujer y, sobre todo, de aprovechamiento de la mujer, a la que se consideraba sí una compañera de vida pero sujeta a la voluntad —y muchas veces al capricho— del varón. Objeto del deseo, la mujer es hasta medio siglo XX una pertenencia del machismo y de allí que, con excepciones justificadas, la novela deba, si lo quiere, retratar al mundo como fue.

La gestación de esos mundos a que usted alude es siempre un fuerte reto a la inteligencia y la destreza del autor, una excitante experiencia de creación.

## 5. «Estudio y disciplina: los secretos de un escritor auténtico». Entrevista realizada por el Lic. Rubén Darío Paz (2014)*

**¿Cómo fue la niñez y la adolescencia de Julio Escoto?**

Tengo muy precisas esas etapas. Mi niñez fue mágica y esplendorosa, un infante querido hasta la saciedad (a quien igual disciplinaban al minuto) que tornaba de la escuela, tiraba el bolsón y subía a los árboles de guayaba hasta la hora de almuerzo (que no sé con qué apetito comía). Tuve cien juguetes, cacé arañas, sapos y libélulas, capturé luciérnagas y estrellas, bebí aguas de río, charco y manantial y respiré los aires beatíficos de El Merendón... Pero... en eso llegaron la pubertad y la adolescencia y la maravilla se vino abajo. Descendieron sobre mi sana frente la malicia, la picardía, el deseo, el omnipresente atractivo del sexo y, particularmente, desde la secundaria La Salle, la torpeza religiosa, el horror a lo desconocido y lo imaginado, la superstición, la fe viciada y mal educada, el temor (no el amor) a Dios, el miedo a la muerte, pues con ella se hacía factible el infierno. Satanás sustituyó a la inocencia. En fin, el desastre anímico, la inseguridad...

**¿Qué puede decirnos sobre su vida estudiantil y, sobre todo, las experiencias de haberla desarrollado en la entonces Escuela Superior del Profesorado?**

Me considero afortunado por haber estudiado en dicha escuela. La base de mi formación ética, estética y profesional nació allí gracias a extraordinarios profesores que eran más amigos que maestros. Alguno de ellos no tenía idea de la didáctica, pero otros eran dueños de una intensa capacidad humana para explorar (Lesly Castejón), vivir (Luis A. Baires) y gozar la vida (Andrés Morris), que es lo que mejor aprendí. Adicional al pensamiento analítico, la sensibilidad social, la solidaridad y la fe en la humanidad que esa escuela me inspiró. Mi asistencia a otras instituciones universitarias posteriores jamás se compara a lo vivido en la Escuela Superior del Profesorado.

---

* En *Boletín Informativo de la Editorial Universitaria* Año III, No. 23, septiembre de 2014, por el historiador hondureño.

**Aunque es un tema sobre el cual ya se ha deliberado antes, según su criterio, ¿a qué se deberá la escasez de narradores y, particularmente, de novelistas en el país?**

Pues esa era una queja —y cliché— hasta hace diez años pero ya no. Hoy más bien tenemos un interesante rebrote de escritores o, mejor, de aspirantes a escritores, incluyendo de novela, tanto mayores como jóvenes. Algunos se orientan hacia el éxito y la fama, otros a explorar la realidad hondureña y con ello su identidad y su futuro. En donde considero que falta un poco más de trabajo es en el estudio de las técnicas narrativas, esto es más lectura de autores del mundo. Pero ya vendrá, ya llegará. Lo importante es afirmar que hay novelistas en Honduras y que el clan crece: de Galel Cárdenas a Ken Cuttler, de José Bográn a Jorge Medina, nacen propuestas nuevas.

**Siguiendo con la última pregunta, en medio de un contexto en el que abunda y se facilita la producción poética, ¿cómo ha logrado escribir sus novelas? ¿Qué lo mueve, o cuál es el proceso que lo lleva a producir tanta narrativa de calidad?**

Si es así se debe mayormente a la disciplina y el estudio constantes. Estudio en cuanto que hay que ver todo lo que local o externo caiga en las manos (leo regularmente cuatro idiomas) y analizarlo; disciplina en cuanto a dedicar horas y horas a perfeccionar una página, un drama, un suceso narrados. He sido usualmente lento en producir novela: *Rey del albor. Madrugada* me tomó doce años pues debí investigar muchos datos. Para describir a un sacerdote en misa, ejemplo y a pesar de que fui monaguillo, leí todo lo referente a la vestimenta que ocupa esa ceremonia y luego visité a un cura amigo para que me extrajera de algún error. A mi novela *El General Morazán marcha a batallar desde la muerte* la sometí a la radiografía de seis historiadores, y así. Si en algo podría yo llegar a ser ejemplo sería en esas dos características tan necesarias para un autor: estudio y disciplina.

**¿Qué libros han servido de influencia, al punto de marcar de cierta forma su rumbo y su experiencia como escritor?**

Muchos, desde luego, pero llevado a señalar tres, diría que *Dafnis y Cloe*, de Longo, por su administración hermosa y pura del tema del amor; *Por quién doblan las campanas*, de Hemingway, por el dominio de la épica y de lo que es construir una novela; y las obras de los Dumas, padre e hijo, por su maestro manejo de las técnicas narrativas. Pero también están John Donne, Steinbeck, Scorza, García Márquez, Sófocles, Góngora.

**De sus vínculos con otros intelectuales, ¿para usted, cuáles han sido los más importantes y perdurables?**

Con Andrés Morris en primer lugar, que me educó en el arte y la crítica; Paul Engle, poeta que me recibió en el *International Writing Program* de la Universidad de Iowa; Jaime Fontana, que fue como un tutor en humanidades, Óscar Acosta que me enseñó la sencillez de la nobleza; Gramsci y Althusser, que moldearon mi comprensión política del universo.

**Además del escritor, hay diversos Julios. El crítico literario, el editor, el cronista de la ciudad de San Pedro Sula, el analista político. ¿De qué manera fueron surgiendo todos estos roles y cómo ha sido la evolución de cada uno de ellos?**

Quizás por dos factores: la larga edad (cumplí 70) y no haber temido a la experiencia humana. Me arriesgué con inteligencia siempre que pude, busqué conocer lo permitido y lo escondido y, sobre todo, nunca dejé de preguntar. Si esas son virtudes, bienvenidas, pero mayormente las considero prácticas de vida. Y desde luego que a todo eso debe agregarse un ancho trasfondo de lecturas: no puedo dejar de leer los títulos del pedazo de periódico tirado en la calle, el rótulo de la pulpería o los ojos de mis interlocutores. Todo eso, bien aprovechado, sirve para escribir obras de variados campos si se sabe hacer bien.

**Entre 1977 y 1980, usted fungió como director general de la Editorial Universitaria Centroamericana (EDUCA). En ese entonces, ¿cuáles fueron los aportes más significativos a la literatura hondureña desde esa plataforma?**

Escasos, debo confesar con pudor, pero fue a causa de las circunstancias. Cuando salí de la dirección de EDUCA, dejé varios proyectos de autores hondureños a quienes no pude publicar debido a que me tocó la época terriblemente contestataria de Centroamérica y el momento no estaba para ensalzar a la revolución sino para hacer la revolución. De allí que el 92% de los libros que publiqué, autorizado por el Consejo Editorial, trató sobre las condiciones políticas, económicas, culturales, filosóficas y sociales de la Centroamérica de siempre y del instante. Había que agitar para que acabara la matanza de indígenas en Guatemala, para que cayera Somoza, para que se hiciera la reforma agraria en Honduras, para que terminara la represión en El Salvador, para que Costa Rica y Panamá se solidarizaran con lo que acontecía. A pesar de ser un literato, confieso, el huracán social me impidió dedicar EDUCA a las literaturas centroamericanas. Pero fue bien decidido y estuvo bien hecho, a la distancia histórica lo considero así.

**¿Qué nos tiene preparado para el futuro?**

Nuevos proyectos siempre, en los campos que se permita. Ahora estoy calibrando en mi cerebro el tema del bicentenario de la independencia (1821-2021), momento que debemos aprovechar los agentes culturales para impulsar el intelecto nacional, y para lo cual debemos ingeniar ya proyectos que desarrollen el Estado y la empresa privada; sigo apoyando a escritores jóvenes en San Pedro Sula, y en lo personal tengo concluidas dos novelas (trabajo de once años), incluso una que es como saga de *Rey del albor. Madrugada* (aunque no continuación). Y desde luego que también peleando por conseguir financiamiento para obras, para la revista *Imaginación,* para proyectos locales y nacionales. Estoy claro, empero, de que me quedan unos quince años más de vida activa, teniendo suerte, por lo que me propongo exprimirlos y extraerles la savia que potencialmente produzcan para Honduras y para mi obra. El tiempo dirá si la línea será más corta o larga, aunque en todo caso gozosa.

## 6. Entrevista realizada por Rosario Buezo (2015)[1]

**¿Qué lo motivó a escribir una novela sobre el mundo maya?**[2]

En parte para hacer ver a algunos jóvenes aspirantes a escritores que lo propio, lo nuestro, es también y siempre materia narrable. Digo esto porque en ciertos círculos *snob* existe la pretensión de escoger temas de sociedades de «primer mundo» para gestar obras literarias, dándose incluso un directo desprecio por lo local. Se pretende ser Borges, Cortázar, Coetze, Pamuk, etc., cuando en verdad un buen escritor no necesita vivir en metrópolis para crear. Pero eso fue una motivación muy secundaria.

La primaria es que el mundo maya es tan mágico desde nuestra perspectiva, y lo que fue de ellos incluso, que es atractivamente novelable. En el caso de *Magos Mayas...* hubo un elemento particular que me impulsó, además, a escribir la obra y fue que por doce años había sido yo editor de la Asociación Copán (Copán Ruinas) dedicada al estudio de lo maya. Y como tal debí leerme cada publicación de los arqueólogos, usualmente materiales descriptivos de estructuras, edificios, vestigios, ruinas, procesos y procedimientos científicos. Hacia 2006 la AC publicó (y yo edité) *Visión del pasado maya*, de Ricardo Agurcia y Will Fash, en donde la prioridad no era ya la piedra sino el ser humano que habitaba entre esas piedras.

Por primera vez se lanzaba un libro que estudiaba el factor humano de Copán y se describía para qué los edificios (la cárcel de los murciélagos, los palacios, la montaña sagrada), así como cien elementos más de lo cotidiano que admiraban. Y comprendí entonces que a esa descripción había que darle nueva vida, vida real, anecdótica y narrativa, y sobre tal sustrato o fondo escribí la historia que cuenta la novela y que es pura imaginación. Es decir, que en ese libro hay dos niveles de "seducción" del público lector: lo real hasta ahora conocido, y que es la sustancia que expone *Visión...*, y lo imaginativo que, como en mi otro libro sobre Morazán, no se aparta de esa verdad pero tampoco se somete a ella.

---

1. Entrevista a Julio Escoto realizada por Rosario Buezo desde Alicante (España) mediante correo electrónico, 7 de diciembre, 2015.
2. Se alude a la novela *Magos Mayas Monjes Copán* (2009). Nota de H. Umaña.

Debe advertirse que la novela fue escrita unos dos años antes del golpe de Estado en Honduras (2009), y que estuvo guardada en espera de un momento oportuno, que fue obviamente el del golpe. Si había ocurrido un golpe de verdad ¿por qué no narrar un golpe imaginario entre los mayas que, sin embargo, guardaba mucha semejanza con la realidad?

**Su artículo «Peso del Caribe en la literatura centroamericana», publicado en el 2002, posee datos muy parecidos a pasajes de *El Génesis de Santa Cariba*. En su obra, ¿la región del Caribe forma parte de Centroamérica, de los imperios que la colonizaron y de las mismas prácticas religiosas?**

Absolutamente sí. Desde que en la década de ochenta decidí incorporar en mis obras componentes pasados o modernos de historia (lo que me permitía sustentar la trama novelesca con respaldo real a fin de emplear el recurso técnico de certificación o verosimilitud), todos mis libros, a partir de *Madrugada*, son producto de una larga investigación que luego olvido, boto, pero que inevitablemente flota dando apariencia concreta a lo inasible que es la imaginación.

En el caso de *Génesis*, ya había por entonces concluido cien lecturas en torno al Caribe y estaba escribiendo la novela cuando se me invitó a dar una conferencia alrededor del tema y aproveché lo investigado para ambas labores. No es coincidencia sino expresión de un mismo pensamiento en doble tesitura de ensayo y de narración.

En el plano llamémosle ideológico (inclinación u orientación política) este libro insiste en un tema que me es casi repetitivo y que es la condena a los imperios de la tierra, algo que trato científicamente en mi obra *El ojo santo. La ideología en las religiones y la televisión* (1990; segunda ed., 2015), y que fue mi tesis de maestría.

Los imperios son lo más inhumano del orbe, todos, absolutamente todos, porque para existir y crecer tienen que expoliar, explotar y humillar al ser humano robándole su crecimiento y su dignidad. Y para que no se repitan, y para desalienar a la gente, hay que revelarlos, siento la obligación de exponerlos y denunciarlos aunque sea por medio de la literatura, que no es en modo alguno instrumento de revolución.

Y obvio que para vializar ese dominio la religión es un recurso poderoso y complaciente con el poder, siempre ha sido así. Como pruebo en *El ojo...* al inicio las religiones tienden al cambio del *statu quo* pero luego se reifican y penetran haciéndose aliadas del poder. Se tornan igualmente en fuerzas explotadoras, sólo que por la ruta espiritual; pero el producto obtenido es sin embargo concreto: dinero y poder.

**El manejo del personaje femenino rompe con el estereotipo. ¿Pretende revalorizar el papel de la mujer y que esta represente la otra historia? ¿Cómo debe ser representada en la historia del Istmo?**

Es el intento de un replanteamiento de la visión de la mujer, el deseo de erradicar o superar el machismo, y la búsqueda de la equidad como principio imperioso en las sociedades. No puedo desprenderme, a mi pesar, de algún prejuicio didáctico (soy maestro), sigo creyendo que la literatura, sin hacerse panfleto ni autocensurarse, debe servir para mejorar en alguna forma o grado al ser humano. Y si da la sensación de que busca este propósito en el Istmo es sólo porque la trama se escenifica en el Istmo; si bien en realidad mi ambición es dignificar a la mujer de cualquier espacio del mundo, de cualquier etnia, situación y religión.

En *Génesis* surgen varios caracteres femeninos, desde el místico y redentorista de Crista Meléndez, hasta el liberado de Selva Madura, quien sin embargo sufre una involución: el amor libre la lleva al odio, no exactamente del hombre que le despertó el amor sino del amor mismo. Crista cree profundamente en su misión pero no muchos creen en ella. Sospecho que mi mejor personaje en ese libro es el de Praphit.

***El Génesis de Santa Cariba* es para mí la novela donde mejor expresa su posición ideológica, especialmente cuando interviene el yo narrador. ¿En esta novela se sintió con mayor libertad para criticar la realidad nacional sin restricciones?**

Con *Génesis* me ocurrió algo interesante. Desde *Madrugada* en delante siempre tuve una fijación, digamos, educativa o formativa social: hacer ver a otros lo que el estudio me ha permitido ver, algún gramo de la verdad. Se repite en el *Morazán*, que pretende enseñar a la juventud lo que fue la extraordinaria figura de este hombre universal, más que centroamericano. Pero un día me cansé. Me cansé de tener siempre propósitos subyacentes en mis escritos, de querer educar, de intentar mejorar al Otro, incluso sin su consentimiento. Y me planteé una mañana que ansiaba escribir una novela libre y donde pudiera disfrutar yo de algún hedonismo, el de la palabra, y divertirme con ella, contar una historia construida desde la acción pero igual desde la palabra, es decir, el verbo hecho sustancia pura y principal de la narración...

Así es que empecé *Génesis* sin segundo objetivo, excepto contar una historia lo más loca y divertida posible, algo que no logré del todo, pues a pesar de mi intento siempre en el libro emana, aparece la realidad latinoamericana y particularmente caribeña. Siempre se ridiculiza a un imperio, el inglés, siempre hay ilusos, idealistas, sátrapas y revolucionarios, siempre ideales de cambio, subversión y transformación (mis novelas han de ser radical aunque subrepticiamente sociales). Pero así es, qué le voy a hacer, no puedo cambiar ahora, a mi edad, mi configuración mental.

El yo narrador ofrece cierto rasgo particular: no se sabe quién narra excepto en solo una línea donde se deduce que es Recamier (y que se confirma al final cuando solo quedan dos personajes y uno relata al otro). Fue muy difícil mantener esta técnica de ocultación a lo largo de la obra.

**La crítica literaria, en gran medida, considera que la novela contemporánea latinoamericana, y especialmente la centroamericana, que tematiza la historia no debería llamarse nueva novela histórica posmoderna, pues para muchos de los críticos Centroamérica no ha llegado a la posmodernidad; otros proponen que debe llamarse novela poscolonial. ¿Qué criterios le merecen estas calificaciones?**

A la modernidad pertenece el mundo entero, sólo que en mayores o menores grados. La mundialización, la globalización y el uso de los nuevos modos de comunicación (que son modos de producción, mayormente simbólica) nos integran inevitablemente a un mundo nuevo, del siglo XXI, aunque a algunos por hilos e hilachas, a otros por nexos o cadenas más fuertes. Pero yo no he escuchado los tres términos juntos (novela histórica posmoderna), y por falta de cercanía académica, quizás, ignoro dónde se le califica así. Poscolonial tampoco me parece feliz ya que si bien han desaparecido los sistemas coloniales propios del siglo XIX, y las esclavitudes indirectas de las dictaduras y satrapías militares del XX, seguimos residiendo bajo algún índice de colonialidad.

Somos colonia cultural de alguien; en primer lugar, económica; política después y algunas sociedades (Guadalupe, Guyana, Curazao) incluso en la dependencia territorial. Canadá y Jamaica están ligados al pensamiento dinástico británico, lo que es algún maquillado enlace de colonialidad. Y aparte de ello el ciudadano promedio universal es colono de la tecnología del primer mundo, lo que significa, adicionalmente, de sus modos, procedimientos, protocolos y mandos coloniales.

Me quedo simplemente con el término «nueva novela histórica», donde ya «nueva» la diferencia de la antigua o vieja manera (rusa mayormente) de contarla.

**Sus novelas posteriores a *Rey del albor. Madrugada* registran algunas frases o situaciones similares a esta. ¿Esa práctica es intencional?**

Si se repiten con rígida similaridad son errores, visiones que el autor no puede controlar y que se le deslizan de la pluma incluso contra su intención (filtración) narrativa. Si en cambio insisten en una visión de mundo, una concepción del universo y la humanidad, si machacan sobre ciertos principios mayormente éticos y por ende y al fin políticos, entonces pertenecen obviamente a alguna intencionalidad. Esa intencionalidad no tiene que ser obligadamente consciente en mí; puede que, como creo firmemente en ello, ello se desplaza a la narración porque supone que allí debe y está bien ubicarse, colocarse para mejor instrucción (y gozo) del lector.

Intencionalmente incluyo bromas, señales, luces para amigos dentro de la novela. En *Madrugada* aparecen unos personajes del siglo XVII que se llaman (creo recordar) Sergio Ramírez y su novia, o prometida, Gertrudis (esposa de Sergio), y está otro que es Lizandro Chávez Alfaro, a quien quise mucho. El poeta Julito Pineda de *Génesis* existe, vive a una cuadra de mi oficina, y así.

**Usted ha afirmado que su literatura se encamina hacia la ética y no hacia la política. ¿En qué tipo de ideología se ubica usted?**

Soy un hombre de pensamiento de izquierda desde mi adolescencia, y mayormente por reacción. Mi padre fue conservador (nacionalista) y aprobaba el ejercicio de la dictadura porque imponía orden, como si el orden no fuera factible con democracia. Aceptaba la fuerza bruta sobre la población, mayormente militar, porque el pueblo era «ineducado» para gobernarse solo, como si él no fuera parte de ese pueblo políticamente ineducado. Y así.

Observé, reflexioné y descubrí que yo no aceptaba tales principios, pero no podía enfrentarme o disgustarme con mi padre y comencé a estudiar si iba yo por buen camino de la verdad (política), la que al fin reconocí. Y vi que era algo sencillo y justo, a lo que me aferré de por vida: el ser humano merece ser feliz (según seguidores de Sartre está condenado a ser feliz; Sartre decía que estaba condenado a ser libre); el Estado debe procurar por todo medio esa felicidad (material, espiritual) pero hay terribles fuerzas conservadoras que se oponen a tal fin y a las que decidí combatir por siempre.

Pero como no tengo espíritu de guerrillero y soy muy cómodo para pelear y agotarme físicamente, trasladé mi combate a lo intelectual... De las armas me encanta el mecanismo, la certeza y la precisión pero no las uso; la palabra es igual y no causa sangre, es el medio ideal para revolucionar al ser humano ya que nada se transforma si antes no cambia eso mismo en la mente del humano.

Pero luego también me di cuenta de que para lograr ese estímulo (instigación) a la subversión por medio de la palabra no se necesita forzosamente pertenecer a ningún partido político (que de izquierda y derecha son malos), sino buscar y lograr el bien, es decir, la utopía de la libertad, que es en el fondo de lo que tratan mis libros, de la ansiedad ética que existe ahora en todos los pueblos del orbe y que ha sido la misma búsqueda desde la aparición del hombre (y mujer) en la tierra: la armonía entre el ser y la naturaleza (que es otro ser conjunto) pero ídem entre el hombre y el hombre. Solo alcanzando esa trilogía surge el Hombre (universal, cósmico, sin adjetivos), que se obliga a ser feliz.

**¿Qué aspectos de su literatura considera que pueden impactar en el lector joven?**

Difícil pregunta. Quizás lo lúdico pues intento generalmente (más bien inevitablemente) jugar con conceptos y palabras organizándolos y rompiéndolos, así como igual con el ritmo literario y algunos centavos de humor. En el trasfondo de mis libros siempre, inevitablemente, ocurren retratos de rebeldía, que es lo propio del joven.

Y luego, no puedo resistirme a la aventura del amor, personal o literario, que se retrata en mi literatura. Allí siempre alguien quiere, alguien ama, alguien se apasiona, no importa si con mal o buen final. Y qué mejor inducción para los jóvenes que el amor.

**¿Considera usted que la nueva novela histórica sea hasta ahora la mejor forma de representar paradójicamente la realidad del Istmo y especialmente de Honduras?**

No, en este ejercicio no existen cláusulas finales, como decir que esto es mejor o peor. Son búsquedas en multiplicidad de ángulos, conquistas, intentos no sólo de captar una realidad intensa, rica y multifacética latinoamericana sino también de experiencias (aventuras) al redactar. *Sóngoro cosongo* es música, *Paradiso* es introspección; *Tres tristes tigres* es relajo, *El acoso* es técnica. De Centroamérica, en *Managua, Salsa City (¡Devórame otra vez!)* es lúdica; en Roberto Castillo es reflexión sociológica y casi arqueológica; *Prisión verde* y *Mamita Yunai* son denuncia, en tanto que Carlos Cortés y Rodrigo Soto flagelan estéticamente su realidad...

Y tampoco considero que nuestra realidad sea paradójica sino compleja. Si estudiamos la conducta de naciones europeas en el tiempo, oh Dios, eso es caos ahora superado pero caos sustancial (por veces sigue siendo, *remember Bosnia*).

La paradoja embiste a la lógica pero en el caso centroamericano no hay tal ausencia: se impone la lógica irreversiblemente. Cuerpos de élite (mejor educados y económicamente dotados) logran imponerse sobre la vasta mayoría analfabeta, políticamente inculta, carente de solidez moral o recuerdo histórico. Eso no es paradojal, es desarrollo típico de la historia de la explotación... ¿Acaso no fue similar cuando la revolución industrial, niños laborando doce horas, obreros agotados hasta morir por avaricia del patrón, esclavitud simulada, inexistencia de derechos humanos? Tal no es paradoja sino motor del cambio de la sociedad, la lucha de clases. Ahora, entre nosotros el ambiente nos provee un poco o mucho de lujuria tropical, eso es cierto aunque para nada paradojal...

**¿Cree usted que hemos logrado consolidar la identidad latinoamericana o estamos en crisis?**

El estado natural de Latinoamérica es la crisis, pero no por maldición divina ni por carencia de sistematización científica, menos por ser bobos ni tontos, sino por la natural (natural de causas históricas) rebeldía latinoamericana a la simpleza, a la llaneza mediocre, al desgobierno, a la dictadura, al abandono del sueño de la libertad continua, como el deseo de mejoramiento. Latinoamérica jamás renuncia a esos ideales o utopías. En Latinoamérica no hay monarquías, aunque locos dictadores las pretendieran. Eso ya define un instinto naturalísimo de independencia, autonomía y libertad.

Todas las dictaduras de los años 1930-1950 fueron destruidas; todos los regímenes conservadores fueron echados; todos los intentos de dominio izquierdista universal fueron doblegados e incluso ahora, el llamado Socialismo del siglo XXI, que carece de sustancia teórica (Maduro no es Chávez, además), está a punto de ser allanado este domingo.

Pero ello no significa que Latinoamérica se torne conservadora sino que resiste toda imposición, de derecha o izquierda, si no hoy en los próximos diez o quince años. Los pueblos son sabios, saben esperar, aguantan esperar, están conscientes de que si bien en este minuto se les domina y explota, tarde o temprano botarán del mando al explotador o dominador. Disfrutan de enorme paciencia, que es decir de sabiduría y lealtad con ellos mismos; manejan proyectos a muy largo plazo, no a brevedad. Son como la mujer, distintísima del varón, que no piensan (visceralmente) en meses o años sino en longevidad. Pues, cuando una mujer acepta embarazarse ¿no es un proyecto que concibe a diez, quince, veinte años, cuando el hijo salga de la escuela, del colegio, la universidad y sea persona...? El varón, en cambio, echa generalmente su semen y se dobla a dormir....

Latinoamérica es región permanentemente embarazada con proyectos y esa instancia, ese renovarse continuo, ese temblor creativo es el que define su identidad. Por algo la filosofía latinoamericana (Dussel, Hinkelammert) es conocida como Filosofía de la Liberación.

**¿Qué escritores y obras han sido influencia para usted?**

Muchos, desde luego, he sido más lector que escritor. Aparte de los clásicos (Cervantes, Lope, Quevedo, Shakespeare, que debí estudiar sistemáticamente en la Escuela Superior) me golpearon intensamente los Dumas, de quienes aprendí muchísimo manejo técnico; John Donne para afinar el sentimiento estético, que igual existe en la prosa; Steinbeck, que me educó en cómo declarar, sin panfleto, la protesta social; el inglés Bronowski y su visión del desarrollo de la humanidad (y el humanismo) en *The Ascent of Man*; el Hemingway de *Por quién doblan las campanas* y *Fiesta*, gozadísimo recuento a la vez de testimonio y de imaginación; pero sobre todo el barroquismo (que involuntariamente desempeño) de Alejo Carpentier y su increíble manejo simultáneo de la información, el estilo, el diseño, historia y presente, en síntesis, lo más deseado por un novel escritor que arrisca velas... Claro que Gabo fue maestro pero uno a quien había que evitar, tal su poderosa influencia pegajosa, en cuya red discursiva muchos amigos cayeron, imitándolo aunque fuera ocasionalmente.

**En uno de sus entrevistas señala que se vio obligado a cambiar el final de una de sus obras; ¿por qué motivos hizo el cambio?**

Supongo que se trata de *Bajo el almendro… junto al volcán*, obra que habré compuesto en la década de los ochenta y que envié a participar en un certamen español de cuyo título ahora no logro acordarme.

El asunto es que ese libro iba organizado en un total, increíble y sin duda abusivo proyecto experimental donde no había puntos, acaso comas... La historia del aldeano Capitán Centella que se apresta a combatir a los salvadoreños que invaden territorialmente Honduras en 1869, y que al desenlace descubre que el ejército de su propio país causa más daños a su comunidad que el enemigo militar, era una provocación contra el militarismo (fascista) y el dominio gubernativo vertical, o sea que proponía cierta rebelión de conceptos.

Pues bien, la obra fue a Castilla y allí cierta noche en que el jurado resolvía entre gastronomías el premio se trasmitió todo por radio y un amigo, viejo profesor, Andrés Morris, se gastó la llamada internacional para avisarme de que los finalistas éramos dos, algún castizo novelista y yo, donde aquel ganó.

Fui a Madrid meses después y visité la editorial convocante. Me recibió la incolora secretaria, me introdujo al corbatinado director y al consultarle yo los criterios del jurado, sólo por saber, pues era la inicial vez que concursaba en la suma metrópoli, reveló que no había triunfado porque mi obra «hedía».

—¿A qué? —agraviado consulté. —A revolución— me dijo el editor sin duda franquista. Ah, imaginé días después, España se halla agitada por vascos, que quieren independencia, y por catalanes que ansían autonomía, y por... cicatrices de la caída del gran imperio perdido en el siglo XIX, la Cuba extraviada, las Filipinas sesgadas, el imperial orbe entero hecho trizas, cagada de palomas, ceniza invernal. Por algo existió la brillante Generación del 98...

Entonces pensé que debían tener media libra de razón los conservadores ya que mi novela los amenazaba. En la versión primitiva (sin puntos ni comas, toda ella, ¡cuánta irreverencia, osadía!) tras conocer la alcaldesa que los campesinos vigilantes contra la invasión salvadoreña se han abandonado, relajado las vigilias, dejado sobornar sensorial (y sexualmente) por un grupo de cirqueros que pasan por allí, ella concluye: «la próxima revolución la haremos nosotros». Y así acaba la versión original. Excepto que tras la experiencia madrileña dije «ello es demasiado provocador», y rectifiqué la divergencia. En la versión impresa el alcalde se queja y la alcaldesa, junto al fogón de madrugada donde hierve café, exclama: «debemos enseñar a los jóvenes cómo ganar la guerra de la paz... ». Mensaje absolutamente diferente.

Ya no es que vamos a la revolución armada porque es la exclusiva solución sino que buscamos otras, como la prolongada de educar a la gente a vivir en paz (tesis de José Cecilio del Valle), imponer la justicia, construir equidad, tener buen gobierno, evitar la corrupción, escoger mejor a los candidatos...

**¿Puede hablarnos sobre su experiencia de trabajo con Sergio Ramírez y su relación con narradores centroamericanos?**

Le cuento que Sergio Ramírez me salvó la vida, ya le he sintetizado la historia de mi amistad y lealtad con él. Eso ocurrió hacia 1974 cuando yo era docente de la UNAH (Tegucigalpa) y tuve amenazas individuales, no del régimen, y Sergio, entonces Secretario General del CSUCA, solicitó al Rector de la UNAH, Jorge Arturo Reina, que me prestara por un año para dirigir el Programa de Asuntos Culturales del CSUCA en Costa Rica. Es muy probable que si no hubiera entonces salido del país ahora pertenecería yo a la memoria necrológica.

Durante seis años que laboré en el CSUCA y luego como director de EDUCA la relación con Sergio fue siempre de confianza y admiración. Es un ser humano extraordinario, humilde aunque de rostro chorotega empedrado, y sobre todo lector estudioso permanente y privilegiado escritor. Como San José es ciudad muy visitada por artistas de América y el mundo, con mucha frecuencia nos encontrábamos, además de en la oficina, en eventos culturales en donde alguno de ambos tenía una intervención, mayormente él por su autoridad académica y personal.

Nunca le solicité un prólogo para novela, ni él a mí algo similar, sabemos ambos que la obra narrativa debe defenderse por sí misma. Luego conocí su trayectoria dentro de la revolución sandinista y tuve acceso, por esa amistad, a información de aquella gesta que desconoce el público y que incluso hoy es ignorada. Tras tantos años nos mantenemos en frecuente comunicación encontrándonos ocasionalmente en congresos, conferencias, otros, como si nos acabáramos de ver. Y dado que somos centroamericanos algunos enfoques de la historia local o tendencias de personajes se asemejan por veces en nuestros libros, pero es sólo por el contexto, por la ambientación comunal en que ambos residimos.

## 7. «Nueva entrevista a Julio Escoto desde Alicante (España)». Realizada por Rosario Buezo Velásquez (2016)

**¿Qué lo motivó a seleccionar a un historiador negro como protagonista de *Rey del albor. Madrugada*?**

Fue un proceso que exigió mucha reflexión pues se trataba de escribir una obra donde se exhibieran las virtudes y defectos de toda una sociedad específica y era muy difícil que alguien inserto en ella tuviera la visión, óptica, apertura y profundidad para verse a sí mismo con sentido intensamente crítico. Yo había observado que tras salir del país a mi retorno, y tan temprano como en el aeropuerto, me chocaban algunas características de mi sociedad (sucio en las calles, alumbrado deficiente, falta de urbanidad), cuyas observaciones perdía u olvidaba [...] de tanto permanecer inmerso en esa sociedad. Así que comprendí que para tratar ciertos temas en la novela necesitaba una óptica exterior. En primer lugar debía provenir de alguien de un país más desarrollado que el nuestro, a fin de que observara desde una ventaja tecnológica y opinara con sustancia. Y segundo, lo que fue una elaboración más sutil, que trajera por sí mismo un «resentimiento», una prevención o cicatriz de raza que lo hiciera ser aun más crítico, o sensible o con humor de antigüedad... De allí que le haya dado al Dr. Quentin un título universitario alto (domina modos analíticos), una universidad importante (administra calidad), atractivo físico (pasará algunas aventuras donde ocupará su cuerpo además de su mente) y luego de raza negra (reservorio histórico de humillación).

Pero si bien ya lo tenía catalogado, formado mentalmente, no lo veía en lo físico. Hasta que una mañana trabajando en casa y viendo por la ventana miré salir al trabajo a mi vecino, Dr. Quintín Máximo, quien es garífuna, y solamente tuve que copiar sus características físicas para redondear al personaje.

**¿Por qué determinó interpolar historias independientes en *Rey del albor. Madrugada*?**

El modelo constructivo de mi obra proviene de *The Source*, de James Michener, donde arqueólogos en Israel van estudiando capa por capa de un pozo de prospección y descubriendo culturas y situaciones históricas.

Pensé que mi trabajo novelístico iba a ser igual, estudiar, o mejor describir, retratar facetas, capas, secciones, niveles, horizontes de una sociedad y que para ser atractivo en vez de separar drásticamente pasado de presente mejor los mezclaba con un lazo de relación entre ambos. Es una técnica que, creo, en este caso funcionó bien.

**¿Por qué *El árbol de los pañuelos* y *Rey del albor. Madrugada* son sus novelas preferidas?**

Es un decir, tampoco es que desprecie a las otras, pero es sencillo. *El árbol...* es mi primera novela, el salto del cuento a la narración extensa y complicada, y esa experimentación y experiencia me llenaba de gozo estético cada vez que ascendía una nueva etapa en su realización; y *Madrugada...* porque fue la que me costó más trabajo (12 años, cientos de lecturas) y porque representa un cambio de dirección en mi narrativa.

**¿Qué ventajas obtuvo al estudiar la carrera de Letras en la Escuela Superior del Profesorado Francisco Morazán?**

Enormes, fue lo que siempre quise ya que mi padre era periodista autodidacta y tenía muchos libros y revistas en casa. La ESP me dio las bases metodológicas para analizar pero igual los instrumentos para escribir. A ello sólo faltaba que se agregara, si existía, algún talento, lo que fui descubriendo, y cultivando, paulatinamente.

**¿Por qué decidió escribir la última etapa del Imperio Maya centrándose en la ambición de los grupos de poder y en la traición de los colaboradores de Yax Pasah?**

Porque ese es 99% de las veces el curso de la búsqueda por el poder: los que lo tienen en segundo plano batallan por colocarse en primera fila, donde usualmente sólo hay un individuo, el gran jefe. Ha ocurrido así desde el inicio de la humanidad. La otra opción hubiera sido narrar una revolución que intenta botar a Yax Pasah pero entonces lo deslegitimaba como buen rey y la novela se hubiera hecho más extensa.

**¿Cuál es su intención cuando cuestiona el comportamiento de la inestabilidad de la raza mestiza, especialmente en *El Génesis en Santa Cariba*?**

Resaltar el problema humano de la búsqueda de identidad, muchas, pero muchas veces, doloroso, ya sea a escala de individuo como de masas sociales.

Usualmente la generación vieja (en sociedades ya bien estratificadas) recuerda e incluso se enorgullece de sus raíces antiguas (coloniales e indígenas) mientras que las generaciones resultantes de esa mezcla existen en un limbo existencial donde carecen de rol, modelos seguros, firmes, a la vez que padecen un torbellino vital, cual es descreer de sus antepasados o bien aferrarse a uno solo de ellos, el más fuerte o más largamente sobreviviente (además de iberos y celtas, ejemplo, hubo otras fuentes originarias pero casi nadie las recuerda).

Por ejemplo: las clases medias y grupos mestizos aborrecen en algunos lugares de América (Perú, Chile, Argentina, otros) lo indígena que hay en ellos y se precian de lo europeo; en otras (Bolivia, Guatemala) empieza, pero hasta ahora, a haber una reivindicación de lo autóctono, ya que por siglos el mestizo (o ladino) prefería asimilarse a lo extranjero. En Honduras este fenómeno se ha dado mayormente en la costa norte, por el influjo de las empresas bananeras desde el siglo pasado.

**¿En cuál de las cuatro novelas de nuestro estudio se ha apegado más al documento histórico?**

En *Morazán* indudablemente, pues allí no se puede variar para nada ninguna fecha ni ninguna acción histórica. Tengo todavía la duda de si es novela biográfica o biografía novelada pero creo más que es la primera. De allí que para sortear la ciencia histórica la obra se concentra mucho en el pensamiento (alma, conciencia) del héroe y menos en su acción física externa, es decir para que fuera más novela que historia, más invención que obligada realidad.

**¿La presencia de situaciones carnavalescas en estas novelas forma parte de la visión irónica de la historia o de influencias literarias?**

Absolutamente sí, de la visión irónica, que es parte de lo que ya Greimas y Kaiser definieron como lo carnavalesco en la novela moderna. Es un recurso extraordinario pues la concentración de elementos (muchos actores) y situaciones simultáneas amenazan con acabar en caos (para el lector) pero sin embargo el autor tiene todo bajo control, sólo dando aquella apariencia con intencionalidad. El lector se sumerge en ese tiovivo o girando, que es como la vida, y la multiplicidad de enfoques, descripciones, movimientos, gestos, si bien lo confunde temporalmente igualmente lo admira. Si a esas fuerzas a la vez centrífuga y centrípeta de la novela (pues algunos personajes salen para siempre tras la escena, fueron breves) se le agrega elementos de humor el cuadro final es complejo pero atractivo, provocador, motivador. Es una técnica excelente.

**En sus novelas *Rey del albor. Madrugada* y *El Génesis en Santa Cariba* se evidencia la defensa de la cultura hispánica, ¿obedece este aspecto al reconocimiento de esta cultura como parte de la identidad latinoamericana?**

Sí pero no por ella misma, es decir, no para su exaltación (ya que tiene características mixtas, positivas y negativas, no es un modelo absoluto) sino para defenderla de los enviones y ataques intencionalmente coordinados desde las culturas sajonas, que pretenden demeritarla. Es muy típico todavía el discurso americanista que desprecia lo español que tenemos, sin objetividad sino como prejuicio o prurito, y es típico también quienes afirman que si nos hubieran conquistado los ingleses seríamos pueblos avanzados (o Estado asociado a EUA, hay gente que piensa todavía absurdamente así), además de que muchas sectas religiosas creadas o sustentadas por el gobierno norteamericano para venir a Latinoamérica tienen como meta precisamente acoplarnos, adaptarnos a la mentalidad sajona, que es decir capitalista y hoy neoliberal y donde los viejos valores de solidaridad, fraternidad, religiosidad cooperadora con otros, con el prójimo, buscan ser modificados y desaparecidos.

**En varias entrevistas ha afirmado que su primer cuento fue publicado en la revista del colegio La Salle y que el tema del mismo obedeció a un terror ético. ¿En qué consistió esa experiencia de juventud y por qué el terror ético?**

En la década de 1960, inicios, estaba yo aprendiendo a manejar automóvil pero era «manudo» y una vez que retornaba de estudio con compañeros sentí que el auto pasaba sobre algo, pues saltó. Inmediatamente recordé a mi hermano Pedro Arturo, a quien infante (5 años) había atropellado un auto en SPS, por descuido de su niñera. Bajé, vi y nada, eran sustos de manudo y desde luego que tuve mucho miedo.

Excepto que posteriormente, analizando, me di cuenta de que mi miedo no era porque me castigaran o llevaran a la cárcel (terror a la justicia humana) sino por la posibilidad de haber cegado una vida, algo de lo que no iba a poder desprenderme en el resto de mi existencia. No me importaba si iba a la cárcel (recuérdese que era yo adolescente, sabía nada de leyes) sino que el horror de matar a alguien entró en mi cerebro como bala, el horror de haber tronchado una vida humana. El terror estaba dentro de mí y era de sustancia moral, ética.

**En la entrevista desarrollada en el 2005, usted expresó, entre otros detalles, que en la década de los ochenta, cuando regresó al país, se vio envuelto en una lucha compleja: se preguntó qué hacer por el país y junto a su esposa, Gypsy Silverthorne Turcios, fundaron el grupo revolucionario llamado ALFA. ¿Cuáles fueron los objetivos del grupo y qué apoyo obtuvo de los intelectuales de esa época?**

Hummm, no tengo idea de ello, además de que nunca fundamos un grupo de esa clase, no era nuestra línea. Lo que buscamos fue fundar una biblioteca infantil pues traíamos unos 900 libros de tales que habíamos estado coleccionando por años para ese fin expreso. Tras la muerte de Gypsy, en 1990, formamos un grupo sampedrano para abrir la biblioteca para niños y se logró, es más, se amplió a todo un Centro Cultural Infantil, que opera hoy con mucho éxito y que fue obra entusiasta, además, del entonces alcalde Héctor Guillén, quien apoyó el proyecto desde inicio.

**¿Cómo lograr que su literatura pueda cambiar a las personas que ocupan el poder y que el pueblo pueda ascender a su literatura?**

Eso es utopía, sabemos bien los intelectuales que con los gobernantes nunca vamos a lograrlo, primero porque ellos no lo son (intelectuales) y no comprenden entonces el altísimo valor generativo y regenerativo del arte en general y de la literatura en particular. Adicional a que la novela nunca ha cambiado una situación social; quizás escandalizó a sus contemporáneos, como en *La cabaña del Tío Tom*, *Los hermanos Karamazov*, o sacudió conciencias como en *Uvas de la ira*, pero tanto como modificar condiciones sociales no, es casi imposible.

De allí que estemos muy claros de que se influye sobre masas mediante el ensayo, el periodismo y la crítica social, en tanto que la novela esmerila, pule, afina conciencias pero de otra clase educadamente superior, la lectora (superior no exige que sea rico o pobre, clase media o alta sino solo lector, buen lector).

**¿Cuáles de sus novelas han sido traducidas a otros idiomas y en qué países?**

He sido muy descuidado en promocionar mis obras en el exterior y traducidas han sido solo dos novelas, *Bajo el almendro...* y *Magos Mayas...* Las traducciones varias que tengo son de cuentos.

**Cuando cita autores, ya sea de obras literarias o de obras históricas, ¿lo hace con el propósito de reconocer la importancia e influencia de los mismos?**

Hay diversidad. A veces lo hago en un relato como saludo, broma, guiño a amigos de las letras: Lizandro Chávez, Óscar Acosta, otros. En otras ocasiones como respaldo documental, de modo que el recuerdo de aquella novela refuerce la mía. Y en general por cultura, porque esa cita cae bien allí para documentar o para avalar lo que narro.

**¿Cómo percibe el futuro político, económico y cultural de Honduras?**

En lo económico lo veo muy mal, no creo que se revierta tanto deterioro económico en pocos años, ni siquiera una década, peor con las políticas neoliberales que no aspiran a desarrollar lo nacional sino a las transnacionales. En lo político creo que hay suficiente resistencia ética en el pueblo como para generar cambios, pero habrá que ver luego, en las urnas, si esa conciencia política es suficientemente alta como para activar esos cambios. Y en lo cultural creo que vamos bien pero a terrible lentitud, casi inercia. El Estado no apoya lo intelectual, es más, le da miedo. Ya cerró el Ministerio de Cultura y no hay ninguna acción oficial en esa línea, el mayor movimiento de cultura en el país es autogestionario, lo hacemos nosotros, los artistas.

**La confluencia de razas y el encuentro con la identidad mestiza en las novelas *Rey del albor. Madrugada* y en *El Génesis en Santa Cariba*, ¿obedece a tópicos como la búsqueda de la identidad latinoamericana?**

Desde luego, es un intento o esfuerzo por clarificar los diversos niveles de lo latinoamericano: el pensamiento continental, en que hay muchos autores significativos (Rodó, Vasconcelos, Arciniegas, Ingenieros, Dussel, Hinkelammert), centroamericano (Morazán, Valle, Barrios, Herrera, Martínez Peláez, Montúfar, Pérez Brignoli) y hondureño en específico (R. Rosa,

Policarpo Bonilla, F. Turcios, Medardo Mejía, Cáceres Lara, tantos más) hasta la reducción moderna (maras, militares, iglesias, capitalistas, revolucionarios, partidos políticos, el fútbol) que son, de algún modo, expresiones de una particular vivencia local, inmediata.

Es atrevido pero podría decir que la mayor parte de mi obra narrativa se dedica a la búsqueda de algún circuito de identidad, ya sea ficcional (de los personajes) o real (la colectividad de Honduras). He concluido hace dos años lo que podría nominar la «Serie del Poder», donde están *Madrugada* y dos nuevas novelas que tratan sobre la misma materia, incluyendo la presencia (y las luchas que generó) de la Contra en Honduras, asunto del más reciente texto que he concluido (novela). Como no voy a publicarlas pronto, no debo dar sus títulos.

## 8. Entrevista realizada por Ondina Zea (2018)[*]

**A su parecer, ¿cuáles son las características que definen a un héroe?**

Desde las primeras literaturas el héroe destaca esencialmente por su valentía al servicio de un bien común (colectivo) y sólo modernamente son héroe o heroína literarios quienes se sacrifican por un ideal doméstico. Así, la principal causa de Ulises no es la búsqueda del reencuentro con su mujer, Penélope, sino las batallas por su patria. Como trasfondo está eso otro, la relación amorosa, pero no es aún lo principal. En cambio en *Cien años de soledad* el heroísmo se da igualitariamente desde lo doméstico a lo público político. El General Buendía es héroe militar pero los Buendía, en general, son héroes (muchas veces desorientados) del amor.

La búsqueda de ese bien colectivo debe existir, empero, dentro de una atmósfera absolutamente ética, o sea de responsabilidad social y no de egoísmo personal. Frankenstein no es un héroe, como tampoco Pinocho y menos Platero, de Jiménez, ni Romeo ni Julieta, pues lo suyo es lo personal; en cambio el norteamericano que salva a sus camaradas en las páginas finales de *Por quién doblan las campanas*, de Hemingway, como en *Los brujos de Ilamatepeque* los hermanos Doroteo y Cipriano Cano, ya que intentan reformar su sociedad o conjunto grupal o gremial, y siendo que para ello se autosacrifican o corren el riesgo de ello, siempre en aras de un principio de colaboración, esos alcanzan la categoría que citamos.

O sea que el héroe exige, para ser y existir, vencer confrontaciones éticas. Lo interesante en su relato o biografía es que nada le es fácil sino que debe remontar terribles, por veces sobrehumanas (Ulises) aventuras, tras cuyas victorias se vuelve modelo, o sea patrón repetible, y desde entonces aceptado como el mayor referencial histórico y social, lo que significa que llega, con todo derecho, para integrarse al imaginario colectivo haciéndose parte de él desde el ejemplo, de, otra vez, su valentía, nobleza, fuerza consciente y dirección en sus metas y objetivos. El héroe no es pues, nunca, persona común sino sobresaliente dentro del seno de la comunidad, sea esta también, a su vez, cierta (real) o sólo imaginativa (literaria).

---

[*] Publicada el 5 de febrero, 2018, en la página de Facebook de *Honduras: Territorio Literario,* por la escritora hondureña.

Otro elemento que caracteriza la acción de un héroe es un componente no siempre visiblemente presente pero aludido o al menos deseado con frecuencia por los autores, cual es lo aleatorio, o sea la intervención de algún modo del destino. Incluso en las novelas realistas se alude a una especie de suerte cósmica, no por el hombre gobernada, que tiene la capacidad para intervenir (en) e incluso decidir el final de la aventura, o al menos condicionar las potencias del héroe para conquistar para sí mismo ese final. Usualmente se enmarca esa acción "divina" o extranatural desde el marco de la lucha entre el mal y el bien, perteneciendo el autor a este último, en cuyas filas milita desde la solidaridad, la ética y su ansia por recomponer el mundo (siendo su mejor ejemplo Don Quijote). Los hados, parecen decir los autores, auxilian a quien combate por el bien.

**¿Cuál es su opinión con respecto a los héroes en su obra?**

Obvio que creo para ellos los mismos parámetros arriba indicados. Procuro, conscientemente o no, que sean muestra suma de valor y decisión, aunque no siempre estén conscientes o claros de su objetivo, ya que muchas veces el héroe actúa por impulso (otra vez, ¿del destino?), porque satura su sensibilidad algún evento que rompe la norma (una injusticia, un daño, un crimen, una desviación de la ley humana o natural) y él se siente elegido, o por lo menos llamado (apelado) a corregir tal daño. Balam Cano se lanza al mundo para vengar, en alguna forma, la memoria de su padre y tío asesinados; Mateu Casanga es la rebeldía misma ante la crueldad de la esclavitud; Morazán es héroe histórico por sí mismo, no ocupa explicación, y Quentin Jones se opone al poder del imperio, no importa que él mismo pertenezca a tal medio político-social, por lo que busca denunciarlo.

**¿Qué papel le concede a la ética, a la moral, a la crítica ideológica y a la pedagogía en su literatura?**

La ética es para mí un elemento imprescindible en toda obra que escribo, aunque procuro nunca ser didáctico ni pedagógico, lo que rompería los límites intrínsecos de la novela. Mi frase repetida de que busco que "el lector sea al final de mi obra mejor que cómo lo era al principio" indica desde ya una intención, una vocación, de producir cambios en las gentes mediante mi literatura, no importa que esos cambios sean mínimos o invisibles, ocurren dentro del cerebro y personalidad del lector. Todas mis obras, es su gran defecto, tienen una intención ideológica aunque nunca partidista o partidarista. Busco convencer sobre y en torno a una sola idea, la del cambio. Trato de que el lector quede al fin de la lectura con un sedimento espiritual que le dice que sin transformación no hay mundo, no hay vida, universo ni progreso. Combato el estatismo permanentemente pero espero que no sea obvio ya que entonces parecería un libro de moral. Mi mayor enemigo personal es el *statu quo*.

**¿Podría decirse que su obra está interesada en el forjamiento de héroes para la identidad nacional o se concentra en el estudio de la condición humana?**

Creo que NO tengo intención de usar la literatura para otro fin que no sea la superación del lector (desde el plano espiritual, desde luego). Aunque me concentro mucho en el tema de la identidad, desde la personal a la colectiva hondureña, lo enmarco siempre dentro de la búsqueda del conocimiento de la pasión humana, sus razones, motivos y disparadores. Sobre la idea me interesa el hombre, tanto en el plano filosófico (el ser, la entidad, el onto) como real inmediato (la mujer, el hombre de las calles hoy) pero procurando (no sé si lo consigo) demostrar que las mismas pulsiones o pasiones de hoy las tenía la gente, multitudes, del pasado.

O sea que pretendo unir, unificar, juntar la vibración humana de todos los tiempos en la representación de un solo personaje, de modo que combinando en él muchos estremecimientos suyos, particulares, aparezca detrás también el estremecimiento de la humanidad. Esto es una búsqueda filosófica, desde luego, que yo tengo bien clara en mi mente pero que no sé, ni creo que me acerque, si logro expresarla en mi obra, no de modo suficientemente claro.

## 9. Entrevista realizada por Elsy Samai (2018)[*]

**En sus inicios literarios, ¿cuál fue su principal temor?**

Todo es temor cuando se comienza a escribir, todo es temor al cruzar el umbral de la anonimidad para someterse al escrutinio público, a la crítica y al gusto o disgusto por lo que se escribe y publica. Hay, sin embargo, ciertas ansiedades prioritarias, normales en el instante: si se aprendió o no a escribir bien, que es el oficio máximo e imperdonable en un autor (pueden no agradarme tus temas pero si escribes pésimo ello es fatal); la angustia de cómo se va a financiar la obra, pues usualmente en esos iniciales minutos de la carrera de escritor las finanzas, y peor los ahorros, son escasos; y luego, no menos esencial, qué trascendencia histórica tiene lo que redacto.

Esto último ocurre sólo a quienes tienen conciencia de que la literatura es un oficio sin historicidad, es decir sin calendarios ni tiempos. Pues la persona que ya adquirió conciencia del oficio, y mejor de la profesión, entiende que la palabra, sea como sea, es eterna. Que es probable que un libro desaparezca por épocas pero que no es, obligadamente para siempre. *El Quijote* fue sumamente exitoso desde su edición (1605 y 1615) hasta aproximadamente 1850, pero en ese lapso cayó en oscuro silencio, cualquiera hubiera creído que esa fantástica novela había muerto. Pero de pronto renació y no sólo eso sino que se transformó en el producto cumbre de la literatura en español... Porque la literatura es, como extraordinario esfuerzo humano, permanente. Los que varían y desaparecen son los públicos, los lectores; la obra queda sembrada en la existencia para la eternidad.

**¿Qué es lo que más disfruta de su proceso creativo?**

Sin ser hedonista, que disfruta de todo, me encanta todo. Desde el sufrimiento de la primera idea, que es página en blanco, no cuaja y aparece entera como tal, la idea tarda en venir y desenvolverse y estirarse, hasta el minuto último en que se la entrega al público y uno aguarda la reacción. Lo cual es absolutamente lógico pues es un arte y ningún arte se realiza (formaliza, concreta) sin gozo ni sufrimiento, o sin gozo, y, o, sufrimiento.

---

[*] Entrevista publicada en diario *El Heraldo*, San Pedro Sula, mayo 2018, por la premiada periodista cultural.

Y gusto particular es cuando uno descubre que ha escrito una frase, una oración, un párrafo descriptivo o psicológico, o bien muchas páginas que nadie más ha elaborado, hasta entonces, en la tierra (bueno, es lo que uno cree), y tal producción da gozo. Como igual el que de la imaginación y la nada surjan caracteres, personajes, individuos, personalidades de quienes no sabíamos que ya tenían alquilada residencia en nuestra imaginación. Es maravilloso. Adicional al experimento de la vida, que es genial, la literatura, la escritura científica o ficcional es asombro insomne de la existencia.

**Para escribir, ¿se alimenta de la observación, la percepción o la experimentación?**

De ellas más la imaginación. Excepto que hacia 1980, gracias a personas que mucho me amaban y orientaban, descubrí que en el mundo actual y presente uno no puede escribir novelas basado exclusivamente desde la ficción y que conviene apoyar cualquier experimento imaginativo sobre bases verosímiles. "Verosímil" es palabra que deben estudiar con cuidado quienes ingresan ahora a esta bella arte pues indica "lo que es posible". Que Remedios la Bella se alce al cielo mientras tiende ropa al patio no es factible, es sólo imaginación, pero que mi padre me lleve a conocer el hielo y allí tenga yo una premonición, la de que 40 años más tarde recordaré ese minuto mientras me enfrento al pelotón de fusilamiento es "realidad" literaria. Por algo la ciencia ficción se ha desarrollado tan poco en Latinoamérica, y es probablemente porque los latinoamericanos no podemos concebir a la literatura como excepcionalmente un juego cerebral sino como un aporte a la civilización, mayor o menor aporte, pero siempre cercano a lo real, a lo verosímil.

**¿Cuál es el error más frecuente de la gente al querer definir a un escritor?**

Jo jo... En Honduras el mayor error es que todo el mundo cree que todos los escritores están ya muertos. En los colegios es muy frecuente oír a los estudiantes preguntar en qué siglo (ni siquiera en que año) falleció el autor. Otra desvaloración muy frecuente es que el lector común piensa que los escritores somos adinerados o acomodados y que no ocupamos vender nuestros libros para vivir, o, por lo opuesto, en que estamos muriendo de hambre. Roberto Sosa contaba de los varios, muchos fulanos, que cuando le preguntaban por su nuevo libro y se los mostraba, esperando venderlo, ellos interrogaban "¿me lo va a regalar?" O bien, al decirles el precio usualmente respondían "te voy a ayudar comprándolo"... ¡Miércoles!, por no decir otra palabra, los artistas no esperamos que nos ayuden, no somos mendigos. Generamos productos del pensamiento y del espíritu, creación mental, esfuerzo del intelecto, resumen de nuestra experiencia de vida para ayudar a otros, para empujar a otros a conocer la vida, a enterarse de ella, particularmente en el plano estético, tan escaso y árido en el mundo del mercantilismo, el neoliberalismo y la globalización, donde todo es ahora materia y dinero.

Fenómeno muy particular de Centroamérica es que miles, si no millones de personas se llenan la boca galardonando al país por algún buen o gran escritor (Cardona Bulnes, Rivas, Castelar, Acosta, Bähr, digamos en Honduras), ¡pero no compran sus libros! Es orgullo gratuito y para el autor nada rentable. Van al exterior y cuando les preguntan por el movimiento cultural, ah, citan honrosos nombres, excepto que si alguien les consultara cuál es el más reciente título de ese intelectual que han leído, y menos comprado, no existe, no hay tal, todo es fábula mediática. Lo he dicho una vez anterior: si a Sosa tanta gente como lo alababa le hubiera adquirido sus obras no hubiera muerto en relativa pobreza.

**¿La literatura puede cambiar algo?**

Sí, y por si fuera poco, a nosotros mismos. No transforma a la inmediata realidad pero sí a la realidad de los espíritus. Construye sobre las mentes, forma conciencias (también las deforma) y genera pensamientos de solidaridad o de despecho, de visión a futuro y de construcción de otra, una nueva realidad. Así que no esperemos que la literatura funda ladrillos de piedra, los suyos son los ideales y cósmicos del corazón.

**¿Cuál de sus libros se arrepiente de haber publicado?**

Ninguno pero desde luego que cada vez que releo alguno (que es nunca) creo que hubiera podido mejorarlos, perfeccionar algún detalle, escoger mejor una palabra, pulir una metáfora. Pero tal es el oficio.

**¿De cuál de sus libros se siente más satisfecho?**

Mayormente de *El árbol de los pañuelos* porque aunque sencillo fija definitoriamente, según los críticos, la frontera entre novela tradicional y novela moderna en Honduras, lo cual no es mal logro. Amo a *Historias de Los*

*Operantes* (que fue fracaso editorial, sólo se realizaron tres ediciones) y *El Génesis en Santa Cariba* porque allí desplayé el gusto absoluto de escribir, en lo único en que pensaba era en la libertad armónica y revolucionaria de la palabra. Y desde luego que tengo cariño especial por *Rey del albor. Madrugada*, que tardé 12 años en producir por la cantidad de estudio e investigación que exigió (y cuya segunda parte, o en verdad secuela, *Downtown Paraíso*, aparecerá este año), adicional a *Magos Mayas Monjes Copán* que fue una delicia de experiencia escritural, pensaba que estaba elaborando un guión de película, lo que quizás sea un día.

**¿Qué personaje de la literatura le hubiera gustado ser?**

Ernest Hemingway, aunque sin el escopetazo (si bien por veces presumo que si sufriera de enfermedad terminal estaría obligado a salir voluntariamente de la vida, para no hacer sufrir innecesario a mis familiares, que fue el caso de Ernest, adicional a que sé perfectamente que sólo me quedan, con suerte, quince años productíferos); Poe, el maravilloso poeta inglés John Donne, que fueron reales aunque relacionados con literatura y por ello casi ya personajes de ficción. Dafnis, el amante inocente y pastor en la novela de Longo, una de las primeras de amor entre los seres humanos. No quisiera ser ningún personaje de Vargas Llosa, los hace sufrir a todos y los destruye; ni de García Márquez pues residen en una falsa realidad. Quizás, siento así repentinamente pensando que Mateu Casanga, el negro esclavo rebelde, golpeado y mutilado por el poder, que en mi novela *Madrugada* se resiste a abandonar la lucha y que pelea hasta el último nano segundo de la existencia, sería personaje ideal para encarnarlo. Disculpas, me doy cuenta de que es vanidoso tomar a una de mis creaciones para imaginariamente fundirme con ella, pero es mejor ser sincero que protocolar.

**¿Qué autor universal vivo o muerto le gustaría que hubiera leído su obra?**

Desde luego que Cervantes, pues en todas mis obras comparto su ética humanista. Me apenaría que uno de mis admirados, Alejandro Dumas padre, me leyera, me hallaría mil defectos técnicos, él quien fue perfeccionista de la novelación. Sería feliz que Walt Whitman emitiera un cortísimo comentario alrededor de mis escritos, pero el sumo poeta no leía novela, como tampoco Borges, si bien ni él ni Cortázar son héroes de mi alegría lectora. Y desde luego que, aunque no compartiera sus criterios del siglo XX, disfrutaría conversar largo, tendido y aburrido con Froylán Turcios (su ego era monumental), un poco al modo como Rolando López Tróchez ha fabulado a diversos creadores en sus extraordinarias pinturas.

Mis lectores hondamente ideales son John Steinbeck (norteamericano) y Alejo Carpentier (cubano), enormes capitanes de las maniobras de la novela, del arte de narrar, las técnicas, los trucos y evoluciones de la palabra, como ocurre siempre cuando se emprenden las singladuras y los naufragios de la imaginación.

**¿Qué autor nacional admira más y por qué?**

Realmente varios pero creo que el primer lugar lo ocupa Arturo Martínez Galindo, no sólo un impresionante autor (periodista, el mejor cuentista, conferencista), sino adicional un héroe de valor, a quien arrancaron la vida por defender imparablemente sus opiniones libertarias contra la corrupción y la dictadura de Tiburcio Carías Andino, usurpador autoritario y fraudulento como el de hoy. Luego le seguirían Turcios y Molina, Gamero de Medina y Óscar Acosta, el más noble de los escritores hondureños de todos los tiempos, Rivas y Cardona Bulnes, así como agregaría, pendiente de que logren su obra de madurez, a Dennis Ávila y Fabricio Estrada, ambos saliendo ya del calificativo de prometedores para hacerse por ellos mismos valiosos.

**Si le gustara la política y fuera presidente, ¿qué haría?**

Indudablemente lanzar la más ambiciosa campaña de alfabetización, hasta reducir a cero la ignorancia alfabética en Honduras. Luego emprendería una vasta planificación de labor educativa en todos los niveles humanos, desde el hogar a la empresa, haciéndome dueño o señor de la función educativa de los medios de comunicación, hoy sólo obsesionados por el lucro (que ojalá haya excepciones) hasta convertir a Honduras en una nación intelectualmente desarrollada. Alcanzando eso el resto es de suma facilidad porque ya se habrá formado conciencia cultural entre la población, lo que significa en su fondo conciencia ideológica y política. ¿Peligroso?, no, sólo real. Ya sea en uno o en cincuenta años esto es lo que va a ocurrir en el país y nuestra tarea es apresurarlo. Como se dice, la revolución no es sino el acelere de la evolución humana, que de por sí es lenta.

**Si tuviera al frente al presidente hondureño, y pudiera decirle una sola cosa, ¿qué le diría?**

¿Al actual…? Señor, tenga vergüenza humana, honestidad ante la ciudadanía que lo rechaza y adquiera y use la conciencia histórica… Si es obvio que electo por fraude y que nadie le cree ni acepta y más bien lo rechazan, ¡renuncie y parta a Suiza a gozar sus millones!

**Si tuviera que irse a una isla y le permitieran llevar un libro suyo y otro de un autor diferente, ¿qué libros elegiría?**

¿Mío?, hummm, dudo que lo hiciera, varios son quizás buenos pero muy imperfectos, no llevaría ni uno personal, estoy seguro. Me pasaría arrepintiendo o mordiéndome la lengua por lo detectado como incorrecto, o falso o mal alcanzado, reconociendo que un poco más de esfuerzo hubiera sido mejor (tal es la culpabilidad de la página impresa; arrepentimientos ni salvan ni alegran). Lo que empacaría con agrado es un nuevo proyecto, una nueva novela mía, la de amor entre viejos que concibo ahora, cosa que es en síntesis la ambición de redactar algo excepcional, sueño repetidamente emprendido cada vez que roturas la página en blanco.

De otro autor quizás portaría en el equipaje *El acoso*, mínima novela de Carpentier, así como *Aura* de Fuentes, que es ídem breve; partiría en dos pedazos y empacaría exclusivamente la mitad de *La insoportable levedad del ser* de Kundera; atesoraría *The Drifters* de Michener, aunque mejor que esa obra medio hippie es *The Source* (*Los orígenes*), que es modelo técnico para aprender a escribir. Y obligadamente subiría al maletín *Por quién doblan las campanas* que me educó, aunque no es clásico, en técnicas narrativas en sólo 24 horas que tardé en leerla. Y si hubiera espacio para libros en la mochila llevaría música, que es casi mejor que la literatura, tema que exigiría tiempo para debatir. Lo cierto es que de hondureños, ya en ahogo, portaría una sola obra de Roberto Castillo, y un tomo (de dos que fue la edición primera, la novela más extensa en Honduras) de *Bajo el chubasco*, de Carlos Izaguirre… Cargaría con gusto a Barrera, Merren y solidariamente Jaime Fontana, y dejaría sobre el andén a Sosa, que fue poeta de oportuna circunstancia política y coyuntural (hasta hoy nadie se atreve a esta valoración, lloverán piedras de sus admiradores) y colocaría a Rivas y Cardona Bulnes en augusto lugar, pero son sólo preferencias personales aunque, entiendo bien, disgustadamente polémicas. La culpa no es de las respuestas sino suya por hacerme la pregunta.

**¿Qué tema le inquieta y aún no ha podido abordar en su obra?**

La personalidad de la mujer, es el misterio grande. Mi relación con ella, que gracias a dios ha sido abundante y fructífera y disfrutada, desde la novia infantil a mis tres esposas en su momento amadas, me dejó siempre la impresión del naufragio, del sofoco, el frío y el calor simultáneos, nunca supe entender el universo en que me residenciaba y hallaba pues la identidad de la mujer es un vasto y cenagoso derrumbe de admiración y rencor con los que al hombre es imposible vivir en armonía, debe haber siempre, permanentemente, negociación, pues uno se angustia y desfoga en sofoco, como ha de ser igual para ellas; la relación humana es más delicada que la caparazón de un huevo de humo.

**¿Es difícil escribir desde un país como Honduras?**

Sí y no, en todos los ámbitos es difícil triunfar, peor con la globalización que consiente a cada persona fabricar su obra en la oficina y lanzarla por Internet, si no la edita en papel. Excepto que en Honduras, como en otras naciones de Latinoamérica, las condiciones económicas imposibilitan hacer de la cultura un componente social rentable, como sucede, por ejemplo, en Alemania e Italia, donde lo cultural ha producido, en 2016, 18 mil millones de euros. En Honduras nos falta aprender a redituar, honestamente, lo cultural, sin manipulaciones ni falsedades o bajas calidades artísticas, como debe ser la obra, sino compitiendo en igualdad, ya que el Estado se ha desprendido de su obligación de hacer de lo cultural el centro del desarrollo humano.

Aparte de que, verdad quijotesca, a la miserable empresa privada hondureña lo que menos preocupa apoyar es la cultura. Lo único que le interesa es el retintín de cajas registradoras, asunto que si por lo inmediato va bien, en el futuro le producirá una revolución, cruel y radicalista además, tal las carencias afrontadas.

**¿Cómo ve su futuro como escritor?**

Interesante y corto, pero adicionalmente poco sufragado. Tengo dos largas novelas concluidas (*Downtown Paraíso* sale este año), que son propuestas de narración para estima del público, aunque no sé aún cómo financiarlas, creo que haré una campaña de preventa. Sigo escribiendo día a día, para vivir y existir armónico y por ser razón de identidad, es como respirar, esperar al sol que salga y la noche se despida, a que en el sueño volvamos a encontrar nuestra identidad y a que el amor, si acaso, nos salve de las derrotas y la decepción, los amores salvan, no importa si de amigos o amigas o de gatos y perros, el alma carece de distinciones de raza y prejuicios. Pero sobre todo disfruto en enseñar a los demás, a jóvenes, cuál ha sido mi experiencia de escritor, la aventura, el tránsito y la angustia o la levedad del ser escriturario, que no otra cosa somos sino escribanos de la sociedad maya, respetados y admirados pero secretos a la vez, desconocidos por la ancha multitud y sin embargo apreciados pues, de algún, modo, construimos mundos de la utopía, de la justicia y el rigor humano, del sueño eterno y ambicionado que es la ilusión de que todos somos iguales y justos, con derecho a vivir y existir.

**¿Por qué considera que la literatura hondureña no ha dado ese paso universal como la literatura de Nicaragua, por ejemplo, con una figura como Sergio Ramírez?**

El caso de mi querido amigo Sergio es individual pues el arte es así, jamás por conquista colectiva o nacional. Él es de Nicaragua, pero no es Nicaragua sumaria, excepto por la admiración que despierta en su pueblo. Quiero decir que su literatura (y triunfo) es creación personal, no comunitaria, nadie le ayudó a hacerla excepto por los insumos personales e intelectuales. Nadie le dio el Cervantes por ser nica sino por lo que ha escrito, de sumo valor.

Hablamos de buenas literaturas francesas, por ejemplo, pero a ellas la constituyen individualidades de excepción: Voltaire, Montesquieu, Bergson, Sartre, Camus, otros brillantes de pensamiento, palabra y acción. Cuando alguien piensa que, como en el caso de selecciones de fútbol, se otorgan premios al país entero, pues divaga. Se premia a tareas y esfuerzos personales en el arte, como los de aquel loco o divagado, disciplinario, amable o excéntrico (que somos todos) que ni vaciló en dedicarle las horas, es más los segundos, de su entera vida a una creación (estética) sin redundancia social ni rentabilidad, sólo por el hecho concéntrico o intrínseco de crear, lo que consumaron excepcionales creativos como Bruegel, Dalí y

Picasso… Sergio es un creativo excepcional si bien humanitariamente solo, no disperso.

Adicional a ello tuvo la fortuna de ser lanzado al gran ruedo literario por otro gran autor, Carlos Fuentes, quien lo apoyó y respaldó, lo que en nuestro medio y en el mundo es importante.

**A su consideración, ¿por qué Honduras no avanza?**

¿Cómo que no avanza…? Tal es una visión derrotista.

Nunca habíamos tenido tantos médicos, y dentistas e ingenieros y abogados y pilotos, tantos niños en la escuela y adultos en la universidad, como igual nunca habíamos tanta conciencia de que debemos resistir entre todos al abuso político, a la pobreza, la corrupción y la dictadura. Avanzamos.

Aunque breve y despacio vamos hacia adelante, al descubrimiento de lo que somos y lo que ha pasado y pasará.

Una de las grandes maravillas del hondureño es que está aún por descubrir no sólo su pasado sino su herencia de futuro y su identidad. Si no hay esperanza no hay sueño.

## 10. Entrevista realizada por Patricia Silva (2020)*

**¿Qué ciudad del extranjero que ha visitado le gustó más y por qué?**

Probablemente Brujas, que es ciudad belga antigua y maravillosa, llena de cultura y tradición. Antes me había impresionado Londres, por su orden y por la armonía y respeto de las gentes, pero luego vi que era clasista y exclusivista, además de carísima, lo que es otra exclusión.

**¿Qué ciudad o pueblo de Honduras le gusta más y por qué?**

Copán Ruinas, por su tranquilidad, gente muy respetuosa de las personas y la ley, aunque es tradicional y conservadora.

**¿Cuál es su novela preferida de un autor extranjero y por qué?**

Difícil escoger. Alejandro Dumas me enseñó mucho el manejo de tramas desde su obra, *Los Tres Mosqueteros*; Ernest Hemingway (*Por quién doblan las campanas*) me educó a escribir novela, así como James Michener (*The Source, The Drifters*) las técnicas narrativas y John Steinbeck (*Las uvas de la ira*) la voluntad social de la literatura.

**¿Cuál es su novela preferida de un autor hondureño y por qué?**

*Blanca Olmedo* [de Lucila Gamero de Medina] por bien escrita, sentido social, protesta contra la tradición conservadora y la mala iglesia, así como por haberla escrito una mujer, peor eso a inicios del siglo XX en Honduras, que era terriblemente discriminatorio contra la mujer.

**¿El mar de creatividad que circula en memes por redes sociales, perjudica o beneficia al novelista durante el proceso creativo, tomando en cuenta que los lectores podrían relacionar la narración en la novela con los memes?**

Hay una novela con base en correos electrónicos, publicada en Sudamérica hace 5 años. Pero lo actual, los memes, lo que roban es tiempo si uno se aficiona a leerlos o verlos, sea para informarse del pensamiento general o

---

* Entrevista realizada en abril 2020 por Patricia Silva, profesora de la Universidad Pedagógica Nacional "Francisco Morazán", Tegucigalpa.

para divertirse. Incluso podría ser más bien positivo pues le da al autor un poco de la conmoción de la sociedad, sus quejas y alegrías.

**¿Prefiere lectores de sus novelas impresas o lectores de libros en PDF?**

No tengo preferencia, al autor no le afecta, aunque desde luego que es grato ver a un lector con el libro de uno en la mano.

**Durante esta cuarentena, ¿cuál ha sido una situación que le ha causado más tristeza?**

Ratificar que el sistema neoliberal con que se nos gobierna es injusto e incrementa la desigualdad ya que genera pobreza y miseria.

**Durante esta cuarentena, ¿cuál ha sido una situación que le ha causado más felicidad?**

Contemplar cómo la gente, incluso de clases sociales bajas en educación, está tomando, y rápidamente, conciencia de su situación social, comprendiendo que no es justa la pobreza ni el desamparo en salud y, ojalá, entendiendo por fin que no puede seguir votando por los pícaros. O bien observando la estupidez y cabeza cuadrada de algunos dirigentes (Trump, Bolsonaro, AMLO) que creen que la pandemia es una gripe menor y ahora tienen tantos fallecidos sobre su conciencia e impericia.

**Durante esta cuarentena, ¿cuál ha sido la situación más chistosa que ha vivido?**

Los correos de familiares (hermanos) y amigos cercanos en los chats, sobre todo aquellos que son ingeniosos, con chispa o incluso con sabiduría. El último que vi, por ejemplo, es Voltaire indicando que «es peligroso tener razón cuando el gobierno está equivocado…».

**No ocurrirá, pero si estuviera a punto de morir por Covid-19, ¿cuál sería su consejo para futuros novelistas?**

Fácil, que no dejen para el virus de mañana la obra que pudieron redactar hoy.

**Literalmente y sin ambages, ¿qué piropo intelectual merecido, en una palabra, frase o verso, le gustaría recibir en un artículo periodístico?**

«Me cambió la vida» o «me cambió la forma de pensar», sería una delicia. E incluso mejor, si viene de un joven «me enseñó a gustar y amar la literatura»

**Después de la cuarentena, ¿piensa que la humanidad evolucionará y obtendrá mayor libertad e internacionalismo, o involucionará y recibirá mayor represión y nacionalismo?**

Deseo que mejore en su concepción de la vida y el mundo. Que se dé cuenta de que el consumismo y la acumulación material no salvan, no dan la felicidad, no protegen. Particularmente lo deseo a aquellas personas que dedican su existencia en forma fanática a hacer dinero y cuando llega una crisis como esta no les sirve de nada o poco. Es decir que deseo que el ser humano cambie (mejore, progrese, transforme) su conciencia de relación con los demás y que, desde luego, sea más humilde y solidario, más a favor del prójimo y menos cruel.

**Si el Estado, la UNAH, o un lector agradecido, le pudiera conceder un deseo como recompensa por su carrera de novelista, ¿cuál sería?**

Que publicara mis obras o por lo menos una en tiraje anchamente masivo y popular (mismo sueño de Froylán Turcios). Venezuela, por ejemplo, imprimió 8000 ejemplares de mi novela sobre Morazán, entregó 5000 a la educación secundaria y universitaria y el resto de 3000 ejemplares los puso a la venta en el equivalente de L. 20.00 cada uno. Maravilla. O que me otorgaran el Doctorado honoris causa sería honroso (hace años Óscar Acosta lo propuso en la Escuela Superior del Profesorado (UPN) pero un grupo interno se opuso. A propósito, usted sabe que soy egresado de la UPN y la UPN jamás me ha invitado a dar allí una sola conferencia (en SPS sí).

**¿Qué atributos intelectuales debe poseer su pareja ideal?**

Lealtad no sumisa, inteligencia teórica y práctica, la mejor cultura y sano humor.

**¿Qué acción u objeto que alguna vez obsequió a un niño o niña, percibió que le causó mucha alegría a ese niño o niña?**

Mi atención, mi dedicación en ese momento dado (en una escuela de Gracias, por ejemplo) y sobre todo mi trato hacia ellos basado en el absoluto respeto como personas, no importa que pequeñas.

**Entre las distinciones que le han otorgado como novelista, ¿cuál es el que valora más y por qué?**

Que alguien a quien no conozco en alguna parte donde no he ido y en el tiempo que menos espero diga que un libro mío lo impactó positivamente. Un día escuché en Radio Globo a un obrero afirmar que mi libro *El ojo santo* lo había educado social y políticamente. Cuando con Guillermo Ánderson andábamos por el país presentando mi novela *El General Morazán*, por ejemplo en La Ceiba, ocurrió que Guille cantaba la canción que había escrito para un episodio de la novela y yo leía ese fragmento y a veces la gente lloraba. Oír del amor de Morazán por María Josefa, y de sus dificultades, los emocionaba, les hacía torozón en la garganta, era Morazán vivo. ¿Qué mejor premio puede recibir un autor?

**Tomando en cuenta que en la infancia nos ponen sobrenombres agradables y desagradables, ¿cuál fue su apodo bonito preferido y por qué?**

Como yo siempre, de niño, daba consejos o hablaba de lo que no conocía, mi apodo familiar fue el Dr. Matachinches pues un día que mi padre nos llevó a conocer El Salvador, por tierra, siendo tan largo el viaje me desperté cansado y dije «ay, que por lo menos lleguemos a matachinches». Ignoro de dónde salió eso, en qué cabeza de niño nació.

**¿A qué le tenía miedo cuando era niño?**

A la violencia física y emotiva. Me tocó una época difícil, insegura, turbulenta (particularmente en la década de 1950) con golpes de Estado, bochinches políticos, represión terrible, secuestros (los comandantes de armas tiraban los cuerpos de sindicalistas al río Ulúa), huelgas, y eso que mi papá era nacionalista conservador, pero había luchas incluso entre ellos. Una vez, durante una larga manifestación, a los 11 años, mi padre me colgó oculta su pistola .45 bajo la chaqueta o chumpa pues si se la hallaban a él se la quitaban y lo metían preso si es que no lo golpeaban o más. Más de una hora anduve a la par de él, de su mano, en la manifestación con aquel gran bodoque de metal (una .45 es pesada para un hombre y peor para un niño), adicional a que si mi padre la ocupaba iba a haber un refuego del diablo, sabía tirar bien y yo lo sabía. Detestaba la violencia intrafamiliar cuando mi padre se embolaba y se ponía tonto y necio, como todos los bolos.

Mi infancia fue feliz, felicísima, pero al llegar la pubertad y adolescencia los curas y los hermanos de La Salle me metieron en la cabeza ideas del diablo y el pecado, de la ira de dios y sus ejércitos, el limbo, el purgatorio, el infierno, la virgen pura e intocada y la ingenuidad bruta de José, los ángeles y los demonios, y me rejodieron la vida. Tardé 30 años en sacarme esas estupideces de la cabeza a base de estudio, análisis, lectura, hasta llegar a purificar mi idea de dios. Creo sólo en él y en ninguno de los pícaros que se declaran en su nombre. No creo en curas, pastores, obispos, papas, etc. Todavía tengo miedo de que triunfen y embrutezcan para siempre a la humanidad.

**¿Qué título tendrá su próxima novela o cual será el tema central?**

El título está aún en proceso de definición (en mis títulos prevalece el nivel de sugerencia, no el informativo) y trata sobre dos fulanos de 76 y 69 (ella) años que se enamoran. Bueno, se re-enamoran pues tienen mucho de conocerse y gustarse sin nunca… tarán tan…

**Mencione el escenario ideal de Honduras en el que desea presentar su próxima novela y por qué.**

Totalmente orientado ese país (y por ende su Estado y gobierno) al beneficio y servicio de su población, no de intereses ni capitales ajenos.

**Mencione el escenario ideal del extranjero en el que desea presentar su próxima novela y por qué.**

Pues sería grato en la entrega de un premio internacional que se haya ganado con esa novela, aunque tengo mucho de no participar en concursos, ya todos están manipulados por las grandes editoriales y agentes literarios.

**¿Cuál es la actividad más importante que debería realizar un ser humano durante esta cuarentena?**

Estudiar, oír música, leer, tomar conciencia de su país, su gente, su familia, su vida, su destino, la orientación de sus acciones (a favor de y no contra de) y, particularmente, prometerse no repetir los mismos errores que ha cometido hasta ahora y que han conducido a una nación fallida, injusta y desigual.

**Después de la cuarentena, ¿cuál es la actividad económica más importante en la que debería de enfocarse el Estado?**

Invertir los recursos de la nación o patria (recursos naturales, humanos, presupuesto, remesas, impuestos, tazón, otros) en construir una estructura permanente de previsión y beneficio social: hospitales, escuelas, agua potable, salud, vivienda, sanidad, y no en tropas, armas, barcos y aviones de guerra, burocracia infértil y, menos, corrupción.

**¿Después de la cuarentena, la UNAH debe invertir en las clases virtuales para ahorrar dinero y «maquinizar» a los estudiantes, o debe invertir en los docentes para maximizar la humanidad en los estudiantes con clases presenciales?**

Es obligación de UNAH manejar ambos componentes a la vez pero, dadas las circunstancias actuales y la necesidad de proveer educación no presencial, deberá invertir muy significativamente en una estructura virtual (*online*) efectivamente exitosa. Por suerte esa ya viene en camino. El proyecto de UNAH con Huawei pondrá a nuestra universidad entre las primeras, en comunicación y tecnología, dentro de América. Si no fuera por la pandemia ya hubiera empezado a ejecutarse.

**Si la religión divide a las personas, pero una novela que es arte puede unir, ¿cómo podría ayudar una novela a mejorarnos como sociedad después de esta cuarentena en Honduras?**

Es pregunta capciosa pues implica que las novelas existen para, o pueden dedicarse a, salvar a la gente, y no es así. La literatura no tiene esa función, aunque algunos autores tengamos como propósito utilizarla, aunque sea sutilmente, para mejorar al ser humano. Eso ocurre porque algunos autores somos profesores, o mejor, humanistas. Pero en verdad no se debe esperar que la novela realice cambios sociales y menos materiales de impacto, hasta ahora ninguna ha provocado una revolución. Pero sí puede contribuir a superar las callosas conciencias de subdesarrollo, humillación, miseria, indignidad y dolor de las gentes haciéndoles ver en el relato la escena o experiencia de otros en la misma situación y cómo hicieron para rebelarse, insurreccionarse y superarlas. Contar que ocurre una revolución es, en el fondo, invitar al lector a hacerla, incluso si esa rebelión es traicionada. Ya con eso vacunará, prevendrá. Lo importante es transmitir el ideal, hacer que el registro uniforme y lento del cerebro se revierta y comience a hacer tic tac en otra dirección y velocidad, la de no pasividad, de no entrega ciega, de no engaño aceptado, de no venta o hipoteca de la persona. Ya conseguir eso por medio de una novela es triunfo maravilloso, excepto que el autor nunca lo sabrá, jamás habrá un medidor que le diga «lo conseguiste».

**¿Cuál es el escenario social negativo que visualiza ocurrirá en Honduras después de la cuarentena y qué podríamos hacer desde ya para evitarlo?**

Seguir en lo mismo, aceptar el orbe como es y está, someternos a la explotación, el engaño, la corrupción y el manipuleo político y económico, sería lo peor. Si tras esta crisis la población no pelea porque cambien las circunstancias de dirección estatal y social, se acaba la esperanza. ¡Hummm!, me hizo usted trabajar montón. Pero sus preguntas son interesantes, se apartan 100% de lo usual que me interrogan. Ojalá sea útil.

## 11. Entrevista realizada por Dunia Orellana (2020)[*]

**¿Cómo la pandemia del coronavirus podría servir para lograr un cambio de mentalidad en los hondureños tras décadas de malos gobiernos?**

No ha habido un momento mejor en las últimas décadas. Excepto que esta es una ocasión en que para que haya cambios materiales se requiere que ocurran antes cambios mentales. Me explico. Si el hondureño lograra comprender que los sistemas de gobierno que hemos tenido hasta ahora, desde hace cien años, no han conseguido eliminar la miseria ni impulsar el desarrollo (lo que sería una nueva percepción mental) y que existe una imperiosa necesidad de crear otra forma de gobierno y vida nacional, es obvio que ocurriría alguna manera de transformación.

Pero al hondureño le han hecho creer que cuando alguien habla de cambio de sistema es que quiere uno socialista, comunista, fascista, etc., y no es forzosamente así. Lo que se ansía es que en un nuevo modo de relación económico-social imperen la honestidad, la ética, la búsqueda del bien público, la defensa de la soberanía y la aplicación del beneficio de los recursos naturales para la población misma y no para pequeños sectores de lucro.

Si esto entra en la mente hondureña ahora, y lo hace con fuerza, es probable que estemos cerca de interesantes modificaciones político-sociales.

**¿De qué modo la pandemia podría influir en la búsqueda de justicia, equidad y rendición de cuentas en Honduras?**

Hay un viejo principio que afirma que para que la realidad cambie debe cambiar antes el concepto que el individuo tiene de la realidad. Nada se transforma en la tierra si antes no ha sido aceptada su transformación por quienes viven en esa realidad. Si nosotros, como nacionales, comenzamos a profundizar en el conocimiento de que el Estado ha sido mal administrado durante cien años —pues acá no existen justicia, bienestar, equidad, progreso— vamos a comenzar a exigir explicaciones y rendición de cuentas y vamos a generar cambios.

---

[*] Entrevista del 28 de mayo, 2020 por la periodista y documentalista. Se publicó en tres periódicos digitales: En *Altavoz* el mismo día y se replicó en *Criterio* y *Adictos a la Verdad*.

Es lo que sucedió en Costa Rica, que conozco por haber vivido allí muchos años. Un gobernante sabio, José Figueres, visualizó que mientras hubiera instituciones débiles y fuerzas autoritarias, en el país no habría democracia. Si la Corte Suprema, el Congreso, otros similares, fueran manipulados por esas fuerzas autoritarias (militares, élites, clanes de partidos políticos) no habría avances y transformaciones sino retrocesos y uso del Estado para beneficio personal.

Lo que Figueres hizo en 1949 fue sembrar en la conciencia del costarricense la defensa de esos principios primarios y de allí el resultado presente de nación destacada y más avanzada que otras en CA. Así que la pandemia sí puede influir ya no sólo en la búsqueda sino en el encuentro de respuestas.

**¿De qué manera la pandemia está cambiando los paradigmas de la educación y qué soluciones se pueden plantear con las lecciones que nos dejará el coronavirus?**

No está cambiando ninguno hasta ahora. Está sugiriendo, por necesidad, que se debe buscar nuevas formas de construir (impartir, transmitir) la educación ya que la pandemia obliga a la búsqueda de formas no ortodoxas para ello.

En mi columna de opinión en *El Heraldo* planteé hace semanas que en Europa central una comunidad (Montenegro) decidió ocupar por cuatro horas diarias los canales de TV y desde allí transmitir contenidos de los programas de educación; es decir dar clase por TV. Es un éxito.

Pero en Honduras, ¿se atrevería el Estado a confiscar un tiempo de TV para beneficio nacional, entendiendo que incluso no sería confiscar (ocupar) pues las ondas electromagnéticas pertenecen al Estado, no a particulares. Pero ¿se atrevería, incluso sabiendo que hay una crisis, que la educación es el bien mayor de la sociedad y que si no se toman medidas nuevas habrá un terrible daño histórico para la sociedad? No, no se atreve. Porque acá impera más el concepto neoliberal de mercado que de atención a la sociedad.

Entonces, la pandemia no ha cambiado nada en la realidad pero está, ojalá, comenzando a hacer que modifiquemos nuestra forma tradicional de pensar.

**¿Cómo ha vivido usted la pandemia a nivel personal?**

En verdad sin graves problemas. Puedo comprar alimentos, puedo permanecer encerrado pues tengo un ingreso permanente (no como las personas que necesitan salir a la calle cada día para agenciar lo propio y de familia), algo que ocurre no porque sea rico sino porque a mi edad trabajé mucho para contar con un pequeño patrimonio (casa, auto, medicina). Eso en la parte anecdótica personal.

Pero en cuanto al aprovechamiento del encierro, para mí ha sido fenomenal. En estos meses he escrito casi más que nunca: artículos de prensa, pronunciamientos políticos, proyectos de beneficio para la UNAH, correspondencia, lectura abundante e incluso revisión de una novela en marcha.

No me puedo quejar, sé que es una experiencia excepcional pero por lo mismo trato de ponerla, con mis ideas, al mejor servicio de la población.

**¿Cómo han cambiado en estos últimos meses sus hábitos como escritor?**

Poco excepto en la mayor concentración de trabajo pues tengo más tiempo obligado para hacerlo. Si antes laboraba en mi obra personal unas tres horas diarias (de 8 a 11 pm, más o menos) ahora lo hago desde mediodía y toda la tarde. No puedo negar que soy un privilegiado pero no porque los dioses así lo decidieron sino por mi capacidad de trabajo.

**Qué libros ha leído en esta cuarentena y cuáles nos recomienda leer?**

Varios. *General Gregorio Ferrera*, de Jesús Evelio Inestroza; la más reciente novela de Juan Ramón Saravia, *Un árbol había en el Edén*; *Sendas en el abismo*, de Mimí Díaz Lozano; *La primera generación liberal* de Mario Argueta; *Morazaneida. El sombrero de junco*, de Ramón Amaya Amador; el libro densamente investigativo de Darío Euraque, próximo a salir en Guaymuras, nominado *Un hondureño ante la modernidad de su país: Rafael López Padilla (1875-1963)* y la primera novela de un brillante poeta vietnamita-norteamericano [Ocean Vuong], titulada *On Earth We're Briefly Gorgeous*.

**¿Qué opinión le merecen los casos de estigmatización y discriminación hacia el personal de salud, operadores de justicia, enfermos y familiares afectados por la COVID-19?**

No es algo nuevo. Cuando en San Pedro Sula atacó una epidemia de fiebre amarilla (1905), tras haberse extinguido los efectos de otra previa de 1892, la gente apedreaba las casas de los infectados, los aislaba y nadie ayudaba a los enfermos, mucho menos extraer los cuerpos de los fallecidos en sus casas. Entonces apareció un personaje hoy mítico, Chale Vilay, quien asumiendo una misión que nadie le había pedido (si bien bajo la falsa creencia de que a los negros y mulatos la peste no los atacaba), iba de barrio en barrio, con una carreta, recogiendo los muertos para llevarlos al nuevo cementerio municipal del sur de la urbe, donde se abrían ya fosas masivas y comunes. Así fue siempre cuando las pestes atacaron Europa.

Tales reacciones obedecen a dos pobres conceptos: ignorancia y falta de solidaridad. Ignorancia del elemento sanitario preventivo, pues en San Pedro Sula nadie sabía que el *Aedes aegypti* transmitía el virus, y segundo por someterse al principio de «sálvese quien pueda», sin tener en cuenta que el individuo no se salva solo, ya que para hacerlo ocupa la ayuda de la comuna. Es parte de los enormes desafíos y errores que tenemos que comprender y corregir, en específico: agradecer a quien nos ayuda, que son los médicos y sanitarios.

**¿Cómo calificaría al gobierno de Hernández en su respuesta antes y durante la pandemia?**

Obviamente muy mal. Si bien procuró dar respuesta pronta al desafío, su acción se vio inmediatamente viciada por la columna vertebral que estructura a su régimen, cual es la corrupción. Taiwán, Singapur y Uruguay sirven de ejemplo: allí se actuó pronto y bien, se puso el comando de la epidemia en manos de médicos y científicos, se controló el gasto y se educó solidariamente a la población. No hubo robos, desfalcos, sobrevaloraciones, decisiones congresionales sospechosas o indebidas, menos incorrectas. La transparencia y la cautela, no el despilfarro, fueron claves singulares de la acción política y social.

¿Por qué no aquí? Porque en Uruguay existe una tradición larga de respeto a la comunidad y a su patrimonio, el cual no se puede robar, hipotecar, usufructuar. Lo cual es sustancia del mejor concepto de democracia, o sea respetar uno cuanto es de todos. Pero en Honduras cómo se puede pedir semejante correspondencia a funcionarios, generalmente abogados, a quienes educaron, por ejemplo, catedráticos descaradamente corruptos (innecesario citar nombres, todos sabemos). Donde las instituciones estatales (Corte Suprema, Fiscalía, Congreso, otras) son nombradas de dedo político y donde... basta de citar más males y extraigamos una sola conclusión: donde hay que remendarlo, componerlo, implosionarlo, corregirlo, revolucionarlo todo pronto, ya, o desaparece la república.

**Las libertades individuales se han terminado en tiempo de coronavirus. ¿Qué opinión le merece esto?**

Cuando se da una crisis tan severa como la presente el Estado recurre a su derecho de emitir ordenanzas y medidas según la necesidad de proteger a la población. Es lo que hacen las naciones del orbe.

Excepto que algunas (España, Uruguay, Costa Rica) abogan por el convencimiento, no la represión. Otros (Bélgica, Francia, México, EUA) no se atreven a imponer medidas tan necesarias como usar una máscara, lo cual motiva a discusión pues se trata de cubrir de daños a la mayoría. Otros van más allá del límite de derechos humanos (Hungría, El Salvador). Se trata de momentos de emergencia y por ende la autoridad puede emitir e imponer reglas de emergencia, eso hay que aceptarlo.

Pero existen ciertas fronteras del asunto. No se puede, nunca, restringir la libertad de expresión, a esa no la ataca el virus. No se debe generar discriminación (católicos contra pentecostales, budistas contra protestantes); no se puede. Menos separar en derechos a Nacionalistas de Liberales o Pinu o DC (si aún existe) o Libre. De lo que se trata es de mantener las categorías de la efectiva democracia en su máximo esplendor y prácticas.

Pero, mayormente, hay un derecho que se aplasta tan silenciosamente que no se detecta y que es el de protestar contra la secretividad.

Cuando los mandatarios viajan en naves corruptas, y donde para ejecutar acciones indebidas, o sea contrarias a la ley, se imponen acciones del Estado que refuerzan la secretividad, la corrupción es 99% inevitable. Nadie que maneje un presupuesto de, digamos, mil millones de lempiras es inocente de presunción de culpabilidad. La tentación es soberanamente fuerte, más allá de la resistencia humana común al soborno.

Así es que para todo fondo o recurso que se maneja en secreto, el Estado —mejor dicho, la sociedad— debe establecer íntegras y éticas veedurías, que son auditorías ciudadanas, para que nadie engañe a nadie. Lógico que a los corruptos esto les hace ninguna gracia, jamás lo van a aceptar.

Pero, ¿y si el pueblo se impone y lo exige? Suponiendo que un pueblo que luce más como ingenuo y perezoso se atreva a ello.

**¿De qué manera el confinamiento y las medidas durante esta cuarentena podrían ser herramientas políticas para controlar a la población?**

Debe haberlo dicho Maquiavelo: entre más silencioso se mantenga al pueblo, mejor, para que libremente actúe el príncipe, es decir el gobernante. Y para conseguirlo un buen mecanismo es el miedo, tanto a fatalidades físicas (terremotos, inundaciones, incendios) como mentales (el demonio, el virus ignorado, el juicio final). De allí que en globalidad los gobiernos poco democráticos, como ahora en Honduras, utilicen medidas sanitarias para someter y controlar a la población, no sólo físicamente sino también en su pensamiento.

Y lo peor no es lo que sucede en el momento sino lo que queda formado, impregnado, tatuado en la persona, que es la autocensura. De tanto que se le impone el silencio, la 'corrección', la obediencia, el sujeto termina asimilándolo y haciéndolo parte de su personalidad. Es el gran recurso de las religiones, además de los gobiernos, hacerle creer a la gente que si piensa mal, dios la escucha y puede castigarla; que si 'piensa' en el pecado ya 'comete pecado'; y que, como corolario, aparece el fenómeno de la duplicidad interior: si dudo del gobierno al final termino dudando de mi misma duda, es decir de si estaré o no en lo correcto. Así que mejor guardo silencio.

Son mecanismos complicadísimos e incluso pueden llegar a sutiles pero existen, se accionan y funcionan.

**Ante la entrada en vigor del nuevo Código Penal, que reduce las sanciones contra corruptos y violadores, ¿cómo podría eso desencadenar nuevas crisis en el país?**

Diré poco sobre este tema pues estoy poco informado; no he estudiado la materia. Pero sí deduzco que donde hay una falla legal o del sistema, o donde radica una mentira, ya existe también una semilla de crisis.

## Capítulo 6. Memoria e imaginación. Reflexiones finales

La memoria es la facultad gracias a la cual —empezando por los primeros recuerdos de los cuales tenemos consciencia— es factible reconstruir los episodios que nos golpearon o aquellos que nos depararon momentos felices en el pasado. Los textos en los que las personas van desenredando la madeja de sus días, justamente, reciben el nombre de memorias. Yo soy, pues, mis recuerdos. Ellos resguardan el rostro, los gestos y hasta el olor de aquellos alrededor de los cuales transcurrieron los acontecimientos que fueron quedando grabados en algún rincón de nuestro cerebro.

Esa es la memoria personal. Perderla es caer en los abismos sin nombre en donde ha de haber un vacío total, una condición de no existencia realmente aterradora. No saber quién soy, por qué me muevo, ni quiénes son las personas que me rodean. Todos, seres extraños. Mundo de sombras, tal vez. Enfermedad de la cual no nos gusta ni siquiera pronunciar el nombre. «Vivimos para construir futuros recuerdos», sentenció el gran argentino Ernesto Sábato.

Similarmente también existe una memoria colectiva. La han ido construyendo los acontecimientos positivos o negativos que afectan a toda la colectividad. Algunas veces, protagonizados por personas fuera de serie (Lempira, Morazán, Juan Santamaría en Costa Rica, Benito Juárez en México...) o por sectores que asumieron las circunstancias del momento (los obreros en la huelga bananera de 1954 en Honduras). Algunas veces, las acciones extraordinarias, al principio, se cuentan oralmente y, adquiriendo variantes, se van transmitiendo de una generación a otra. Nacen así los mitos, las leyendas, las creencias... que en el medio social se procesan formando parte del acervo ideológico común. Al surgir la escritura, el acontecimiento relevante, con frecuencia, se consigna en soportes de distinta naturaleza (piedra, barro, papiros, papel...) que garantizan un relativo resguardo y una disponibilidad abierta a la eventualidad futura. Su conocimiento y difusión agregan elementos capaces de permear el sentir colectivo.

Conforme avanzaba la civilización —desgajadas de la filosofía— fueron surgiendo distintas disciplinas. Entre ellas, la que iba dejando registro de acontecimientos importantes o insólitos ocurridos en el diario vivir. En el mundo occidental, desde Homero, la Historia —al principio contaminada de elementos producto del imaginario popular, pero después dotada de instrumentos del arsenal científico— ha sido la ciencia encargada de recopilar, describir e interpretar esos acontecimientos. Al hacerlo, ha permitido que la sociedad se conozca a sí misma, sepa de sus orígenes y de los obstáculos superados para lograr su sobrevivencia. Inclusive con el develamiento de errores y falencias lanza una alerta para evitarlos cuando ello sea preciso. Así —al cumplir su cometido— evita que lo fundamental se pierda en el olvido y, con este, se evapore la experiencia adquirida. La Historia pues, como guardiana de la memoria de la comunidad, de la nación. Conocerla es el paso previo para realizar un balance del actuar de los hombres y mujeres que forjaron lo que actualmente somos. Ello para no caer en la veneración de héroes con pies de barro, honrar a los que caminaron senderos rectos y adquirir claridad conceptual para lograr avances en el camino.

El escritor literario —especialmente si es novelista— hace acopio de todo lo que le puede ser útil para construir mundos cerrados y específicos que solo viven en las páginas de los libros que los contienen. Sitio predilecto del saqueo es la Historia. Con frecuencia, echa mano de ella para recrear —ficcionalizándola— la vida de algunos de sus protagonistas y trabajar con acierto el espacio y las circunstancias en las que ellos se movieron. El resultado es un microcosmos de características únicas: Macondo (García Márquez), Comala (Juan Rulfo), Ilama (el de Amaya Amador y el de Escoto que son diferentes), Lytown (Escoto), etc.

Cuando un autor abreva en los escritos de carácter histórico, se habla de «novela histórica» sobre la cual hay numerosos estudios que analizan sus características y modalidades. Julio Escoto la ha privilegiado como plataforma o trasfondo de sus novelas. Una manera válida de reflexionar y proponer una manera de interpretar tanto los hechos del pasado como de situaciones presentes: la historia viva que se construye cotidianamente antes de ingresar al ordenador y que va generando una especie de crónica al consignarse en periódicos y revistas.

Tal vez reflexiones similares a las anteriores condujeron a Julio Escoto a ese trabajar constante para esclarecer o cimentar el bastión de la memoria colectiva mediante el escudriño y constante estudio de la historia del país. *Los guerreros de Hibueras* y ese trasfondo violento de cincuenta años de guerras civiles: Posdata, de pequeño tamaño pero grande en valor y coraje, retrato vivo de la carne de cañón sacrificada por políticos del patio y poderosos consorcios extranjeros. *El árbol de los pañuelos* y el inquirir sobre los distintos componentes que conforman el perfil de un pueblo fundamentalmente mestizo, complementado con el sutil y sobreentendido trasfondo morazánico que indefectiblemente va unido a la aberrante sentencia de muerte dictada contra los hermanos Cano. *Días de ventisca y noches de huracán* revelando la podredumbre del funcionario estatal y la degradación del periodismo corporativo manipulador de la información en el azaroso año de la agresión salvadoreña en 1969. Novela que principia, justamente, con una inolvidable escena del episodio inicial de la invasión en la región occidental del país. *Bajo el almendro... junto al volcán* y el manejo sucio de los mílites durante la misma contienda bélica. El General Morazán en el minuto final de su vida evocando su lucha contra un recalcitrante conservadurismo que se oponía a las extraordinarias e inéditas reformas sociales que quiso dejar establecidas en la recién creada Federación de Repúblicas de Centroamérica en *El General Morazán marcha a batallar desde la muerte. Rey del albor. Madrugada* y sus micronovelas, como sucesivas capas arqueológicas interpretando indicios de momentos clave de la historia nacional y regional. *El Génesis en Santa Cariba,* en aluvión lingüístico y ropaje carnavalesco, apuntando hacia el líder indígena como posible esperanza de una nueva etapa simbolizada en el invento del reloj. *Downtown Paraíso* con el pantanoso tema de la mafia y los siniestros vínculos que mantiene con la banca internacional. En cada obra, capturando el esplendor del entorno natural y su particular atmósfera, indicio del entrañable vínculo con la tierra en la que se tuvo el primer pálpito de vida, la primera sensación de existir.

En conjunto, página tras página refrescando la memoria individual con hechos que la Historia testifica y que suman datos para fortalecer ese reservorio colectivo que forja lazos muy fuertes en los nacidos y educados en el ámbito físico y espiritual que conforma y le da vida a una nación. Pero Julio Escoto no ha escrito Historia. Su punto de mira es estético. Cada obra mencionada se sostiene por el aparataje ficcional coherente con el conjunto de elementos que forman su estructura. Coherencia interna como gran requisito que se le exige al artista de la palabra. Esto explica por qué *Santa Cariba* —exuberante, exorbitante, inverosímil y fantasiosa— es una obra maestra de la literatura hondureña.

Como se ha reiterado muchas veces, la mayoría de los trabajos narrativos de Julio Escoto se respaldan en un sólido conocimiento de la historia. Pero no son Historia. Son creaciones eminentemente literarias en donde la imaginación y todos los recursos que esta permite se ponen en movimiento. Experiencias estéticas con el propósito de crear personajes de carnadura humana que han surgido por una labor de escudriño, tanto de los hombres y mujeres de carne y hueso como de los multiples estudios que, para mejor comprensión y entendimiento de lo humano, las distintas ciencias han realizado. En varias entrevistas el autor ha manifestado cómo, para un determinado capítulo de cualquiera de sus obras, no vacila en buscar el mayor número de libros y revistas especializadas que le permitan lograr la verosimilitud literaria.

El resultado: un despliegue constante de las circunstancias que mueven el actuar humano. Vidas llevadas al extremo de la pasión. Momentos de elevación extrema y abismos de abyección. Todo el espectro de la condición humana ha encontrado cabida en sus cuentos y novelas. Su fecunda creatividad ha imaginado personajes, diálogos, situaciones reales o posibles. Lecciones constantes de heroísmo, tanto aquel que llega a las páginas de la historia como el que no se promociona, pero que se transparenta en personajes representativos de una humanidad postergada que se afana por sobrevivir. Sin olvidar —¡claro está!— el otro lado de la medalla: el submundo de los abyectos, el del antihumano proceder de quienes todo lo han sacrificado ante el altar de Plutón o del becerro de oro. Tal vez a algún futuro investigador se le ocurra realizar un catálogo de la extensa galería de hombres y mujeres a los que Julio Escoto ha dotado de vida en las páginas de sus obras de ficción. Sin lugar a dudas, llegaría a un número apabullante.

Un ingente trabajo realizado siguiendo una consigna que nunca ha perdido de vista: el ubicarse del lado de la justicia y del que más necesita una palabra de solidaridad y respeto, tal como lo hizo a los diez años de edad cuando —quizás contradiciendo las voces allegadas a su familia— sintió que sus simpatías estaban al lado de los huelguistas bananeros de 1954.

De la imaginación creadora puesta de manifiesto en la creativa aplicación de los recursos técnicos y formales que la tradición milenaria de la literatura ha ido forjando, no vamos a insistir, de ellos dan cuenta las solventes críticas sobre el trabajo del autor realizadas por estudiosos e investigadores nacionales e internacionales incluidos en esta obra. Ellos demuestran la riqueza imaginativa, aunada a un inteligente manejo de los códigos estéticos por parte del autor.

Pero también hay otra vertiente en el trabajo de Escoto que no ha sido ventilada: se encuentra en las miles y miles de páginas de índole ensayística dispersas en periódicos y revistas del país y del extranjero. Ensayos en donde él mismo se exige claridad, profundidad y respaldo histórico y argumental. La solvencia conceptual, apuntalada con datos objetivos comprobables en las fuentes que, cuando es necesario, se consignan, y el ojo atento al contexto nacional e internacional hacen de cada ensayo un testimonio fehaciente del momento y de la circunstancia concreta que se ventila. Trabajos que, sin lugar a dudas, serán fuentes de consulta para futuros investigadores interesados en tomarle el pulso a las tres últimas décadas del siglo XX y a las respectivas que estamos viviendo en el nuevo siglo. Como su trabajo narrativo, el ensayismo ha sido una forma de construir memoria y la mayor parte de sus textos —especialmente los periodísticos— pueden considerarse auténticas crónicas de la situación que ha vivido el país.

Julio Escoto es un maestro en el ensayo. Desde la década del setenta no ha cesado de publicar trabajos en donde los temas que aborda son múltiples: el acontecer político y todas las implicaciones que conlleva (fraudes y corrupción en la cúpula gobernante, señalamiento de flagrantes violaciones de los derechos humanos, problemas cotidianos provocados por la incuria estatal, etc.); las particularidades de la idiosincrasia del hondureño; las reflexiones sobre el lenguaje, especialmente el de las variantes propias de los sectores populares; el consignar el aparecimiento de nuevos títulos en la bibliografía nacional y muchos temas más. Lo anterior, no como nota meramente informativa sino practicando un periodismo de opinión de carácter educativo, orientado a formar ciudadanía. La ínfima muestra dada en este libro comprueba lo polifacético que ha sido en su labor. Cualquier problema que agite la vida nacional o que muestre algún aspecto de tipo humano es tema de un ensayo o de un artículo periodístico en donde, pese a las exigencias de brevedad, siempre respeta las normas de calidad con el lenguaje que él mismo se ha impuesto.

+++

Al culminar este libro y realizar un balance general del renovado acercamiento a facetas de la personalidad y al trabajo de Julio Escoto, me he sentido enriquecida. Conocer (o atisbar) facetas de la resguardada zona de su entorno familiar. Advertir, gracias al trabajo crítico de investigadores sumamente cuidadosos, aspectos de su obra que yo había pasado por alto. Ratificar que en él existe una sólida vocación poética renuente a manifestarse públicamente. Adquirir una mejor visión del contexto nacional e internacional. Valorar su permanente exhortación a buscar caminos de conciliación que nos hagan más humanos y más receptivos a las diferencias de todo género. Recordar su entusiasmo e inquietud por iniciar o apuntalar proyectos culturales. Considerar que el volumen de su trabajo solo pudo originarse en una disciplina de estudio y trabajo cotidianos. Comprobar —de nuevo— su acrisolado sentido de la amistad. Todo me ha llevado a una conclusión final: Julio Escoto, en el más alto sentido de la palabra, es un auténtico maestro en permanente necesidad de transmitir a otros sus conocimientos, sus vivencias, su sabiduría acumulada.

Además —como todo maestro honrado— ha tratado de vivir en conformidad con las cualidades que se corporizan y explayan en el conjunto de su obra que siempre transparenta un sentido ético irrenunciable, perspectiva que lo hace arremeter, sin tapujos, con aquellos que, con pleno conocimiento del daño social provocado, han hecho que todas las estadísticas mundiales relacionadas con el bienestar del pueblo hondureño, después de casi dos siglos de supuesta independencia, arrojen índices infames y dolorosos.

Una convicción que en la obra de Julio Escoto genera un tópico que tiene dos maneras de manifestarse: a veces claramente expresado en sus textos y otras en forma subterránea: la necesidad de cambiar el sistema social injusto e interesadamente conducido por políticos corruptos que han llevado al país a un descalabro total. Planteamiento que, además, se apuntala con otro tema igualmente importante: la exposición de ideas-fuerza que hablan de amor, solidaridad e interés prioritario hacia los demás. Lección contra el egoísmo y el individualismo que parecen haberse enseñoreado de media humanidad. Si no la aprendemos y practicamos, como escribió el gran colombiano, «no tendremos una segunda oportunidad sobre la tierra».

Helen Umaña
Guatemala, 4 de septiembre de 2020

**Anexos**

**Anexo I**

**Conferencias y lecturas internacionales de Julio Escoto**

1970: Instituto Nacional de Antropología de México, Literatura Infantil, México, DF

1970: Sala «Andrés Bello», Literatura Infantil, Biblioteca Nacional de Chile, Santiago, Chile

1978: Sala «Omar Dengo», Universidad de Costa Rica

1982: Ateneo de Santo Domingo, República Dominicana

1983: Instituto Ítalo Latinoamericano, IILA, Roma, Italia

1997: Instituto Cultural, Ministerio de Relaciones Exteriores, Sede Jerusalem, Israel

2000: Encuentro Iberoamericano de Escritores, «El amor y la palabra», Teatro Gaitán, Bogotá, Colombia

2001: Universidad de los Andes, Bogotá, Colombia

2001: Universidad Javeriana, Bogotá, Colombia

2002: Foro sobre Literatura Latinoamericana. Universidad Católica de Eichstätt-Ingolstadt, Alemania

2002: Instituto Latinoamericano (ILA), Berlín, Alemania

2002: Centro Cultural del Banco Interamericano de Desarrollo, Washington, DC, EUA

2003: Center for Latin American Studies, School of Foreign Service, Georgetown University, Washington, DC, EUA

2009: Foro Internacional del Bicentenario, Caracas, Venezuela

2010: Conferencia «Hombres a caballo», Caracas, Venezuela

2011: DAAD. Universidad de Potsdam, Potsdam, Alemania

2014: «Derechos humanos y literatura en Centroamérica». Programa de Derechos Humanos, Trinity College, Hartford, Connecticut, EUA

2017: Foro «Del Popol Vuh a Ixcanul», Universidad Centroamericana, Managua, Nicaragua

2019: Panamá, VI Congreso Internacional de Literatura, "Cuentistas emergentes de Panamá (2012-2019)". Universidad Tecnológica de Panamá.

## Anexo II

### Conferencias, discursos, ensayos y artículos de Julio Escoto publicados en periódicos y revistas[*]

Discurso al recibir el «Premio Concurso de Ensayo José Cecilio del Valle». Sección «Cronopios», diario *Tiempo*, San Pedro Sula, 8 de febrero, 1990, p. 16.

«Gracias, amigos». «Cronopios», diario *Tiempo*, San Pedro Sula, 19 de julio, 1990, p. 17. (Agradecimiento del autor a las personas que le expresaron solidaridad a la muerte de su esposa, Gypsy Silverthorne Turcios de Escoto.)

«Con pájaros en el corazón». «Cronopios», diario *Tiempo*, San Pedro Sula, 27 de septiembre, 1990, p. 17. (Texto dedicado a don Ibrahim Gamero Idiáquez, autor de un opúsculo sobre Manuel de Adalid y Gamero y del libro *Voces de los animales*).

«Buscando al costeño para meterlo en una novela». «Cronopios», diario *Tiempo*, San Pedro Sula, 6 de diciembre, 1991, pp. 16-17.

«¿Es funcional la enseñanza de literatura en la Educación Media?». «Cronopios», diario *Tiempo*, San Pedro Sula, 6 de febrero, 1992, p. 16.

Discurso en el «X Recital de Otoño». «Cronopios», diario *Tiempo*, San Pedro Sula, 7 de mayo, 1992, p. 16.

«A la memoria de Lizandro Oviedo». «Cronopios», diario *Tiempo*, San Pedro Sula, 5 de noviembre, 1992.

---

[*] Información no exhaustiva. Se refiere únicamente a textos a los que tuvimos acceso y que no se reseñan en mi trabajo.

«Un ave en detención». «Cronopios», diario *Tiempo*, San Pedro Sula, 17 de diciembre, 1992. (Texto de solidaridad con el poeta Julio César Pineda por injusta acusación policial).

«En torno a Lety...». «Cronopios», diario *Tiempo*, San Pedro Sula, 26 de agosto, 1993, p. 18.

Discurso en el «XII Recital de Otoño». «Cronopios», diario *La Prensa*, San Pedro Sula, 6 de noviembre, 1994.

«El papel del libro en nuestro desarrollo. Propuestas para fomentar el desarrollo teniendo como principal instrumento al libro». «Cronopios», *La Prensa*, San Pedro Sula, 19 de febrero, 1995.

«Libros, esperanza y realidad». *Caxa Real* (Revista Literaria de la Editorial Universitaria, UNAH), núm. 13, noviembre 2003, p. 12.

«Óscar Acosta y el río del olvido». *Revista de la Academia Hondureña de la Lengua*, núm. 16, enero-junio 2007, pp.133-135.

«El poeta dormido». *Caxa Real* (Revista Literaria de la Editorial Universitaria, UNAH), VI (62), julio-septiembre 2008, p. 9.

## Anexo III

**Inclusión de textos de Julio Escoto en antologías y traducciones de sus obras**

### Inclusión en antologías

Muestras de su trabajo se han incluido en antologías publicadas en Chile, 2004; Costa Rica, 1976; Ecuador, 1980; España, 2004; Estados Unidos de América, 1988, 1990, 1992, 1994, 1998, 2003; Honduras, 1972 y 1986; México, 1983, 1992; Uruguay, 1980, entre varias otras.

### Traducciones de sus obras

Cuentos diversos al polaco, en revista *NURT*, Varsovia, Polonia, 1974.

*El árbol de los pañuelos* (parcial), al inglés en *Review* of the International Writing Program, Universidad de Iowa, Iowa City, Iowa, EUA, 1974.

«My Illusions Have Vanished!», trad. Nina Guilbert. *The Iowa Review*, vol. 7, núms. 2-3, 1976, pp. 89–91. Accesible en: https://doi.org/10.17077/0021-065X.2067

Varios cuentos en *Antología del cuento centroamericano*, en lengua polaca, Varsovia, Polonia, 1982.

Cuentos al alemán (Erkundungen), RDA, 1989.

«Abril antes del mediodía», de *La balada del herido pájaro y otros relatos* (1985): «April in the Forenoon», trad. Gregory Rabassa, *And We Sold the Rain: Contemporary Fiction from Central America*, ed. Rosario Santos (EUA, 1988); y «Reality before Noon», trad. Leland H. Chambers, *Contemporary Short Stories from Central America*, eds. Enrique Jaramillo Levi y Leland H. Chambers (EUA, 1994).

*El General Morazán marcha a batallar desde la muerte*, al portugués, 1994.

*Under the Almond Tree, by the Volcano*, 2000, inédito.

Cuentos en *Papaye und Bananen, Erotische und andere Erzählungen aus Zentralamerika*, editado por Werner Mackenbach. Berlín: Brandes & Apsel, 2002.

«Downtown Paradise: Reflections on Identity in Central America», conferencia en el Banco Interamericano de Desarrollo, trad. Marguerite Feitlowitz, Serie Encuentros, IDB Cultural Center, no. 44. Washington, DC: IDB Cultural Center, 2002.

*Del tiempo y el trópico* (2002), al holandés, *Van de tijd en de tropen*, trad. Mariolein Sabarte Belacortu; fotografía, Hannes Wallrafen; texto, Julio Escoto; música, Guillermo Ánderson. Amsterdam: Kit Publishers / San Pedro Sula: Centro Editorial, 2002.

*Magos Mayas Monjes Copán*, traducción inédita.

*Rey del Albor. Madrugada*, al inglés, inédito.

## Anexo IV
## Bibliografía complementaria selecta sobre el trabajo de Julio Escoto*

Acevedo, Ramón Luis. «*Madrugada* de Julio Escoto o la lucha por la historia». «Cronopios», diario *La Prensa*, San Pedro Sula, 4 y 11 de septiembre, 1994.

Alvarado, Arturo. «Notas de una primera lectura de *Bajo el almendro... junto al volcán*». «Cronopios», diario *Tiempo*, San Pedro Sula, 15 de septiembre, 1988.

García, Armando. «Un libro de Julio y Gypsy Escoto». «Cronopios», diario *Tiempo*, San Pedro Sula, 26 de abril, 1990.

García, Armando. «Bajo el almendro... junto a los lagos». «Cronopios», diario *Tiempo*, San Pedro Sula, 28 de junio, 1990.

Midence, Carlos. «Legados coloniales y nación en *Madrugada* de Julio Escoto». *El Nuevo Diario* (Managua), 23 de septiembre, 2006. http://impreso.elnuevodiario.com.ni/2006/09/23/suplemento/nuevoamanecer/3531

Nieto, María Elba. «En torno a la novela *Bajo el almendro... junto al volcán*». «Cronopios», diario *Tiempo*, San Pedro Sula, 17 de noviembre, 1988, p. 16.

Orellana, Jorge (Georgino). «La fertilidad del Valle de Julio Escoto». «Cronopios», diario *Tiempo*, San Pedro Sula, 16 de julio, 1992, p. 17.

Oyuela, Leticia de. «*Rey del Albor. Madrugada*: El último "monstruo" de Julio Escoto». «Cronopios», diario *La Prensa*, San Pedro Sula, 31 de octubre, 1993, p. 13c.

Pailler, Claire. «Literatura e identidad nacional: La guerra en Honduras (1969-1989)». *Exégesis* (Humanao, Puerto Rico), año 7, núm. 19, número dedicado a la narrativa centroamericana, dirigido por Carmen S. Alverio, con la colaboración de Ramón Luis Acevedo, 1994, pp. 36-46.

---
* Estudios y comentarios sobre la obra de J. Escoto. No responden a una investigación a profundidad en hemerotecas o bibliotecas del país. Alude solo a los que pudimos conocer y que, por distintas razones, no se transcribieron en este libro.

Rodríguez, Annabel. «Sobre *El árbol de los pañuelos*», trad. Isabel Aguilar Umaña. «Cronopios», diario *Tiempo*, San Pedro Sula, 15 de noviembre, 1990, p. 17. (Resumen realizado por la autora de la tesis que presentó en La Sorbona).

Rojas Carranza, Vilmar. «La reconstrucción del pasado y/o de la memoria en dos novelas de Julio Escoto». *InterCAmbio* (Universidad de Costa Rica), año 2, núm. 2, enero–diciembre, 2003. Accesible en: julioescoto-documentos.blogspot.com

Saravia, Juan Ramón. «*Bajo el almendro... junto al volcán*». «Cronopios», diario *Tiempo*, San Pedro Sula, 4 de agosto, 1988.

Saravia, Juan Ramón. «*El General Morazán marcha a batallar desde la muerte*». «Cronopios», diario *Tiempo*, San Pedro Sula, 12 de marzo, 1992, p. 17.

Umaña, Helen. «Un ensayo de Julio Escoto para la juventud». «Cronopios», diario *Tiempo*, San Pedro Sula, 12 de septiembre, 1992, p. 17.

Umaña, Helen. «Una propuesta de paz en la novelística de Julio Escoto». «Cronopios», diario *Tiempo*, San Pedro Sula, 1 de septiembre, 1988, pp. 16–17.

Umaña, Helen. «*Rey del Albor. Madrugada* o la memoria del hondureño». Diario *La Prensa*, San Pedro Sula, 17, 24 y 31 de julio, 1994.

Vargas Vargas, José Ángel. «Novela centroamericana contemporánea y ficcionalización de la historia». *Revista Comunicación* (Costa Rica), año 25, vol. 13, no. 1, enero–julio, 2004, pp. 5–16.

## Anexo V

### Carta de Juan Rulfo

En 1972, Julio Escoto envió al concurso de novela centroamericana patrocinada por EDUCA su novela *Días de ventisca… noches de huracán*. El concurso fue declarado desierto. Interesado en saber el motivo de tal decisión, Escoto le escribió a Juan Rulfo, miembro del jurado, quien contestó sus inquietudes, pero no envió la carta, práctica frecuente del escritor mexicano.

Afortunadamente, sus herederos decidieron publicar los textos inéditos del autor. La tarea de edición la realizó Víctor Jiménez, renombrado investigador cuyo trabajo culminó con la importantísima publicación del libro: Juan Rulfo, *Una mentira que dice la verdad. Conferencias, ensayos, entrevistas y otros textos* (Herederos de Juan Rulfo, Barcelona, Editorial RM, 2022, 336 pp.), que llegó a nuestras manos días antes de imprimir esta compilación de textos sobre Escoto.

Recomendamos consultar la carta entera, que ocupa las páginas 119-124 de la antología, con la imagen de la primera página manuscrita. Siguen fragmentos seleccionados de la carta cuyo destinatario era el autor hondureño. Dice Rulfo:

> Bueno, don Julio, las cosas son como deben de ser, y lo que le expresé a nuestro común amigo Sergio Ramírez sobre el resultado del concurso de la EDUCA fue mi desacuerdo en declarar desierto dicho certamen, pues había buen material entre las novelas participantes. A decir verdad no sólo encontré una obra bastante decorosa y bien escrita para el premio, sino también dos textos que alcanzaban la calidad de finalistas. Y si por mi parte había recomendado *Días de ventisca…* y [Jorge] Laforgue, uno de los jurados argentinos, la mencionaba también como *accésit*, sin opinar sobre otra mejor, lo más lógico hubiera sido reunir estos dos votos primarios y no hacer caso [a otros …].
>
> […] Se trata de su novela, y allá voy: aunque el título me parece tremendista, es acertado en cuanto resume el tema que abarca. Por costumbre […] obro más por intuición que por selección. La selección opera después por eliminación (y perdóneme tantas asonancias); así llego a lo mejor de manera casi automática, o a lo que considero potable, pues como no soy crítico ni tengo sentido crítico elijo lo que tiene vida, aquello donde ha participado el cerebro junto con el corazón.

*Días de ventisca...* es una de esas novelas que nos "cuentan una novedad" (novela viene de *novedad*, y no de *nivola* como afirmaba el difunto Unamuno); que nos traen algo nuevo. [....]

Acerca de su novela pude apreciar, además de giros idiomáticos originales, una atmósfera particular. Naturalmente no voy a desglosar su historia, pues mi audacia no llega a tal grado; sólo que me llamó la atención lo bien estructurada y el valor testimonial que usted ejerce contra la corrupción política y social; contra quienes quieren aplastar algo tan intangible como la imaginación. Eso: imaginación para recrear una realidad, descubriéndole los hechos escondidos bajo las apariencias. No sé, pero me vino a la mente el tema utilizado por A[ugusto] Céspedes para contar, en *Metal del diablo*, la vida de Antenor Patiño, sólo que aquello era biografía, instrumento de una sola cuerda, mientras *Días...* es, toda proporción guardada, una sinfonía que encierra a toda la sociedad opulenta de nuestros países y sus adláteres (aquí los llamamos lambiscones). Además hecha como al desgaire, como a quien no le importa; pero tan le importa que su descripción surge y se planta enfrente a pesar del conto y reconto hecho por el viejo fantasioso. Estas variantes le dan ese ambiente de irrealidad, por la cual se filtra a pesar de todo la cruda realidad de nuestra podrida alta y mediana sociedad.

Otra cosa afortunada es haber eliminado esa literatura adjetivada y barroca inseparable de las letras españolas. Está bien logrado el intento, más ahora que nuestros escritores jóvenes retornan a ese sistema [...].

[...] A personas como usted les corresponde volver a desatascar de ese suelo fangoso a nuestra literatura. Sacarla al aire fresco para que se ponga nuevamente en camino.

Créame, don Julio, su novela vale por lo que es y será en el futuro. Así la traten actualmente como romántica.

Rulfo pasa a hacer ciertas recomendaciones sobre su publicación en México o Barcelona, y aun interesar al Banco Cinematográfico de México en la trama, ya que Rulfo encuentra en ella "muchas posibilidades cinematográficas".

[...] Si yo fuera editor o tuviera posibilidades económicas iniciaría con su obra una serie sobre la nueva narrativa latinoamericana, pero carezco de los recursos necesarios e indispensables para llevar a cabo este tipo de labores.

## Sobre la editora, Helen Umaña

Foto de Julio Escoto

**Helen Umaña** nació en La Encarnación (Ocotepeque, Honduras) en 1942. Estudió letras en la Universidad de San Carlos de Guatemala, institución en donde laboró como profesora en 1973 y de 1976 a 1981. Actualmente es docente jubilada por la Universidad Nacional Autónoma de Honduras.

Obras publicadas:

*Literatura Hondureña Contemporánea* (1986); *Narradoras hondureñas (1990)*; *Ensayos sobre literatura hondureña* (1992); *Francisco Morazán en la literatura hondureña* (1995); *Panorama crítico del cuento hondureño (1881-1999)*, (1999); *Península del viento* (2000); *Estudios de literatura hondureña* (2000); *La novela en Honduras, Guatemala* (2003); *Literatura hondureña: textos escogidos (antología)* (2005); *Escenarios de una pasión. Rafael Murillo Selva: cincuenta años de teatro en Honduras*, en coautoría con Adriano Corrales y Rafael Murillo Selva (2006); *La vida breve. Antología del microrrelato en Honduras* (2006); *La palabra iluminada: visión general del discurso poético en Honduras* (2006); *La pastorela del diablo y otros escritos sobre el Padre Reyes* (2008); *La garra catracha. Literatura y fútbol (Antología)* (2010) y *Literatura y tradición oral de los pueblos originarios y afrohondureños* (2018).

Distinciones:

Premio Nacional de Literatura "Ramón Rosa": Gobierno de Honduras, 1989; Premio "José Trinidad Reyes": Universidad Nacional Autónoma de Honduras, 1998; Premio de Estudios Históricos Rey Juan Carlos I: Embajada de España en Honduras, 1998; Mención Única del Premio Gabriela Mistral: Organización de Estados Americanos, Washington, D.C. 2000; Premio "Corona de Oro José Miguel Gomes", Fundación para el Museo del Hombre Hondureño, 2001; Premio "Guillermo Castellanos Enamorado": Universidad Pedagógica Nacional Francisco Morazán, 2004 y Dedicación del Festival de Otoño: Municipalidad de San Pedro Sula y Club Rotario, San Pedro Sula, 2004; Premio "Catherine Amy Dawson Scott", PEN Club Español, 2019.

# Sección iconográfica

«Tuve una infancia feliz». Los padres del autor Julio Escoto, don Pedro Escoto López y doña Concepción Borjas Cabrera de Escoto. Procrearon trece hijos.

«Dr. Matachinches», Julio Escoto a los 7 u 8 años de edad, apodado así porque siempre daba consejos y hablaba de cualquier cosa.

Profesores graduados de la Escuela Superior del Profesorado "Francisco Morazán" de Honduras. Fueron becados para que obtuviesen la licenciatura en la Universidad Florida del Sur (USF) en 1970.

Julio Escoto con su esposa Flor Alvergue, en Danlí, Honduras, 1996. Fue invitado para dar una conferencia en las Jornadas Morazánicas de ese año.

Julio Escoto con Manlio Argueta (El Salvador) y Ernesto Cardenal (Nicaragua) en el Encuentro Iberoamericano de Escritores «El amor y la palabra», Bogotá, Colombia, en 2000.

Julio Escoto con Sergio Ramírez (Nicaragua) en el mismo congreso.

Julio Escoto llevando un delantal regalado por sus nietos, Diego Enrique y Daniel Alejandro Escoto Bardales, hacia 2005.

Julio Escoto con el escritor panameño Enrique Jaramillo Levi, en la presentación de *Magos Mayas Monjes Copán*, Panamá, 2006.

«Caza de la fiera». En su casa de habitación, Julio Escoto es entrevistado por el historiador hondureño Darío Euraque en torno a su libro sobre el golpe de Estado de 2009. Helen Umaña realiza la labor de iluminación. La fotografía fue tomada por el profesor Armando García, quien agregó el humorístico pie de foto. 2011.

Julio Escoto por el caricaturista Allan McDonald.

Mural de la Universidad Pedagógica, San Pedro Sula, pintado por Virgilio Guardiola, 2012. Aparecen el escritor Armando García, pintor Miguel Ángel Ruíz Matute, ensayista Helen Umaña, teatrista José Francisco Saybe, médico Dr. Leonardo Martínez Valenzuela y Julio Escoto.

Julio Escoto con la niña de una escuela de Gracias (Lempira) en 2017 cuando se celebró el Festival de arte y literatura «Gracias Convoca». En esa ocasión la niña fue premiada por ser lectora ideal en el sistema de bibliotecas escolares desarrollado por Plan Internacional. Julio Escoto la entrevistó ante un concurrido auditorio.

Fotografía de Julio Escoto tomada por el profesor Armando Aparicio en San Pedro Sula en 2014.

Impreso en Estados Unidos
por Casasola Editores

MMXXIII

IIIXVIIMMXXIII

www.ingramcontent.com/pod-product-compliance
Lightning Source LLC
Chambersburg PA
CBHW021132230426
43667CB00005B/88